지금 바로,
도쿄
TOKYO

지금 바로,
도쿄
TOKYO

초판 인쇄일 2023년 1월 5일
초판 발행일 2023년 1월 12일
2쇄 발행일 2023년 1월 19일

글 사진 이주호, 이진천
발행인 박정모
발행처 도서출판 **혜지원**
주소 경기도 파주시 회동길 445-4(문발동 638) 302호
전화 031)955-9221~5
팩스 031)955-9220
홈페이지 http://www.hyejiwon.co.kr

기획 박혜지
진행 박혜지, 김태호
디자인 김보리
영업마케팅 김준범, 서지영
ISBN 979-11-6764-046-8
정가 17,000원

Copyright©2023 by 이주호, 이진천 All rights reserved.
No Part of this book may be reproduced or transmitted in any form,
by any means without the prior written permission of the publisher.

이 책은 저작권법에 의해 보호를 받는 저작물이므로 어떠한 형태의 무단 전재나 복제도 금합니다.
본문 중에 인용한 제품명은 각 개발사의 등록상표이며, 특허법과 저작권법 등에 의해 보호를 받고 있습니다.

머리말

'가깝고도 먼 나라 일본'은 한국 사람들이 가장 많이 찾는 해외 여행지입니다. 비록 국가 간의 감정은 복잡 미묘하지만 지리적으로 가까운 만큼 가장 쉽게 다녀올 수 있는 나라이기도 하죠. 시간상으로는 1박 2일도 가능한 곳입니다.

한국 사람들이 일본이라는 나라를 싫어하면서도 많이 찾는 이유는 볼거리, 먹을 거리가 풍부한 곳이기 때문입니다. 특히 일본의 수도인 도쿄(東京)는 일본의 모든 것이 모여 있습니다. 도쿠가와 이에야스(德川家康)가 일본을 통일한 후 도쿄는 모든 문화, 경제, 정치의 중심지가 되었습니다.

"아는 만큼 보인다"라는 말이 있습니다. 알고 가는 것과 모르고 가는 것은 느끼고 얻을 수 있는 것이 천지차이라고 생각합니다. 주어진 시간 내에 가성비 좋은 여행을 하기 위해서는 사전에 많은 정보를 얻고 가는 것이 중요합니다.

코로나 이전부터 도쿄 여행책을 준비하였습니다만, 책에서 소개하고자 하였던 가게나 명소가 도쿄 올림픽 개최와 코로나 팬데믹을 계기로 많이 바뀌어 버렸습니다. 100년의 오래된 역사와 전통을 가졌던 안경점이 문을 닫고 손님이 줄을 섰던 맛집이 경영난으로 폐업하였습니다. 코로나 이전에 도쿄의 가장 큰 어시장으로 유명한 츠키지(築地) 시장이 도요스(豊洲)로 옮겨가고 오다이바의 많은 점포가 폐업하거나 다른 가게로 바뀌었습니다.

이러한 변동 사항을 고려하여 여러 번에 걸쳐 검증은 했으나 잘못된 정보로 독자 여러분이 혼란을 겪지 않을까 조심스러운 마음이 앞섭니다. 그래도 이 책이 도쿄를 찾는 여행객들에게 조금이나마 길잡이 역할을 했으면 합니다.

이 책이 나오기까지 많은 도움을 주신 박혜지 편집자를 비롯한 혜지원의 직원 관계자분들, 일본 정보 및 사진 촬영에 도움을 주신 쿠리야마(栗山俊二郎), 오누마(小沼信之), 사토(佐藤良典), 고바야시(小林良彰), 오제키(大関信行), 오우라(邑楽) 씨와 자료를 제공해 준 일본의 도쿄타워, 도쿄 스카이트리, 선샤인시티, 롯폰기힐즈, 도쿄 미드타운, 도쿄 미즈베라인(東京水辺ライン), 모리미술관, 산토리 미술관, 아사쿠사 삼바카니발 실행위원회, 스기나미구 산업진흥센터 관계자 여러분께 감사드립니다. 또, 관광지 주소와 지도 검증 작업을 도와준 이민호, 따뜻한 차를 내 주는 표소영 님에게도 감사의 뜻을 전합니다. 많은 것을 도와준 ㈜디씨에스 직원들에게도 감사의 마음을 전합니다.

저자 이주호, 이진천

이 책에 실린 이미지는 필자가 직접 촬영한 사진과 함께 다음의 사이트를 통해서 제공받아 실었음을 밝힌다.

- 도쿄 관광 공식 사이트(www.gotokyo.org) © TCVB
- photos by townphoto.net(www.townphoto.net)

CONTENTS
목차

머리말

Part 1. 도쿄 기초 지식　12

Part 2. 지역별 안내 - 동부　28

① 도쿄역과 마루노우치 지역　30

도쿄역 관광 팁&코스 ◆ 32

- 도쿄역사 東京駅舎 | 교코 거리 주변 行幸通り | JP 타워(KITTE) | 황거 皇居 |
  고쿄가이엔과 고쿄히가시교엔 皇居外苑·皇居東御苑 | 제국 극장 帝国劇場 | 미츠비시 1호관 미술관 三菱一号館美術館
  유라쿠초 다리 아래

- 도쿄이치방가이(도쿄 1번가) 東京一番街 | 에키벤야마츠리 駅弁屋祭 | 마츠도 토미타 멘반 松戸富田麺絆 |
  카야노야 茅乃舎 | 혼노리야 ほんのりや

- 노이슈타트 부루다 ノイシュタットブルーダー | ecute 도쿄 ecute 東京

② 우에노, 오카치마치　52

우에노 관광 팁&코스 ◆ 54

- 우에노 공원 上野恩賜公園 | 우에노 동물원 上野動物園 | 도쿄 국립 박물관 東京国立博物館 |
  국립 과학 박물관 国立科学博物館 | 국립 서양 미술관 国立西洋美術館 | 도쿄도 미술관 東京都美術館 |
  서민 거리 풍속 사료관 下町風俗資料館 | 아메야요코초 アメヤ横丁

- 파크사이드 카페 パークサイドカフェ | 친친켄 珍々軒 | 크라운에이스 カレー専門店クラウンエース |
  야마베 山家 | 멘야무사시부코츠 麺屋武蔵武骨 | 규카츠 아오나 牛カツあおな | 츠루야 つるや |
  가마메시 하루 釜めし春 | 오와에루 본점 結わえる | 페퍼런치 다이나 PEPPERLUNCH DINER

③ 아사쿠사　72

아사쿠사 관광 팁&코스 ◆ 74

- 센소지 浅草寺 | 나카미세 거리 仲見世通り | 마츠리 祭り | 인력거 人力車 |
  스미다강 불꽃놀이 隅田川花火大会 | 훗피 거리, 아사쿠사요코초 ホッピー通り, 浅草横丁

- 미하토도 三鳩堂 | 후나와 舟和 | 아즈마 あずま | 카와무라야 河村屋 |
  카게츠도 花月堂 | 야겐보리 やげんぼり | 다이코쿠야 大黒家 | 야마토야 大和屋 |
  아사쿠사차쿠라 浅草茶蔵 | 토쿠야마 徳山

플러스 알파 - 도쿄 스카이트리 ◆ 90

④ 긴자, 니혼바시 94

긴자 관광 팁&코스 ◆ 96

- 긴자 미츠코시 銀座三越 | 긴자 와코 銀座和光 | 긴자 플레이스 GINZA PLACE | 마츠야 긴자 松屋銀座 | 긴자 식스 GINZA SIX | 가부키자 歌舞伎座 | 오쿠노 빌딩 奥野ビル
- 이토야 伊東屋 | 시세이도 PARLOUR 資生堂 PARLOUR | 카시라 CA4LA | 타야 田屋
- 마카와야 三河屋 | 우카이테이 うかい亭 | 긴자 라이온 LION | 킷사 유 喫茶 YOU

니혼바시 관광 팁&코스 ◆ 116

- 니혼바시 日本橋 | 미츠코시 백화점 三越本店 | 다카시마야 高島屋
- 사루야 さるや | 유벤도 有便堂 | 키야 木屋 | 쿠로에야 黒江屋
- 츠지항 つじ半 | 니혼바시 돈카츠 이치 HAJIME 日本橋とんかつ一 HAJIME | 타이메이켄 たいめいけん | 덴푸라메시 카네코한노스케 天ぷらめし 金子半之助

⑤ 닌교초 128

닌교초 관광 팁&코스 ◆ 130

- 스이텐구 水天宮 | 닌교초 시계탑 人形町からくり時計台 | 아마자케요코초 甘酒横丁
- 미야기 MIYAGI
- 야나기야 柳屋 | 이타쿠라야・시게모리에이신도 板倉屋・重盛永信堂 | 모리노엔 森乃園 | 토우후노 후타바 とうふの双葉 | 산유 三友 | 나카야마 中山 | 닌교초 이마항 人形町今半

플러스 알파 - 가스미가세키, 나가타초 ◆ 142

⑥ 롯폰기, 도쿄 미드타운 146

롯폰기 관광 팁&코스 ◆ 148

- 롯폰기힐즈 六本木ヒルズ | 66플라자 66 PLAZA | 전망대 도쿄시티뷰 | 모리 미술관 森美術館 | 모리 정원 毛利庭園 | 도쿄 미드타운 東京ミッドタウン | 투원_투원 디자인사이트 21_21 DESIGN SIGHT | 산토리 미술관 サントリー美術館 | 후지필름스퀘어 富士フィルムスクウェア | 국립 신미술관 国立新美術館
- 테레아사숍 テレアサショップ | 하드락 카페 도쿄 HARD ROCK CAFÉ TOKYO
- 브루독 롯폰기 BREWDOG ROPPONGI | 월드스타 카페 WORLDSTAR CAFÉ | 스주다이닝 롯카쿠 酢重ダイニング 六角 | 히라타보쿠조 平田牧場 | 니끄지루 스이교자 교파오 肉汁水餃子餃包

아키하바라 166

아키하바라 관광 팁&코스 ◆ 168

세계의 라디오 회관 世界のラジオ会館 | 마치 에큐트 칸다만세이바시 マーチエキュート神田万世橋
주오 거리 中央通り | 동인지 유통 상점 DORANOANA, ANIMATE, SOFMAP, MANDARAKE |
메이드 카페 メイドカフェ | AKB 극장 AKB劇場 | 보쿠스 ボークス | Hobby Shop Tam Tam |
Game Taito Station | 엠즈 타워, 라부매루시 M'S TOWER, ラブメルシー

플러스 알파 - 간다, 오차노미즈 ◆ 184

 오다이바, 도요스 188

오다이바, 도요스 관광 팁&코스 ◆ 190

레인보우 브릿지와 자유의 여신상 | 후지TV 사옥 | 도요스 시장 豊洲市場 |
일본 과학 미래관 日本科学未来館 | 아쿠아시티 오다이바 アクアシティお台場 |
다이바시티 도쿄 프라자 ダイバーシティ東京プラザ | 덱스도쿄비치 デックス東京ビーチ

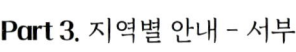 **Part 3. 지역별 안내 - 서부**

 신주쿠 210

신주쿠 관광 팁&코스 ◆ 212

도쿄 도청 東京都庁 | 가부키초 거리 歌舞伎町 | 신주쿠 2, 3초메 新宿2、3丁目
신주쿠교엔 新宿御苑 | 신주쿠 토호 新宿東宝ビル | 바스타 신주쿠 バスタ新宿

다카시마야 타임즈스퀘어 高島屋タイムズスクエア | 오카다야 オカダ屋 | 요도바시 카메라 ヨドバシカメラ
기노쿠니아 서점 紀伊国屋書店 | 디스크유니온 ディスクユニオン

고르덴가이 新宿ゴールデン街 | 다츠노야 竜の家 | 오모이데요코초 思い出横丁 | 다메나린진 ダメな隣人
르몽드 ルーモンド | 고노카미세이사쿠쇼 五の神製作所 | 츠나하치와 후나바시야 つな八・船橋屋
모토무라 もと村 | 신주쿠 다카노 후루츠바 新宿高野フルーツバー | 카페 블루보틀 BLUE BOTTLE
베르구 BERG | 니혼사이세이사카바 日本再生酒場 | 호르몬요코초 ホルモン横丁

플러스 알파 - 가구라자카 ◆ 234

② 이케부쿠로 240

이케부쿠로 관광 팁&코스 ◆ 242

🏯 PLAZA CAPCOM プラザカプコン | 선샤인시티 サンシャインシティ | 오토메 로드 乙女ロード
집사 카페 執事 CAFE | 도쿄 예술 극장 東京芸術劇場 | 로사 회관 ロサ会館 | 고양이 카페 모카 MOCHA

🛍 빗쿠 카메라 BIC CAMERA

🍜 무테키야 無敵屋 | 잇카쿠도 壱角堂 | 런치하우스 미토야 ミトヤ | 스즈메야 すずめや
키친 ABC(서쪽 출구점) キッチンABC | 우초텐 UCHOUTEN | 카이라쿠 開楽 | 비코 美蕎

플러스 알파 - 나카노 ◆ 262

③ 시부야 266

시부야 관광 팁&코스 ◆ 268

🏯 충견 하치코상 ハチ公像 | 스크램블 교차로 | 큐 프론트 Q FRONT | 시부야109 渋谷109
센터가이 センター街 | 도겐자카 道玄坂 | 시부야 히카리에 渋谷ヒカリエ
스페인자카 スペイン坂 | 시부야 모디 渋谷MODI | 미야시타 파크 宮下パーク

🍜 푸드 쇼 FOOD SHOW | 논베이요코초 のんべい横丁 | 우메가오카 스시미도리 梅が丘寿司美登利
우오가시니혼이치 魚がし日本一 | 이요시 콜라 伊良コーラ | 라·소피타 LA SOFFITA
스카이 하이 SKY HIGH | 시부야 라이온 名曲喫茶 ライオン | 우타가와 카페 宇田川カフェ

④ 하라주쿠, 오모테산도 288

하라주쿠, 오모테산도 관광 팁&코스 ◆ 290

🏯 하라주쿠역 原宿駅 | 메이지진구 明治神宮 | 다케시타 거리 竹下通り | 오모테산도와 아오야마 거리 表参道,
青山通り | 캣스트리트 キャットストリート | 디자인 페스타 갤러리 DESIGN FESTA GALLERY WEST

🛍 라포레 하라주쿠 ラフォーレ原宿 | 오모테산도 힐즈 OMOTESANDO HILLS | BEAMS | 캔디 아 고고 CANDY
A GO GO | 솔라도 SOLADO | 해피하트 HAPPY HEART | 프리쿠라랜드 노아 ノア | 콘도마니아 CONDOMANIA

🍜 크레페 | 레드락 RED ROCK | 루크스 LUKE'S | 카페 키츠네 CAFÉ KITSUNE

5 에비스, 다이칸야마, 나카메구로 310

에비스 관광 팁&코스 ◆ 312

🏯 에비스 가든플레이스 恵比寿ガーデンプレイス │ 에비스 맥주 기념관 恵比寿ビール記念館 │
도쿄도 사진 미술관 東京都写真美術館 │ 에비스 동상

🍜 이타소바 카오리야 板蕎麦 香り家 │ 사루다히코 猿田彦 │ 쇼다이 初代 │
에비스요코초 恵比寿横丁 │ 타이야끼 히이라기 たいやき ひいらぎ │ 나카요시 なかよし

다이칸야마 관광 팁&코스 ◆ 324

🏯 T-Site Garden │ 다이칸야마 힐사이드테라스 代官山ヒルサイドテラス │
몽키 갤러리&카페 MONKEY GALLERY, CAFE │ 할리우드 렌치마켓 HOLLYWOOD RANCH MARKET

🍜 사사 SASA │ 롯카쿠테이 六角亭 │ 덴뿌라 모토요시 이모 テンプラモトヨシいも

나카메구로 관광 팁&코스 ◆ 334

🏯 고가 밑 상점가 ROOF SHARING │ 메구로강변 벚꽃 │ 츠타야 서점 蔦屋書店

🛍 트러블러스 팩토리 トラベラーズファクトリー

🍜 쿠시와카마루 串若丸 │ 카마모토 한베이 釜本はん米衛 │ 미츠야도세멘 三ツ矢堂製麺 │ 카쿠라 香食楽 │
나와카야쇼스케 二○加屋長介

6 기치조지, 코엔지 346

기치조지 관광 팁&코스 ◆ 348

🏯 이노카시라 공원 井の頭公園 │ 지브리 미술관 ジブリ美術館 │
기치조지 푸티토무라 吉祥寺プティット村 │ 기치조지 상점가

🛍 STEPS │ Skit

🍜 하모니카요코초 ハモニカ横丁 │ 사토 SATOU │ 소이빈 팜 SOYBEAN FARM │ 이치엔 一園 │
유리아패무패루 ユリアペムペル │ 케니히 KÖNIG │ 펄 레이디 PEAL LADY

코엔지 관광 팁&코스 ◆ 364

🏯 코엔지 마츠리 高円寺祭り │ 자·고엔지 座・高円寺 │ 코엔지의 빈티지 숍

🍜 코엔지 스트리트 高円寺ストリート │ 도코이 とこ井 │ 텐스케 天すけ │ 타부시 田ぶし │ 포핀스 POPPINS

플러스 알파 - 오기쿠보 ◆ 376

⑦ 시모기타자와 378

시모기타자와 관광 팁&코스 ◆ 380

- 동양 백화점 東洋百貨店 | 플라밍고 FLAMINGO | 뉴욕 조 익스체인지 NEWYORK JOE EXCHANGE
  알라스카 ALASKA | 스티크아우토 700스토어 スティックアウト700 | 시모기타자와 연극제
- 쿠로가와 식당 黒川食堂 | 닉쿤로루 ニックンロール | 이치란 라멘 시모기타자와점 | 몰디브와 바론딧세 MOLDIVE&バロンデッセ

⑧ 지유가오카 394

지유가오카 관광 팁&코스 ◆ 396

- 마리끌레르 거리 マリクレール通り | 라비타 LA VITA | 양과자 축제 JIYUGAOKA SWEETS FESTA
  포파이 카메라 ポパイカメラ
- 루피시아 LUPICIA | 펫 파라다이스 PET PARADISE | 마르쉐 드 블루에 플루스 MARCHE DE BLEUET PLUS
  투데이즈 스페셜 TODAY'S SPECIAL | 애플 하우스 APPLE HOUSE | 트레인치 TRAINCHI
- 피터래빗 가든 PETER RABBIT GARDEN | 팡노 다지마 パンの田島 | 고소안 古桑庵
  코스트 KOST | MILK LAND

플러스 알파 – 산겐자야 ◆ 410

부록 ◆ 414

- ○ 도쿄의 교통 시스템 ○ 도쿄의 먹거리 ○ 도쿄의 마실거리 ○ 도쿄의 쇼핑
- ○ 도쿄의 놀거리 … 꽃놀이에 반하다 / 덕후에 반하다 / 골목에 반하다 / 패션에 반하다 / 시타마치에 반하다

"이 책에 실린 정보는 저자가 직접 체험하고 가 본 곳을 바탕으로 합니다. 정확한 정보를 싣고자 노력하였지만, 끊임없이 변하는 현지의 물가와 여행 정보로 인해 변동 사항이 있을 수 있는 점 미리 공지해 드립니다."

1. 도쿄를 즐기기 위한 기본 정보

2. 숙박 장소의 종류

3. 여행 시 주의사항

01
도쿄 기초 지식

A Basic Knowledge

도쿄 여행을 떠나기 전에 간단하게나마 일본과 도쿄에 대한 기본적인 내용을 알아보고 도쿄 여행을 위한 간단한 팁을 얻도록 하자.

1. 도쿄를 즐기기 위한 기본 정보

01 도쿄는 어떤 도시?

우리나라 사람들이 가장 많이 거론하는 나라가 일본이다. 가장 많이 거론되기 때문에 많이 알고 있는 것 같지만 조금만 깊이 들어가면 막힌다. 역사적인 감정 때문에 알고 싶지 않는지도 모른다. 여행하게 될 나라, 일본에 대해 간단히 알아보자.

일본은 섬나라로 크게 홋카이도(北海道), 혼슈(本州), 규슈(九州), 시코쿠(四国)라는 4개의 주요 섬으로 이루어져 있으며 주요 섬 주변에는 4,000여 개의 작은 섬이 있다. 일본은 지진대에 속해 있어 끊임없이 지진이 발생하고 있다. 한신 대지진, 동북 지방의 쓰나미, 구마모토 지진 등 세계적 뉴스가 되는 대형 지진도 끊임없이 발생하고 있다.

일본에서 제일 높은 산인 후지산을 비롯하여 많은 산들이 화산 활동으로 생긴 산으로 지금도 수십 개의 활화산이 있다. 남쪽 규슈 지방의 사쿠라지마(桜島), 가고시마의 신모에타케(新燃岳), 나가노현의 온타케산(御嶽山), 홋카이도의 우스잔(有珠山) 등 전국적으로 활화산이 활동하고 있다. 이러한 화산 활동의 영향으로 온천이 발달해 있어 일본 어디를 가나 온천을 즐길 수 있다.

일본의 수도 도쿄는 일본의 관동(関東) 지방에 위치해 있으며 면적이 2,190㎢으로 일본에서 가장 넓은 자치 단체이며, 인구가 1,300만으로 일본에서 가장 큰 도시이다. 도쿄를 중심으로 한 수도권의 인구는 3,700만 명으로 세계 최대의 도시권이라 할 수 있다. 도쿄 도청(東京都庁)은 신주쿠구(新宿区)에 있으며, 도쿄도지사는 도쿄 도민들의 투표에 의해 선출되며 임기는 4년이다.

02 도쿄의 역사

도쿄는 1603년 도쿠가와 이에야스(德川家康)가 막부의 중심지로 삼으면서 본격적으로 발달하기 시작했다. 에도 막부(江戶幕府) 시기인 1868년에 서기 794년부터 1,000년 이상 수도였던 교토(京都)로부터 천도되었다. 다른 나라의 수도와 마찬가지로 일본의 정치, 경제, 문화의 중심지이다.

일왕이 기거하는 황거(皇居)부터 국회 의사당과 총리 관저, 각종 중앙 관청이 들어서 있다. 일본의 대기업 본사를 비롯하여 외국계 기업의 일본 지사나 아시아 지사도 자리 잡고 있어 일본을 움직이는 심장이라 할 수 있다. 많은 관청과 대사관, 일본 기업의 본사 및 외국계 기업의 일본 지사가 도쿄에 모여 있다 보니 인구가 늘어나고 인구의 증가와 함께 패션, 음식, 문화 예술이 발달할 수밖에 없는 환경이다.

03 도쿄의 기후

도쿄는 서울보다 약간 남쪽에 위치해 있어 겨울에도 눈이 몇 번 내리지 않을 정도로 따뜻한 편이다. 여름에는 35도를 오르내리는 무더운 기온이다. 우리나라 부산과 유사한 기후라 할 수 있다.

일본은 지질학적으로 지진대에 속해 있어 지진이 자주 발생하는 편이며 우리에게 잘 알려진 1923년의 관동 대지진을 포함하여 동북 지방에 쓰나미로 큰 피해를 입혔던 2011년의 동일본 대지진 당시에 도쿄도 크게 흔들렸다. 이러한 이유 때문에 도쿄를 여행한다고 하면 주위에서 걱정하는 사람들이 많은 것이 현실이다. 이는 일본 사람들이 한국을 여행할 때 북한과의 전쟁의 위험 때문에 두려워하는 것과 비슷한 느낌이다.

04 도쿄의 물가

우리나라 사람들의 대부분은 일본의 물가가 높다고 생각한다. 특히, 도쿄나 오사카와 같은 대도시는 세계 어느 도시에 못지 않게 높은 물가

로 알려져 있다. 그러나 내용을 들여다보면 일본의 물가 수준은 우리나라와 비교하여 그리 높다고만 할 수 없다. 일본 경제가 거품이 끼었을 당시(1990년 초반 이전)에는 부동산 가격이나 물가 수준이 높아 그러한 인식이 심어진 것 같다.

생산지의 상황이나 물자의 공급량에 의해 변동하는 제품을 제외하면 일본의 물가는 10~20년 전이나 지금이나 크게 차이가 없다. 그만큼 안정된 시장경제 체제라 할 수 있다. 개인적인 경험으로는 10년 전의 일본 물가와 지금의 일본 물가를 우리나라와 비교해 보면 오히려 저렴해졌다는 느낌을 받는다. 그만큼 우리나라의 물가가 높아져서 상대적으로 일본의 물가가 내려간 느낌을 받는다. 실제 가격이 내려간 제품도 있다. 대표적인 예로 주택을 구매하는 비용은 우리나라의 수도권이 일본의 평균보다 더 높다고 할 수 있다.

세계적으로 각 국가의 물가 수준을 알아보기 위한 지표로 식사 대용으로 먹는 맥도날드의 햄버거 가격을 이용한 '빅맥 지수', 세계적인 커피숍 체인의 커피 가격으로 비교하는 '스타벅스 지수'라는 것을 발표한다. 2016년도의 빅맥 지수를 비교해 보면 한국은 $3.59인데 반해 일본은 $3.12로 우리나라에 비해 저렴하다. 스타벅스 지수 역시 한국이 $4.85인데 반해 일본은 $3.52로 우리보다 저렴하다. 이처럼 일반적인 물가 수준은 결코 우리나라에 비해 높은 편이 아니며, 제품이나 서비스에 따라서는 저렴하기도 하다. 대기업의 대졸자 초임도 우리가 높은 편이며 주유소의 휘발유 가격도 세금의 차이이겠지만 우리나라가 높은 편이다.

사실 특정 국가와의 물가를 비교할 때는 환율의 영향을 많이 받는다. 관광객 입장에서는 엔화가 쌀 때는 일본의 물가가 보다 저렴하게 느껴질 것이고 엔화가 비쌀 때는 비싸게 느껴질 것이다.

예를 들어, 100엔 하는 음료가 있다고 가정하면, 환율이 100엔당 1,200원일 때와 900원일 때는 300원의 가격 차이가 난다. 일본에서의 가격은 그대로지만 환율에 따라서 차이가 나는 것이다. 일본이 엔저 정책을 추진했을 때는 100엔당 800원대 환율이었는데 환율이 100엔당 1,000원을 넘어가면 피부로 느끼는 차이는 상당하다. 그래서 엔저

일 때는 일본을 찾는 관광객이 늘어나는 현상이 발생한다.

하지만 일본 여행을 다녀온 많은 사람들이 일본의 물가 수준이 높다고 이야기한다. 독자 중에서도 일본의 물가가 높다고 생각하는 사람도 많을 것이다. 실제 현지에서 사는 사람들보다 여행객들이 일본 물가 수준이 높다고 느끼는 원인은 무엇일까? 필자가 나름대로 분석한 바로는 다음과 같은 것을 들 수 있다.

첫 번째는 원화를 엔화로 환전할 때의 한화와 엔화의 비율에서 오는 느낌이다. 환율의 변동에 따라 다르기는 하지만 1:10 내외의 비율이 된다. 즉, 우리 돈 100,000원을 엔화로 환전하면 달랑 10,000엔짜리 지폐 한 장이 된다. 이 과정에서 감각적으로 일본의 엔화에 대한 일종의 공포심이 작용하지 않을까 생각된다. 환전을 해서 현찰로 받아 보면 기본적으로 십분의 일(1/10)이라는 느낌이 들기 때문이다. 우리 돈 100,000원이라도 일본 돈 10,000엔밖에 안 된다는 느낌이 들기 때문이다.

두 번째는 여행자들이 많이 이용하는 대중교통의 요금이 높기 때문이다. 패키지 관광으로 관광을 하는 경우에는 여행사에서 준비한 버스를 타고 다니니까 실감을 할 수 없지만 자유 여행이라면 실감하게 된다. 도쿄나 오사카와 같은 대도시에서 지하철이나 택시를 이용하면 상당히 비싸다는 느낌을 받는다.

예를 들어, 나리타(成田) 공항에서 신주쿠(新宿)까지는 3,100엔으로 인천 공항에서 잠실까지의 요금인 16,000원에 비해 거의 2배에 달한다. 전철(지하철 포함) 요금을 비교해 보면, 우리나라 지하철 2호선에 해당하는 JR 야마노테선(山手線)의 요금을 보면 한 구간의 요금이 140엔이고, 가장 먼 거리의 요금이 200엔이다. 우리나라 돈으로 따지면 2,000원이 넘는 금액이니 우리보다 비싼 편이다. 지금은 우리나라 물가가 많이 상승하여 격차가 좁아졌으나 10년, 20년 전에는 훨씬 많은 차이가 있었다.

택시 요금의 경우는 우리와 격차가 심하다. 도쿄는 1,052m까지 410엔(약 4,000원)이고 237m당 80엔(약 800원)씩 가산된다. 2017년까지는 기본요금이 730엔이었다. 하치오지시에서는 2km까지 730엔이고 276m당 90엔씩 가산된다. 우리의 2배 이상이다. 택시의 할증 시간은 22시부터 새벽 5시까지로 시간폭도 크다. 여행객들이 피부로 느끼는 교통 요금에서 격차가 있어 물가 수준

갈빗집의 메뉴(예: 김치가 390엔, 상추 1장이 490엔)

이 높다고 생각하게 된다.

세 번째는 끼니를 해결해야 하는 음식 값이다. 이는 어떤 메뉴를 선택하느냐에 따라 상당히 차이가 있다. 빅맥 지수로 보면 일본이 우리보다 낮은 편이다. 하지만 관광객들이 느끼는 체감 물가는 이보다 훨씬 비싼 편이다. 가장 큰 요인으로 '주문 식단제'를 들 수 있다.

일본은 메인 요리 외의 반찬에 대해서 별도의 비용을 지불해야 하기 때문이다. 우리나라는 김치찌개나 된장찌개를 하나 시키면 기본으로 반찬이 세팅되어 나오는데 일본은 이러한 곁들이 반찬이 아예 없다고 생각하면 된다.

가장 비교하기 좋은 예로 한국 식당인 '야키니쿠(갈비)' 집에 들어가 메인 메뉴인 갈비를 주문하면 우리나라는 김치, 상추, 샐러드 등이 기본적으로 제공되지만 일본은 김치나 깍두기, 상추 등 곁들이 반찬을 별도로 비용을 지불해야 먹을 수 있다. 우리나라는 주문하지 않아도 당연히 나와야 되는 반찬이 일본에서는 비용을 추가로 지불해야 나오기 때문에 김치 하나도 주문하기 부담스럽다. 갈비 외에 김치를 먹으려면 추가로 4,000원 정도의 비용을 지불해야 한다. 공짜로 제공되는 반찬은 거의 없다. 이러다 보니 김치 한 조각도 비싸게 느껴지고 일본의 물가가 비싸다고 느낀다.

전체적인 물가 수준은 우리나라와 큰 차이가 없다고 하더라도 관광객 입장에서 체감하는 물가는 우리나라보다 훨씬 높다. 이동에 필요한 교통 요금과 끼니를 해결해야 하는 음식 비용이 우리나라보다 많이 소요되기 때문이다. 그래서 관광객 입장에서는 일본의 물가가 우리보다 훨씬 높게 느껴지고 부담스러울 수밖에 없다. 일본에서 생활을 했고 자주 찾는 필자도 비슷한 느낌을 갖고 있다.

05 도쿄의 교통

도쿄의 대중교통은 크게 전철, 버스, 택시가 있다. 택시는 가격이 너무 비싸기 때문에 특별한 경우가 아니고서는 이용하지 않는 것이 좋다. 버스는 우리나라처럼 일반적이지 않아 관광객이 도심에서 이용하기 쉽지 않다. 관광객들이 이용하기 가장 좋은 교통은 전철이다. 전철은 철로를 이용한 이동 수단으로 지하철, 노면 전철, 고속철도를 통칭한 표현이다. 이 책에서는 전철을 중심으로 안내한다.

도쿄의 전철 지도를 보면 빈틈이 없을 정도로 촘촘하다. 우리나라와 달리 민영 철도 회사가 많다. 도쿄를 중심으로 운행되는 철도 회사만 해도 JR 동일본, 각 지하철(도쿄메트로), 케이세이, 케이큐우, 세이부, 토부, 케이오, 오타큐 등 40여 회사가 있다. 서로 경쟁을 하다 보니 할인권이나 세트권을 발행하여 고객을 유치하고 있다.

도쿄의 전철 시스템은 매우 복잡하다. 여러 회사가 운영하다 보니 우리처럼 일원화되지 않은 느낌이다. 목적지까지 환승해야 할 경우 개찰구를 나가서 다시 표를 구입하고 다른 개찰구를 통해 들어가는 경우도 발생한다.

솔직히 일본을 자주 드나드는 필자도 헤매다가 역 안내원에게 묻는 경우도 있다. 그 정도로 많은 노선이 있으며 복잡하다. 도쿄의 모든 노선을 지도 한 장으로 표현하기 어려울 정도이다. 그래서 전철 내부에 있는 노선도를 보면 해당 노선의 운영 주체가 운행하는 노선만 표시해 놓는 경우가 대부분이다. 예를 들어, 서울의 2호선에 해당하는 야마노테선(山手線)을 타면 JR 동일본이 운행하는 전철 노선도가, 긴자선(銀座線)을 타면 도쿄메트로가 운영하는 지하철 노선도가 있다. 전철의 종류나, 전철 승하차표 구입 방법, 교통 카드, 공항 전철과 관련해서는 부록에 자세하게 설명해 놓았다.

2. 숙박 장소의 종류

여행에서 잠자리를 정하는 것도 중요하다. 고급스러운 호텔에서 머물 수 있다면 좋겠지만 대부분의 여행객들은 여행 경비를 최소화하고자 하는 입장이기 때문에 고급 호텔을 이용하기가 쉽지 않다. 비교적 저렴한 비즈니스 호텔을 비롯해 다양한 숙소가 있다. 최근에는 에어비앤비(Airbnb)와 같은 숙박 중계 사이트를 이용하여 아파트와 같은 민가에서 숙박하는 관광객이 늘어나는 추세다. 도쿄에서 숙박할 장소의 종류에 대해 간단히 알아보자.

01 호텔

별도의 설명이 필요하지 않을 것이다. 호텔의 종류는 일반적으로 가격에 따라 다르다. 하룻밤 묵는데 수십만 원을 지불해야 하는 특급 호텔에서부터 저렴한 가격의 비즈니스 호텔도 있다. 여행객들이 가장 많이 이용하는 호텔은 비즈니스 호텔이다. 비즈니스 호텔도 우리 돈으로 하룻밤 70,000~80,000원대부터 100,000원대까지 다양하다. 특급 호텔이 아닌 일반 호텔의 경우, 도쿄의 호텔이 아마 세계에서 가장 좁을 것이다. 우리나라의 모텔보다 비좁다. 침대 한두 개에 겨우 지나갈 공간이 있고 욕실도 겨우 한 사람이 이용할 수 있는 공간이다. 조식이 포함된 경우도 있고 그렇지 않은 경우도 있다. 조식이 포함되면 당연히 비쌀 수밖에 없다.

가성비를 따지는 여행객이라면 조식을 포함하지 않고 편의점의 도시락 또는 라면이나 규동을 사 먹는 것이 경제적이다. 예약은 여행사 또는 호텔 전문 중계 사이트를 통해 가격대와 지역을 골라 예약하면 된다. 사이트마다 저렴하다고 선전하지만 대부분 비슷한 가격대이다. 가격이 저렴하면 역에서 떨어진 경우가 많으니 반드시 역으로부터의 거리를 확인하도록 한다.

02 게스트 하우스

'도미토리(Dormitory)'라 하여 여러 명이 하나의 방에서 머무는 저렴한 숙박 시설이다. 유스호스텔도 이에 속한다. 1인실도 있지만 기본적으로 여러 명이 한 방을 이용하는 숙박 시설이다. 2층 침대를 이용하는 경우도 있다. 화장실이나 욕실은 공동으로 이용해야 하는 불편함을 감수해야 한다. 프라이버시를 지키기는 어렵지만 다른 사람들과 접촉할 수 있는 기회가 많다는 장점이 있다. 젊은 층을 중심으로 배낭여행객들이 많이 활용하는 숙박 시설이다.

가격은 1인 기준 1박당 20,000~30,000원대가 일반적이다. 레지던스 형식으로 별도의 공간을 가진 게스트 하우스는 웬만한 비즈니스 호텔보다 비싼 경우도 있다. 보통 체크인은 오후 3시경이며 체크아웃은 10시 또는 11시다.

03 캡슐 호텔

한 사람이 들어갈 수 있는 캡슐처럼 생긴 좁은 공간에서 숙박을 하는 형태의 호텔이다. 화장실이나 사우나 또는 온천 시설을 공동으로 사용한다. 말 그대로 잠만 자기 위한 공간으로 이해하면 된다. 큰 짐이 없이 혼자 여행을 떠날 때 저렴하게 머물기 좋은 곳이다.

주로 남성 전용이 많으며 최근에는 여성이 이용 가능한 캡슐 호텔이 늘어나고 있다. 신주쿠의 캡슐 호텔을 이용해 본 경험으로 이용하는 방법을 간단히 설명하면,

- 입장을 한 후 신발장에 신발을 넣은 후 신발장 키를 가지고 카운터로 간다.
- 신발장 키를 카운터에 건네고 체크인을 하고 사물함 키를 받는다. 사물함 키는 온천이나 사우나에서 주는 키와 마찬가지로 손목이나 발목에 착용할 수 있다.
- 사물함에 가서 사물함에 짐을 넣고 가운으로 갈아입는다.
- 키에 적힌 캡슐의 호실을 찾아 들어간다.
- 욕실과 사우나에서 씻고 비즈니스 라운지(PC, 텔레비전, 소파 등이 구비된 휴게실)에서 쉬다가 캡슐에 들어가 수면을 취한다.

비용은 대부분 1박당 30,000원~40,000원 내외가 일반적이다. 주말이나 연휴가 끼어 있으면 할증이 되기도 한다. 보통 체크인은 오후 3시경이며 체크아웃은 10시 또는 11시다.

04 민박

최근에 숙박 중계 사이트(Airbnb)를 이용해 예약하여 머물게 되었다. 이러한 사이트는 방을 빌려 주는 호스트와 방을 빌리는 게스트를 중계해 준다. 일본인들이 살고 있는 맨션(우리나라의 아파트) 또는 아파트(우리나라의 빌라식)를 이용할 수 있다. 내부에서 취사도 가능하고 자유롭게 지낼 수 있다. 가격대는 시설이나 교통편에 따라 천차만별이다. 1박당 30,000원부터 100,000원 이상의 고가도 있다.

사이트에 나와 있는 기본 숙박료(1박당 요금)만 보고 판단해서는 안 된다. 기본 숙박료에 청소비와 수수료가 붙는다. 다음의 예를 보자. 겉으로 표기된 금액은 1박당 3,990엔인데 3박을 예약하려고 하면 (3,990엔×3박)인 11,970엔이 아니고 청소비와 서비스 수수료가 붙어 22,484엔이 된다. 1박으로 계산해 보면 1박당 7,495엔이 된다. 거의 배가 되어 비즈니스 호텔과 별 차이가 없다.

오른쪽은 같은 시설에서 세 사람이 묵었을 때 견적이다. 3박 합계가 29,196엔이다. 청소비는 한 사람이나 세 사람이나 동일하다. 1인 1박 금액으로 계산해 보면 3,244엔으로 혼자 묵었을 때의

7,495엔에 비해 절반 이하가 된다.

  이러한 상황을 정확히 파악해서 예약을 하는 것이 좋다. 경험으로 비추어 한 사람이 숙박하는 것보다 여러 사람이 함께 숙박하는 것이 더 경제적이다. 호텔이 아닌 이런 숙박 시설을 이용하는 가장 큰 이유가 경제적 메리트인 만큼 경제성을 따져 볼 필요가 있다. 또, 당연한 것이겠지만 저렴할수록 역에서 멀어 불편하다는 점도 감수해야 한다.

05 료칸(旅館)

  우리말로는 '여관'이다. 일본 전통 숙박 시설로 가격이 상당히 비싸다. 방은 일본 전통식인 다다미방이다. 숙소에 따라 온천욕과 전통 요리를 즐길 수 있다.

  검색 사이트에서 '료칸(旅館)'으로 검색해 보면 60,000원대도 있지만 이는 캡슐 호텔이나 게스트하우스와 같은 수준이다. 저렴한 경우에는 1박당 100,000원 미만도 있으나 대부분은 100,000원 이상이다. 고가이기 때문에 가성비를 고려하며 여행을 떠나는 대학생이나 젊은 회사원들은 머무르기 쉽지 않은 숙박 시설이다.

3. 여행 시 주의 사항

01 전압

　일본은 우리와 달리 전압이 100V, 주파수는 50/60Hz다. 우리나라는 220V, 60Hz다. 220V 전용이라면 일본에서는 사용할 수 없다. 요즘 출시되는 휴대전화 충전기, 노트북 등 대부분의 전자기기는 100V~240V, 50/60Hz로 한일의 전압과 주파수를 커버한다.

　전자기기를 사용할 때는 반드시 제원을 확인해야 한다. 노트북 AC 어댑터나 전자 제품 뒷면에 붙어 있다. 220V 전용 또는 60Hz 제품이라면 별도의 변압기를 사용해야 한다.

02 지진 발생 시

　'일본'하면 지진을 들 수 있다. 우리나라도 경주나 포항에서의 지진으로 인해 지진에 대한 공포감을 갖는 사람들이 많은데 해외여행에서 지진을 만나면 더욱 당황할 수 있다. 일본에서 지진이 발생할 때는 가스를 잠그고, 문을 열어 놓고, 책상 밑으로 들어가는 순서를 지키면 된다.

　호텔에서는 가스를 잠글 일이 없겠지만 민박을 하게 되었을 때는 지진이 발생하면 가장 먼저 가스를 차단해야 한다. 이는 화재를 예방하기 위한 조치다. 다음으로 피난 통로를 확보하기 위해 출입문을 열어 놓고, 머리를 보호할 수 있는 책상이나 가구 밑으로 들어가야 한다. 호텔과 같은 큰 건물에 있을 때는 밖으로 나오려고 하지 말고 건물 내에 있는 것이 안전하다. 일본은 내진 설계가 잘 되어 있어 건물 안이 더 안전하다. 특히, 대형 건물은 안이 더 안전하다. 피난을 하게 될 경우에는 공원이나 학교 운동장과 같은 넓은 장소가 좋다. 주변에 건물이나 구조물이 없는 곳일수록 좋다. 건물 옆에 있으면 위에서 떨어지는 낙하물에 맞을 수 있기 때문이다.

03 응급조치 및 의료 관련

　해외여행 중 가장 곤란하고 힘든 일이 몸에 이상이 생겼을 때다.

가벼운 감기나 소화불량이라면 구급약으로 해결할 수 있겠지만 의사의 응급조치가 필요한 경우는 난감하다. 우선 묵고 있는 호텔이나 게스트하우스의 프런트에 연락을 취한다.

응급처치가 필요한 경우

| 우리나라와 동일 | 119 |

가벼운 부상이나 치료의 경우

| 의료 기관 안내 서비스 '히마와리'
(24시간 연중무휴) | 03-5272-0303 |
| 구급 상담 센터(24시간 연중무휴)
다이얼 전화 : 도쿄도 23구
다이얼 전화 : 다마(多摩)지구 | #7119
03-3212-2323
042-521-2323 |

교통사고 및 해상 사고 신고

직접 운전을 하지 않기 때문에 본인이 사고 낼 염려는 없지만 사고를 목격했을 때 신고할 전화번호는 다음과 같다.

| 교통사고 | 110 |
| 해상 사고 | 118 |

04 보행자는 왼쪽으로

우리나라도 한때는 왼쪽 통행이었다가 오른쪽 통행으로 바뀌었다. 일본에 가면 습관적으로 오른쪽으로 걷다가 상대편에서 걸어오는 사람과 부딪치는 경우가 발생한다.

특히, 전철역과 같이 사람들이 많이 붐비는 곳에서는 오른쪽으로 갔다가는 반대편 사람들 때문에 앞으로 전진하기 어려운 경우가 발생한다. 사소한 것이지만 서로 불편을 겪을 수 있으므로 주의해야 한다.

에스컬레이터에서 걸어 올라가려면 오른쪽 방향으로 걸으며, 손잡이를 잡고 서 있을 때는 왼쪽 방향에 서 있어야 한다. 걸어 올라가는 사람을 위해 오른쪽을 비워 둔다. 하지만 독특하게도 간사이 지역인 오사카에서는 한국과 동일하게 그 반대로 오른쪽에 서 있고 왼쪽을 비워 둔다.

번잡한 지하철역 계단

05 지하철이나 버스에서 음식물 섭취는 삼가자

우리나라 지하철이나 버스를 타 보면 많은 사람들이 있는데 냄새를 풍기면서 음식물을 섭취하는 사람이 있다. 주변 사람들의 시선은 아랑곳하지 않고 냄새를 풍기며 먹고 있다. 자신은 허기를 채울지 몰라도 그로 인해 많은 사람들이 얼굴을 찌푸리게 된다는 것을 명심하자. 일본에서는 어릴 적부터 '남에게 피해를 주지 않는' 교육을 받기 때문에 기본적으로 다른 사람들이 얼굴 찌푸리는 행동을 하지 않는다. 아무리 바쁘고 허기가 지더라도 지하철과 같이 사람들이 많은 곳에서의 음식물 섭취는 삼가도록 한다.

06 벨소리는 진동으로 하고 가급적 전화 통화는 자제하자

많은 관광객들이 일본 전철을 타 본 후 첫 번째 인상을 말할 때 전철 안이 조용하다고 말한다. 말도 소곤소곤하지만 기본적으로 전철 안에서 전화 통화를 하지 않는다. 전화 수신 벨소리가 울리는 경우도 찾아보기 어렵다. 기본적으로 남을 배려하는 정신이라 할 수 있다.

일본 전철 내에서 통화를 하면 실례되는 행동이므로 모든 승객들이 대화하는 사람에게 시선이 쏠리기도 한다. 전철 안에 있을 때 전화가 걸려 오면 그 역에서 내려서 통화한 이후에 다음에 오는 전철을 타고 간다. 사람이 많은 지하철 안에서의 통화는 다른 사람에게 불쾌감을 줄 수 있기 때문이다. 아무렇지 않게 통화하는 우리나라와는 다르다는 것을 명심하자. 피치 못하게 통화를 해야 된다면 낮은 목소리로 통화하고 급한 전화면 내려서 통화한 후 다음 전철을 타도록 하자. 벨소리도 진동으로 전환하도록 한다.

07 카드의 사용

매스컴의 보도를 보면 해외에서는 현금보다는 카드를 사용하는 것이 좋다고 하지만 일본에서는 아직도 카드를 받지 않는 곳이 많다. 우리나라는 전통 시장에서도 카드 사용이 늘고 있는데 일본은 꼭 그렇지만은 않다. 우리나라와 같은 카드사용 장려 정책(연말 정산 시 혜택)이 없으며 카드를 받지 않는다 해도 특별히 문제가 되지 않기 때문이다. 대형 쇼핑몰이나 호텔 등에서는 사용할 수 있으나 이름 없는 작은 식당이나 시골 가게에서는 카드 사용을 할 수 없는 곳이 많으니 카드만 사용하겠다고 환전을 너무 적게 해서 곤란한 일을 겪지 않도록 한다. 카드는 해외에서 일반적으로 사용하는 VISA,

MASTER 카드를 소지하는 것이 좋다.

ATM 기기에서 돈을 인출하는 것도 우리나라보다 원활하지 않은 편이다. 특히, 특정 은행에 설치되어 있는 ATM 기기에서는 현금 인출이 안 되는 경우가 많다. 가장 원활한 곳은 일본의 우체국 은행인 유초은행(ゆうちょ銀行), 편의점 세븐일레븐의 세븐은행 ATM 기기에서 일본 엔화로 인출할 수 있다. MasterCard, VISA, VISA ELECTRON, PLUS, Maestro, Cirrus, American Express, Diners Club, JCB, China Unionpay, DISCOVER 브랜드가 붙어 있는 카드로 사용하도록 한다.

08 세트 요금 또는 기간제 요금을 활용한다

일본은 철도 왕국이라 할 정도로 철도(전철) 시설이 잘 갖춰져 있다. 수도인 도쿄는 특히 더 그렇다. 환승(갈아타는 것)이 어려울 수 있으나 도쿄는 어느 역이나 안내판에 한글로 표기되어 있어 조금만 신경을 쓰면 그리 어렵지 않다. 도쿄에서는 전철이 가장 효율적인 교통수단이다.

전철을 이용할 때는 하루에 몇 번이나 타고 내릴 수 있는 1일 자유 이용권과 같이 정해진 기간 내에 반복해서 승차할 수 있는 티켓을 활용한다. 특정 시설과 함께 이용할 수 있는 세트 요금제를 적절하게 활용하도록 한다. 일본은 철도 회사가 민영화되어 많은 회사가 경쟁을 하기 때문에 각 철도 회사마다 다양한 기간제 요금이나 세트 상품을 판매하고 있다. 상품에 따라서는 반값 이하의 비용으로 즐길 수 있다.

09 안내 센터를 잘 활용한다

각 역마다 관광 안내 센터가 있다. 신주쿠역이나 도쿄역과 같이 많은 노선이 교차되고 사람이 붐비는 역에는 대부분 안내 센터가 있다. 철도 회사마다 운영하는 별도의 창구가 있어 여행 상품 혹은 각종 관광지 정보와 요금을 안내하고 승차권을 구입할 수 있다. 한국인이나 한국어가 가능한 스텝이 있어 언어적인 문제도 해결해 주기도 한다. 혼자만의 판단으로 움직이다 보면 정보 부족으로 비용 및 시간을 낭비할 수 있다. 사소한 것이라도 궁금한 것이 있으면 안내 센터를 이용하여 낭비하지 않도록 하자.

다국어 안내 서비스를
제공하는 관광 안내소

1. 도쿄역과 마루노우치 지역

2. 우에노, 오카치마치

3. 아사쿠사

4. 긴자, 니혼바시

5. 닌교초

6. 롯폰기, 도쿄 미드타운

7. 아키하바라

8. 오다이바, 도요스

플러스 알파 - 도쿄 스카이트리
플러스 알파 - 가스미가세키, 나가타초
플러스 알파 - 간다, 오차노미즈

02

지역별 안내
동부

East Tokyo

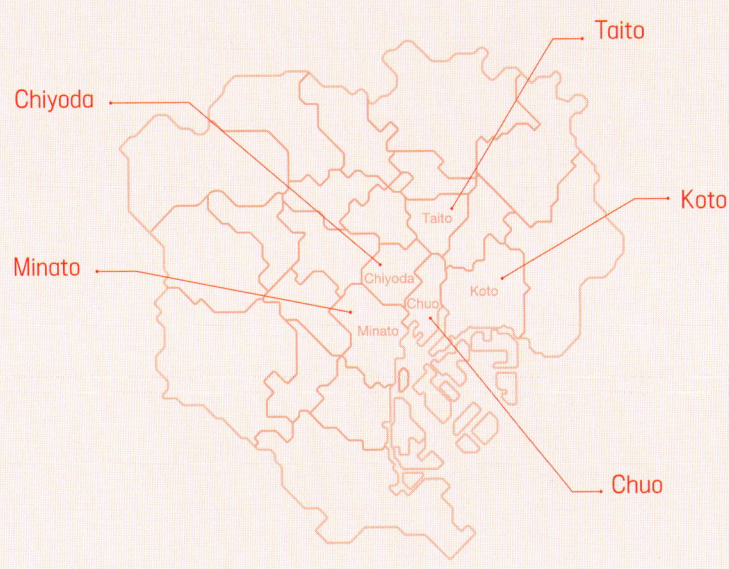

- 제국 극장(帝国劇場)
  - 위치: 東京都千代田区丸の内3-1-1,
    Tokyo, Chiyodaku, Marunouchi, 3 Chome-1-1
  - p 42 참고

도쿄역과
마루노우치 지역
東京駅、丸ノ内

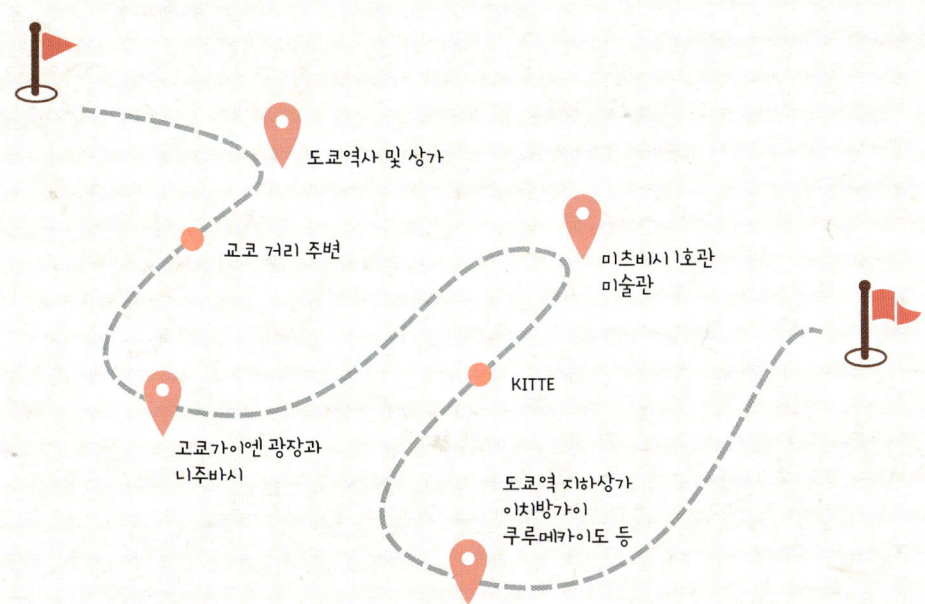

도쿄역사 및 상가

교코 거리 주변

미츠비시1호관 미술관

KITTE

고쿄가이엔 광장과 니주바시

도쿄역 지하상가 이치방가이 쿠루메카이도 등

도쿄역과 마루노우치 지역 ──── Information
東京駅、丸ノ内

　일반적으로 도시의 이름이 들어간 역은 그 도시의 역사를 대변하고 중심 역할을 하는데, 도쿄역 역시 그러하다. 도쿄역을 중심으로 한 마루노우치(丸の内) 지역은 일본 근대 오피스 건물의 발상지라고 불리는 만큼 은행과 대기업이 입주해 있어 현대식 고층 건물이 숲을 이루고 있고 일본의 금융과 경제를 움직이는 심장부이다. 도쿄 도청이 신주쿠로 이전하기 전까지는 마루노우치 지역에 있었다.

　일본 최초의 서양식 오피스 건물인 '미츠비시 1호관' 건물은 빨간색 벽돌로 지어졌으며 지금은 미술관(도쿄이치고칸 미술관)으로 활용되고 있다. 도쿄역 정면에는 일왕이 머무는 황거가 있고 대표적인 번화가인 오오테마치(大手町), 니혼바시(日本橋), 긴자(銀座)와도 가깝다. 도쿄역 주변은 오랜 역사를 지닌 번화가인데 도심 재생 사업의 일환으로 주변의 많은 건물들이 리모델링되거나 재개발되어 고층 빌딩이 많이 들어서 있지만 고쿄가이엔(皇居外苑)과 히비야(日比谷) 공원이 자리하고 있어 녹지도 많은 지역이다.

　도쿄역은 도쿄의 관문이자 도쿄를 상징하는 역으로 신칸센(新幹線)을 비롯하여 많은 전철과 지하철 노선이 교차하는 역이며 일왕이 머무는 황거(皇居)를 바라보고 있다. 빨간색 벽돌로 지어진 역사는 1914년에 완공되었으며 2차 대전 때 미군의 폭격에 의해 일부가 파괴되기는 했지만 골격은 그대로 유지되어 2012년에 복원 공사를 마쳤으며 주변 정비 사업도 2018년 초에 완료하여 깔끔하게 단장되었다. 역사는 일본의 중요 문화재로 등록되어 있는 건물로 외관의 느낌만으로도 역사와 전통이 깃든 건물이라는 사실을 알 수 있다.

　도쿄역 지하는 넓은 공간으로 하나의 도시를 형성하며 개찰구, 갤러리, 상업 시설이 많다. 인근 빌딩은 지하의 통로와 연결되어 있어 매우 복잡하다. 먼저 중앙 출구로 나오면 정면에 마루노우치 빌딩과 신마루노우치 빌딩이 있고 그 사이에 교코 거리가 있다. 교코 거리를 따라 황거로 향한다. 오른쪽에 고쿄히가시교엔이 있는데 입장을 하려면 입장권이 있어야 한다. 시간 여건이 충분하면 들어가서 관람해도 좋지만 대부분의 관광객은 어려울 것이다. 해자를 사이에 두고 니주바시까지 돌아본 후 광장을 지나 제국 극장, 미츠비시 이치고칸 미술관, KITTE 빌딩을 둘러본 후 지하상가(이치방가이 등)에서 출출한 배를 채운다.

🚆 교통

- **도쿄역**(東京駅) : (JY) 야마노테선, (JC) 주오선, (JC) 소부선, (JK) 케이힌 도호쿠선, (JU) 우에노도쿄라인, (JE) 게이요선, (JT) 도카이도선, (JO) 요코스카선, (M) 마루노우치선, (JM) 무사시노선
- **니주바시마에역**(二重橋前駅) : (C) 치요다선
- **오테마치역**(大手町駅) : (M) 마루노우치선, (Z) 한조몬선, (T) 토자이선, (C) 치요다선, (I) 미타선
- **히비야역**(日比谷駅) : (H) 히비야선, (I) 미타선, (C) 치요다선
- **유라쿠초역**(有楽町駅) : (Y) 유라쿠초선, (JK) 케이힌 도호쿠선, (JY) 야마노테선

👡 추천 경로

1. 도쿄역사 및 상가 (60분)
2. 교코 거리 및 주변 (30분)
3. 고쿄가이엔 광장과 니주바시 (60분)

5. 도쿄역 지하상가 이치방가이, 쿠루메카이도 등(60분)

4. 미츠비시 1호관 미술관 및 KITTE(60분)

도쿄의 관문

도쿄역사
東京駅舎

도쿄 철도망은 1872년(明治5年)에 신바시(新橋)와 요코하마(横浜)를 잇는 철도가 개통하면서 시작되었다. 도쿄역은 1914년에 개업해서 계속 증설하다가 2차 대전 중 미군의 공습에 의해 파괴되었다. 전쟁 후 다시 재건 공사를 실시하여 도쿄 올림픽이 열리던 해인 1964년, 신칸센 터미널이 완성되었다. 그 후에도 마루노우치선, 소부선, 요코스카선 등 많은 노선이 연결되면서 꾸준히 확장되고 있다. 2007년에 '도쿄역사 르네상스'라는 프로젝트를 가동하여 2012년에 역사 원래의 모습과 가깝게 복원하였다. 밤에는 연출된 조명으로 인해 주변의 건물과 대조를 이루며 색다른 모습을 보여 준다.

도쿄를 대표하는 역답게 고풍스럽고 우아한 느낌을 자아내는 아름다운 역이다. 복원된 도쿄역의 상징은 남북 양쪽에 있는 돔 형식의 지붕과 내부의 고풍스러운 장식으로 그리스 로마풍의 신전 분위기를 느낄 수 있다. 개통 당시에는 황거와 가까웠기 때문에 황실 사람들이 이용하기 위해 중앙 현관은 황실 전용으로 만들어졌는데, 복원할 때는 당시의 고급스러운 분위기를 살리기 위해 심혈을 기울였다고 한다.

1. 도쿄역사 2. 도쿄역사 야경 3. 고풍스러운 돔 형식의 도쿄역사 천장

2 황거로 가는 길
교코 거리 주변
行幸通り

도쿄역과 마루노우치 지역의 고층 빌딩도 하나의 볼거리이다. 도쿄역 광장(마루노우치 중앙 출구 또는 메인 로비)으로 나오면 양쪽에 높은 오피스 건물 사이로 고풍스러운 도쿄역 역사 건물을 감상할 수 있다. 정면에 양쪽으로 고층 빌딩이 들어서 있고 멀리 황거가 보이는데 이 황거로 가는 길이 교코 거리(行幸通り)이다.

교코 거리는 황실의 공식 행사나 외국 대사 신임장 봉정식에 이용된 유서 깊은 거리이다. 2010년에 재정비되어 가운데에 인도가 있고 양쪽에 차도가 있어 황거까지 걸어갈 수 있게 되어 있다. 교코 거리 지하(마루노우치 빌딩과 신마루노우치 빌딩 사이)에는 교코 지하 갤러리가 있다. 이 갤러리에서는 상설 전시되는 세계의 철도와 도시 사진전과 함께 다양한 이벤트가 기획되어 전시되고 있다.

광장에서 보면 정면에 양쪽으로 기둥처럼 서 있는 높은 건물이 있는데 왼쪽이 마루노우치 빌딩, 오른쪽이 신마루노우치 빌딩이다. 상업용 빌딩으로 내부에는 사무실과 쇼핑 시설과 음식점이 들어서 있다.

도쿄역 광장에서 본 마루노우치 빌딩(좌)과 신마루노우치(우) 빌딩

❸ 사람과 사람을 이어 주는 우편국
JP 타워(KITTE)

위치 東京都千代田区丸の内2-7-2
Tokyo-to, Chiyoda-ku, Marunouchi, 2 Chome-7-2

광장의 왼쪽(마루노우치 남쪽 출구)에 유리로 된 JP 타워 건물이 있다. JP 타워는 일본 우편국, JR 동일본, 미츠비시가 운영하는 빌딩이고 빌딩 저층동(지하 1층~6층)에 들어서 있는 'KITTE'는 종합 상업 시설이다.

'킷테(切手)'는 우리말로 '우표'를 말한다. 우표가 소식을 전하듯 사람과 사람을 이어 주고 도쿄역이 사람들이 오며 가며 다른 사람들을 만난다는 의미를 담았다고 한다. '오라'는 의미의 일본어 '키테(来て)'와도 발음이 똑같다. 건물 내부에 들어가 보면 저층동의 중간 공간이 비어 있어 내부에서도 6층까지 관망할 수 있는 대공간으로 만들어져 있다.

이름이 의미하듯 전국 각 지방에서 인증을 받은 공예품이나 특산품을 전시하고 판매하는 시설이 들어서 있고, 각 산지에서 생산된 재료로 만들어진 음식들을 맛볼 수 있다. 1층과 지하 1층에는 관광 비즈니스센터인 '도쿄시티 아이'가 자리 잡고 있다.

도쿄역의 랜드마크인 JP 타워(KITTE)

TokyoCity i

독특한 구조의 JP 타워(KITTE)의 내부

일왕의 거처

황거
皇居

도쿄역 정면에 있는 높은 빌딩 사이로 초록색의 숲이 보이는데 이곳이 일왕 일가족이 기거하는 황거(皇居)다. 도쿄역 광장에서 10여 분을 걸으면 넓은 광장이 나타나고 10m가 넘는 수로를 사이에 두고 푸른 숲과 기와지붕의 건물들이 보인다. 수로 건너편이 황거다. 수로를 건너가는 다리 앞에는 초소가 있으며 많은 경찰들이 경계를 서고 있다. 황거 주변에는 외부로부터 침입을 막기 위한 방어 수로인 '해자(垓子)'가 있다. 황거뿐만 아니라 각 지역에 있는 성(城) 주변에서도 쉽게 볼 수 있다.

교토(京都)에 있던 황거를 메이지 유신 이후 이곳으로 옮겨왔다. 일반인에게 공개하지는 않지만 신년인 1월 2일과 일왕의 생일인 2월 23일에 개방한다. 또, 벚꽃놀이 시즌에는 특별히 개방하기도 한다. 관람하려면 미리 예약이 필요하다. 일왕 가족의 신년 인사회 때는 황거 앞 광장에 일왕 일가를 보기 위해 수많은 사람이 모여든다.

해자와 멀리 보이는 궁내청 건물, 왼쪽이 고쿄 앞 광장

⑤ 황거를 둘러싼 녹지

고쿄가이엔과 고쿄히가시교엔
皇居外苑·皇居東御苑

위치 東京都千代田区皇居外苑1-1
Tokyo-to, Chiyoda-ku, Kōkyogaien 1-1

고쿄가이엔(皇居外苑)은 황거(고쿄)를 감싸고 있는 해자의 바깥쪽을 말하는데 일반적으로 황거 앞의 넓은 광장을 말한다. 항상 개방되어 있다. 황거가 개방되어 참관할 때만 건널 수 있는 니주바시(二重橋)는 도쿄의 상징물로도 자주 등장하는 다리이다. 광장의 앞에는 가마쿠라(1185년~1333년) 시대에 일왕을 도운 무사 구스노키마사시게(楠木正成) 동상이 서 있다.

고쿄히가시교엔(皇居東御苑)은 황거와 담 하나를 두고 있는데 일반인이 관람 신청을 하지 않고도 입장할 수 있다. 도쿄역에서 가다 보면 오른쪽으로 숲이 우거진 곳이다. 내부에는 많은 나무가 심어져 있고 에도성(江戸城)의 흔적이 남아 있다. 일본 정원, 황실 관련 시설을 볼 수 있다. 광장에서 보면 오른쪽에 기쿄보리(桔梗濠) 해자를 사이에 두고 있다. 입장료는 없으며 연말연시, 월요일과 금요일 또는 특별한 행사일을 제외하고 입장할 수 있다. 각 창구에서 입장표를 받아 입장하고 나올 때는 입장표를 돌려줘야 한다. 입장은 9시부터 4시(동절기에는 3시 30분)까지다.

구스노키 마사시게 동상

▲ 기쿄해자(桔梗濠)를 사이에 두고 있는 고쿄히가시교엔(왼쪽)
◀ 니주바시

고쿄가이엔과 고쿄히가시교엔

[지도: 고쿄 주변 - 에도성터, 고쿄 히가시교엔(皇居東御苑), 고쿄(황거)皇居, 오테몬(大手門), 기쿄몬(桔梗門), 궁내청(宮内庁), 니주바시, 세이몬이시바시, 황실 앞 광장, 사쿠라다몬, 고쿄가이엔(皇居東御苑)]

TALK&TALK

 도쿄의 관문 도쿄역, 일왕이 살고 있는 황거, 오피스 건물의 발상지인 마루노우치 등 이곳은 역사와 전통이 있는 지역이란다.

일왕이 사는 황거는 왠지 이상한 느낌이 드네요.

 한국인이면 누구나 아픈 역사를 떠올리게 되지. 황거를 중심으로 국회 의사당, 관청가가 자리 잡고 있고 뒤편에는 야스쿠니 신사가 있단다.

경치나 건물 감상보다는 상징적인 지역으로 둘러보면 되겠네요.

6 일본 최초의 서양식 극장

제국 극장
帝国劇場

위치 東京都千代田区丸の内3-1-1
Tokyo, Chiyodaku, Marunouchi, 3 Chome-1-1

제국 극장(가운데 건물) 전경

일본에서 가장 큰 영화사인 토호(東宝)가 운영하는 극장이다. 1911년 개관한 최초의 서양식 극장으로 100년이 넘은 역사를 자랑하는 극장이다. 각종 뮤지컬 공연과 영화를 상영한다.
1층의 숍에서는 가벼운 음식과 음료를 즐길 수 있으며 제국 극장의 오리지널 기념품을 판매하고 있다. 2층 카페 임페리얼에서는 해자와 광장을 볼 수 있다.

마루노우치 최초의 서양식 오피스
미츠비시 1호관 미술관
三菱一号館美術館

위치 東京都千代田区丸の内2-6-2
Tokyo, Chiyodaku, Marunouchi, 2 Chome-6-2

일본이 개항한 직후인 1894년에 지어진 건물을 2009년에 복원하여 2010년에 미술관으로 개관했다. 마루노우치 지역의 첫 번째 서양식 오피스 건물로 빨간색 벽돌로 지어졌다. 당시에 영국인 건축가인 조사이어 콘도르(Josiah Conder)가 일본의 초청을 받아 설계한 건물이다. 건물이 지어진 시대인 19세기 말의 작품을 많이 소장하고 있다. 미술관 내부에는 마루노우치 역사를 볼 수 있는 '역사 자료실'과 뮤지엄 카페와 뮤지엄 숍이 있다.

미츠비시 1호관 미술관을 지나면 유리로 둘러싸인 도쿄 국제 포럼 건물이 보인다. 도쿄의 대표적인 국제 컨벤션 센터이다. 전시홀과 회의실, 미술관, 레스토랑 등을 갖춘 종합 문화 시설이다. 내부에 들어가 보면 자연 채광을 이용한 친환경 건물이라는 것을 알 수 있다.

미츠비시 1호관 미술관

위치 도쿄 국제 컨벤션 센터 東京都千代田区丸の内3-5-1 / Tokyo, Chiyodaku, Marunouchi, 3 Chome-5-1

8 지하철 밑 포장마차 거리
유라쿠초 다리 아래

일본의 철로 아래는 다양한 용도로 활용되고 있다. 창고에서부터 운동 시설, 사무실, 식당 등이 들어서 있다. 대표적인 곳이 도쿄역에서 야마노테센으로 한 정거장 옆에 있는 JR유라쿠초역을 중심으로 양쪽에 펼쳐진 지역이다. 철로 아래에 들어선 가게에는 하루의 스트레스를 풀려는 직장인을 비롯해 친구나 동호회 회원들과 온 대학생들, 일본의 독특한 밤 분위기를 느끼기 위해 찾아온 외국 관광객들이 몰려들어 왁자지껄하다. 입구에 '유라쿠초산초쿠요코초(有楽町産直横丁)'라고 쓰여 있다. 굳이 뜻풀이를 하자면 '유라쿠초 산지직송 골목'으로 산지에서 직송된 재료를 사용하는 요리집 골목이다.

내부로 들어가 보면 깔끔하게 현대식으로 단장된 가게도 있지만 허름한 옛 주막 분위기를 느낄 수 있다. 음식은 남쪽의 오키나와 요리부터 북쪽의 홋카이도 요리까지 일본 전국 요리를 맛볼 수 있으며 양식과 한국 요리점도 자리잡고 있다. 요리 종류도 생선초밥, 야키도리, 오뎅, 튀김, 나베요리, 스테이크, 우동이나 메밀면, 라멘에 이르기까지 없는 것이 없다.

수시로 지나는 열차의 굉음과 진동은 손님들의 목소리를 더욱 키우게 만든다. 음식을 즐기는 것도 재미있지만 우리나라에서는 느낄 수 없는 독특한 일본의 술집 분위기를 즐길 수 있다. 긴자나 도쿄역 주변에 간다면 반드시 가 봐야 할 필수 코스로 추천하고 싶다.

먹고 싶은 요리에 맞춰 1차, 2차를 마치고 아쉬움이 남는다면 작은 바에 들어가 한 잔 더 즐길 수도 있다. 비교적 저렴하게 즐길 수 있는 곳이 '서서 마시는(立飲み) 바(bar)'다. 다리 아래에서 거닐다 보면 쉽게 찾을 수 있는데 다양한 주류와 안주를 맛볼 수 있다.

 **먹거리 / Food**

각 지방에서 들어오고 나가는 사람들이 많은 도쿄역 주변은 쇼핑과 먹거리 천국이다. 도쿄역을 중심으로 주변 상가와 빌딩으로 이어진 도쿄이치방가이(도쿄 1번가)를 비롯해 그랑스타(GRANSTA), 쿠로베이요코초(黒塀横丁), 기타마치다이닝(北町ダイニング), 키친스트리트(KitchenStreet), 그랑아주(GranAge), 그랑루후(GRANRoof), 그랑프런트(GRANFRONT), 깃테그란쉐(KITTE GRANCHE) 등 여러 상점가가 형성되어 있다. 도쿄의 관문인 만큼 일본 방방곡곡의 음식, 특산품, 패션 매장이 모여 있다. 도쿄역 주변에서는 매일 다른 식당을 들러도 1년은 먹을 수 있을 것이다.

쇼핑과 먹거리의 거리
❶ 도쿄이치방가이(도쿄 1번가) 東京一番街

도쿄역의 쇼핑 명소 중 하나로 도쿄역을 오가는 사람들이 반드시 들르는 곳이 도쿄이치방가이(東京一番街)이다. 도쿄역 야에스 지하 중앙 출구(八重洲地下中央口)에 연결된 지하상가이다.

이곳에는 캐릭터 상품을 판매하는 '캐릭터 스트리트', 도쿄를 대표하는 라멘집이 모여 있는 '라멘 스트리트'를 포함한 각종 식당이 모여있는 '닛폰 구루메 카이도(닛폰 구루메 거리)', 과자류를 판매하는 '도쿄 오카시란도(도쿄 과자랜드)'가 들어서 있다.

도쿄이치방가이 입구

몇 개의 구역으로 나누어져 있는데 라멘을 골라 먹을 수 있는 '라멘 스트리트'와 초밥(스시), 스미비야키(숯불 구이) 등 일본 요리점이 있는 '닛폰 구루메 카이도'가 통로를 두고 서로 마주보고 있다. 이곳에서는 센다이, 히로시마, 하카타, 가고시마, 요코하마, 토야마 등 각 지방의 특색을 지닌 음식을 맛볼 수 있다.

라멘 스트리트는 '1주일간 먹어도 질리지 않는' 콘셉트로 다양한 일본 라멘을 맛볼 수 있는데 대부분의 가게는 가게 앞에 있는 자판기에서 먹고 싶은 메뉴를 선택해 식권을 구입하여 입장한다. 라멘 가게에 들어서면 옆 사람의 어깨가 닿을 정도로 좁은 공간에서 먹어야 한다.

도쿄이치방가이
(왼쪽 라멘 스트리트,
오른쪽 닛폰 구루메 카이도)

가장 유명한 가게는 '로쿠린샤(六厘舎)'이다. 식사 시간이 아닌 시간대에 가더라도 줄을 서야 먹을 수 있다. 진한 국물과 두꺼운 면이 특징인 가게다. 면을 양념장(쓰유)에 찍어서 먹는 쓰케멘 스디일의 라멘이다.

도쿄이치방가이 내부 MAP

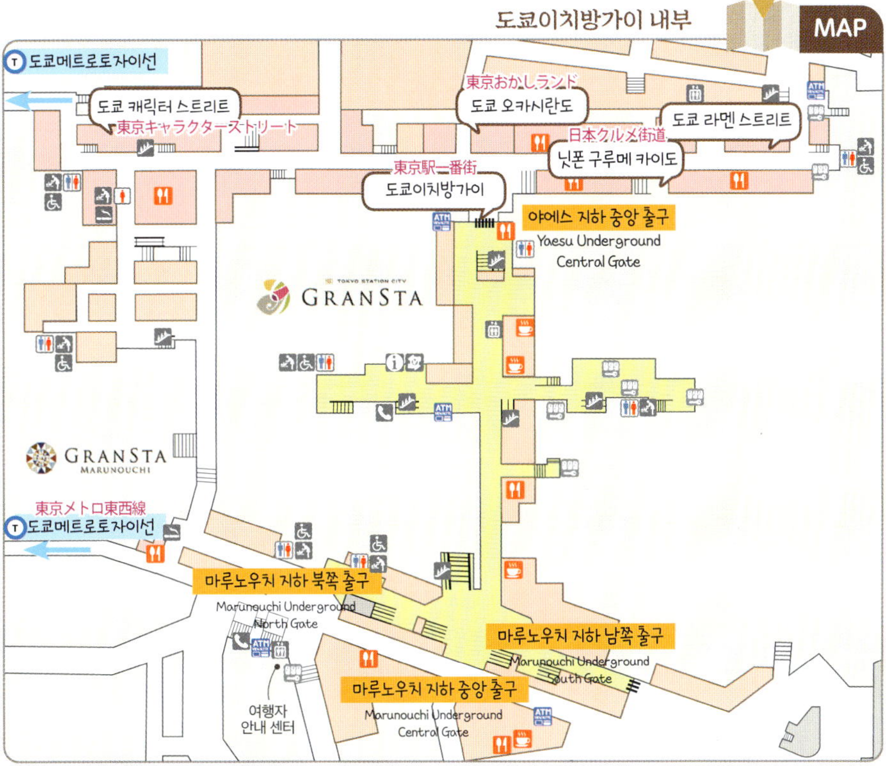

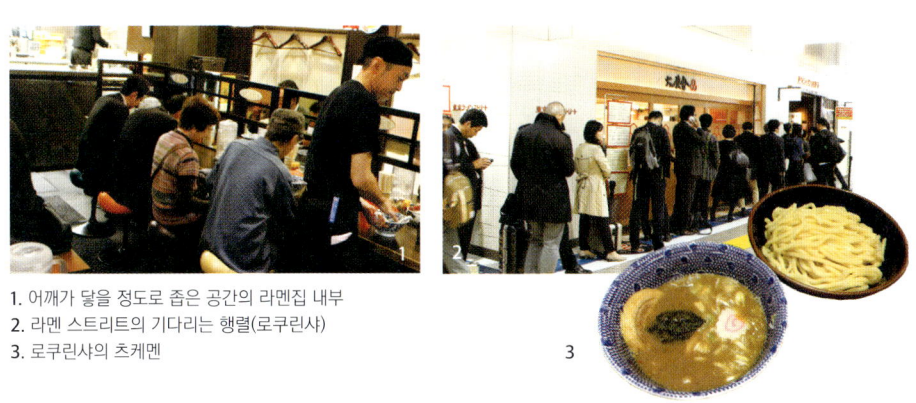

1. 어깨가 닿을 정도로 좁은 공간의 라멘집 내부
2. 라멘 스트리트의 기다리는 행렬(로쿠린샤)
3. 로쿠린샤의 츠케멘

 먹거리 / Food

면을 먹는 방법에 따른 종류

일본은 라멘, 우동, 메밀면 등 면 종류 요리가 발달한 나라이다. 국토가 남북으로 길게 뻗어 있어 식재료가 다양하여 지방에 따라 다양한 종류의 면, 고명, 국물이 들어간다. 같은 지방이라 하더라도 먹는 방법에 따라 '츠케(つけ麵)'와 '가케(かけ麵)'로 나뉜다.

- **츠케멘(つけ麵)**
면과 양념이 된 장국이 따로 나와 장국에 찍어 먹는 면을 말한다. 주로 소바(메밀면)를 이 방법으로 많이 먹는다. 자루소바가 대표적이다. 라멘으로 국물과 면이 따로 나오는 경우는 드문 편이다.

- **가케멘(かけ麵)**
'가케'는 '끼얹다'라는 의미다. 가케멘은 면에 국물을 부어 먹는 것을 말한다. 우리가 일반적으로 먹는 라면이나 우동이 이에 해당한다. 오카야마현(岡山県)의 붓카케 우동이 유명하다. 무언가를 얹은 경우에 '가케'라는 단어를 사용한다. 예를 들어, 면 위에 계란을 얹어 먹는 경우 '타마고가케멘'이라 한다.

라멘 스트리트와 연결된 '도쿄 오카시란도(도쿄 과자랜드)'는 일본의 대표적인 대형 제과 회사 세 곳인 구리코, 모리나가, 카루비가 과자를 테마로 하여 만든 공간이다. 3사의 과자 외에도 전국 특정 지역에 한정하여 판매되는 과자를 맛볼 수 있고, 점포에서 직접 만든 과자를 현장에서 맛보고 구입할 수도 있다. 때에 따라서는 3사 외의 제과 회사가 기간 한정 이벤트를 실시하기도 한다. 운이 좋으면 이런 이벤트 기간에 과자를 저렴하게 구입할 수 있다.

캐릭터 스트리트는 캐릭터 상품을 취급하는데 우리 눈에도 익숙한 캐릭터 상품이 많다. NHK, 아사히TV, 니혼TV, TBS, 후지TV 등에서 방영된 프로그램의 다양한 캐릭터와 헬로키티, 울트라맨, 짱구 등 일본 특유의 만화나 애니메이션 캐릭터 매장이 들어서 있다. 이 밖에도 레고, 포켓몬, 버섯을 캐릭터화한 나메코, 자동차 장난감의 토미카와 성인 여성에게 인기가 있는 캐릭터용품점도 있다.

위치 도쿄역 야에스 지하 중앙 출구(八重洲地下中央口) 지하상가

영업시간 10:00~23:00(점포에 따라 차이가 있을 수 있음)

오카시란도의 한 매장

캐릭터 스트리트의 한 매장

먹거리 / Food

지역별 다양한 도시락을 판매하는
❷ 에키벤야 마츠리 駅弁屋 祭

'에키벤'은 역을 의미하는 '에키(駅)'와 도시락을 의미하는 '벤토(弁当)'의 합성어이다. 즉, 역에서 파는 도시락을 말한다. 일본은 각 지역별 특산물로 만든 도시락이 많다. 이런 도시락을 역 또는 열차 내에서 판매한다. 출장이나 여행을 다니며 그 지역의 도시락을 특산물로 가져오는 사람도 많다. 심지어 전국을 돌아다니며 이런 도시락을 먹는 것을 취미로 삼는 사람이 있을 정도이다.
'에키벤야 마츠리'는 '매일이 도시락 축제'라는 콘셉트로 전국 각 지방의 에키벤을 판매하는 곳이다. 200종이 넘는 메뉴를 갖추고 있다. 점포에서 직접 만들어 제공하는 즉석 도시락도 인기 있다. 도시락이라고 하지만 간단히 먹을 수 있는 도시락이 아닌 한끼의 정식이라 할 수 있다.

위치 JR 중앙 출구(中央出口), 마루노우치 중앙 개찰구(中央改札口) GRANSTAR 내
영업시간 05:30~22:00(연중무휴)

에끼벤야 마츠리

인기 츠케멘 전문점
❸ 마츠도 토미타 멘반 松戸富田麺絆

치바현 마츠도시에 있는 유명 라멘 가게의 첫 도쿄 직영점이다. 라멘 업계 최고의 권위를 가지고 있는 '도쿄 라멘 오브 더 이어'의 첫 명예의 전당에 오른 가게. 농후한 특제 츠케멘이 현지인들 사이에서 가장 유명하다. 차슈와 계란을 별도의 접시에 따로 내어주며, 엄선한 밀가루로 만든 쫄깃쫄깃한 면발이 특징이다. 주문 시 면의 양을 조절할 수 있다. 식사시간에는 자주 줄이 생길 정도로 유명한 곳이며, 보통의 라멘집과는 다른 철제 인테리어도 눈에 들어온다.

위치 JP 타워(KITTE) 지하 1층
영업시간 월~금: 11:00~22:00
　　　　　 토, 일, 공휴일: 11:00~21:00

먹거리 / Food

일본 엄마의 손맛을 느끼게 해 주는
❹ 카야노야 茅乃舎

어느 나라든 '엄마의 손맛'은 맛은 물론이고 정감이 넘치는 느낌인가 보다. 이 가게의 본사 이름도 '쿠바라혼케(久原本家)' 그룹으로 어머니의 손맛으로 빚어낸다는 의미를 담고 있다. 1893년에 간장으로 창업하여 100년이 훌쩍 넘은 역사를 지닌 회사이며 전국적으로 간장과 다시 등 양념과 소스 종류를 판매하는 레스토랑도 운영한다.

오뎅 간장과 냄비 요리를 위한 양념도 있다. 도쿄역 한정 상품은 '요리 다시 상자'이다. 상자 안에는 이 양념을 이용한 레시피가 들어 있다. 매장에는 이곳에서 판매하는 상품을 이용한 요리를 즉석에서 해 주고 시식도 할 수 있다. 오뎅 국물을 직접 먹어 보고 구입할 수 있도록 하고 있다.

위치 도쿄역 마루노우치 지하 중앙 출구 (丸ノ内地下中央出口) GRANSTAR 내
영업시간 08:00~22:00(월~토)
08:00~21:00(일, 공휴일)
레스토랑 : 11:00~22:00(월~토)
11:00~21:00(일, 공휴일)

엄마가 만들어 준 주먹밥
❺ 혼노리야 ほんのりや

주먹밥은 일본어로 '쥐다'라는 의미의 '오니기리(おにぎり)'라 하는데 오니기리의 다른 표현은 '묶는다'는 의미의 '오무스비(お結び)'라 한다.
즉, 김으로 밥을 묶는다는 의미가 된다. 우리나라에서 소풍이나 운동회 때 엄마가 정성스럽게 김밥을 싸 주듯이 일본도 오니기리를 싸서 도시락으로 가져간다. 이러한 엄마의 정성을 담은 주먹밥이라는 모토로 여행객들이 가볍게 끼니를 때울 수 있는 식당이다. 분점이 많이 있으나 이곳이 본점이나.

위치 JR 도쿄역 야에스 지하 중앙 출구 (八重洲地下中央口) 지하상가
영업시간 06:00~22:00(연중무휴)

쇼핑 / Shopping

유럽과 일본산 문방구
⑥ 노이슈타트 부루다 ノイシュタット ブルーダー NEUSTADT BRÜDER

이국적인 분위기의 이상한 문방구점과 같은 느낌의 가게다. 장난끼 넘치는 소품이 많다. 잡화점 같은 분위기도 느껴지지만 문방구와 같은 비즈니스 아이템을 비롯해 여행이나 출장에 필요한 상품도 많다. 독특한 아이디어의 상품이나 선물용으로 활용하기 좋은 상품이 많다.

위치 JR 도쿄역 야에스 지하 중앙 출구
(八重洲地下中央出口)
GRANSTAR 내

영업시간 09:00~22:00(월~토)
09:00~21:00(일)
다음날이 공휴일인 경우
22:00까지 영업

오미야게의 집합소
⑦ ecute 도쿄 ECUTE 東京

일본은 여행이나 출장을 가면 그 지역에서 오미야게(お土産)를 구매한 뒤 가족, 직장동료, 지인에게 주는 문화가 있다. 자신이 다녀온 지역의 특산품이나 특색이 있는 상품을 구매해서 서로 주고받는 문화다. 이 문화 덕분에 일본은 기념품이나 선물 패키지가 우리나라보다 다양하고 특색 있는 상품이 많다. Ecute 도쿄는 그 오미야게를 파는 곳이다. 지방에서 도쿄로 출장 온 회사원이나 여행을 온 사람들이 신칸센을 타고 지방으로 돌아가기 전이나 도쿄 사람들이 지방 사람들에게 줄 오미야게를 살 때 여기만큼 적당한 곳이 없다. 오미야게 뿐만 아니라 간식거리도 많이 팔기 때문에 지나가면서도 들르기 좋은 곳이다.

위치 신칸센 남쪽 환승구 근처

영업시간 평일, 토요일 8:00~22:00
일요일, 공휴일 8:00~21:30

우에노, 오카치마치

上野、御徒町

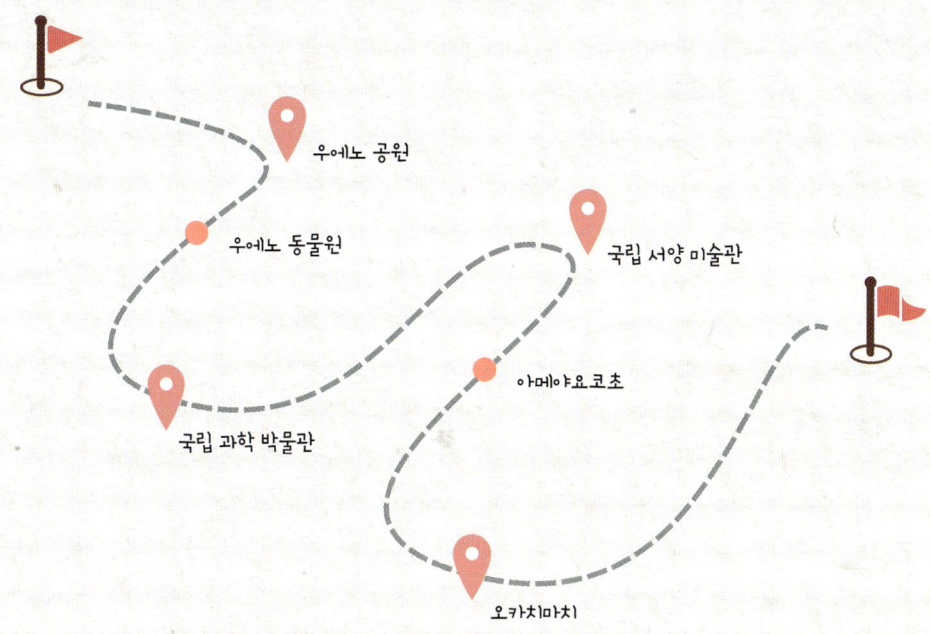

아메야요코초

김치 골목

우에노, 오카치마치
上野、御徒町

Information

    우에노역은 일본 철도 초창기부터 자리를 지킨 역사를 간직한 역으로 치바현(千葉県), 이바라기현(茨城県)과 함께 동북 지방에서 오가는 길목으로 관문 역할을 하고 있다. 1883년에 처음 세워졌고, 1923년 관동 대지진 때 불에 타 지금의 역사 건물은 1932년에 지어졌다. 이후 꾸준한 증개축으로 인해 지금의 모습으로 바뀌었다.

    이 지역은 오랜 역사를 지닌 탓인지 현대적인 느낌보다는 서민적인 분위기가 풍긴다. 도쿄에서 일본적인 분위기를 느낄 수 있는 대표적인 지역이다. 우에노역과 오카치마치역 사이에는 우리나라 남대문 시장과 분위기가 비슷한 아메야요코초(アメヤ横丁) 상점가가 있는데 우에노의 분위기를 상징적으로 말해주는 곳이다. 서민적인 분위기와 함께 우에노 공원을 중심으로 국립 과학 박물관을 비롯해 미술관과 도쿄 문화 회관, 예술 대학이 자리 잡고 있어 문화 예술의 향기가 흐르는 곳이다.

    우에노 공원은 판다로 유명한 우에노 동물원이 있으며, 벚꽃놀이 철이 되면 대표적인 꽃놀이 장소로 알려져 있다. 서민적이면서 많은 문화 예술 관련 시설이 자리 잡고 있는 독특한 분위기의 거리라 할 수 있다. 또, 오카치마치역을 중심으로 크고 작은 보석 상점과 관련 회사들이 몰려 있다.

우에노는 우에노 공원 안에 박물관, 미술관, 동물원 등 많은 시설이 있기 때문에 우에노 공원을 중심으로 관광한다. 공원 관람 후, 오카치마치역까지 이어지는 전통 시장 아메야요코초를 돌며 쇼핑하는 것이 가장 효율적이다.

교통

- **우에노역**(上野駅) : (JY) 야마노테선, (G) 긴자선, (H) 히비야선, (JJ) 조반선, (JK) 게이힌토호쿠선, (JU) 우에노도쿄라인, 다카사키선, 우쓰노미야선
- **게이세이 우에노역**(京成上野駅) (KS) 게이세이 본선, 스카이라이너, (KS) 스카이 엑세스
- **오카치마치역**(御徒町駅) : (JY) 야마노테선, (JK) 게이힌토호쿠선
- **우에노 오카치마치역**(上野御徒町駅) : (E) 오에도선
- **우에노 히로코지역**(上野広小路駅) : (G) 긴자선

①

벚꽃의 명소
우에노 공원
上野恩賜公園

원래 이름은 '우에노온시공원(上野恩賜公園)'이다. 1873년에 문을 연 우에노 공원은 약 53만㎡의 넓이로 일본 최초의 공원이자 일본 최대의 도시 공원이다. 넓은 녹지와 예술, 문화 시설이 집중해 있으며 호수(시노바즈노이케)가 있다. 원래 황실 소유였으나 1924년 도쿄도에 하사한 공원이다. 도쿠가와 가문(德川家)의 15장군(쇼군) 중 6명이 모셔져 있는 칸에이지(寬永寺)를 비롯해 신사와 사이고다카모리상을 비롯한 동상, 왕인 박사 기념비, 우에노 동물원과 도쿄 국립 박물관, 국립 서양 미술관, 도쿄도 미술관, 국립 과학 박물관, 풍속 자료관, 도쿄 문화 회관, 도쿄 예술 대학, 일본 학사원(学士院), 일본 예술원(芸術院) 등 많은 문화 예술 관련 시설이 들어서 있다.

특히 벚꽃놀이 철이 되면 꽃놀이하러 오는 사람들이 가장 많이 붐비는 곳으로도 알려져 있다. 꽃놀이 철이면 퇴근하는 직장 동료들의 꽃놀이를 위해 오전부터 돗자리를 펴고 있는 모습도 볼거리의 하나이다. 포장마차에서 파는 길거리 음식을 먹는 즐거움 또한 꽃놀이에 빠지지 않는 즐거움이라 할 수 있다. 여행 중 쌓인 피로를 숲과 물, 문화가 있는 우에노 공원에서 푸는 것도 나쁘지 않을 것이다. 공원 안에는 레스토랑이나 카페가 있어 휴식을 취하기에는 최적의 장소이다.

❷ 우에노 동물원
일본 제1의 방문객을 자랑하는
上野動物園

영업시간 09:30~17:00
(매주 월요일 정기 휴일, 월요일이 공휴일일 경우 화요일이 휴일)

입장료 초등학생: 무료 중학생: 200엔
일반: 600엔 경로(65+): 300엔

1882년에 문을 연 일본 최초의 동물원으로 방문객 수도 일본에서 제일 많다. 원내는 동원과 서원으로 나누어져 있고 모노레일로 연결되어 있다. 300m 정도의 짧은 레일로 일본 최초의 모노레일이다.

1972년 국교 정상화를 기념으로 중국에서 온 판다가 우에노 동물원에 들어오면서 우에노 동물원의 상징이 되었다. 판다를 비롯해 수마트라 호랑이, 침팬지, 넓적부리 황새 등 희귀종의 동물도 많다. 동원을 먼저 보고 서원으로 넘어가는 것이 좋다. 판다는 동관과 서관 양쪽에 있다. 판다를 보기 위해서는 시기에 따라 사전신청이 필요할 수 있으니 방문 전 확인이 필요하다. 판다를 관람할 때는 카메라 플래시를 사용해서는 안 되며 뛰어다니거나 큰 소리를 내서는 안 된다.

3 일본에서 가장 오래된 박물관
도쿄 국립 박물관
東京国立博物館

영업시간 09:30~17:00(입장은 16:30)
입장료 일반 620엔, 대학생 410엔
만 70세 이상, 만 18세 미만 무료

1872년에 설립된 일본에서 가장 오래된 박물관이다. 다섯 개의 전시관으로 이루어진 대규모 박물관으로 11만 점 이상의 문화재를 소장하고 있다. 국보 88점 등, 중요 문화재가 600점이 넘는다. 한 번에 모두 전시할 수 없어 1~2개월에 한 번씩 교체할 정도이다.
토요칸(東洋館)에는 우리나라를 비롯한 중국, 인도 등 아시아의 문화재가 전시되어 있다. 초록색 돔 모양을 한 효케이칸(表慶館)은 1909년에 지어진 건물로 일본의 중요 문화재로 지정되어 있다.

1877년에 설립된 과학 박물관

국립 과학 박물관
国立科学博物館

영업시간	09:00~17:00(입장은 16:30)
	금~토요일 09:00~20:00(입장은 19:30)
	매주 월요일(공휴일인 경우 화요일),
	연말연시(12/28~1/1) 휴원
입장료	일반, 대학생 630엔
	고등학생 이하 무료

수만 점에 달하는 자료와 화석으로 가득한 자연사 박물관으로 1877년에 설립되었으며 1931년에 우에노 공원에 건립되어 개관했다. 이바라기현 츠쿠바(茨城県筑波) 및 미나토구에 자연 교육관이 있다. 소장품은 4백만 점이 넘는다. 우에노에는 일본관과 지구관 두 개의 관이 있으며 1만 4천여 점이 전시되어 있다. 거대한 메머드와 양서류 화석을 비롯해 일본에서 제일 큰 지름의 암모나이트 화석 등 수천여 점의 화석이 전시되어 있다. 초대형 공룡 화석 코너도 볼거리이다. 일본관 지하 1층의 '시어터360'에서는 128m 돔형 스크린으로 웅장한 사운드와 함께 다이내믹한 영상을 볼 수 있다. 야외에는 흰수염고래 조형물과 증기 기관차 및 1970년 로켓 발사 장치가 전시되어 있다.

⑤ 국립 서양 미술관
서양 화가와 조각가의 작품을 소장한
国立西洋美術館

영업시간 09:30~17:30
(금요일, 토요일은 오후 8시까지),
월요일(공휴일인 경우에는 다음날 휴관),
연말연시(12월 28일~1월 1일)에는 휴관

입장료 일반 500엔, 학생 250엔

서양 미술 작품을 전문으로 전시한 미술관이다. 사업가(가와사키중공업 사장)이며 미술 애호가인 마츠가타 코지로(松方幸次郎)가 1916년부터 약 10년간 유럽을 다니며 수집한 19세기~20세기 초의 회화나 조각을 중심으로 한 '마츠가타 콜렉션'을 기반으로 1959년에 설립된 미술관이다. 마츠가타가 수집한 1만여 점의 미술품이 파리에 남겨지게 되었으나 프랑스가 일본과의 우호 관계를 위해 일부를 일본에 반환하면서 미술관이 설립되게 되었다.

본관 건물은 근대 건축의 거장 르코르뷔지에(Le Corbusier)가 설계하였고 신관은 르코르뷔지에의 제자인 마에가와 구니오(前川国男)가 설계했다. 모네, 마네, 르누아르, 피카소 등 유명 서양 화가와 로댕의 조각 등 다양한 작품이 전시되어 있다. 상설관 외에 다양한 기획전을 열고 있다.

❻ 도쿄도 미술관

도쿄 도민을 위한 미술관

東京都美術館

영업시간 09:30~17:30(매월 1, 3번째 월요일, 공휴일 다음날 휴무)
입장료 무료

도쿄도에서 1926년에 개관한 공립 미술관은 '도민을 위한 미술의 진흥을 도모한다'는 목적으로 설립되었다. 전시회를 감상하고, 어린이와 장애를 가진 사람들이 거리낌 없이 찾고, 예술가 지망생들이 첫 출품하는 장이 되는 것을 추구하고 있다. 일반 시민이 가깝게 다가설 수 있는 생활 속 미술관을 목표로 한다. 입장료도 무료이며 전시회와 함께 다양한 이벤트도 개최하고 있다.

7 서민들의 생활상을 볼 수 있는

서민 거리 풍속 사료관
下町風俗史料館

영업시간	09:30~16:30 (월요일 휴무, 월요일이 공휴일인 경우 화요일 휴무)
입장료	성인 300엔, 학생 100엔

서민들이 살던 거리를 '시타마치(下町)'라 부른다. 서민 거리 풍속 사료관은 다이쇼 시대(大正時代 1912년~1926년)의 민간 주택가를 재현한 박물관이다. 관동 대지진(1923년)으로 불타기 이전의 풍경을 재현한 곳이다. 민간 주택, 도로변의 상가 골목, 공동 우물 등을 재현해 놓았다. 각 집의 내부에서는 당시 사용하던 생활용품을 보기도 하고 만져 볼 수도 있다. 우리나라의 민속촌과 유사한 분위기로 생활용품도 우리나라와 많이 비슷하다는 것을 알 수 있다.

TALK&TALK

 우에노하면 벚꽃이 유명한 곳이라던데요?

 맞아. 아빠도 일본 회사에 근무할 때 꽃놀이를 즐겼던 곳이지. 벚꽃 철에는 어마어마한 인파가 몰린단다.

 우에노 공원에 있는 동물원과 박물관, 미술관이 많아 데이트 코스로도 짱이네요.

 아메야요코초는 우리나라 전통 시장의 향수를 느끼게 하는 곳이지!
오카치마치, 김치 골목은 재일 동포들의 애환이 서린 곳이란다.

대표적인 전통 시장

아메야요코초
アメヤ横丁

'아메요코'라 불리는 곳으로 일본의 대표적인 전통 시장이며 도쿄 관광에서 빠지지 않는 장소 중 하나이다. 우리나라 남대문, 동대문 시장과 유사하지만 독특한 일본 분위기를 엿볼 수 있다. 여기저기에서 손님을 끌기 위해 큰소리로 외치는 점원들의 목소리가 골목에 가득 찬다. 저녁 시간이면 퇴근길의 직장인과 시장을 보러 나온 주부, 쇼핑객과 외국 관광객 등 수많은 인파에 몰려 떠밀리듯 밀려 나간다. 이 골목에는 농수산물 등 식료품을 비롯하여 시계나 가방과 같은 공산품, 장난감, 보석류, 골프용품, 신발 및 의류, 중고 물품 거래소, 기념품 가게, 식당 등 없는 것이 없는 거리이다.

❶ 시무라쇼텐(志村商店)

재미있는 곳으로 '타타키고미노미세(たたき込みの店)'가 있는데 '쑤셔 넣는 가게'다. 1,000엔을 내면 점원이 봉지를 들고 주인이 초콜릿을 담아 준다. 봉투에 가득 담긴 초콜릿이 1,000엔이다. 점원의 퍼포먼스가 재미있어 지나는 사람들의 발길을 멈추게 한다. 예를 들어, "나를 소개하는 텔레비전 프로를 본 사람, 손 들어 보세요"라고 외쳐서 손을 들면, "그래서 하나 더!"라며 하나를 더 넣어 준다. 재미로 한 번쯤 도전해 볼만한 곳이다.

❷ 핫카엔(百果園)

아메요코의 우에노 공원쪽 입구에 있는 과일 가게다. 일반 과일을 판매하지만 그것보다 인기 있는 것이 과일 꼬치이다. 꼬치구이처럼 과일(멜론, 수박, 딸기)을 막대에 끼워 판매한다. 계절에 따라 과일의 종류가 바뀐다. 한 개 정도 들고 다니며 천천히 쇼핑하는 여유를 부리는 것도 색다른 즐거움이 될 것이다.

위치 東京都台東区上野 6-10-13
      Tokyo-to, Taito-ku, Ueno 6-10-13

❸ 김치 골목(キムチ横丁)

아메요코 안쪽으로 들어가면 도쿄에서 가장 오래된 코리아 타운이 있는데 한국의 김치를 비롯한 식재료를 파는 가게가 들어서면서 붙여진 이름이다. 우에노역과 오카치마치역(御徒町駅)의 중간 지점으로 아메요코에서 철로를 따라 오카치마치역 방향으로 가는 뒷골목에 있다. 이곳은 2차 대전 후 일본으로 건너간 교포들에 의해 1948년경부터 김치, 갈빗집, 정육점, 한복집 등이 들어서면서 형성되었다고 한다.

실제 규모는 그리 크지 않다. 오카치마치역 주변에는 금 세공업자들이 많은데 이곳의 많은 노동자들이 한국인이었다. 1970~1980년대 많은 세공업자들이 돈벌이를 위해 일본에 건너가 불법 체류를 하게 되면서 밤낮으로 일을 하며 한국의 가족들에게 생활비를 송금했다고 한다. 우에노와 오카치마치 지역은 많은 재일 동포들의 애환이 서린 지역이라 할 수 있다.

좁은 골목의 허름한 건물에 한국 식당, 김치와 같은 한국 식재료, 정육점 등이 들어서 있어 재일 교포는 물론 한국 음식을 즐기는 일본인들이 많이 찾는 곳으로도 유명하다. 한류가 절정에 달할 때는 한국 연예인들의 브로마이드나 음반, 열쇠고리 등 한류 관련 기념품을 판매하는 가게도 많았다. 일본 어선들의 발길도 끊이지 않았으니 예전에 한류가 잠시 시들했던 사이 자연스럽게 자취를 감추었다.

먹거리 / Food

공원에서 즐기는 식사
① 파크사이드 카페 パークサイドカフェ

우에노 공원 광장에 자리한 파크사이드 카페는 오픈 테라스로 공원과 어우러져 운치가 있다. 동물원과 미술관, 박물관을 돌고 나면 출출함과 피로가 몰려오는데 허기를 채우기에 더없이 좋은 장소이다. 오픈 테라스에서 공원을 바라보며 식사를 즐길 수 있는 곳이다. 파스타와 샐러드 등 계절별 싱싱한 야채와 재료를 사용한 양식과 술을 즐길 수 있다. 가격은 약간 높은 편이다.

위치 東京都台東区上野公園8-4
Tokyo-to, Taito-ku, Uenokouen, 8-4
영업시간 10:00~21:00(연중무휴)

라멘 전문점
② 친친 켄 珍々軒

창업(1948년)한 지 70년이 넘는 역사를 자랑하는 라멘집이다. 처음에는 포장마차로 시작했다고 한다. 우에노 공원과도 가깝고 아메요코 초입에 있어 찾기도 쉽다. 중국풍의 이름에서 알 수 있듯이 만두와 중화요리도 취급하고 있다. 하지만 메인은 일본 라멘이며 그 중에서 장국에 파가 많이 들어간 쇼유 라멘을 추천한다.

위치 東京都台東区上野6-12-2
Tokyo-to, Taito-ku, Ueno, 6-12-2
영업시간 월~토 10:00~23:00
일 10:00~20:00
월요일 정기휴일

먹거리 / Food

③ 크라운에이스 　カレー専門店クラウンエース
빠르고 간단히 먹을 수 있는 카레 전문점

30년 역사를 자랑하는 우에노 제일의 카레 전문점이다. 우에노역의 고가 철로 아래에 자리하고 있는 서서 먹는 카레 식당이다. '저렴하고 맛있는 카레'를 모토로 바삐 이동하는 사람들을 위해 빨리 나오고 간단히 먹을 수 있는 식당이다. 그만큼 가격은 파격적이다. 500엔에 돈카츠 카레를 맛볼 수 있다. 여느 서서 먹는 식당과 마찬가지로 입구의 자판기에서 식권을 구입한 후 카운터에 내면 된다.

위치 東京都台東区上野 6-12-11 / Tokyo-to, Taito-ku, Ueno, 6-12-11
영업시간 월~토 11:00~19:00(14:00~16:00 브레이크타임)
　　　　　 일 11:00~15:00
　　　　　 매주 수요일 정기휴무

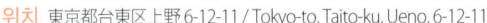

④ 야마베 　山家
줄을 서는 돈카츠 전문점

오카치마치역 북쪽 출구에서 약 100m 지점에 있는 유명한 돈카츠 전문점이다. 항상 줄이 있을 정도로 인기가 많다. 들어가 보면 좌석은 15석 내외에 카운터만 있어 매우 비좁다. 영업 시작 전부터 줄을 서야 한다. 부드러운 육질의 고기와 소스 맛도 좋지만 쌀밥의 맛이 더해지면서 먹는 즐거움을 잊을 수 없게 만든다.

위치 東京都台東区上野 6-2-6
　　　　Tokyo-to, Taito-ku, Ueno, 6-2-6
영업시간 11:00~15:00
　　　　　 17:00~21:30(연중무휴)

먹거리 / Food

⑤ 멘야무사시부코츠 麺屋武蔵武骨
개성이 넘치는 라멘집

10석이 될까 말까 한 조그마한 라멘집이다. 하지만 일반적인 라멘 가게와는 달리 닭고기 또는 돼지고기를 우려낸 국물(돈코츠)과 가쓰오부시(가다랑어포) 등의 건어물을 우려낸 것을 조합한 특유의 개성이 넘치는 국물로 유명하다. 오징어 먹물로 만든 검정색 국물도 이 가게에서 맛볼 수 있는 색다른 점이다.

위치 東京都台東区上野 6丁目 11-15 / Tokyo-to, Taito-ku, Ueno, 6-11-15
영업시간 11:00~22:15(연중무휴)

⑥ 규카츠 아오나 牛カツあおな
일본식 양식

'규카츠(牛カツ)'는 일본식 양식이다. 얇게 썬 소고기에 튀김 가루를 입혀 식용유에 튀긴 것으로 '규카츠레츠', '비후가치레츠'라고도 부른다. 아오나(あおな)는 규카츠의 체인점으로 오카치마치가 본점이다. 일본 흑우와 뉴질랜드산 소를 사용한다. 수프와 샐러드, 쌀밥과 함께 나오는 세트가 1,000엔대부터 양에 따라 2,000엔대로 가성비가 좋은 영양가 있는 식단이다. 먹는 양에 따라 크기를 정해 주문하면 된다. 고기만 추가로 주문할 수도 있다.

위치 東京都台東区上野 6-5-7
Tokyo-to, Taito-ku, Ueno, 6-5-7
영업시간 11:00~23:00(연중무휴)

먹거리 / Food

서서먹는 우동, 메밀면
⑦ 츠루야 つるや

우에노역을 이용하는 사람들이 간단히 끼니를 때울 수 있는 우동과 메밀면을 주 메뉴로 한다. JR 우에노역 시노바즈 출구(不忍口)와 게이세이 우에노(京成上野)역에서 횡단보도를 건너면 바로 앞에 있다. 외국인이 많이 왕래하는 곳이라 영어 메뉴도 준비되어 있다. 입구에 큰 그릇에 젓가락과 면이 장식되어 있어 눈길을 끈다. 가게에 들어서면 각종 튀김이 전시되어 있는 쇼케이스가 있다. 자판기에서 구입한 식권을 카운터에 올려 놓으면 된다. 서서 먹는 식당인지라 500엔에서 700엔 내외의 저렴한 가격으로 한 끼를 때울 수 있다.

위치 東京都台東区上野 6-11-12 / Tokyo-to, Taito-ku, Ueno, 6-11-12
영업시간 05:00~01:00(연중무휴)

쌀이 맛있는 가마솥 밥
⑧ 가마메시 하루 釜めし春

우리나라에서도 돌솥밥을 보면 김이 모락모락 피어나는 쌀밥의 향기가 식욕을 돋운다. 이곳은 우리의 돌솥밥과 같은 작은 솥에서 직접 밥을 해서 내오는 가마솥 밥 전문 식당이다. 쌀밥에 들어가는 나물, 게, 굴, 죽순, 송이버섯, 밤 등의 토핑 재료를 중심으로 메뉴를 정한다. 주문한 후 음식이 나오기까지는 20~30분 정도를 기다려야 한다. 참고로 일본 쌀의 찰기는 우리나라 쌀보다 좀더 찰진 편이다.

위치 東京都台東区上野 4-9-2 / Tokyo-to, Taito-ku, Ueno, 4-9-2
영업시간 11:00~21:00(월요일 휴무)

먹거리 / Food

일본 전통의 건강 식단

9 오와에루 본점 結わえる

낮에는 현미 정식, 저녁에는 계절 정식과 술 한잔을 기울일 수 있는 식당이다. 현미밥은 우리나라에서도 건강식으로 잘 알려져 있다. 현미 정식은 날마다 바뀌는 국물(미소시루 등), 생선과 반찬 두세 가지로 구성되며 보기만 해도 건강해질 것 같은 식단이다. 저녁에는 계절별 식재료에 맞춘 식사와 일본주, 와인, 여러 지방의 소주를 즐길 수 있다. 식재료를 판매하는 '요로즈야(よろずや)'에서는 현미 햇반, 된장, 조미료, 소금, 간장 등 다양한 건강식 식재료도 판매한다. 즉, 요리를 즐기고 그 식재료를 구입할 수 있는 가게다.

위치 東京都台東区蔵前2-14-14
Tokyo-to, Taito-ku, Kurame, 2-14-14

영업시간 런치 11:30~15:00
저녁 17:30~22:00
첫째주, 셋째주 일요일,
연말연시, 오본 휴무

저렴한 스테이크

10 페퍼런치 다이나 PEPPERLUNCH DINER

우에노 공원에서 JR 우에노역을 가다 보면 'UENO3153'이라는 건물이 나온다. 우에노 공원에서 바로 계단으로 연결되어 있다. 2층에 있는 페퍼런치 다이나는 양질의 고기를 저렴하게 즐길 수 있는 스테이크 하우스이다.
런치 세트로 샐러드가 곁들여진 스테이크와 햄버거 세트를 1,250엔에 즐길 수 있다. 육질도 부드럽고 가성비 최고인 스테이크 하우스이다. 이 회사에서 운영하는 스테이크 브랜드인 '이키나리 스테이크'도 어디에서나 쉽게 만날 수 있다.

위치 東京都台東区上野公園1-57, 2F
Tokyo-to, Taito-ku,
Uenolkouen, 1-57, 2F

영업시간 11:00~23:00 (연중무휴)

우에노, 오카치마치

아사쿠사
浅草

나카미세 상점가

오렌지 거리

센소지

신나카마세 거리

덴보인 거리

도쿄 스카이트리

스미다강 선착장

아사쿠사
浅草

Information

　도쿄 서민들이 살던 시타마치 중 대표적인 곳이 아사쿠사이다. 역사가 깊은 지역인 만큼 오래된 상점도 많다. 이곳은 관동 대지진과 2차 대전 도쿄 대공습으로 불에 타 폐허가 되었다가 재건한 지역이다. 이곳에 쌀을 저장하는 창고가 있어서 많은 사람들이 모이면서 경제 중심지가 된 곳이다.

　센소지(浅草寺)는 도쿄에서 가장 오래된 절로 연간 3,000만 명이 찾는 관광 명소이며 센소지 입구에 있는 카미나리몬(雷門)은 일본과 도쿄의 상징물로 등장하기도 한다. 센소지 앞에 자리 잡은 나카미세 상점가 역시 일본의 특산물과 볼거리로 관광객들이 붐비는 곳이다.

　아사쿠사는 도쿄 관광의 필수 코스다. 센소지를 중심으로 주변 상가(나카미세 상점가, 덴보인, 오렌지, 신나카미세 등)를 돌아본다. 범위가 그리 넓지 않은 지역이므로 한나절 코스로도 충분하다. 가까이에 있는 도쿄 스카이트리 또는 우에노 지역과 한 세트로 구성해서 관광하는 것도 좋다. 아사쿠사역 옆에 있는 스미다강 선착장을 이용해 관광선을 탈 수도 있다.

교통

- **아사쿠사역**(浅草駅) : Ⓖ 긴자선, Ⓐ 아사쿠사선, ⓉⓈ 도부스카이트리라인, Ⓣⓘ 이세사키선, Ⓣⓝ 닛코선
- **아사쿠사역**(浅草駅) : ⓉⓍ 츠쿠바 익스프레스

추천 경로

1. 나카미세 거리

2. 센소지

3. 덴보인 거리

6. 스미다강 선착장

5. 신나카미세 거리

4. 오렌지 거리

도쿄에서 가장 오래된 절

센소지
浅草寺

일본을 찾는 외국 여행객들이 빠지지 않고 찾는 지역 중 하나가 아사쿠사다. 도쿄에서 가장 오래된 절인 센소지(浅草寺)를 중심으로 형성된 상점가와 식당은 도쿄에서도 가장 일본다운 관광지라 할 수 있다. 아마도 일본인보다 외국 관광객이 더 많을 것이다. 아사쿠사역 1번 출구로 나가면 카미나리몬 거리(雷門通り)가 나온다. 이 길이 센소지(浅草寺)로 향하는 길이다. 입구에 붉은색의 등(燈)인 '雷門(카미나리몬)'이 있다. 우리말로는 '번개문'이다. 일본을 소개하는 팸플릿이나 홈페이지에 상징물로 실리기도 하고 아사쿠사의 상징으로도 자주 등장한다.

센소지는 628년에 창건된 절로 도쿄에서 가장 오래된 절이다. 스미다강에서 그물에 걸려 올라온 불상을 모시기 위해 지어진 절이다. 지금의 본당 건물은 1649년에 지어졌으나 2차 대전 도쿄 대공습 때 소실된 후 1958년에 재건되었다. 센소지에 있는 법화경(法華經)은 국보로 등록되어 있으며, 니텐몬(二天門)이나 덴보인(伝法院) 등은 중요 문화재로 등록되어 있을 정도로 유서 깊은 절이다.

1. 카미나리몬
2. 5층탑
3. 센소지 본당 야경

도쿄에서 가장 오래된 상가

나카미세 거리

仲見世通り

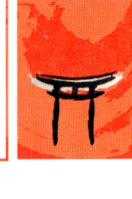

센소지로 들어가는 길목인 카미나리몬(雷門)과 호조몬(宝蔵門) 사이 300m 정도의 거리에 조성된 상점가다. 1600년대에 형성된 일본에서 가장 오래된 상가의 하나로 각종 기념품, 음식점, 특산품 가게가 볼만하다. 도쿠가와 이에야스(徳川家康)가 에도 막부를 세운 후 인구가 늘어나면서 센소지에 참배하러 가는 사람들이 많아졌다. 센소지에서 청소하던 사람들에게 특권으로 내주었던 노점이 센소지로 참배하러 가는 사람이 늘어나면서 차차 번성하여 지금의 나카미세 거리가 형성되었다고 한다. 현재의 모습을 갖춘 것은 메이지 18년(1885년) 12월에 서양식 점포를 완성하면서부터이다.

나카미세 거리에서 두 블록을 지나면 일본 인기 배우들의 핸드 프린팅으로 유명한 오렌지 거리(オレンジ通り)가 있으며, 나카미세 거리를 가로 방향으로 가로지르는 덴보인 거리(伝法院通り)에는 에도 시대의 상점가의 모습을 재현해 놓았다. 이렇게 각 골목마다 특징을 지니고 있으며 수많은 점포가 들어서 있다.

3 일본의 축제

마츠리
祭り

도쿄에서 '아사쿠사'하면 빼놓을 수 없는 것이 마츠리다. 마츠리는 일본의 전통 축제로 각 지역마다 다양한 축제가 있다. 일본인들에게는 주변에 있는 모든 자연이 신이다. 마츠리(祭り)는 이러한 신을 모시는 행위의 하나로 개인의 건강, 사업의 번창, 사회의 안녕 및 발전을 기원하는 일종의 종교 행사이기도 하다. 다양한 신을 모시기 때문에 마츠리도 지역이나 모시는 신에 따라 다양한 형식으로 거행한다. 무거운 미코시(가마)를 들어 올리는 젊은 남성과 일본의 전통 음악에 맞춰 군무를 추는 여성과 아이들에 이르기까지 남녀노소 가리지 않고 많은 사람들이 참가한다. 화려하게 장식을 한 미코시의 거리 행진뿐만 아니라 일행들의 복장과 분장, 노래와 춤 등 다양한 형태의 볼거리를 제공한다. 아사쿠사에서 가장 유명한 축제는 산자마츠리(三社祭)이다. 매년 5월 세 번째 금요일에서 일요일까지 열린다.

전통적인 분위기의 아사쿠사에서 생뚱맞은 마츠리도 있다. 브라질이 본고장인 삼바 축제다. 1981년부터 시작한, 매년 8월 마지막 토요일에 열리는 삼바 페스티벌에는 50만 명의 관광객이 몰린다. 아사쿠사 주요 거리를 누비는 퍼레이드와 콘테스트(테마의 표현, 약동감, 의상, 연주, 댄스 등)를 선보여 브라질까지 가서 봐야 하는 삼바 페스티벌을 일본에서 감상할 수 있다.

일본 관광 시 기회가 된다면 반드시 마츠리 시기에 맞춰 가기를 권장한다. 마츠리 의상과 미코시, 독특한 리듬에 맞춰 추는 군무 등 볼거리가 많다.

주요 관광지를 편하게 돌아보는
인력거
人力車

아사쿠사의 주요 도로를 인력거를 타고 돌아볼 수 있다. 인력거를 끄는 인력거꾼의 활기 넘치는 주행과 안내로 주요 관광지를 돌아다닌다. 볼거리, 먹을거리는 물론 주요 사진 촬영 장소도 알려 준다. 일본어는 물론 영어, 중국어 등 외국어가 가능한 인력거꾼이 있으나 수요가 적어서 그런지 한국어 인력거꾼은 보이지 않는다. 아사쿠사 주변을 달리는 구간 코스부터 30분, 60분, 120분, 180분 등 다양한 코스와 요금으로 구성되어 있다. 색다른 관광으로 인력거를 이용하는 방법도 좋다.

TALK&TALK

 시타마치는 보통 서민들이 많이 사는 지역을 말하는데, 도쿄의 대표적인 시타마치가 아사쿠사란다. 볼거리, 먹거리가 많은 곳이지.

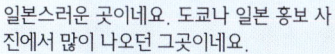 일본스러운 곳이네요. 도쿄나 일본 홍보 사진에서 많이 나오던 그곳이네요.

그렇지. 센소지 절이나 카미나리몬은 익숙하지? 그럼 관광을 시작해 볼까?

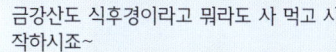 금강산도 식후경이라고 뭐라도 사 먹고 시작하시죠~

 나카미세 상점가에서 먹자. 이곳은 센소지를 드나들던 사람들을 상대로 하던 노점이 커지면서 형성된 곳이란다. 지금이야 관광지가 되었지만….

⑤
여름밤의 화려한 추억
스미다강 불꽃놀이
隅田川 花火大会

에도시대인 1732년 아사자(餓死者)를 추모하기 위해 처음 시작해서 1961년 교통 체증 등의 문제로 폐지되었다가 1978년 재개한 불꽃놀이다. 매년 7월 마지막주 토요일에 스미다강(隅田川)주변에서 펼쳐진다. 20,000발 이상의 불꽃을 쏘아 올린다. 우리나라와 마찬가지로 불꽃놀이 때는 주변 교통이 마비될 정도로 많은 사람들이 모인다. 스미다강과 도쿄 스카이트리 등과 어울려 화려한 여름밤을 장식한다.

아사쿠사의 놀거리

홋피 거리, 아사쿠사요코초
ホッピー通り、浅草横丁

홋피 거리(홋피 도오리)

센소지의 서쪽 담벼락을 따라 걷다 보면 오래된 분위기의 술집들이 담벼락을 따라 늘어져 있는 홋피 거리를 볼 수 있다. 홋피 거리는 오래전부터 아사쿠사 주민들과 관광객들이 술로 목을 축이는 이자카야 거리다. 평일에는 회사원, 근처 주민, 관광객이 대부분이고, 주말에는 근처에 경마 배팅 때 사용하는 마권(馬券)을 파는 곳이 있어 마권을 손에 쥐고 술 마시는 손님들이 많다고 한다. 해가 중천인 낮에 가도 벌써 술판을 벌이고 있는 사람들로 가득 차 있다. 일본의 서민적인 술집문화를 접하고 싶다면 가 보기 좋은 곳이다.

아사쿠사요코초

'식(食)과 축제의 전당'인 아사쿠사요코초는 2022년 오픈한 시설이다. 홋피 거리가 중장년들을 위한 공간이라면 아사쿠사요코초는 젊은이들을 위한 공간이다. 아사쿠사요코초는 들어가자 마자 화려한 내부에 압도된다. 이자카야부터 스시집, 디저트점, 일본 전통 의복인 유카타 대여점 등 볼거리, 먹을거리, 즐길거리가 풍부하다. 매주 금, 토, 일 한정으로 점내에 춤꾼들이 일본 축제인 마츠리(祭り)에서 추는 춤을 추며 흥을 돋군다.

위치　東京都台東区浅草２丁目６－７
　　　Tokyo-to, Taito-ku, Asakusa, 2 Chome 6-7

먹거리 / Food

① 미하토도 三鳩堂
닌교야키

아사쿠사 상점가에서 가장 많은 집이 닌교야키 가게일 것이다. 닌교야키의 '닌교'는 인형을 말하며 우리나라의 붕어빵, 국화빵과 같은 것이다. 타이야키라는 이름으로 불리기도 한다. 각종 캐릭터, 카미나리몬, 5층탑, 동물 등의 모양으로 찍어 낸다. 각 가게마다 안에 넣는 재료가 달라 특색이 있다.

닌교야키 전문점인 기무라야(木村屋 : 東京都台東区浅草 2-2-4 / Tokyo-to, Taito-ku, Asakusa, 2 Chome-2-4)는 메이지 원년(1868년)에 창업한 닌교야키 전문점이다. 이곳이 가장 오래된 가게라고 한다.

위치 東京都台東区浅草 1-37-1
Tokyo-to, Taito-ku, Asakusa, 1 Chome-37-1

영업시간 08:30~21:00(연중무휴)

② 후나와 舟和
고구마 양갱

메이지 35년(1902년)에 창업한 가게로 삶은 고구마를 빻아서 만든 이모요우캉(고구마 양갱), 팥 경단, 밤으로 만든 양갱 등을 만들어 판매하는 가게다. 여러 점포를 두고 영업하고 있는데 이곳이 본점이다. 단 음식을 즐기는 사람들에게 추천할 만한 가게다.

위치 東京都台東区浅草 1-22-10
Tokyo-to, Taito-ku, Asakusa, 1 Chome-22-10

영업시간 평일 10:00~18:00
주말, 공휴일 10:00~19:00
(연중무휴)

먹거리 / Food

키비당고
③ 아즈마 あづま

경단을 파는 가게다. 키비당고는 수수 가루와 찹쌀가루로 만든 경단에 콩고물을 묻힌 과자를 말하는데 달콤하고 말랑말랑한 경단이 간식으로 최고다. 코너에 있는 가게인데도 자리가 좋아서인지 맛이 좋아서인지 항상 많은 사람으로 붐빈다.

위치 東京都台東区浅草 1-18-1
Tokyo-to, Taito-ku, Asakusa, 1 Chome-18-1
영업시간 11:00~21:00 (부정기휴무)

절임 반찬의
④ 카와무라야 河村屋

에도 시대 후반기에 창업한 츠게모노 전문점으로 각종 츠게모노를 판매한다. 츠게모노는 우리의 김치와 같이 일본의 식탁에서 빠지지 않는 절임 반찬의 하나이다. 채소를 된장이나 식초, 소금, 지게미 등에 넣어 절인 식품을 말한다. 김치처럼 자극적이지는 않지만 짭짤한 맛이 밥맛을 돋운다. 김치에 익숙한 우리나라 사람들 입맛에는 조금 밋밋한 느낌이다.

위치 東京都台東区浅草 1-22-8
Tokyo-to, Taito-ku, Asakusa, 1 Chome-22-8
영업시간 10:00~18:30 (연중무휴)

아사쿠사

 **먹거리 / Food**

점보 멜론 빵
⑤ 카게츠도 花月堂

하루 3,000개 이상 팔리는 점보 멜론 빵이다. 1945년에 창업하여 지금까지 이어오고 있다. 많은 언론 기관에서 소개되어 인기를 구가하고 있다. 일단 크기가 크다는 것이 특징이다. 겉모양만 보면 딱딱한 느낌이지만 속은 매우 부드러운 식감이다. 아사쿠사에만 다섯 곳에 점포를 두고 있다.

위치 東京都台東区浅草 1-18-11
Tokyo-to, Taito-ku, Asakusa, 1 Chome-18-11
영업시간 11:00~점보 멜론빵 다 팔리는대로 종료(연중무휴)

양념을 조합해서 판매하는
⑥ 야겐보리 やげんぼり

일곱 가지 맛이 난다는 일본식 양념인 시치미(七味)를 파는 가게로 신나카미세 거리에 있다. 빨간색 양념통이 진열되어 있고 각 통의 양념을 한 스푼씩 떠서 통에 넣고 섞어서 양념을 만들어 판매한다. 점원이 빠른 손놀림으로 양념을 만드는 모습이 재미있다.

위치 東京都台東区浅草 1-28-3
Tokyo-to, Taito-ku, Asakusa, 1 Chome-28-3
영업시간 10:00~18:00

먹거리 / Food

튀김 전문점
⑦ 다이코쿠야 *大黒家*

덴보인 거리에 있는 튀김 전문점으로 1887년에 창업해 지금까지 이어져 내려오고 있다. 손님들이 항상 줄을 서 있을 정도로 유명한 집이다. 원래 튀김(덴푸라)은 에도 시대의 요리로 알려져 있다. 덴보인 거리의 중간에 본점이, 아사쿠사 중앙 거리에 별관이 있다.

위치 東京都台東区浅草 1-38-10
Tokyo-to, Taito-ku, Asakusa,
1 Chome-38-10

영업시간 평일, 일요일 11:00~20:30
토, 공휴일 11:00~21:00
(연중무휴)

튀김 전문 요리집 다이코쿠야 본점과 별관

생선조림 전문점
⑧ 야마토야 *大和屋*

덴보인 거리에 있으며 생선조림 전문 매장이다. 생선, 다시마는 물론 콩과 같은 순수 자연산 식품 전문 매장으로 그 종류만 해도 50여 종이 넘는다. 일본인들은 '오차즈케(お茶漬け)'라 하여 밥에 뜨거운 차(녹차)를 말아 먹는 가정식이 있는데 이 가게의 오차즈케가 일품이다.

위치 東京都台東区浅草 2-3-3
Tokyo-to, Taito-ku, Asakusa,
2 Chome-3-3

영업시간 10:00~18:00(목요일 휴무)

먹거리 / Food

⑨ 아사쿠사차쿠라 浅草茶蔵
디저트로 최적인

덴보인 거리와 나카미세 거리와 교차하는 지점에 위치하고 있는 디저트 가게다. 가게 이름을 직역하면 '차 창고'다. 디저트를 먹거나 잠시 휴식하기 위해 들르면 좋다. 음료와 함께 팥빙수, 소프트아이스크림, 디저트를 판매한다. 후로트(Float)는 기본 음료에 소프트아이스크림을 얹은 것으로 가격은 550~680엔 정도이다.

위치 東京都台東区浅草 2-2-4 / Tokyo-to, Taito-ku, Asakusa, 2 Chome-2-4
영업시간 9:30~18:30(연중무휴)

⑩ 토쿠야마 徳山
돈카츠, 생선 초밥 전문점

아사쿠사에 있는 돈키호테 앞 골목 모퉁이에 위치한 100년은 족히 되어 보이는 허름한 건물에 자리 잡고 있다. 튀김을 비롯해 튀김을 얹은 덮밥인 텐동, 새우를 넣은 에비동, 생선 초밥 등을 제공하는 일본식 전문점이다. 에비동을 주문하면 그때부터 새우를 튀기기 시작한다. 냉동이 아닌 싱싱한 재료로 그 자리에서 요리를 해서 내놓으니 시간은 조금 걸리지만 따끈따끈한 맛을 즐길 수 있다. 주방에 두 명의 남자가 있는데 알고 보니 형제이면서 아버지 때부터 가게를 이어가고 있다고 한다.

위치 東京都台東区浅草 2-4-4
Tokyo-to, Taito-ku, Asakusa, 2 Chome-4-4
영업시간 11:30~21:00(수요일 휴무)

도쿄 스카이트리
東京スカイツリー

- **오시아게역**(押上駅, スカイツリー前) : Ⓐ 아사쿠사선, Ⓩ 한조몬선, ⓀⓈ 게이세이 오시아게선, ⓀⓈ 나리타스카이엑세스, ⓉⓈ 도부 스카이트리라인
- **도쿄스카이트리역**(とうきょうスカイツリー駅) : ⓉⓈ 도부 스카이트리라인

도쿄의 새로운 랜드마크가 된 도쿄 스카이트리. 아사쿠사에서는 4분 정도로 가까운 거리이다. 도쿄 스카이트리는 도쿄 타워가 담당하던 디지털 방송의 송신을 담당하는 자립식 전파탑이다. 이 지역은 도쿄 스카이트리가 들어서기 전까지는 콘크리트 공장 등이 있는 지역이었으나 도쿄 스카이트리가 들어서면서 관광객이 많이 찾는 관광지가 되어 주변에 상업 시설과 빌딩이 어우러져 급속하게 발전하고 있다.

도쿄 스카이트리에서 본 도쿄 풍경

도쿄 스카이트리를 중심으로 한 스카이트리 타운은 300개가 넘는 점포가 있는 상업 시설 도쿄 소라마치(하늘 마을)와 수족관, 플라네타리움(천체 투영기)으로 구성되어 도쿄의 관광지로서 자리를 잡아가고 있다. 2012년 완공된 도쿄 스카이트리는 634m의 철 구조물로 세계에서 가장 높은 자립식 전파탑이다. 634의 일본어 발음을 조합하면 '무사시(武蔵)'라 하여 도쿄, 사이타마현, 가나가와현의 일부를 포함한 옛 지명을 나타낸 의미를 지닌 숫자이다. 4층에서 티켓을 구매하여 '텐보샤토루(天望シャトル)'라는 이름의 엘리베이터를 타고 전망대로 올라간다. '텐보(天望)'는 "하늘을 바라본다"라는 의미를 담고 있으며 '샤토루'는 '셔틀'의 일본식 발음이다.

TIPS

자립식 전파탑

'자립식 전파탑'이란 탑만이 서 있는 것이 아니라 건물의 옥상에 서 있는 전파탑을 말한다. 추가로 '지선식 전파탑'은 탑 본체가 쓰러지지 않도록 케이블 와이어 등 지선으로 지탱하는 형식을 말한다.

도쿄 스카이트리에서는 도쿄의 전경은 물론 치바현, 사이다마현, 멀리 있는 후지산까지 보인다. '플로어345'에는 레스토랑과 함께 이곳에서만 손에 넣을 수 있는 한정 상품을 구입할 수 있는 숍이 있다. '플로어350'에는 에도 시대를 한눈에 볼 수 있는 병풍인 '에도히토메즈뵤부(江戸一目図屛風)'와, 전망 풍경과 과거의 모습을 함께 즐길 수 있는 대형 터치 패널인 '도쿄지쿠우나비(東京時空ナビ—)'가 있다. 비나 안개 때문에 시야가 안 좋을 때에 한정하여 서비스하는데 맑은 날에 볼 수 있는 경치 등을 상영하는 파노라마 스크린이 등장한다. 또, 전용 간이형 헤드 마운틴 디스플레이(HMD)를 착용하면 3D 영상을 볼 수 있는 '도쿄 스카이트리VR'에는 시야가 안 좋을 때 한정해서 즐길 수 있는 영상도 있다. 더욱 위쪽에 있는 지상 450m의 '천망회랑(天望回廊)'을 올라가기 위해서는 이곳에서 티켓을 구매한 후 텐보(天望)샤토루 엘리베이터를 탄다.

에도히토메즈뵤부(江戸一目図屛風)

도쿄지쿠우나비(東京時空ナビ—)

천망회랑은 플로어445와 플로어450으로 구성되어 있다. 플로어445에서 유리로 된 경사로의 회랑을 따라 풍경을 감상하며 올라가 플로어450에 다다른다.
플로어450에는 최고 도달점 451.2m의 '소라카라 포인트'가 있는데 이곳은 빛과 유리에 의한 연출과 이벤트 시의 화려한 장식이 볼거리이다.
도쿄 스카이트리의 또 하나의 볼거리는 라이팅이다. 단순히 조명만 밝히는 라이팅이 아니라 디자인 요소가 가미된 다양한 색상의 LED 조명을 시간차를 두고 점멸시켜 보는 즐거움을 선사한다. 옅은 블루의 '이키(粋)', 에도 보라의 '미야비(雅)', 오렌지색을 기조로 한 '노보리(幟)'를 날을 바꿔 가며 점멸한다. 계절이나 이벤트 시에는 특별한 라이팅을 한다.

텐보카이로(天望回廊)

소라카라포인트

[도쿄 스카이트리 라이팅(粋、雅、幟)] ⓒTOKYO-SKYTREE

도쿄 스카이트리

- 긴자 미츠코시
  - 위치: 東京都中央区銀座4-6-16, Tokyo-to, Chuo-ku, Ginza, 4 Chome-6-16
  - p100 참고

긴자, 니혼바시

銀座、日本橋

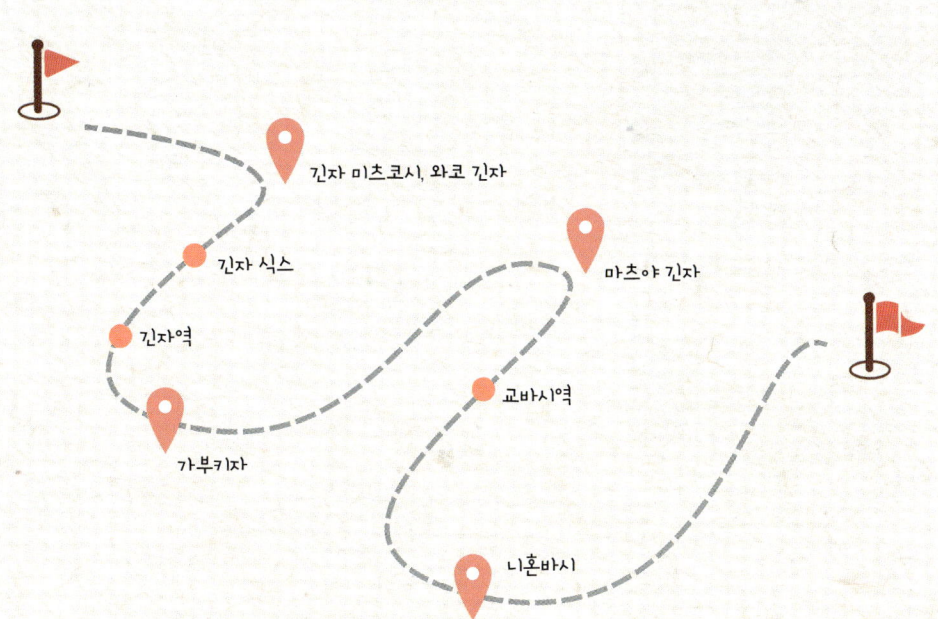

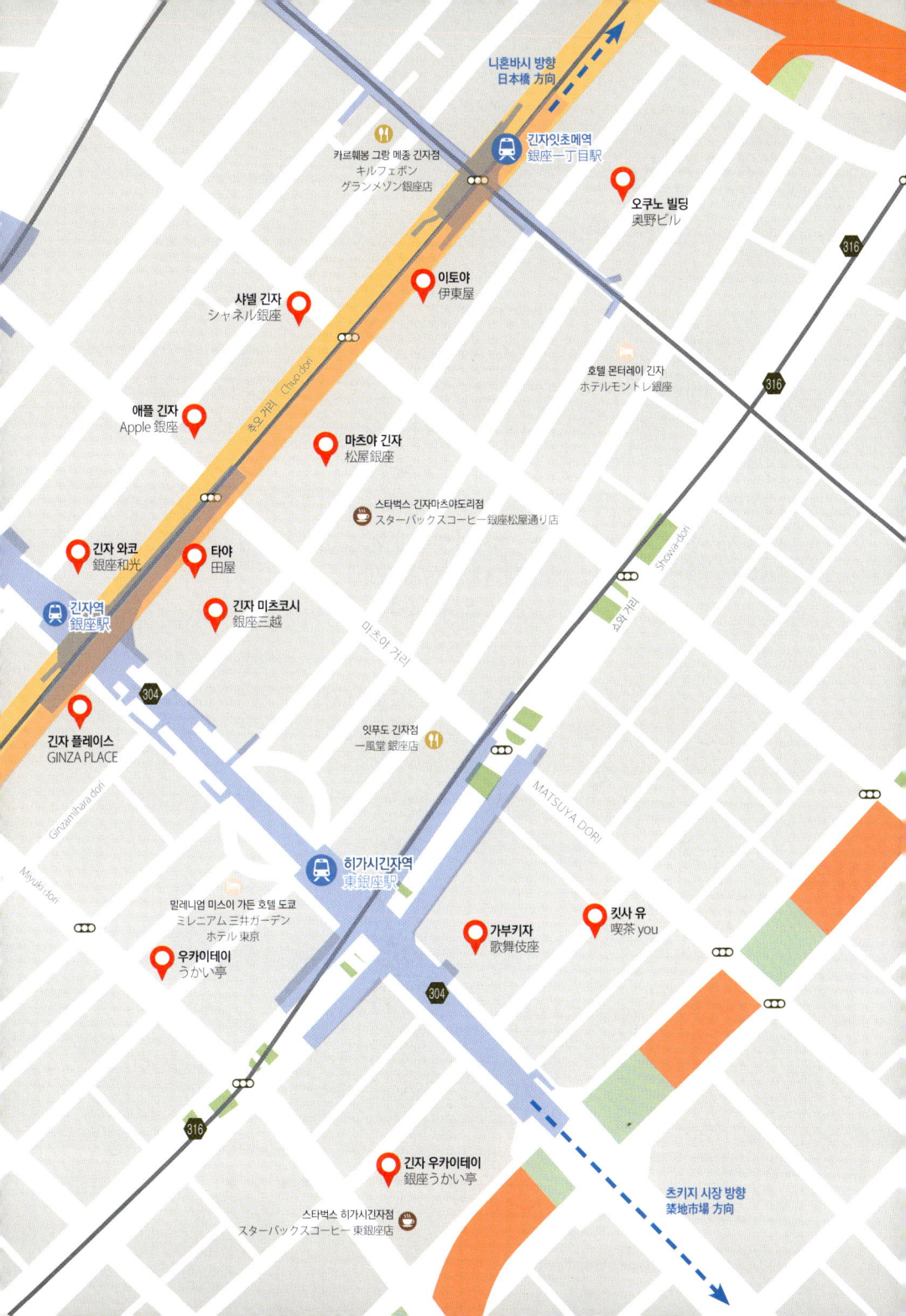

긴자, 니혼바시
銀座、日本橋

Information

'오샤레(おしゃれ)'라는 단어는 우리말로 정확히 바꾸기가 애매한 단어다. 이 단어는 화려함, 멋쟁이, 고급스러움을 내포하고 있다. 긴자와 니혼바시는 '오샤레'라는 단어가 어울리는 곳으로 일본의 대표적인 고급 쇼핑가이다. 에도 시대부터 발달했던 번화가로 시타마치(下町)의 대표적인 지역이기도 하다. 역사와 전통을 간직하면서도 현대의 고급스러운 쇼핑 문화를 주도하는 지역이라 세계적인 명품 브랜드 점포가 많고 100년이 넘은 백화점이 자리 잡고 있다. 오래된 식당과 고급스러운 레스토랑이 많아 식도락의 거리로도 알려져 있다.

긴자(銀座)는 미츠코시, 마츠야, 와코, 미츠이 등 역사를 지닌 백화점과 루이비통, 샤넬, 불가리, 미키모토 등 유명 브랜드의 명품관이 들어서 있는 번화가이다. '긴자'는 그 명칭만으로도 고급스러운 인상을 주어 세련되고 럭셔리의 대명사가 되었다. 그래서 고급스럽다는 느낌을 주기 위해 'OOO긴자' 또는 '긴자OOO'라는 명칭을 사용한다. 전통 무극 가부키 공연장인 가부키자와 400여 년 전에 세워진 전통 과자 전문점이 있는가 하면 고급스러운 양복과 보석, 해외 명품관이 있어 화려함과 고급스러운 분위기가 흐르는 지역이다.

니혼바시(日本橋) 역시 긴자의 분위기와 유사하다. 일본은행 본점과 일본 최초의 백화점인 미츠코시 백화점은 역사와 전통을 자랑하는 일본의 대표적인 건물이다. 에도 시대의 시타마치로 오래된 점포가 많았던 이곳은 도심 재생 사업의 일환으로 초고층 복합 빌딩이 차례로 들어서면서 현대적인 분위기로 탈바꿈하고 있다. 전통을 간직한 거리가 시대의 흐름에 따라 새롭게 단장하면서 한층 고급스러움을 더해 가고 있다.

긴자역을 중심으로 주오 거리(중앙로)를 따라 백화점과 명품 상점들이 있으며 한 블록 뒤쪽에 각종 음식점이 있다. 낮 시간보다는 조명이 화려한 저녁 시간대에 관광하는 것을 추천한다. 가장 좋은 경로는 긴자 거리의 끝 지점인 신바시역에서 내려 긴자역을 거쳐 니혼바시 방향으로 걸어가면서 관광하는 경로이다. 니혼바시를 기점으로 한다면 반대로 이동할 수도 있다.

교통

- **긴자역**(銀座駅) : ⓖ 긴자선, ⓗ 히비야선, ⓜ 마루노우치선
- **히가시긴자역**(東銀座駅) : ⓐ 아사쿠사선, ⓗ 히비야선
- **신바시역**(新橋駅) : ⓙⓨ 야마노테선, ⓙⓚ 게이힌토호쿠선, ⓙⓞ 요코스카선, ⓙⓣ 도카이도혼선, ⓖ 긴자선, ⓐ 아사쿠사선, 유리카모메선

긴자의 랜드마크

긴자 미츠코시
銀座三越

위치 東京都中央区銀座4-6-16
Tokyo-to, Chuo-ku, Ginza, 4 Chome-6-16

1930년 문을 연 역사를 자랑하는 백화점이다. 와코 백화점과 함께 긴자의 랜드마크 역할을 하고 있다. 도쿄 메트로 긴자역을 끼고 주오 거리(中央通り)와 하루미 거리(晴海通り)의 교차로에 있다. 지하 식품관의 스윗츠(양과자)는 긴자 미츠코시에서 한정 판매되어 인기를 끌고 있다.

오른쪽 건물이 긴자 미츠코시

긴자의 상징 시계탑
긴자 와코
銀座和光

위치 東京都中央区銀座4-5-11
Tokyo-to, Chuo-ku, Ginza, 4 Chome-5-11

1894년 지어진 와코는 우리나라에는 그리 많이 알려지지는 않았지만 고급 명품 전문점으로 유명하다. 와코 빌딩 옥상의 시계탑은 긴자의 상징이 되었다. 르네상스풍의 건물 꼭대기에 시계가 있는데 원래 이곳은 SEIKO 브랜드로 알려진 핫도리 시계점의 건물이었다. 관동 대지진 후에 새로 지으면서 시계를 판매하는 가게라는 것을 상징하기 위해 시계탑을 세웠다고 한다. 6층에는 상설 전시장인 아트 갤러리가 있다.

③ 독특한 모양의 외관
긴자 플레이스
GINZA PLACE

위치　東京都中央区銀座5-8-1
　　　Tokyo-to, Chuo-ku, Ginza 5 Chome-8-1

긴자 미츠코시 건너편에 있다. 흰색 천으로 엮어 놓은 듯한 건물이다. 독특한 조형미가 눈길을 끄는 건물이다. 삿포로 부동산에서 2016년 리뉴얼하여 카페를 비롯해 상업용 매장과 전시장이 들어서 있다. 긴자 디스플레이 콘테스트에서 일본 공간 디자인 협회상을 수상한 건물이다. 색상이 흰색이라 그런지 한눈에 들어온다. 긴자의 역사를 말해주는 미츠코시, 와코 건물과 대비되는 현대식 건물이다.

긴자의 야경(왼쪽이 긴자 플레이스)

1868년에 창업한 백화점
마츠야 긴자
松屋銀座

위치 　東京都中央区銀座3-6-1
Tokyo-to, Chuo-ku, Ginza,
3 Chome-6-1

1868년에 포목점으로 창업하여 백화점으로 변신한 오랜 전통을 지닌 백화점이다. 고객 수와 매출에서 긴자 미츠코시 백화점과 우열을 가리기 어려울 정도로 인기가 있는 백화점이다. 매년 6월 장마철에는 중앙홀에서 수백 개의 우산이 펼쳐지는 햐쿠산카이(百傘会)가 개최되는데 하나의 볼거리를 제공하고 있다.

⑤ 최신 기술로 지어진 고급 쇼핑센터
긴자 식스
GINZA SIX

위치 東京都中央区銀座6丁目10-1
Tokyo-to, Chuo-ku, Ginza, 6 Chome-10-1

원래 마츠자카야(松坂屋) 백화점 건물로 1924년에 지어져 오랜 역사를 가졌으나 노후화되어 내진 설계 기준에 못 미치는 등 여러 문제가 발생하면서 시가지 재개발 사업의 일환으로 새로 지어져 2017년에 개업했다. 미용과 패션 관련 매장을 비롯해 식당가, 서점, 레스토랑 등 다양한 상업 시설이 들어서 있다. 특히, 동북 지방 쓰나미 지진 당시 도쿄의 많은 사람들이 집에 돌아가지 못한 사태를 겪은 후에 건설된 건물이라 재난 시에 귀가하지 못하는 사람들을 위한 임시 체류 공간을 갖추고 있으며 비상 발전 설비와 함께 식료품, 이불 등을 비축해 두고 있다. 천장은 우리의 한지와 비슷한 일본 종이(和紙)에, 투과되는 듯한 부드러운 느낌의 인테리어가 눈에 들어온다. 현대적인 건물이지만 일본스러운 분위기를 자아내는 인테리어가 멋스럽다. 개장 이벤트로 세계적인 현대 미술가인 쿠사마 야요이(草間彌生)의 작품으로 장식하여 더욱 유명해졌다. 쿠사마의 작품은 수많은 점으로 이루어진 것이 특징이다. 일명, '땡땡이가라'라 하여 점박이 작품이다. 시코쿠(四国)의 나오시마분카무라(直島文化村) 등 여러 곳에 전시되어 있다.

우리나라에서는 안양의 평촌 평화 공원에 그의 작품이 있다. 실제 쿠사마가 직접 제작한 작품이 아니라 쿠사마 스튜디오에서 제작한 작품이라고 한다.

6층에는 츠타야(TSUTAYA) 서점이 있다. 세계적인 커피 체인점 스타벅스와 결합한 점포다. 커피 전문점의 음료와 서점의 책을 조합한 북 카페 분위기이다. 커피를 마시는 사람과 책을 고르고 읽는 사람들이 뒤엉켜 있어 어지러운 느낌이 들지만 앉을 곳을 찾기 어려울 정도로 많은 사람이 찾고 있다.

1. 점 무늬로 유명한 쿠사마야오이(草間彌生)의 작품이 전시된 중앙홀 2. 츠타야 서점

❻ 가부키자
歌舞伎座

일본 전통 무극 전문 공연장

위치 東京都中央区銀座4-12-15
Tokyo-to, Chuo-ku, Ginza, 4 Chome-12-15

전통 무극인 가부키 공연이 펼쳐지는 전문 공연장이다. 1889년에 개장하여 전쟁과 화재로 우여곡절을 겪었으며 현재의 건물은 2013년에 완공한 것으로 다섯 번째다. 목재를 이용한 일본식 건축으로 저명한 건축가 구마 켄고(隈研吾)가 설계했다. 뒤편에 있는 29층의 현대식 건물도 그가 설계했는데 두 건물이 묘한 신구의 대조를 이룬다.

가부키의 내용은 이해하기 어렵다. 일본어 소통이 되지 않는다면 무대의 디자인이나 배우들의 몸짓을 보고 분위기를 느끼는 정도가 될 것이다. 공연을 본다면 하나의 막을 보는 자리인 '히토마쿠미세키(一幕見席)'를 추천한다. 공연 시간이나 내용에 따라 500엔에서 2,000엔 정도이며 당일권(500엔)으로는 15분 정도 볼 수 있다. 가부키자 타워 5층에는 무료로 가부키 의상과 가발을 쓰고, 특유의 분칠 화장을 하고 사진 촬영을 할 수 있는 공간이 있다. 지하에는 특산품 가게가 있다. 가부키와 관련된 소품이나 기념품, 각 지방의 특산품을 판매하는 쇼핑몰이다.

1. 가부키자 2. 가부키자 지하의 쇼핑몰

가부키(歌舞伎)

가부키는 일본의 전통 예능으로 유네스코 무형 문화유산으로 등록되어 있다. 16세기 후반부터 시작된 공연으로 노래와 춤 등으로 이루어진 극이며 남자들만 공연을 펼친다. 여자 역할도 남자가 여장을 해서 공연을 하는 것이 특징이다. 원래 여자도 공연을 했지만 관능적이며 풍기문란의 소지가 있다는 이유로 1629년에 금지시키자 남자 배우만으로 구성하여 공연하게 되었다. 배우가 고어(古語)를 많이 사용하기 때문에 일본인들도 통역기를 통해 공연을 관람한다. 어느 정도 일본어가 가능한 필자도 통역기를 이용해야만 했다. 관광으로 가서 이 가부키 공연을 보기는 쉽지 않은 일일 것이다.

가부키 공연

TALK&TALK

에도의 중심지였던 긴자, 니혼바시 지역이란다.

그런데 새로 지은 건물이 많네요.

최근 몇 년 사이에 도심 재개발 사업으로 재건축한 건물이 많단다. 하지만 역사를 지닌 점포와 일본 최초의 백화점 등 역사를 간직한 건물도 많단다. 300년이 넘은 이쑤시개 가게가 있고, 100년이 넘은 넥타이 가게도 있고….

1934년에 완공한 진정한 레트로 건물
오쿠노 빌딩
奥野ビル

위치 東京都中央区銀座1-9-8
Tokyo-to, Chuo-ku, Ginza, 1 Chome, 9-8

화려한 건물들로 가득 차 있는 긴자 거리를 걷다가 물음표를 던질 정도로 오래되어 보이는 건물이 있다. 바로 오쿠노 빌딩이다. 본래 이 자리에는 철도부품 제조공장이 있었지만 1923년 관동대지진 때 무너졌고, 그 자리를 대신해 지진에도 견딜 수 있는 현재의 오쿠노 빌딩을 1934년에 완공했다고 한다. 건물을 자세히 보면 좌우가 나뉘어져 있는데, 좌측 건물이 2년 더 오래되었다. 당시에는 아직 유행하지 않았던 철근 콘크리트 공법을 사용했고, 주택용 엘리베이터도 있어서 긴자의 대표적인 고급 아파트였다고 한다.

2009년을 마지막으로 현재 거주하는 사람은 없다. 건물에 들어가 보면 마치 타임머신을 타고 과거로 간 기분이다. 건물의 여기저기를 돌아다니다 보면 건물이 간직하고 있는, 감히 범접하기 힘든 기나긴 세월에 압도된다. 칠이 다 벗겨진 복도, 도대체 몇 명이 만졌을지 모를 나무 난간까지… 21세기를 살아가고 있는 우리에게는 너무나 오래되었기에 오히려 새롭다. 현재 오쿠노 빌딩은 전시회용 공간과 아기자기한 상점들로 이루어져 있다. 그리고 아직도 작동하는 수동 개폐식 엘리베이터도 타볼 수 있다. 타고 내릴 때, 문 두개를 다 개폐해야 한다. 들어가서 20세기를 느껴 보자.

쇼핑 / Shopping

문구 전문점
1 이토야 伊東屋

1904년에 개업한 문구점이다. 문방구와 화구 전문점이다. 이토야의 상징물로 건물의 빨간색 클립이 눈에 띈다. 12층으로 각 층마다 테마에 따른 상품과 공간을 연출하고 있다. 5만여 점의 상품을 갖추고 있으며 긴자의 거리 분위기에 맞춰 고가의 고급스러운 문구가 많다. 우리 주변에 있는 소품이지만 문방구의 고급화를 추구한 가게라 할 수 있다. 문구와 화구뿐 아니라 홈 데코레이션, 여행, 식물 공장 등 다양한 상품을 판매하여 시대에 맞춰 변신하고 있다. 단순한 물건만이 아니라 즐거움, 새로움, 아름다움을 시대에 맞춰 추구한다는 회사의 모토부터가 새롭게 다가서는 곳이다.

위치 東京都中央区銀座2-7-15
Tokyo-to, Chuo-ku, Ginza, 2 Chome-7-15

클립 모양의 간판이 특징인 이토야

 TIPS

이토야 마루노우치점
마루노우치점에 있는 '카데일 잉그' 매장에서는 독일 기계업체에서 특별 주문해 제작한 잉크 혼합기를 설치해 놓고 고객이 원하는 색깔의 잉크(총 48색)를 즉석에서 만들어 준다.

쇼핑 / Shopping

② 시세이도 PARLOUR 資生堂 PARLOUR
시세이도에서 운영하는 과자점

긴자 식스에서 신바시역 방향으로 걷다 보면 교차로에 붉은 벽돌색의 건물이 보이는데, 이 건물은 '도쿄긴자 시세이도빌딩(東京銀座資生堂ビル)'이다. 우리나라에서도 화장품으로 유명한 시세이도가 1872년 이곳에서 창업했으며, 현재의 건물은 2001년에 새로 지은 건물이다. 건물은 지하 1층부터 11층까지 시세이도에서 운영하는 바, 살롱, 레스토랑, 카페 등으로 채워져 있다. 1층에 있는 시세이도 Parlour는 비스켓, 치즈 케이크 등의 과자와 선물 등을 파는 곳이다. 시기에 따라 판매하는 한정 상품도 판매하고 있다. 세련된 인테리어와 점원들에게서 나오는 분위기로 고급스러운 느낌이 드는 가게다.

위치 東京都中央区銀座8-8-3
Tokyo-to, Chuo-ku, Ginza, 8 Chome-8-3
영업시간 11:00~20:30
(7월, 12월은 11:00~21:00)

③ 카시라 CA4LA
모자 전문점

긴자의 멋쟁이들이 찾는 모자 전문점이다. 전국적인 체인점을 갖고 있다. 패션을 이야기할 때 옷이나 구두에 초점을 맞추는데 패션의 마지막을 모자로 완성한다고 한다. 어린이들의 모자부터 20~30대 및 중년 남녀의 모자, 웨딩드레스에 어울리는 모자까지 다양한 모자를 쇼핑할 수 있다. 긴자에는 긴자점과 긴자SIX점이 있다.

위치 東京都中央区銀座5-6-14
Tokyo-to, Chuo-ku, Ginza, 5 Chome-6-14
영업시간 11:00~20:00

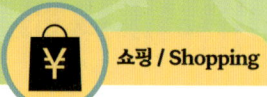

100년이 넘은 넥타이 전문점
 타야 田屋

1905년 창업한 넥타이를 중심으로 한 신사용품 전문점이다. 야마가타현(山形県)에 별도의 공방을 두고 디자인부터 생산과 판매까지 하고 있다. 오더 메이드 넥타이를 제작하기도 해서 나만의 넥타이를 원하는 멋쟁이들이 찾는 가게다. 넥타이 외에도 셔츠, 구두, 포켓 손수건, 숄을 판매하고 있다. 가격은 넥타이 하나에 최소 10만 원. 셔츠는 20만 원 이상을 부담해야 한다.

위치 東京都中央区銀座4-6-17
　　　Tokyo-to, Chuo-ku, Ginza, 4 Chome-6-17
영업시간 10:00~19:30

 먹거리 / Food

에도의 슬로푸드
⑤ 마카와야 三河屋

17세기 후반에 개업한 전통 식품 전문점이다. 자연식이나 전통식과 같이 손이 많이 가는 슬로푸드를 찾는 사람들에게 인기가 있다. 쌀밥을 중심으로 된장국(미소시루), 간장, 절임 식품 등 전통 가정 식탁의 맛을 재현하기 위한 상품이 주를 이룬다. 계절별로 쌀밥을 맛있게 먹을 수 있는 식단을 구성하기 위한 식품이 대부분이다. 대표적으로 '이리자케(煎り酒)'라 하여 일본 술에 매실 절임이나 가다랑어포를 넣어 숙성시킨 간장이 있다. 이 밖에도 면 간장 등 다양한 간장과 식초 등의 조미료, 된장, 우메보시(매실), 절임 식품과 전통주를 판매한다. 또, 젓가락과 전통식 관련 책자도 판매하고 있다.

위치 東京都中央区銀座8-8-18
Tokyo-to, Chuo-ku, Ginza, 8 Chome-8-18

영업시간 11:00~8:00
(일, 공휴일 휴무)

먹거리 / Food

고급 철판 요리 전문점
⑥ 우카이테이 うかい亭

고급 브랜드 매장이 즐비한 긴자에 가면 고급 음식을 먹어보고 싶다는 생각이 든다. 고급 요리 전문점 중 추천하는 곳은 최상급 철판 요리 전문점 우카이테이이다. 비교적 저렴하게 즐기고 싶다면 런치 세트를 추천한다. 입구부터 고급스러움이 풍긴다. 입구 양쪽에는 포크와 스푼을 의인화한 조각이 서 있고, 내부로 들어가면 인테리어와 조명이 고급스러운 멋을 자아낸다. 냅킨 하나, 컵 하나도 고급스럽게 치장하고 있다. 중앙의 주방을 중심으로 손님들이 둘러 앉아서 주문을 하면 요리사가 메뉴에 따라 요리 퍼포먼스를 펼친다. 내놓는 요리마다 예쁘고 먹음직스러운 모양으로 장식되어 먹기가 아까울 정도이다. 요리도 요리지만 담아내는 그릇 또한 음식에 어울리는 모양과 색상이다. 고급스러운 만큼 그만한 대가를 지불해야 한다. 런치 코스가 9,900엔(90,000원)대다.

위치 東京都中央区銀座5-15-8
　　　　Tokyo-to, Chuo-ku, Ginza, 5 Chome-15-8
영업시간 평일 12:00~14:00, 17:00~22:00 / 토, 공휴일 11:30~14:00, 17:00~22:00(일요일, 연말연시 휴무)

먹거리 / Food

식사와 맥주

7 긴자 라이온 LION

긴자 라이온은 긴자의 역사를 간직한 비어 하우스(맥주 홀)이다. 긴자 식스 바로 옆에 'LION'이라 쓰여진 아치형 입구의 건물이 보인다. 이곳은 맥주 회사 삿포로가 운영하는 맥주 홀이다. 1934년에 문을 연 매장으로 일본에서 가장 오래된 맥주 홀이다. 맥주뿐만 아니라 식사와 와인, 칵테일 등을 즐길 수 있다. 점심시간에는 런치 세트, 저녁 시간에는 식사와 함께 술 한 잔을 즐길 수 있다. 역사를 간직한 점포답게 내부의 대형 모자이크 벽화와 보리밭을 이미지화한 기둥에서 고풍스러운 분위기를 느낄 수 있다. 요리와 함께 오리지널 맥주를 마시는 즐거움을 놓치지 말아야 한다. 매주 월요일과 금요일 저녁에는 '생맥주의 달인'인 에비하라(海老原清) 씨가 카운터에서 생맥주를 제공하고 있다. 긴자 라이온 건물은 2022년 국가유형문화재로 등록되었다.

위치 東京都中央区銀座7-9-20
Tokyo-to, Chuo-ku, Ginza, 7 Chome-9-20

영업시간 월, 화, 일 11:30~22:00
수~토 11:30~22:30

긴자, 니혼바시

 **먹거리 / Food**

가부키 배우들이 즐겨 찾는
❽ 킷사 유 喫茶 YOU

가부키자 옆 골목, 건물과 건물 사이에 끼어 있는 빨간색 벽돌 건물에 흰색 간판이 보인다. 1층과 2층을 사용하는데 소문이 나서 평일에도 줄을 서야 한다. 가부키자 가까이에 있어 가부키 배우들의 단골집으로도 알려져 있다. 이곳의 오므라이스는 전국적으로도 알려져 있다. 치킨라이스 위에 얹은, 생크림이 들어간 달걀이 부드럽게 입에서 녹는다. 줄을 서야 먹을 수 있다.

위치 東京都中央区銀座4-13-17
　　　Tokyo-to, Chuo-ku, Ginza, 4 Chome-13-17
영업시간 11:00~16:30(연말연시 휴무)

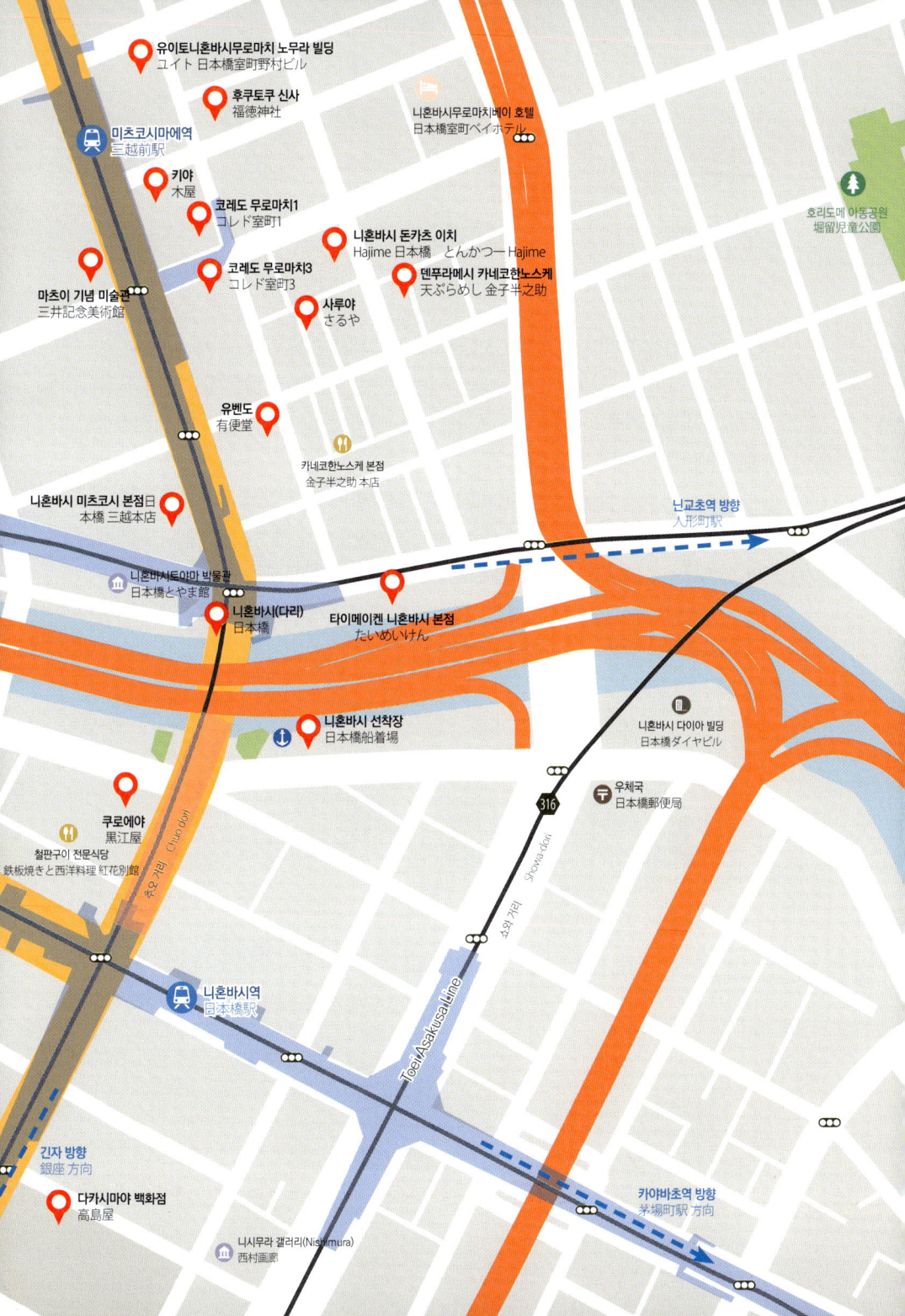

니혼바시
日本橋

Information

긴자와 연결된 지역으로 에도 시대부터 발달한 시타마치(下町)이며, 긴자의 분위기와 유사하다. 도쿄(에도)가 수도로 되어 전란이 끝나면서 많은 사람(주로 하급 무사)들이 일자리를 찾아 도쿄로 몰려들었다. 이때 번성한 거리가 긴자, 니혼바시 지역이다.

긴자, 도쿄역이 있는 마루노우치 지역, 닌교초와 인접해 있어 교통이 편리하다. 긴자에서 이어지는 주오 거리를 중심으로 고층 빌딩가를 볼 수 있는데 일본 최초의 백화점인 미츠코시 본점을 비롯해 중요 문화재로 등록된 다카시마야 백화점, 재개발 사업으로 새롭게 지어진 COREDO 빌딩 등을 돌아본다. 빌딩가 사이에 위치한 역사와 전통을 지닌 이쑤시개 전문점 사루야, 식칼 전문점 키야 등을 둘러보면 좋다.

교통

- **니혼바시역**(日本橋駅) : Ⓐ 아사쿠사선, Ⓖ 긴자선, Ⓣ 도자이선
- **가야바초역**(茅場町駅) : Ⓗ 히비야선, Ⓣ 도자이선
- **미츠코시마에역**(三越前駅) : Ⓖ 긴자선, Ⓩ 한조몬선

1 역사를 간직한 다리

니혼바시
日本橋

니혼바시 다리

이 거리 이름을 가진 상징적인 다리이다. 긴자 방향에서 주오 거리(中央通り)를 따라 미츠코시 방향으로 가면 고가 도로(수도 고속도로)가 보이고 아래로 니혼바시강(日本橋川)이 흐른다. 이 강을 건너는 다리가 니혼바시(日本橋)이다. 중요 문화재로 지정된 다리이다. 최초의 다리는 1603년 도쿠가와 이에야스(德川家康)가 목조로 건설했으나 여러 번의 증개축으로 인해 지금의 다리는 1911년에 완성되었다. 도쿄만 크루즈를 타는 선착장이 이 다리 아래쪽에 있다.

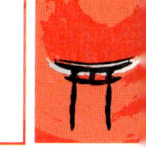

❷ 일본 최초의 백화점
미츠코시 백화점
三越本店

위치 東京都中央区日本橋室町1-4-1
Tokyo-to, Chuo-ku, Nihonbashi muromachi, 1 Chome-4-1

니혼바시 미츠코시 백화점

중앙홀 2층에 있는 파이프오르간

일본 최초의 백화점이다. 에도 시대인 1673년에 포목점으로 시작하여 백화점이 되었다. 백화점(百貨店)이라는 이름을 사용하기 시작한 것은 1904년이라고 한다. 중앙홀이 처음 완성된 것이 1914년인데 일본 최초의 상업 건물용 에스컬레이터를 비롯하여 엘리베이터, 스프링쿨러 등 당시에는 최신 설비로 유명세를 탄 건축물이었다고 한다. 지금의 건물은 1935년에 세워진 것으로, 일본의 중요 문화재로 지정되어 있는 역사적인 건물이다.

중앙홀 2층에 있는 파이프오르간은 1930년 미국에서 제작한 것으로 지금도 라이브 연주를 한다. 대리석에 스테인드글라스로 만든 건물 내부 천장도 볼거리이다. 중앙홀에 자리 잡은 여인상 '마고코로(天女)'상은 1960년에 완성되었으며 미츠코시의 상징물이 되었다. 제작하는 데 10년의 세월이 소요되었다고 한다. 아래서 올려다 보면 웅장함과 함께 신비한 느낌을 받는다. 주변의 조명과 분위기가 어우러져 그 규모나 분위기에 압도당하는 느낌이 든다.

중앙홀에 있는 마고코로(天女)상

백화점 입구의 사자상

현관 입구에 있는 사자상은 1914년에 세워진 것으로 수험생이 이 사자상을 만지면 원하는 학교에 들어갈 수 있다고 알려져 있다. 많은 사람들이 만져서 사자상의 발과 얼굴 등이 반질반질하게 광이 나 있다.

백화점으로 매장의 상품이나 디스플레이도 볼만하지만 건물과 시설 전체가 볼거리가 많은 곳이다. 백화점 건물 자체에 이렇게 볼거리가 있다는 것도 드물 것이다. 쇼핑과는 별개로 볼거리를 보기 위해 관광차 방문하는 사람도 많다. 사람들이 많이 찾는 만큼 중앙홀에서는 다양한 행사가 개최되는데 백화점이 여러 문화를 접하고 역사를 느낄 수 있는 공간으로 자리매김한 대표적인 곳이라 할 수 있다. 상업용 백화점 건물이 오랜 역사를 지니며 문화재로서 가치가 생긴 사례이다. 이러한 역사성과 상징성 때문인지 항상 사람들의 발길이 끊이지 않는다.

TALK&TALK

명품 숍과 세련된 사람들이 많네요.
전 츠타야 서점, 애플 숍과 명품 숍이 눈에 들어오네요.

그래도 일본 최초 백화점 미츠코시와 중요 문화재로 지정된 다카시마야 백화점은 꼭 들러야 해… 미츠코시의 파이프오르간과 중앙의 마고코로상, 다카시마야의 수동 엘리베이터는 박물관에서나 볼 수 있는 볼거리인 거야.

중요 문화재로 등록된
다카시마야
高島屋

위치 東京都中央区日本橋2丁目4-1
Tokyo-to, Chuo-ku, Nihonbashi, 2 Chome-4-1

다카시마야 백화점

1933년에 개점한 백화점으로 일본 백화점 건축물의 대표적인 건물이다. 백화점 건물로는 처음으로 중요 문화재로 지정되었다.

창업 때부터 있었던 손으로 조작하는 엘리베이터는 지금도 변함없이 수동 조작으로 움직이고 있다. 엘리베이터 내부는 쇠창살로 만들어져 있다. 우리나라에서는 만나기 어려운 엘리베이터 걸이 안내해 준다. 내부에 들어가면 넓은 매장 간격과 고풍스러움과 현대적인 느낌이 어우러진 인테리어가 눈에 들어온다. 옥상에는 정원이 꾸며져 있어 차를 즐길 수 있다.

다카시마야 백화점 엘리베이터와 내부

스토리를 만드는 일본 문화

일본 관광지를 가 보면 작은 것 하나도 스토리를 만들어 홍보하고 있다. 미츠코시 백화점의 사자상도 흔하게 만들 수 있는 조각이지만 '수험생이 만지면 합격을 한다'는 일본의 토테미즘과 연결하여 스토리를 만들었다. 관광객들은 그러한 신앙을 믿든 믿지 않든 한 번씩 만져 보게 된다. 파이프오르간 연주도 전통을 이어 오면서 하나의 스토리가 되어 가고 있다. 다카시마야의 오래된 엘리베이터도 옛 것을 그대로 보존하고 있으며 엘리베이터 걸(Girl)이 안내를 하는 것도 변함이 없다. 재개발이나 리모델링을 하더라도 상징이 되는 건물이나 시설을 보존하면서 스토리를 이어 가는 문화는 일본 곳곳에서 만날 수 있다.

쇼핑 / Shopping

① 사루야 さるや
이쑤시개 전문점

이쑤시개를 전문으로 취급한다는 것 자체가 우리에게는 생소한 이야기이다. 우리나라에서는 한 통에 1,000원이면 구입할 수 있으며 식당의 카운터 앞에 놓여 있는 흔한 물건이다. 사루야는 1704년에 니혼바시에서 창업했다. 고층 건물 뒤편의 작은 골목길에서 300년 넘게 한 자리를 지키고 있다. 요정이나 고급 요리점에 납품을 하거나 선물용으로 판매하고 있다고 한다. 다양한 종류의 이쑤시개도 있지만 손잡이 부분의 포장과 이쑤시개를 담는 상자도 다양한 디자인을 갖춰 고급스러운 느낌이 든다. 이곳의 이쑤시개는 재료(나무)의 선택에서부터 제작과 포장까지 장인의 손길이 느껴진다.

위치 東京都中央区日本橋室町1-12-5
Tokyo-to, Chuo-ku, Nihonbashi muromachi, 1 Chome-12-5
영업시간 10:00~17:00
(일, 공휴일 휴무)

② 유벤도 有便堂
고화방

화구 전문점 유벤도는 1910년에 창업하여 100년이 넘은 가게다. 초기에는 붓, 벼루, 화지 등 붓글씨 관련 상품을 취급하다가 시대의 흐름에 따라 화구 및 액자, 족자 등을 취급하고 있다. 특히 일본화인 우키요에(浮世絵)를 그릴 때 사용한 돌을 갈아 만든 천연 물감도 취급하고 있다. 원래 우에노에 있다가 전쟁 중에 소실되어 이곳 니혼바시로 옮겨왔다고 한다. 1층에 자리 잡고 있어 그리 넓지 않은 공간이지만 전돈된 다양한 색상의 상품이 마치 한 폭의 그림과 같은 느낌을 주는 가게다.

위치 東京都中央区日本橋室町1-6-6
Tokyo-to, Chuo-ku, Nihonbashi muromachi, 1 Chome-6-6
영업시간 10:00~17:00
(토, 일, 공휴일 휴무)

쇼핑 / Shopping

식칼을 전문으로 하는
③ 키야 木屋

1792년 창업하여 9대째 가업을 잇고 있는 키야(木屋)는 식칼을 비롯하여 다양한 종류의 요리용 칼, 미용용 칼 및 가위, 도마, 프라이팬 등의 주방용품을 취급하는 가게다. 입구는 호텔의 프런트에 온 느낌이다. 이곳의 대표 상품은 요리용 식칼이다. 칼을 가는 숫돌을 판매하고 칼을 갈아 주는 서비스도 실시한다. 일본의 유명 요리점의 요리사들이 이용하는 곳이라고 한다. 이곳의 모든 벽면에 칼과 가위, 칼을 가는 숫돌 등이 전시되어 있다. 들어가 보면 칼 종류가 이렇게도 많다는 것에 대해 새삼 놀랄 것이다.

위치 東京都中央区日本橋室町2-2-1
Tokyo-to, Chuo-ku, Nihonbashi muromachi, 2 Chome-2-1

영업시간 11:00~19:00

유서 깊은 칠기가게
④ 쿠로에야 黒江屋

창업 년도가 무려 1689년인 칠기 전문점이다. 칠기로 유명한 지방인 와카야마현 카이난시 쿠로에(和歌山県海南市黒江)출신의 초대 설립자가 개업했다고 한다. 에도시대에는 주로 다이묘, 메이지 시대에는 화족 등을 상대로 고급 칠기를 취급해 왔지만 관동대지진의 영향으로 일반 칠기도 취급하기 시작했다. 제2차 세계대전 때는 도쿄대공습으로 점포가 소실되어 판자로 가설 매장을 만들어 영업했다고 한다. 점포 내부에는 칠기로 만든 그릇, 젓가락, 수저, 공예품, 악세서리, 화분 등 여러 제품이 진열되어 있다. 수공예라 가격대가 꽤나 높은 편이다.

위치 東京都中央区日本橋 1-2-6
Tokyo-to, Chuo-ku, Nihonbashi, 1 Chome-2-6

영업시간 9:00~18:00

먹거리 / Food

⑤ 츠지항 つじ半
해산물 덮밥으로 유명한

니혼바시에서도 가장 긴 줄을 서야 하는 가게가 바로 '츠지항(つじ 半)'이다. 이곳의 특징은 니혼바시 지역에 어울리는 고급스러운 분위기와 매일 직송한 신선한 해산물을 사용한다는 점이다. 방송에도 자주 소개되어 식사 시간이 되면 반드시 줄을 서야 먹을 수 있다. 재료가 동이 나면 줄을 서도 못 먹을 수 있다. 해산물 덮밥의 하나인 '제이타쿠동(ぜいたく丼)'은 우리말로 '사치품 덮밥'인데 특상(特上), 송(松), 죽(竹), 매(梅) 중에서 선택한다. 특상, 송, 죽, 매는 재료의 양으로 결정하며, 특상에 재료가 가장 많이 들어간다. 가장 비싼 특상(特上)은 3,600엔, 저렴한 매(梅)는 1,250엔이다.

위치 東京都中央区日本橋3-1-15
Tokyo-to, Chuo-ku, Nihonbashi, 3 Chome-1-15

영업시간 월~금 11:00~15:00,
17:00~21:00
주말, 공휴일 11:00~21:00

⑥ 니혼바시 돈카츠 이치 HAJIME　日本橋 とんかつ一 HAJIME
돈카츠 전문점

미츠코시 백화점 근처에 있는 돈카츠 맛집이다. 니혼바시의 직장인들 사이에서 인기가 있어 점심 시간에는 줄을 서야 하며, 대표 메뉴인 야키가츠동은 조기 품절되기도 한다. 줄을 서 있으면 미리 준비하기 위해 직원이 메뉴를 물어보러 온다. 가게에 들어가면 고급스럽고 깔끔한 인테리어가 나타나고 튀김 가게의 기름 냄새가 난다. 돈카츠의 튀김 옷은 얇은 편이며 고기에서는 살짝 붉은 기가 돈다. 돼지고기는 도쿄식육시장(東京食肉市場)에서 엄선되어 인증 받은 메이가라돈(銘柄豚)을 사용하기 때문에 육질이 일품이다. 일본어로 '메이가라(銘柄)'는 품질이 우수함을 인정 받은 상표를 말한다.

위치 東京都中央区日本橋室町1-13-9
Tokyo, Chuo City, Nihonbashimuromachi,
1 Chome-13-19

영업시간 화~목 11:00~18:00
금, 공휴일 전날 11:00~21:00
토 10:00~21:00
일, 공휴일 10:00~18:00
월요일 휴무

 먹거리 / Food

7 오므라이스가 명물인
타이메이켄 たいめいけん

1931년에 창업한 양식 레스토랑이다. 1층은 샐러드나 오므라이스, 카레, 햄버거 스테이크, 카츠, 라멘과 같은 캐주얼한 먹거리, 2층은 본격적인 서양식 레스토랑이다. 당연히 2층은 값비싼 코스 요리가 주를 이룬다. 계란만 들어있는 일반적인 오므라이스를 비롯해 소고기가 들어있는 비프 오므라이스, 콩나물 오므라이스, 새우 오므라이스 등 다양한 종류의 오므라이스가 인기이다.

위치 東京都中央区日本橋室町1-8-6
Tokyo-to, Chuo-ku, Nihonbashi muromachi, 1 Chome-8-6

영업시간 평일 11:00~21:00
일, 공휴일 11:00~20:00
(월요일 휴무)

8 튀김 전문점
덴푸라메시 카네코한노스케 天ぷらめし 金子半之助

튀김 전문점으로 식사 시간이 되면 반드시 줄을 서야 먹을 수 있는 식당이다. 줄을 서는 식당은 대체적으로 가성비가 좋은 식당인데 그 중 한 곳이다. 코레도 무로마치3 건물 뒤편 후미진 골목에 있다. 후미진 골목 한 편에 좁은 입구가 있으며 안에 들어가면 목재로 된 차분한 인테리어와 조명이 고급스러운 분위기를 자아낸다. 메인 요리인 덴푸라메시(튀김 밥) 세트가 1,080엔이다. 가장 인기 있는 메뉴다.

위치 東京都中央区日本橋本町1-4-3
Tokyo-to, Chuo-ku, Nihonbashi Honcho,1 Chome-4-3

영업시간 월~금 11:00~22:00
주말, 공휴일 10:00~21:00

닌교초
人形町

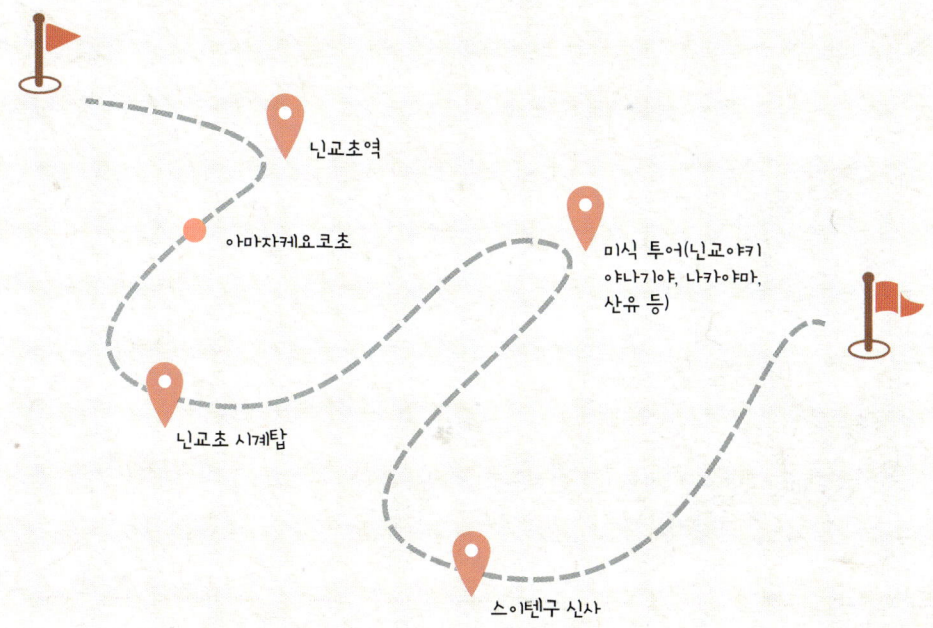

닌교초역

아마자케요코초

미식 투어(닌교야키
야나기야, 나카야마,
산유 등)

닌교초 시계탑

스이텐구 신사

닌교초 관광 팁&코스

유카타 박물관
ゆかた博物館

닌교초역
人形町駅

돈카츠 전문식당
かつ好

호텔 니혼바시사이보
ホテル日本橋サイボー

일본식 제과점
鳴門鯛焼本舗
日本橋人形町店

Toei Asakusa Line

가이세키 레스토랑
よし梅 人形町本店

니시테츠 인 니혼바시
西鉄イン日本橋

Tokyo Metro Hanzomon Line

야키니쿠 전문식당
焼肉ここから 人形町店

오카논지
大観音寺

이자카야
一の屋・人形町バル

오오다 스시
太田鮨

니혼바시 초등학교
中央区立日本橋小学校

닌교초의 시계탑

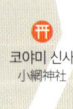

코아미 신사
小網神社

아마자케요코초 풍경

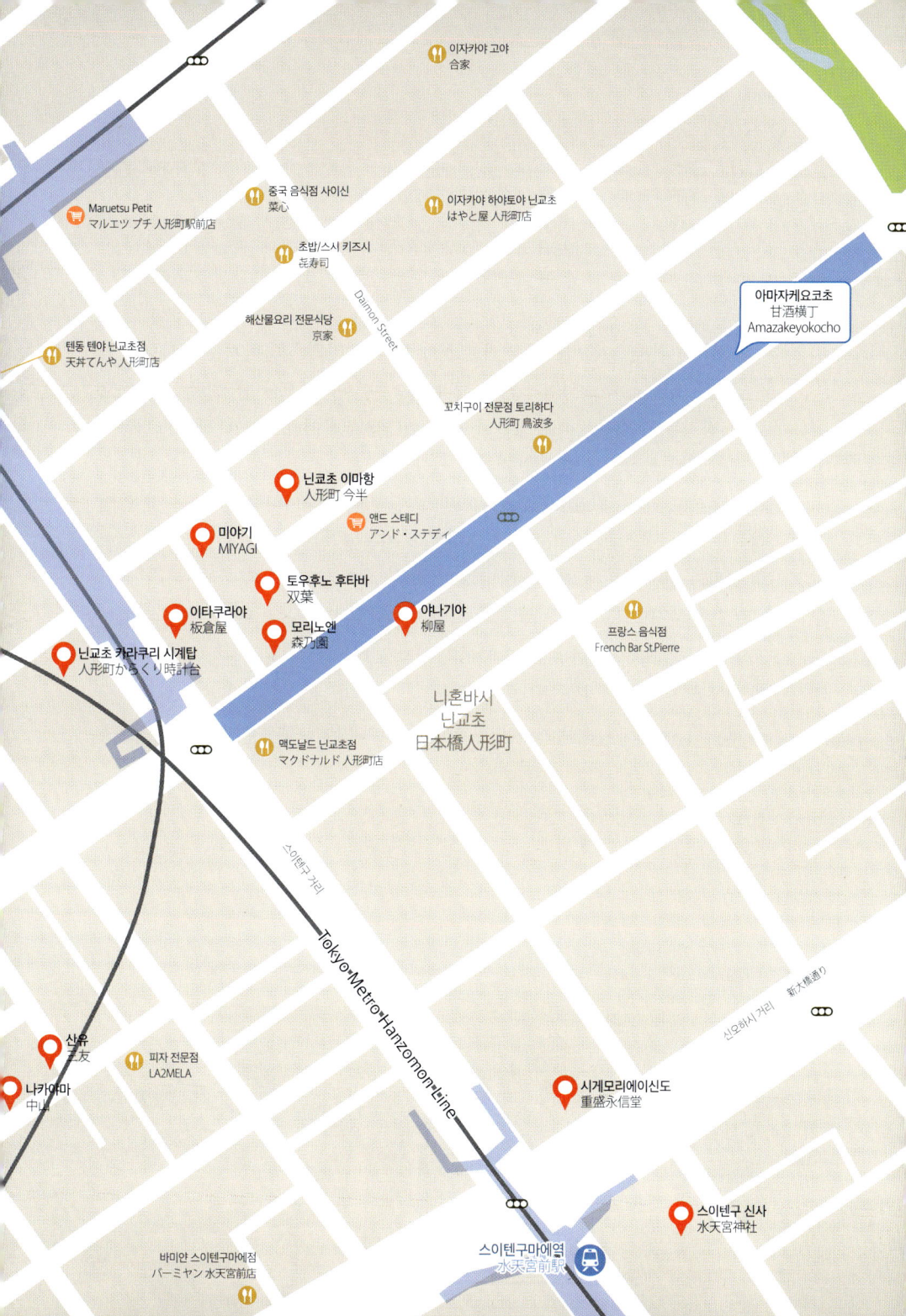

닌교초
人形町

Information

닌교초는 긴자, 니혼바시와 가까운 곳에 있다. 긴자와 니혼바시는 도시 재개발 사업으로 개발되어 옛 정취가 많이 사라지고 현대화되었으나 닌교초는 상대적으로 옛 정취를 많이 간직하고 있는 곳이다. 현대식 건물이라 해도 나지막한 건물이 많고 오래된 상점들이 자리를 지키고 있다. 뒷골목으로 들어가면 오래된 점포가 자리를 잡고 있다. '닌교(人形)'는 우리말로 '인형'이라는 의미인데 에도 시대에 인형극을 하던 사람들이 많이 살았던 지역이라 지명에 '인형'이 들어가 있을 뿐 특별히 인형과 연관이 있는 지역은 아니다.

닌교초는 서민들의 시타마치로 인접한 긴자나 니혼바시에 비해 재개발이 덜된 지역이다. 닌교초에서는 순산과 아이의 건강을 비는 스이텐구 신사와 함께 역사와 전통을 지닌 먹거리를 중심으로 돌아본다. 드라마 '고독한 미식가'에 소개된 튀김 요리점 나카야마, 돈카츠 전문점 산유, 스키야키와 샤부샤부 전문점인 닌교초

이마항 중에서 식사를 즐기고 차 전문점 모리노엔에서 후식을 즐긴다. 마지막으로 도쿄의 3대 닌교야키 전문점 중 하나인 야나기야에서 닌교야키를 간식으로 먹는 것도 좋은 생각이다.

 교통

- **닌교초역**(人形町駅) : Ⓐ 아사쿠사선, Ⓗ 히비야선
- **스이텐구마에역**(水天宮前駅) : Ⓩ 한조몬선

순산과 아이들의 건강을 비는
스이텐구
水天宮

위치 東京都中央区日本橋蛎殻町2-4-1
Tokyo-to, Chuo-ku, Nihonbashi kakigarachō, 2 Chome-4-1

일본 전국에 스이텐구(水天宮) 신사가 많이 있는데 도쿄는 이곳 닌교초에 있다. 일반적인 스이텐구 신사는 물로부터 재해를 방지한다는 의미가 있는 신사이지만 이곳은 임산부의 순산을 기원하는 신사로 알려져 있다. 그래서 임산부나 아이를 갖고 싶어 하는 부부가 찾거나 아이와 가족의 건강을 비는 참배객이 많이 찾는 곳이다. 1818년에 창건하였으며 최근(2016년)에 리모델링하여 지금의 모습이 되었다. 리모델링의 영향으로 어느 신사보다 깔끔하고 현대식 건물의 느낌이 든다.

신사 앞에는 새끼 개를 자애롭게 바라보는 어미 개의 동상이 있는데 '어미 개를 쓰다듬으면 순산을 하고, 새끼 개를 쓰다듬으면 아이들이 건강하게 자란다'고 한다. 많은 사람들이 쓰다듬어 개의 머리가 반질반질해졌다. 개 주변에 있는 공 모양의 12간지는 띠에 해당하는 동물들인데 자신의 띠에 맞는 동물을 만지면 순산과 건강을 지킬 수 있다고 한다. 이 동물들 형상도 반질반질하게 광이 나 있다. 또, 입구쪽에는 어린 아이의 상이 있는데 순산과 아이의 건강을 기원하는 의미에서 아이 동상을 쓰다듬는다. 일본의 신사는 이러한 갖가지 토속적인 신앙을 가지고 있으며 소원을 빌기 위해 많은 사람들이 찾는다.

1 스이텐구 신사 2 순산과 아이의 건강을 기원하는 상

❷ 닌교초의 상징
닌교초 시계탑
人形町からくり時計台

'인형'이라는 명칭에 어울리는 몇 안 되는 조형물 중 하나로, 인형극 그림이 붙어 있는 시계탑이다. 이 시계에서는 오전 11시부터 오후 7시까지 매시간 정각이 되면 음악 소리와 함께 인형이 나와 움직이며 무언가 열변을 토한다. 불조심과 만담(개그의 일종)으로, 일반 관광객들은 내용을 잘 알아들을 수 없겠지만 시간에 맞춰 간다면 한 번쯤 구경하는 것도 좋을 것 같다.

1. 닌교초의 시계탑 2. 정각이 되면 커튼이 열리며 음악과 함께 인형이 나타난다.

역사의 흔적을 갖고 있는
아마자케요코초
甘酒橫丁

위치 東京都中央区日本橋人形町2-4
Tokyo-to, Chuo-ku,Nihonbashi ningyocho 2-chome-4

아마자케요코초(甘酒橫丁)는 우리말로 풀이하면 '단술 골목'이다. 메이지(明治) 시대에 골목 입구에 단술(甘酒)을 파는 가게가 있어 이름이 붙여졌다고 한다. 이 골목에는 낡고 허름한 건물이 많이 남아 있으며 오랜 역사를 간직한 점포(老舖)도 많다. 가까운 곳에 있는 화려하고 현대적으로 바뀐 긴자나 니혼바시와는 너무나 대조적인 느낌이 든다.

이 골목에는 100년이 넘은 붕어빵집, 두부 전문점, 차 전문점 및 식당이 있다. 허름한 집이지만 역사와 전통을 간직한 분위기의 점포가 많은 것이 이 골목의 특징이다.

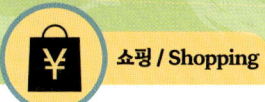

100년 넘은 문구점

① 미야기 MIYAGI MUCCO

1914년 창업한 문구점으로 처음에는 기모노를 감싸는 포장지로 시작하여 차별화된 문구 용지 판매로 발전하였다. 일반 문구는 물론 기념품, 사무실 환경 레이아웃, 방재용품에 이르기까지 다양한 제품을 취급하고 있다. 닌교초에 있는 'MUCCO'에서는 기념품이나 선물용 소품을 취급하고 있다. 외관도 깔끔한 디자인에 일본풍이 느껴지지만 내부로 들어가 보면 서재 느낌의 인테리어와 상품 진열이 깔끔하고 고급스럽다.

 위치 東京都中央区日本橋人形町2-4-3
Tokyo-to, Chuo-ku, Nihonbashi ningyocho, 2 Chome-4-3

영업시간 평일 10:00~18:00
주말, 공휴일 10:00~18:00
(연말연시 휴무)

TALK&TALK

 시골 동네 느낌이네요?

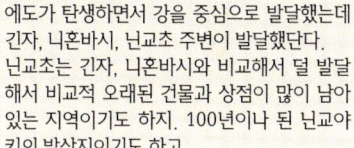 에도가 탄생하면서 강을 중심으로 발달했는데 긴자, 니혼바시, 닌교초 주변이 발달했단다. 닌교초는 긴자, 니혼바시와 비교해서 덜 발달해서 비교적 오래된 건물과 상점이 많이 남아 있는 지역이기도 하지. 100년이나 된 닌교야키의 발상지이기도 하고.

 닌교야키로 100년 이상 되었다구요?
말도 안 돼!

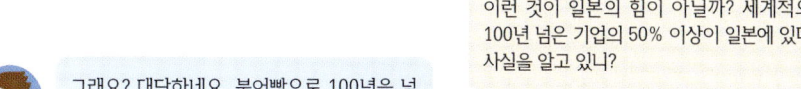 이런 것이 일본의 힘이 아닐까? 세계적으로 100년 넘은 기업의 50% 이상이 일본에 있다는 사실을 알고 있니?

 그래요? 대단하네요. 붕어빵으로 100년을 넘길 정도라니….

닌교초

먹거리 / Food

타이야키 전문점
② 야나기야 柳屋

1916년에 창업하여 100년이 넘는 전통을 자랑하는 타이야키 가게다. 도쿄의 3대 타이야키 전문점 중 한 곳으로 최고급 팥소를 넣어 만든다고 한다. 역사가 깊고 유명세를 탄 가게여서 그런지 문을 열기 전부터 길게 줄을 서서 기다리는 사람들이 있다. 이곳은 오전에는 아예 영업을 하지 않고 오후에 문을 연다. 두 사람이 수작업으로 만들고 있다. 한 사람은 빵을 굽고 한 사람은 자투리를 잘라 내서 포장을 해 준다. 자투리는 적당히 잘라서 포장해도 될 것 같은데 기다리는 입장에서는 답답하다는 생각마저 들 정도이다. 기다리기 싫으면 먹지 말라는 느낌마저 든다. 하지만 누구 하나 불평을 늘어놓지 않고 당연하다는 듯 기다리고 있다. 기계화를 할 수 있는데도 불구하고 변함없이 옛날 방법을 고수하는 것이 타이야키 하나로 100년 이상을 지켜온 비결인지도 모르겠다.

위치 東京都中央区日本橋人形町2-11-3
Tokyo-to, Chuo-ku, Nihonbashi ningyocho, 2 Chome-11-3

영업시간 12:30~18:00(일요일 휴무)

TIPS

○○야키

일본에는 '야키(燒き)'라는 이름이 들어간 요리나 음식이 많다. 고기를 굽는 갈빗집의 '야키니쿠'를 비롯하여 생강과 돼지고기를 구운 '쇼가야키', 철판 구이인 '텟판야키' 등 다양한 요리가 있다. 간식거리나 과자 종류인 '○○야키'도 많다. '닌교야키', '타이야키', '이마카와야키', '마치야키' 등이다. 이름은 여러 가지이지만 우리나라의 '붕어빵', '잉어빵', '국화빵', '계란빵'과 같다고 생각하면 된다. 반죽에 팥, 크림, 캐러멜, 크림 등 다양한 앙금이나 맛을 가미한 빵의 일종이다. 붕어 모양의 타이야키, 다양한 캐릭터(인형)가 들어간 닌교야키, 건담 모양의 간푸라야키 등 모양에 따라 재료에 따라 이름을 붙인다. 또는 최초 생산지에 따라 이름을 붙이기도 한다. 오사카야키, 이마카와야키, 아사쿠사야키 등이 그러하다. 물론 재료의 종류나 배합에 따라 맛이 약간 다르기는 하다.

일본에서는 이런 류의 가게를 100년 넘게 이어 오는 경우가 많다. 닌교초의 닌교야키나 타이야키도 그렇다. 먹어 보면 앙금에 따라 약간 다를 뿐 크게 차이를 못 느끼겠는데 일본인들은 한 시간 이상 줄을 서서 사 먹는다. 비슷하지만 약간씩 다른 재료의 배합 비율이나 방법을 노하우로 생각하고, 역사와 전통에 스토리를 가미하여 인기를 얻고 있다. 도쿄의 3대 타이야키 전문점은 닌교초의 야나기야(柳屋), 아자부주반의 나니와야소혼텐(浪花家総本店), 요츠야의 와카바(わかば)를 가리킨다.

먹거리 / Food

③ 닌교야키의 이타쿠라야·시게모리에이신도 板倉屋·重盛永信堂

닌교초에 가서 닌교야키를 맛보지 않을 수 없다. 닌교초에서는 이타쿠라야(板倉屋)와 시게모리에이신도(重盛永信堂)가 가장 유명한 닌교야키 전문점이다. 이타쿠라야는 1907년, 시게모리에이신도는 1917년에 창업하여 모두 100년이 넘는 역사를 자랑한다. 닌교야키는 국화빵, 붕어빵과 같이 밀가루 반죽에 앙금을 넣어 다양한 캐릭터 모양을 구운 빵이다. 닌교야키 외에도 '센베'라 불리는 전병 등 일본 전통 과자를 만들어 판매한다.

영업시간 <이타쿠라야> 10:00~17:30(연중무휴)
<시게모리에이신도> 월~금 09:00~19:00
토 09:00~18:00

1. 이타쿠라야 2. 시게모리에이신도

④ 100년이 넘은 차 전문점 모리노엔 森乃園

1914년에 창업한 가게로 '호우지차'라 하는 엽차 전문점이다. 일본 전국에서 양질의 재료를 매입하여 직접 말리고 볶아 차를 만들어 직접 판매와 통신 판매를 하고 있다. 1층에서는 차는 물론 엽차 아이스크림, 엽차 양갱, 엽차 카스텔라 등 차를 이용한 제품을 판매한다. 2층은 다방인데 엽차로 만든 빙수, 엽차 파르페, 단팥죽, 엽차 떡(모찌) 등 엽차를 이용한 다양한 음식을 맛볼 수 있다. 가장 특이한 것은 말차(抹茶) 맥주이다. 차로 이렇게 많은 음식을 만들 수 있다는 것만으로도 경이롭다. 가격은 상당히 비싼 편이다. 대부분의 메뉴가 우리 돈으로 8,000원 이상이며 입장한 사람 수만큼 주문해야 한다.

위치 東京都中央区日本橋人形町 2-4-9
Tokyo-to, Chuo-ku, Nihonbashi ningyocho, 2 Chome-4-9

영업시간 1층 점포 09:00~19:00
2층 다방 12:00~17:00

 **먹거리 / Food**

두부 전문점
⑤ 토우후노 후타바 とうふの双葉

모리노엔과 붙어 있는 가게다. 메이지 40년(1907년)에 창업한 두부 전문점으로 100년이 넘는 역사를 자랑하고 있다. 일반 두부 외에 두부 도넛, 두부 튀김, 각종 두부 선물 세트 등 두부를 이용한 다양한 제품을 판매한다. 1층에 매장이 있고, 2층에는 요리를 맛볼 수 있는 식당이 있다.

위치 東京都中央区日本橋人形町2-4-9
　　　 Tokyo-to, Chuo-ku, Nihonbashi ningyocho, 2 Chome-4-9
영업시간 평일, 토요일 07:00~19:00, 일요일 10:00~18:00(연중무휴)

돈카츠, 굴 튀김 전문점
⑥ 산유 三友

문을 열기 전부터 긴 행렬이 있는 식당이다. 번호표를 받아 줄을 서야 한다. 그것도 50명 한정이다. 그래서 문을 열기 1시간 이전부터 줄을 서기 시작한다. 장소도 대로변이 아니고 식당이 들어설 것 같지 않은 좁다란 골목에 있다. 돈카츠와 굴 튀김이 메인 요리이다. 굴 튀김은 네다섯 개를 한 덩어리로 뭉치고 튀김 옷을 입혀 튀겨 내는데 가장 인기 있는 요리이다.

위치 東京都中央区日本橋人形町
　　　 1-10-8
　　　 Tokyo-to, Chuo-ku, Nihonbashi ningyocho, 1 Chome-10-8
영업시간 11:00~13:30
　　　　　 (토, 일, 공휴일 휴무)

먹거리 / Food

튀김 전문점
⑦ 나카야마 中山

일본 드라마 '고독한 미식가'에도 소개된 튀김 전문점이다. 역시 가게를 열기 전부터 긴 행렬을 볼 수 있는 식당이다. 굴 튀김 전문점인 산유(三友)와 이웃하고 있어 어느 식당의 줄인지 헷갈릴 정도이다. 메인 요리는 튀김과 튀김 덮밥(새우 튀김, 붕장어 튀김)이다. 검정색 돈카츠 양념장이 특징이다.

위치 東京都中央区日本橋人形町1-10-8
Tokyo-to, Chuo-ku, Nihonbashi ningyocho, 1 Chome-10-8
영업시간 런치 11:15~13:00, 디너 17:30~21:00
(토, 일, 공휴일 휴무)

스키야키, 샤부샤부 전문점
⑧ 닌교초 이마항 人形町 今半

1895년에 창업하여 전국적인 체인점을 갖고 있는 스키야키, 샤부샤부 전문점으로 이곳이 본점이다. 철판구이와 스테이크도 취급한다. 요리뿐 아니라 고기를 판매하는 정육점도 함께 운영하는데 우리의 정육 식당을 연상하면 된다. 참고로 샤부샤부와 스키야키의 차이점은 샤부샤부는 소스에 찍어 먹고, 스키야키는 날계란을 풀어서 찍어 먹는다는 점이다. 주 재료인 소고기의 질이 중요한데 이곳에서는 일본산 흑우를 사용한다. 일본에서 다섯 손가락 안에 드는 달인이 엄선한다고 한다. 최고급 재료를 사용하는 만큼 비용도 만만치 않다. 각오를 하고 들어가야 한다.

위치 東京都中央区日本橋人形町2-9-12
Tokyo-to, Chuo-ku, Nihonbashiningyocho, 2 Chome-9-12
영업시간 런치 11:00~15:00, 디너 17:00~22:00(연중무휴)
토, 일 11:00~22:00

가스미가세키, 나가타초
霞が関、永田町

가스미가세키
霞が関

국회 의사당 앞

서울의 세종로에는 정부 청사가 있고 주변에 관련 기관이 몰려 있다. 도쿄는 가스미가세키(霞が関)와 나가타초(永田町)가 세종로에 해당된다. 정치 1번지이기도 하다. 국회 의사당을 비롯하여 수상 관저, 일본 재무성, 외무성, 문부 과학성, 검찰청과 고등 법원, 특허청 등이 있다. 가까이에 일왕이 머무는 황거와 히비야 공원이 있다. 주일 미국 대사관도 가까이에 있다. 도쿄에서도 일본을 움직이는 심장에 해당하는 지역이다. 나가타초에 국회 의사당이 있고 의사당 앞에는 중의원 의원 회관이 있다. 국회 의사당에서 보면 왼쪽에 내각 관방(내각부)이 있고 그 앞에 총리 관저가 자리 잡고 있다.

일본의 정치

일본은 중의원과 참의원의 양원제로 운영되며 국회의 운영은 중의원에서 한다. 참의원의 당초 설치 목적은 견제라 할 수 있다. 중의원은 우선적 총리 인선권, 국가 예산 편성, 조약 비준권을 갖고 있다. 참의원은 이 세 가지를 제외한 모든 법안에 대한 비토권을 갖고 있다. 중의원에서 통과된 법안을 참의원이 부결시킬 수 있다. 참의원에서 부결된 법안을 중의원이 다시 가결하려면 3분의 2 이상의 찬성이 있어야 한다. 3분의 2 이상을 확보하기 어렵기 때문에 참의원에서 부결되면 법안 통과가 어렵다고 봐야 한다. 그래서 중의원에서 과반 의석을 차지하더라도 참의원이 과반 의석이 안 되면 다른 당과 연립할 수밖에 없다. 중의원은 정원이 480명이며 임기가 4년이다. 총리가 해산권을 사용하여 해산시키면 4년을 보장받지 못한다. 참의원은 정원이 242명이며 임기는 6년이다. 3년에 한 번씩 선거를 치러 절반인 121명씩 번갈아 교체된다.

오른쪽 앞이 국토 교통성, 뒤쪽이 경시청 건물

사쿠라다문과 마루노우치 빌딩 숲

왼쪽이 히비야 공원,
오른쪽이 법무성, 검찰청, 공정 거래 위원회

가스미가세키에는 관청이 모여 있다. 문부 과학성, 재무성, 외무성, 국토 교통성이 길 하나를 사이에 두고 이어져 있고 국토 교통성과 해난 심판소, 경시청이 하나의 블록에 있다.

경시청 쪽에서 황거 방향으로 바라보면 해자가 보이고 황거의 사쿠라다문과 건너편의 마루노우치 빌딩 숲이 보인다. 히비야 공원 건너편에는 합동 중앙 청사 6호관이 있다. 이 6호관에 법무성, 검찰청, 공정 거래 위원회 등이 입주해 있다. 관청가 자체가 건물만 들어서 있고 별 특징이 없어 볼거리 관광으로는 적합하지 않지만 일본의 상징적인 지역이고 뉴스에 자주 등장하는 지역이기 때문에 시간적 여유가 있다면 한 번쯤 둘러보는 것도 좋지 않을까 싶다.

도쿄의 상징,
도쿄 타워

도쿄를 상징하는 탑으로 2012년에 개장한 도쿄 스카이트리가 있지만 아직까지도 도쿄를 대표하는 타워는 명칭 그대로 '도쿄 타워'라는 느낌이 강하다. JR 하마마츠초역에서 도쿄모노레일역 방향(북쪽 출구)으로 나와 오른쪽 방향으로 직진하면 큰 사거리가 나온다. 이 사거리에서 왼쪽으로 꺾어 약 600m를 직진하면 빨간색 기둥의 일본 전통 양식 건물이 보인다.

이곳이 조조지(増上寺 : 東京都港区芝公園4-7-35 / Tokyo-to, Minato-ku, Shibakoen, 4 Chome-7-35)라는 절이다. 이 절은 무로마치 시대인 1393년에 창건된 절이다. 산게다츠몬(三解脱門)은 1622년에 세워진 이중문으로 이 절에서 전쟁의 피해를 입지 않은 건물 중 하나로 중요 문화재로 지정되어 있다.

도쿄 타워는 1958년에 완공된 방송용 전파탑이지만 도쿄를 관망할 수 있는 관광용 전망대로 더 유명해져 도쿄의 관광 명소 중 하나로 자리 잡았다. 333m의 높이로 1964년에 도쿄 올림픽을 개최하면서 세계인들에게 도쿄의 상징으로 각인된 건축물이다. 형상은 파리의 에펠탑과 유사한 모양으로 파리의 에펠탑 높이인 312m보다 더 높아 당시의 철탑으로는 세계 최대 높이였다. 메인 전망대는 120m에 위치해 있고, 스페셜 전망대는 223m 지점에 있다.

도쿄 타워를 배경으로 한 조조지

풋다운 윈도에서 본 아찔한 광경   도쿄 타워에서 본 도쿄만 쪽의 광경

당연히 관람료도 차이가 있다. 메인 전망대는 바닥의 일부를 유리로 장식(풋다운 윈도)하여 발 아래로 아찔한 광경을 볼 수 있다. 날씨가 좋은 날에는 도쿄의 인근 수도권은 물론 멀리 후지산도 보인다. 오랜 시간 동안 도쿄의 상징으로 알려진 만큼 소설, 만화, 애니메이션, 드라마 중 도쿄 타워를 배경으로 그려진 작품이 많다. 세계적으로 알려진, 일본의 괴수가 등장하는 영화 '고질라'에서 도쿄 타워가 부각되었고 애니메이션에서는 짱구, 가면라이더, 월광가면 등 수많은 작품에서 도쿄 타워가 등장한다. 우리나라의 일본 드라마 팬들 사이에서는 드라마 '도쿄 타워'도 유명한데 후지TV에서 방영되었을 당시에 시청률 1위를 기록하기도 했으며, 우리나라에서도 케이블 방송에서 방영되었던 드라마이다. 이 작품은 영화로 만들어지기도 했다. 이처럼 일본의 많은 영화나 드라마, 애니메이션 등의 배경으로도 친숙한 건축물이다.

• 모리 타워 전망대 '도쿄시티뷰'
  p 152 참고

롯폰기, 도쿄 미드타운

六本木、東京ミッドタウン

롯폰기, 도쿄 미드타운
六本木、東京ミッドタウン

Information

　롯폰기 지역은 도쿄에서 가장 서구적인 지역이다. 부촌인 아자부(麻布)를 중심으로 외교 공관이 많고 2000년 중반부터 이루어진 재개발 사업으로 롯폰기힐즈(2003년), 도쿄 미드타운(2007년)이 건설되었다. 외국계 회사, IT 기업의 입주와 함께 현대적인 레스토랑, 바, 상점 등이 들어서면서 중장년층이 많이 찾는 패션의 메카로도 알려져 있다. 이곳은 에도 시대에는 무사들이 모여 살았던 곳으로 2차 대전 이후에는 미군의 군사 시설이 자리 잡아 술집과 나이트클럽이 들어서면서 유흥가로 발전했다. 서양식 레스토랑, 와인과 각종 알코올을 즐길 수 있는 바, 음악과 춤이 어우러진 클럽은 지금까지도 롯폰기가 가진 밤의 명성을 이어가고 있다. 롯폰기힐즈의 모리 미술관, 도쿄 미드타운의 산토리 미술관, 국립 신미술관이 모여 있어 '아트 트라이앵글(Art Triangle)'이라 불린다. 미술관과 같은 고급 문화 시설과 세련된 패션, 푸른 숲과 조화를 이룬 현대적인 건물이 있는 곳이다.

롯폰기힐즈, 도쿄 미드타운, 국립 신미술관은 걸어서 관광할 수 있다. 반대 방향으로도 가능하다. 미술에 관심이 있는 사람이라면 아트 트라이앵글(모리, 산토리, 국립 신미술관)과 21_21 디자인사이트 외에 크고 작은 갤러리를 둘러 보기를 추천한다.

 교통

- 롯폰기역(六本木駅) : ⓗ 히비야선, ⓔ 오에도선
- 롯폰기잇초메역(六本木一丁目駅) : ⓝ 난보쿠선
- 노기자카역(乃木坂駅) : ⓒ 치요다선

❶ 롯폰기의 랜드마크
롯폰기힐즈
六本木ヒルズ

2003년에 문을 열어 롯폰기의 랜드마크가 된, 쇼핑과 레스토랑, 문화와 엔터테인먼트가 있는 복합 상업 시설이다. 지하 6층, 지상 54층의 모리 타워를 중심으로 주거 시설과 각종 상업 시설이 자리 잡고 있다. 24시간 상영하는 시네마 콤플렉스, 아사히TV 본사, 아시아 최대 규모의 현대 미술관인 모리아트뮤지엄, 도쿄시티뷰 전망대가 있다. 모리 타워에는 외국계 기업 및 IT 벤처 기업이 많이 입주해 있다. 롯폰기 레지던스에는 모리 타워에 본사를 둔 IT 기업의 대표, 투자 전문가, 연예인 등 신흥 부자들이 입주해 있다. 이들이 각광받으면서 '롯폰기힐즈족'이라는 신조어가 만들어지기도 했다. 52층에는 도쿄를 관망할 수 있는 전망대가 있다.

롯폰기힐즈 모리 타워

케야키자카 거리(けやき坂通り)

롯폰기힐즈의 메인 거리로서 동서로 가르는 400m 길이의 느티나무 언덕길이다. 아름다운 느티나무 가로수의 도로변에 루이비통, 에스카다, 베르사체 등 세계적인 명품 매장과 고급스러운 레스토랑과 카페가 자리 잡고 있다. 제2의 오모테산도라고 불리기도 한다. 우리나라 '신사동 가로수길'의 분위기도 느낄 수 있다. 봄에는 벚꽃이 만발하고 겨울에는 화려한 일루미네이션의 야경이 볼거리이다. 야경의 명소로 알려져 계절에 관계없이 데이트를 즐기는 남녀의 발길이 끊이지 않는 곳이다.

❷ 롯폰기힐즈 쇼핑센터
66플라자
66PLAZA

퍼블릭아트 '마망'

롯폰기힐즈의 메인 출입구인 66플라자는 롯폰기힐즈를 상징하듯 세련된 분위기의 쇼핑센터. 이곳에서 보면 도쿄 타워가 손에 잡힐 듯 가까이 보인다. 66플라자를 상징하는 거대한 거미 형상의 조각 '마망'은 프랑스 작가 루이즈 부르주아의 퍼블릭 아트(Public Art) 작품으로 전 세계의 정보를 뽑아내는 롯폰기힐즈를 상징한다고 한다. 마망의 한가운데에서 올려다보면 대리석 알을 품고 있는 거미의 배가 보인다. 이는 불우한 어린 시절을 보낸 작가가 어머니에 대한 그리움을 표현한 것이다. 마망은 이곳을 찾는 많은 사람들이 만남의 장소로 사용하는 곳이다.

66플라자에서 본 도쿄 타워

롯폰기, 도쿄 미드타운

❸ 옥상 전망대가 특징인
전망대 도쿄시티뷰

영업시간 10:00~22:00(입장 21:30)
스카이데크 : 11:00~20:00
(입장 19:30)

모리 타워의 전망대인 '도쿄시티뷰'는 52층(250m)에 위치한 360도 전면이 유리로 된 회랑식 전망대와 옥상의 스카이데크 전망대(270m)를 말한다. 도쿄의 중심에 있어 도쿄의 전 지역을 관망할 수 있다. 스카이데크는 도쿄에서 유일하게 야외에서 바람을 쐬면서 별을 관망할 수 있는 오픈형 전망대이다.

'천문 클럽(天文クラブ)' 이벤트는 롯폰기의 모리 빌딩 옥상에서 천체를 관망하는 이벤트다. 별자리를 보기 위한 관람회와 천체 관련 세미나를 개최하기도 하는데 회원뿐 아니라 일반인들도 참가가 가능하다. 매월 4번째 금요일 밤은 '롯폰기 천문 클럽회의 날'로, '성공관람회(星空観覧会)'를 개최하여 하늘에 떠 있는 별을 보면서 전문가의 해설을 들을 수 있다. 전문가나 전공자가 아니더라도 망원경을 통해 천체를 관람할 수 있는 기회를 가질 수 있다. 천문 클럽회의 날이 아니면 망원경이나 해설은 없다. 누구라도 참가가 가능해서 업무 후의 귀갓길 또는 데이트 중에 즐길 수 있다.

도쿄시티뷰에서 본 도쿄 시내

| 입장료 | 어린이(4세~중학생) 700엔, 학생 1,300엔, 일반 2,000엔, 65세 이상 1,700엔
※같은 티켓으로 모리 미술관 입장이 가능
(전람회에 따라 입장할 수 없는 경우도 있음)
※스카이데크는 별도 요금 500엔, 어린이 300엔 |

4

일본에서 제일 높은 위치에 있는 미술관

모리 미술관
森美術館

영업시간 월, 수~일요일 10:00~22:00(입장 21:30)
　　　　화 10:00~17:00(입장 16:30)
　　　　계절 및 기획전 등에 따라 약간 차이가 있음
입장료　어린이(4세~중학생) 600엔, 학생 1,200엔,
　　　　일반 1,800엔, 65세 이상 1,500엔
　　　　※같은 티켓으로 도쿄시티뷰 입장이 가능

모리 빌딩 53층에 위치한 모리 미술관은 일본에서 제일 높은 곳(230m)에 위치한 미술관이다. 현대 미술을 중심으로 회화나 조각, 건축, 패션, 일러스트레이션 등의 기획전을 연다. 밤늦게까지 관람할 수 있는 미술관으로 알려져 있다. 전망대 도쿄시티뷰와 연계하여 하나의 티켓으로 전망대와 미술관을 동시에 즐길 수 있다.

모리 미술관 입구 야경과 미술관 내부

롯폰기, 도쿄 미드타운

❺
다이묘의 정원
모리 정원
毛利庭園

공교롭게도 모리 타워의 '모리'와 발음이 같지만 한자는 다르다. 모리 타워는 '모리(森)'를 사용하지만 정원의 이름은 다이묘(大名) 모리 가문의 '모리(毛利)'이다. 4,300㎡의 연못을 중심으로 사계절의 변화를 느낄 수 있도록 다양한 수목을 배치해 놓은 전통적인 일본식 정원이다. 연못이 나무와 꽃에 둘러싸인 회유식(回遊式) 정원이다. 에도 시대의 다이묘 모리 가문(毛利家)의 저택이 있던 자리로 당시의 정원을 재현해 놓았다. 롯폰기힐즈 한복판에 자리 잡고 있어 이곳 직장인들의 휴식처이다.

SPECIAL

다이묘(大名)

19세기 말까지 각 지역에서 영토를 다스리고 권력을 행사했던 지배층이다. 초기에는 무사의 우두머리였으나 차츰 권한이 확대되어 경제, 사법, 행정 등 통치 세력이 되었다. 에도 시대에는 쇼군(将軍)과의 서약을 통해 각 성(城)의 봉건 영주가 되었다가 19세기 말 메이지 유신으로 근대화가 되면서 통치권이 박탈되고 귀족의 신분으로 살았다.

6 초현대식 복합 상업 시설
도쿄 미드타운
東京ミッドタウン

육군주둔지, 미군 숙소, 방위청 청사로 127년간 군사 시설로 사용했던 자리가 도시 재개발 사업으로 인해 개발되면서 2007년에 문을 연 도쿄 미드타운은 롯폰기의 새로운 상징이 되었다. 넓은 녹지 공간과 호텔, 쇼핑, 오피스, 병원, 문화 시설이 어우러진 하나의 타운을 구성하고 있다. 54층으로 롯폰기힐즈와 층수는 같으나 언덕 위에 있어 실제로는 롯폰기힐즈보다 더 높다. 건물 외관과 주변의 분위기만으로도 고급스러운 분위기를 발산하는 타운이다. 고층 빌딩으로 이루어져 있지만 나무와 넓은 잔디밭 등 녹지가 많아 조용하고 아늑한 느낌이 든다. 6개의 건물로 구성되어 있고 크게 3개의 구역으로 구성된다. 쇼핑 구역인 '갤러리아(Galleria)', 넓은 정원인 '가든(Garden)', 카페와 제과점이 있는 '플라자(Plaza)'로 구성되어 있다.

도쿄 미드타운 안쪽에는 작은 분수와 물길로 만들어진 산책길이 있으며 나무와 잔디밭이 어우러져 도시인들의 안식처가 되고 있다. 히노키초 공원을 끼고 있다. 전면의 번잡한 분위기와는 사뭇 다른 느낌이다. 애완견과 산책을 즐기거나 트레이닝복을 입고 조깅을 하는 사람을 만날 수 있다. 울창한 나무와 녹지가 많은 만큼 사계절 내내 아름다운 풍경을 감상할 수 있다. 특히, 벚꽃 시즌에는 건물과 가로등에서 발산하는 화려한 불빛과 벚꽃의 조화가 환상적이다.

산토리 미술관, 후지필름스퀘어, 21_21 디자인사이트, 아트워크 등의 문화 시설도 자랑거리이다. 갤러리아는 전체 길이 150m, 높이 25m, 1층부터 4층까지 개방된 공간의 쇼핑 타운이다. 유명 브랜드 숍과 아이디어 넘치는 아이템을 취급하는 셀렉트 숍, 멀티 숍, 레스토랑이 모여 있다.

7 디자인 거점

투원_투원 디자인사이트
21_21 DESIGN SIGHT

위치 東京都港区赤坂9-7-6
Tokyo-to, Minato-ku, Akasaka, 9 Chome-7-6

영업시간 11:00~19:00(입장 18:30)
(화요일, 전시 교체 및 연말연시 휴무)

21_21 Design Sight

21_21(투원 투원) 디자인사이트(Design Sight)는 일본에서 가장 긴 복층 유리(11.4m)와 거대한 한 장의 철판(54m) 지붕으로 건축된, 일본의 건축 기술을 최대한 과시한 건물이다. 생활을 즐겁게 하는 문화로서 디자인을 찾고 발견하고 만들어가는 시점(Sight)을 갖춘 생활 거점을 표방하고 있다. 세계적인 건축가 안도 타다오(安藤忠雄)가 미야케 잇세이(三宅一生)의 '한 장의 천' 콘셉트에서 영감을 받아 디자인한 공간이라고 한다. 이곳은 의상 디자이너 미야케 잇세이, 그래픽 디자이너 사토 다쿠, 제품 디자이너 후카사와 나오토, 디자인 저널리스트 가와마키 노리코 등 일본의 저명한 디자인 기획자들에 의해 전시회가 펼쳐지는 디자인 공간이다. 시대가 필요로 하는 것이나 생활을 즐겁게 하는 문화로서의 디자인을 찾고 발견하고 만드는 시점(Sight)을 갖춘 활동 거점을 표방하고 있다.

안도 타다오(安藤忠雄)

일본이 낳은 세계적인 건축가이다. 고등학교를 졸업한 후 건축 설계 사무소에서 아르바이트를 하면서 독학으로 공부하여 건축사 시험에 합격한 독특한 이력을 가지고 있다. 전문적인 교육을 받지 않은 건축가로 도쿄 대학 공학부 교수로 취임한 입지전적인 인물이다. 콘크리트를 사용한 기하학적인 구조의 건축물이 많으며 자연적인 요소를 최대한 살리는 건축물 설계가 특징이다. '건축의 누드 작가'라는 칭호를 들을 정도로 콘크리트를 그대로 노출한 건축물이 많으며 여러 방향에서 들어오는 빛을 교묘하게 조화시켜 독특한 분위기를 자아내는 건축물로 유명하다. '21_21 디자인 사이트'를 비롯하여 일본 국내외의 많은 미술관이나 박물관, 주택, 공원 등 다양한 건축물을 설계했으며 시코쿠(四国)의 나오시마(直島)에 있는 재일 동포 미술가 이우환의 미술관도 안도 타다오의 작품이다. 미국과 유럽 등 세계 각국에서 건축물을 설계했으며, 국내 건축물 중에는 제주도의 지니어스 로사이, 본테 박물관, 원주의 뮤지엄 산, 서울의 재능 문화 센터 등이 안도 타다오의 작품이다.

⑧ 산토리 미술관
생활 속의 아름다움을 추구하는
サントリー美術館

위치 東京都港区赤坂9-7-4
Tokyo-to, Minato-ku, Akasaka, 9 Chome-7-4

영업시간 10:00~18:00
금, 토 10:00~20:00
(화요일, 전시 교체 및 연말연시 휴무)

1961년 개관 이래 '생활 속의 아름다움'을 모토로 아카사카(赤坂)의 인기 미술관이 2007년에 도쿄 미드타운으로 이전했다. 일본인들의 생활 속 아름다움을 표현한 기획전이 많이 열린다. 회화, 도자기, 칠기, 유리, 염직 등 일본인들의 일상 생활에서 접할 수 있는 작품을 중심으로 전시한다.

1865년에 창업한 '후무로야(不室屋)'에서 제작한 'shop x café'에는 소장품을 모티브로 한 기념품 숍과 300년 이상의 역사를 가진 전통적인 분위기와 현대적인 분위기를 가미한 정갈한 느낌의 퓨전 카페가 있다.

미술관 외관과 전시실

shop x café ⓒ Mikuriya Shin-ichiro

롯폰기, 도쿄 미드타운

9

사진 예술의 대중화를 위한

후지필름스퀘어
富士フィルムスクウェア

위치 東京都港区赤坂9-7-3
Tokyo-to, Minato-ku, Akasaka,
9 Chome-7-3

영업시간 10:00~19:00
(연말연시, 기타 사정이 있는 날 휴무)

요금 무료

세계적인 필름 회사인 후지필름이 사진 예술의 대중화를 위해 조성한 문화 공간이다. 디지털카메라가 대세인 지금은 필름을 사용하지 않지만 많은 사람들의 사진에 대한 관심은 여전하다. 누구나 사진을 찍게 되면서 사진을 찍는 횟수나 사진을 잘 찍기 위한 관심이나 노력은 이전보다 더 많아진 것이 사실이다. 이곳에서는 수준 높은 사진 작품을 무료로 감상할 수 있다. 사진 역사 박물관에서는 사진과 카메라의 역사를 한눈에 볼 수 있다. 후지필름 포토살롱에는 수준 높은 사진이 전시되고 있고, 미니 갤러리에서는 후지필름에서 기획한 사진전이 수시로 열린다. 관내에서는 사진을 촬영할 수 없으니 명심하도록 하자.

일본 미술의 메카

국립 신미술관
国立新美術館

위치 東京都港区六本木7-22-2
Tokyo-to, Minato-ku, Roppongi, 7 Chome-2 2-2

영업시간 10:00~18:00 (금, 토 10:00~20:00)
※기획전 중의 금, 토요일은 20:00까지
※입장은 폐관 30분 전까지

입장료 전람회별로 다름

국립 신미술관이 2007년에 이곳 롯폰기로 옮겨 오면서 도쿄 미드타운에 있는 산토리 미술관, 롯폰기힐즈에 있는 모리 미술관과 함께 '아트 트라이앵글'을 이루고 있다. 국립 신미술관은 건축가 구로카와 기쇼(黑川紀章)가 설계한 건물로 엇갈린 유리 커튼 외장의 곡선미가 있는 형상과 정면에 있는 커다란 원뿔형 조형물이 조화를 이루는 미술관 외관부터가 미술 작품인 곳이다. 내부로 들어가 보면 유리 외벽으로부터 들어오는 햇빛이 그대로 들어와 조명이 없어도 밝게 빛난다. 로비가 하나의 공간으로 뚫려 있는 구조로 전시실이 있는 각 층마다 엘리베이터로 연결되어 있다. 일본 최대급의 전시 공간을 자랑하고 있다. 다양한 기획전과 공모전을 펼치는 곳으로 일본 미술의 중심 역할을 하고 있다. 미술에 관심이 있는 사람이라면 산토리, 모리, 국립 신미술관을 돌면서 미술 작품을 맘껏 감상해 보자.

도쿄 국립 신미술관

쇼핑 / Shopping

① 테레아사숍 テレアサショップ
캐릭터용품 숍

아사히TV 본사 1층에 있는 캐릭터용품 숍이다. 아사히TV에서 방영된 애니메이션 캐릭터, 드라마나 버라이어티 프로그램에서 사용된 상품을 판매한다. 이곳에서만 한정해서 판매하는 상품도 있다. 캐릭터 상품이 든 가챠폰(캡슐 토이)이나 크레인 게임기(뽑기 게임기) 등 놀이와 쇼핑을 즐길 수 있다. '도라에몽'이나 '못말리는 짱구'는 아사히TV에서 방영한 프로그램으로 우리나라에서도 모르는 사람이 없을 정도로 히트를 친 작품이다.

위치 東京都港区六本木6-9-1
Tokyo-to, Minato-ku, Roppongi, 6 Chome-9-1

영업시간 10:00~19:00

② 하드락 카페 도쿄 HARD ROCK CAFÉ TOKYO
아메리칸 스타일 레스토랑

1983년에 개업한, 일본에서는 첫 번째이며 세계적으로 네 번째로 문을 연 정통 아메리칸 스타일의 레스토랑이다. 롤링스톤스(The Rolling Stones)나 본조비(Bon Jovi)와 같은 유명한 아티스트들이 다녀간 곳이다. 내부에는 유명 락 뮤지션들의 기념품이 진열되어 있으며, 3D 영상과 함께 서구풍의 인테리어가 특징이다.
카페 앞에는 하드락 카페 숍이 있다. 하드락 카페 기념 티셔츠와 캐릭터 상품을 판매하는 '락 숍(Rock Shop)'이 있다.

위치 東京都港区六本木5-4-20
Tokyo-to, Minato-ku, Roppongi, 5 Chome-4-20

영업시간 11:30~22:00

 **먹거리 / Food**

③ 브루독 롯폰기 BREWDOG ROPPONGI
스코틀랜드 수제 맥주 바

전 세계에 진출해 있는 스코틀랜드 크래프트 맥주(수제 맥주) 바로 아시아에서 처음으로 문을 연 곳이다. 일본이 아닌 서양의 어느 바에 들어간 느낌의 분위기이다. 수십 종류의 맥주를 맛볼 수 있다. 여기에서밖에 마실 수 없는 한정품도 취급한다. DJ 이벤트 등 활기 넘치는 맥주 바의 모습을 볼 수 있다.

위치 東京都港区六本木5-3-2
　　　Tokyo-to, Minato-ku, Roppongi, 5 Chome-3-2
영업시간 월~금 17:00~23:30, 토 13:30~23:30, 일 13:30~22:30

④ 월드스타 카페 WORLDSTAR CAFÉ
다국적 카페

이탈리아 요리를 중심으로 다국적 요리를 판매하는 카페다. 영업시간(새벽 5시)에서 알 수 있듯이 롯폰기 밤 문화를 즐기는 사람들이 즐겨 찾는 키페디. 100석이 넘을 정도로 넓은 실내 면적에 커피와 차와 같은 일반 음료부터 알코올도 제공된다. 햄버거, 샌드위치, 파스타 등 다양한 메뉴가 준비되어 있다.

위치 東京都港区六本木5-1-3
　　　Tokyo-to, Minato-ku, Roppongi, 5 Chome-1-3
영업시간 런치 11:00~17:00
　　　　　디너 18:00~05:00

먹거리 / Food

일식 전문점
⑤ 스주다이닝 롯카쿠 酢重ダイニング 六角

된장과 간장, 조미료를 판매하는 회사에서 만든 식당 겸 술집이다. 세련된 인테리어로 아늑하고 편안한 분위기를 풍기며 창밖으로 보이는 야경도 음식 맛을 더한다. 음식 소재를 만드는 곳인 만큼 소재의 맛을 최대한 살린 심플한 요리가 특징이다. 런치 메뉴를 시키면 밥과 미소시루를 무제한 먹을 수 있다. 안쪽에 사케 바가 있어 나가노현(長野県)의 술과 와인을 즐길 수 있다.

위치 도쿄 미드타운 갤러리아 가든테라스 2층
영업시간 낮 11:00~16:00, 밤 16:00~24:00

돈카츠 전문점
⑥ 히라타보구조 平田牧場

야마가타현(山形県)의 히라타 목장에서 직영으로 운영하는 곳으로 최상의 돼지고기를 직송해서 요리하여 내놓는다. 돈카츠를 비롯해 쇼가야키라 불리는 제육볶음, 카츠돈 등을 판매하며 이 밖에도 원산지에서 직송한 햄, 소시지, 돈카츠 재료로 만든 도시락도 판매하고 있다.

위치 도쿄 미드타운 갤러리아 지하 1층
영업시간 11:00~21:00

먹거리 / Food

일본식 물만두 전문점
7 니끄지루 스이교자 교파오 肉汁水餃子 餃包

롯폰기 교차로에 위치한 교자(만두)집이다. 본래 교자는 중국 음식이지만 일본에서 파는 교자는 일본식으로 재해석된 교자가 대부분이다. 보통 일본 교자는 야끼교자(焼き餃子)로 군만두를 말한다. 다만 한국은 기름에 튀기듯이 조리하는 반면, 일본은 생만두를 통째로 굽는다. 그런데 이 가게는 특이하게 물만두, 스이교자(水餃子)를 판매한다. 부자 동네 롯폰기의 이미지와는 다르게 교자와 술이 저렴한 편이다. 가게에 들어가면 에너지 넘치는 점원들이 맞이해 준다. 교자는 한 입 먹으면 육즙에 쏟아져 나와 맛있게 먹을 수 있다.

위치 東京都港区六本木4-9-8 / 4-chome-9-8 Roppongi, Minato City, Tokyo
영업시간 월~금 16:30~23:45/토, 일, 공휴일 12:00~23:45

TALK&TALK

이곳은 오샤레(화려함)의 거리, 중장년의 놀이터로 알려져 있지. 고급스러운 가게들이 많아. 일본 연예인들이 자주 찾는 지역 중 한 곳이기도 하고….

유명한 클럽도 많다고 하던데요.

맞아.
밤에는 젊은이들이 많이 찾는 클럽도 있고, 중장년들이 많이 찾는 바나 클럽도 있어. 원래 이 근처에 미군 부대가 있던 지역이라. 도쿄에서 가장 서양적인 분위기를 풍기는 곳이야.

롯폰기힐즈, 도쿄 미드타운, 아사히TV 등은 모두 세련된 현대적인 분위기네요.

아키하바라
秋葉原

- 아키하바라역 전자 상가 출구
- 만세바시(만세교)
- 주오 거리
- 라디오 회관
- AKB극장 (스에히로초역)
- 주오 거리
- 아키하바라역

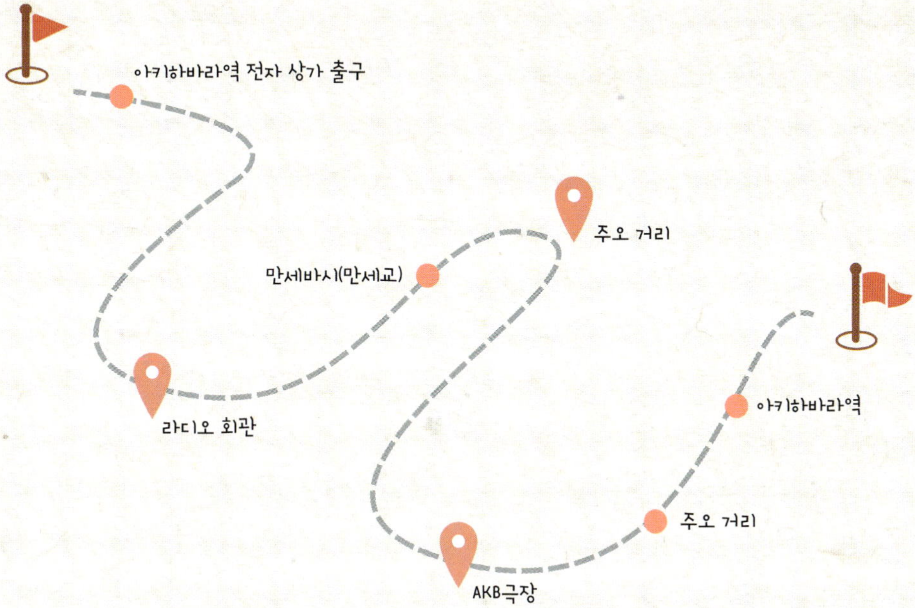

아키하바라
秋葉原

Information

아키하바라의 상징적인 단어는 '오덕'과 '전자'이다. 별로 어울릴 것 같지 않은 단어지만 묘하게 조화를 이룬다. 70~80년대 '전자 왕국 일본'이 세계를 주름잡을 때는 전자 상가로서 명성을 날리다가 90년대 초에 버블이 꺼지면서 만화, 게임, 애니메이션을 중심으로 한 오덕 문화가 자리를 잡았다. 하드웨어에서 소프트웨어로 변신하게 되었다. 만화, 게임, 애니메이션의 콘텐츠 문화가 자리 잡았다고 하더라도 전자 상가의 흔적은 고스란히 남아 있다. 대형 가전 매장을 비롯해 골목 사이 사이에 각종 전자 부품을 판매하는 매장이 자리하고 있다. 아키하바라는 외국 관광객이 많이 찾는 지역에서 빠지지 않는 곳이다.

TIPS

일본 지하철은 매우 복잡해 출구가 많기 때문에 개찰구에서 빠져 나오기 전에 출구를 정확히 확인해야 한다. 출구 표시는 한글로도 표기가 되어 있기 때문에 확인하기에 그리 어렵지 않다. '전기 상점가 출구(電気街口)'도 한글로 표기되어 있으므로 쉽게 찾을 수 있다.

전자 제품과 덕후의 천국 아키하바라. 그냥 거리를 다니는 것만으로도 눈요기가 된다. 전자 상가 출구로 나와 라디오 회관을 지나 만세바시를 기점으로 주오 거리(중앙로)를 따라 양쪽의 상가를 관광하다 갈 때는 왼쪽, 돌아올 때는 반대편 상가를 구경하는 것이 효율적이다. 여유가 된다면 메이드(하녀)가 서빙하는 메이드 카페에 들어가 차라도 한잔 마시는 것도 색다른 체험이 될 것이다.

 교통

- 아키하바라역(秋葉原駅) : JY 야마노테선, H 히비야선, JK 게이힌토호쿠선, JB 주오·소부센 가쿠테이, 츠쿠바 익스프레스
- 스에히로초역(末広町駅) : G 긴자선

아키하바라의 상징
세계의 라디오 회관
世界のラジオ会館

위치 東京都千代田区外神田1-15-16
Tokyo-to, Chiyoda-ku, Sotokanda, 1 Chome-15-16

영업시간 10:00~20:00

전기 상점가 출구로 나와 정면을 바라보면 왼쪽 편에 있는 건물로 일본어 표현은 '라지오카이칸' 이다. 1950년에 아키하바라역에서 목조 2층 건물로 시작하여 1962년에 지금의 8층 건물을 지어 아키하바라 첫 고층 건물로 자리 잡았다. 아키하바라의 문화와 역사를 대변하는 건물이라 할 수 있다. 초창기부터 70~80년대까지는 하드웨어인 전자 제품과 관련 부품만 유통하던 곳이었지만 90년대 초 버블이 꺼지고 콘텐츠(오덕) 관련 산업이 활발해지면서 만화, 애니메이션, 동인지, 피규어 상품 비중이 높아지고 있다. 오디오, 전기 제품을 비롯하여 구체 관절 인형, 캐릭터 상품, 프라모델, 코스프레 의상, 잡화 및 서적 등 아키하바라에서 취급하는 모든 상품이 있다고 해도 과언이 아니다.

과거와 현재가 공존하는 쇼핑몰
마치 에큐트 칸다만세이바시
マーチエキュート神田万世橋

과거 추오선 칸다역(中央線 神田駅)과 오챠노미즈역(御茶ノ水駅)사이에 있던 만세이바시역(万世橋)의 역사(驛舍)와 고가다리를 활용해 입점해 있는 쇼핑몰이다. 본래 만세이바시역은 1912년에 지어져 꽤나 큰 규모의 역사를 자랑했지만 관동대지진 때 무너졌다. 1925년 다시 역사를 재건했지만 태평양전쟁 중 이용객이 감소하며 사실상 폐역이 되었다. 이후에는 철도 박물관으로 사용하다가 2006년에 철도박물관이 사이타마현으로 이전하며 JR에서 mAAch를 입점시켰다. 계단, 벽 등의 구조를 그대로 남겨놓고 옷가게와 커피숍들이 입점해 있기 때문에 과거와 현재가 만나는 듯한 특이한 분위기를 풍긴다. 칸다강(神田川)변의 붉은색 벽돌로 만들어진 외벽이 길게 뻗어 있는 것이 인상적이며, 옥상에는 구 만세이바시역 플랫폼의 모습을 간직하고 있는 공간이 조성되어 있다. 이렇게 역사 깊은 건축물을 최소한으로 개조하여 현대인의 관점으로 재해석한 가치를 인정받아 일본산업디자인진흥회에서 수여하는 Good Design Awards의 Design for the Future Award를 수상하기도 했다.

위치 東京都千代田区神田須田町1-25-4
Tokyo-to, Chiyoda-ku, Kanda Sudacho, 1 Chome 25-4

영업시간
가게: 11:00~20:00,
레스토랑, 카페: 평일, 토: 11:00~23:00
　　　　　　　　일, 공휴일: 11:00~20:30
오픈 데크: 평일, 토: 11:00~22:30
　　　　　일, 공휴일: 11:00~20:30

③ 주오 거리

아키하바라의 중앙로

中央通り

우리말로 바꾸면 '중앙로'이며, 아키하바라의 메인 거리이다. 도쿄에서는 보기 힘든 8차선 도로의 양옆과 뒷골목까지 오타쿠용품 매장, 콘텐츠 관련 매장, 메이드 카페 등으로 가득 차 있다. 앞 거리의 대형 숍에는 피규어, 게임, 프라모델, 오타쿠 굿즈 매장이 주로 있고, 뒷골목에는 조그마한 피규어 가게, 남성 동인지 서점, 메이드 카페 등이 위치해 있다. 거리에서는 메이드 복장을 입고 전단지를 돌리고 있는 여성을 볼 수 있다. 또, B급 아이돌들의 홍보물이나 공연도 볼 수 있다. 일요일과 공휴일에는 자동차가 다니지 않는 거리가 되어 보행자들의 천국으로 바뀐다.

> 보행자 천국 시간 : 4~9월의 일, 공휴일 13:00~18:00
> 10~3월의 일, 공휴일 13:00~17:00

만화, 애니메이션, 게임 동인을 위한
동인지 유통 상점
DORANOANA, ANIMATE, SOFMAP, MANDARAKE

아키하바라의 메인 거리인 주오 거리에 들어서면 건물에 어디에서 많이 본 듯한 애니메이션 캐릭터나 아이돌의 대형 브로마이드가 장식되어 있다. 오렌지 간판의 'DORANOANA'는 전국적인 점포를 갖고 있는 체인점으로 남성을 위한 미소녀 동인지, 여성을 위한 BL계 동인지를 비롯해 게임, 만화, 성우 CD, 애니메이션 등을 유통하고 있다.

초기에는 동인지 중심으로 유통을 했으나 지금은 일반 만화나 애니메이션 관련 상품도 유통하고 있다.

이 거리에는 최신 아이템이 가장 먼저 들어온다는 'ANIMATE(아니메이트)', 중고 및 새롭게 발매되는 게임, 애니메이션 DVD, 프라모델과 피규어 상품을 취급하는 'SOFMAP(소후마푸)', 'MANDARAKE(만다라케)', 'TRADER(트레이더)' 등의 콘텐츠를 유통하는 매장이 줄을 잇고 있다.

각 점포에는 만화, 애니메이션뿐 아니라 이와 관련된 피규어, 소품, 기념품 등이 진열되어 있다. 인기 있는 캐릭터가 들어간 과자, 배지, 노트 등 다양한 상품으로 관광객들의 눈길을 끌고 있다.

동인지

동인지는 만화나 애니메이션에 관심을 갖는 동호인(同好人)이 자신이 창작한 작품을 자비를 들여 소책자 형식으로 만든 작품집이다. 기존의 상업화된 작품을 패러디하거나 변형 또는 모방한 작품도 있는데 이를 '제2창작'이라 한다. 그래서인지 이런 작품이 가끔씩 저작권 문제에 휘말리기도 한다. 또 성인물에 버금가는 야한 작품으로 문제가 되기도 한다. 주관에 따라서 외설과 예술의 구분이 되기도 하지만 적어도 이러한 작품을 창작하는 사람의 입장에서는 예술일 것이다.

원래 이러한 동인지는 '코미케('코믹 마켓'을 줄인 말)'라 불리는 코믹 마켓이라는 이벤트를 통해 동호인들끼리 판매하고 구입했으나 DORANOANA, ANIMATE, K-BOOKS, MANDARAKE, TRADER와 같은 전문 유통 매장이 생겨나면서 기간과 장소에 구애받지 않고 활발하게 거래되고 있다. 일본이 만화, 애니메이션, 게임 분야에서 세계에서 가장 강한 나라가 된 것은 이러한 거래 시장이 형성되어 있기 때문일 것이다. 이런 매장에서는 마이너 작가들의 작품이 전시되고 유통되어 아마추어 작가들은 이러한 장을 활용하여 프로 만화가와 프로 애니메이터의 꿈을 키워 가고 있다.

❺ 메이드가 시중을 드는
메이드 카페
メイドカフェ

메이드 카페 전단지와 메이드 카페 외관

아키하바라 거리를 걷다 보면 하녀 복장의 여성이 전단지를 나누어 준다. 메이드 카페를 홍보하는 전단지이다. 메이드 카페에 들어가면 하녀가 주인을 대하듯 '주인님'이라는 호칭을 사용하여 "다녀오셨어요, 주인님!(お帰りなさいませ。ご主人様!)"라고 인사를 한다. 음료나 음식을 주문하면 서빙하는 메이드가 와서 같이 말동무가 되어 주기도 하고 게임을 하며 놀아 준다. 손님이 하녀를 지명하기도 한다. 음료나 음식이 나오면 메이드가 과장된 표정으로 가슴 높이에 손을 대고 하트를 그리며 "모에모에 큥~"과 같은 소리를 내며 애교를 부린다. 낯간지러운 웃음이 절로 나온다. 음료나 음식에는 하트나 캐릭터 그림을 그려 내놓는다.

주문한 음식을 다 먹고 나면 메이드와 게임을 즐긴다. 게임이 끝나면 지명한 메이드와 함께 사진을 찍는데 토끼의 귀나 양의 뿔 모양의 머리띠를 씌워 준다. 유치하고 낯간지러워 거절을 해도 몇 번이나 권유한다. 사진기는 가게에서 준비해 놓은 즉석 사진기다.

손님이 가지고 간 카메라나 휴대전화는 사용할 수 없다. 외부에서 가져간 스마트폰이나 카메라의 촬영은 절대 금지다. 계산을 하고 가게를 나올 때는 "다녀오십시오, 주인님(잇테 이랏샤이마세, 고슈징사마)."라고 인사를 한다. 마음에도 없는 메이드의 인사말을 들으면 다시 한 번 웃음이 나온다

메이드 카페는 한 번쯤 들어가 보면 재미있겠지만 상당한 비용을 지불해야 한다. 가게마다 차이는 있지만 기본적으로 입장료가 1인당 500~600엔 정도이다. 소프트 드링크를 마실 경우에는 1,000엔 내외, 식사를 한다면 2,000~3,000엔 내외의 비용이 든다. 입장을 하면 아무것도 주문하지 않을 수 없다. 가게에 따라서 대학생이나 고등학생은 할인 혜택을 주기도 한다.

기본적으로 한 시간 요금이며 시간이 추가되면 추가 비용을 지불해야 한다. 요금은 평일과 주말에 차이가 있고 저녁 시간대와 심야 시간대에는 할증 요금을 받는 것이 일반적이다. 가성비를 따지는 입장에서는 메이드 카페에 들어가 즐기기에는 무리가 따른다. 다른 비용을 아껴서 메이드에게 투자를 할 것인지 고민해 봐야 할 것이다. 한 시간 내내 메이드가 옆에 앉아 있는 것도 아니기 때문이다. 라이선스 카드를 발급해 주는데 뒷면에는 자신의 이름과 함께 'OOO주인님'이라고 손글씨로 써 준다. 이것도 상술의 하나로 다음 번에도 지명해 주기를 바라는 의도일 것이다.

라이선스 카드

위치 <앗토 호무 카페(@ほぉ~むカフェ)>
東京都千代田区外神田 1-11-4
Tokyo-to, Chiyoda-ku, Sotokanda, 1-11-4

<메이드 깃사 히유(フィーユ)>
東京都千代田区外神田 1-16-17
Tokyo-to, Chiyoda-ku, Sotokanda, 1-16-17

<메이드리민(Maidreamin)>
東京都千代田区外神田 3-16-17
Tokyo-to, Chiyoda-ku, Sotokanda, 3-16-17

<허니허니(HoneyHoney)>
東京都千代田区外神田 3-7-12
Tokyo-to, Chiyoda-ku, Sotokanda, 3-7-12

코스프레 비즈니스

일본에서는 코스프레 관련 비즈니스가 활발하다. 앞에서 다룬 메이드 카페를 비롯하여 남자 집사가 여성을 상대로 서비스하는 집사 카페도 있다. 또, 메이드가 청소를 대행해 주는 메이드 청소 대행 서비스도 있다. 실제 메이드는 청소를 한다기보다는 주인과 이야기를 나누는 것이 메인이다.

술집인데 각종 코스프레 의상을 입은 호스티스가 서빙을 하는 코스프레 클럽도 있다. 코스프레 의상을 갖춰 놓고 다양한 캐릭터로 변신하며 사진을 찍을 수 있는 코스프레 사진관, 코스프레 의상을 제작해 주거나 각종 도구를 제작, 판매하는 비즈니스도 활발하다. 코스프레를 테마로 하여 하나의 비즈니스 분야를 형성하고 있다.

언제나 아이돌을 만날 수 있는
AKB 극장
AKB劇場

저가 잡화 양판점인 '돈키호테' 건물 8층에 AKB48 극장이 있다. 명칭은 극장이지만 영화관이 아니라 공연장이다. AKB48 극장에서는 거의 매일 AKB48 그룹의 공연이 열린다. 이뿐만 아니라 멤버 관련 캐릭터 상품을 판매하는 숍과 카페가 있다. 여러 평가가 있기는 하지만 AKB48은 아키하바라 오타구 관련 연예뉴스의 한 꼭지를 장식하는 그룹이며 이곳이 본거지라 할 수 있다.

AKB48

AKB48은 2005년에 탄생한 여성 아이돌 그룹이다. 아키하바라를 줄여서 '아키바(Akiba)'라고 부르기도 하는데 그래서 그룹 이름도 AKB로 표현한다. 뒤의 숫자 48은 인원인데 꼭 48명은 아니더라도 기수에 따라 입학과 졸업을 하면서 48명 전후로 구성된다.

인원이 많기 때문에 아무리 까다로운 오타쿠라 하더라도 48명 중 한 명을 좋아할 것이라는데 주목하고 있다. '언제나 만나러 갈 수 있는 아이돌'이라는 콘셉트로 AKB 극장을 오픈했다. 가끔 멤버들의 일탈로 뉴스에 오르내리지만 오히려 그러한 뉴스가 대중이 눈을 떼지 못하게 한다.

오사카 남바 지역의 NMB48, 나고야의 사카에 지역의 SKE48, 규슈의 하카타 지역의 HKT48도 같은 부류의 그룹이다. AKB48을 기획한 아키모토 야스시(秋元康)는 각본가, 방송 작가, 작사가, 만화 원작자, 프로듀서로 활동하며 100여 곡이 넘는 가사와 그룹을 만들고 있다.

구체 관절 인형 전문점
보쿠스
ボークス

위치 東京都千代田区外神田4-2-10
Tokyo-to, Chiyoda-ku, Sotokanda, 4 Chome-2-10

영업시간 월~금 11:00~20:00
토, 일 10:00~20:00

주오 거리 입구에 있는 보쿠스는 한 건물이 통째로 취미 관련 매장으로 구성되어 있다. 일본 최대 규모를 자랑하는 구체 관절 인형 전문점이다. 구체 관절 인형 외에도 인형을 치장하는 데 필요한 의상과 각종 부속품을 판매한다. 또, 카드를 비롯해 다양한 오타쿠용품을 판매하고 있다. 특히 의상의 종류는 헤아리기도 힘들 정도이다. 지하 1층과 1층, 두 개의 층에는 사용자가 전시 케이스를 빌려 매매를 할 수 있는 렌탈 케이스(상자형 부스)도 마련되어 있다. 7층은 특설 공간으로 다양한 이벤트를 개최한다.

TALK&TALK

 거리가 온통 에니메이션 캐릭터와 코스프레 호객꾼으로 넘치네요?

 아빠가 일본에 살았던 90년대까지는 전자 상가로 명성을 날렸었는데…. 당시에 한국에서 관광을 오면 아키바에 들러 밥솥과 카메라는 필수로 샀단다.

 지금은 덕후들의 천국이네요. AKB극장, 메이드 카페, 각종 게임기, 건담 캐릭터 숍….

 청소년들에겐 만화, 애니메이션, 게임으로 유명하기도 하지만 19금 레벨을 넘나드는 비즈니스 숍도 많단다.

 이 거리에서 하루 종일 있어도 지루하지 않겠는데요.

⑧ 철도 모형의 천국
Hobby Shop Tam Tam

위치 東京都千代田区外神田6-14-2
Tokyo-to, Chiyoda-ku, Sotokanda, 6 Chome-14-2

영업시간 월~금 11:00~20:00
토, 일, 공휴일 10:00~20:00

철도 모형 및 부속품, 미니카, RC카 전문점이다. 5층에는 일본 최대 규모의 철도 모형과 각종 철도 부속품을 파는 매장이 있다. 철도 오타쿠를 위한 전용 매장이라 할 수 있다. 모형과 관련하여 전문가의 조언을 받을 수 있다. 피규어, 완구, 군(밀리터리) 관련 상품과 프라모델을 위한 공구도 판매하고 있다.

아케이드 게임기 메이커의 게임 센터
Game Taito Station

위치 東京都千代田区外神田4-2-2
Tokyo-to, Chiyoda-ku, Sotokanda, 4 Chome-2-2

영업시간 10:00~23:30 (연중무휴)

아케이드 게임기 회사인 타이토(Taito)에서 운영하는 게임 센터다. 전 세계적으로 스마트폰 게임과 온라인 게임, 게임기(X-Box, 플레이스테이션, 닌텐도)의 영향으로 아케이드 게임이 줄어들었지만 게임기의 왕국인 일본에서는 아직도 아케이드 게임이 꾸준한 편이다. 타이토에서 출시한 게임기가 지하 1층부터 5층까지 들어서 있다. 스티커 사진기, 뽑기 게임(크레인 게임), 슈팅 및 레이싱, 카드, 음악 게임 등 다양한 장르의 게임이 있다.

10 어른들의 장난감 가게
엠즈 타워, 라부매루시
M'S TOWER、ラブメルシー

엠즈 타워와 라부매루시는 성인용품 전문 매장이다. 기본적으로 만 18세 이하는 입장할 수 없다. 건물 전체가 모두 성인용품을 판매하는 곳이다. 이곳에서는 여성들의 모습도 쉽게 볼 수 있다. 놀라운 것은 남녀 커플이 함께 들어와 성인용품을 쇼핑하는 광경이다. 쑥스러운 표정이라고는 찾아볼 수 없이 자연스럽다. 이런 광경을 보고 일본을 '성(性)진국'이라 하는지도 모르겠다.

세밀하게 분석하고 깊이 파고드는 일본인들의 덕후 성향과 성에 대한 남다른 끼(?)가 만나 다양한 밤 문화용 상품을 만들어 낸다. 실제 용품을 구입하는 사람보다 호기심에서 구경하러 들르는 사람들이 많다. 들어가기에는 민망하지만, 성인이라면 구경 삼아 한 번쯤 들어가 보는 것도 재미있는 경험일 것이다. 이렇게 한 건물에서 통째로 성인용품만 판매한다는 것도 아키하바라만의 특징이 아닌가 싶다. 내부에서 사진 촬영은 금지되어 있으므로 주의해야 한다.

라부매루시(ラブメルシー) : 東京都千代田区外神田1-2-7
　　　　　　　　　　　　　Tokyo-to, Chiyoda-ku, Sotokanda, 1 Chome-2-7
엠즈 타워(M's tower) : 東京都千代田区外神田1-15-13
　　　　　　　　　　　Tokyo-to, Chiyoda-ku, Sotokanda, 1 Chome-15-13
영업시간 : 각각 10:00~22:00, 10:00~23:00

엠즈 타워와 라부매루시

간다, 오차노미즈
神田、御茶ノ水

 교통

- **간다역**(神田駅) : **JY** 야마노테선, **JC** 주오선, **G** 긴자선, **JK** 게이힌토호쿠선
- **오차노미즈역**(御茶ノ水駅) : **JC** 주오선, **M** 마루노우치선, **JB** 주오·소부선 가쿠테이
- **신오차노미즈역**(新御茶ノ水駅) : **C** 치요다선
- **진보초역**(神保町駅) : **Z** 한조몬선, **I** 미타선, **S** 신주쿠선

아키하바라와 인접한 간다(神田)와 오차노미즈(お茶の水)는 분위기는 비슷하면서도 각각의 특색을 지니고 있다. 간다와 오차노미즈 지역은 메이지 대학(明治大学), 도쿄 의과 치과 대학(東京医科歯科大学), 준텐도 대학(順天堂大学), 니혼 대학(日本大学), 센슈 대학(専修大学), 쿄리츠 여자 대학(共立女子大学)과 전문 대학 및 입시 학원이 많아 학원가가 형성된 곳이다. 그만큼 젊은이들이 많이 오가는 곳이다. 간다에는 헌책방이 많고 오차노미즈에는 악기상이 많다. 신제품도 팔지만 중고품을 취급하는 악기상이 많다.

지명은 '간다(神田) 고서점가'이지만 간다역이 아니라 진보초역(神保町駅)에서 내려야 가깝다. 진보초역 A1 출구로 나와 고서점가를 관광하면서 오차노미즈 방향으로 가면 악기 상가가 나온다. 가는 길목에 메이지 대학 건물을 볼 수 있다. 오차노미즈역은 아키하바라와 한 정거장 차이로 걸어갈 수도 있다.

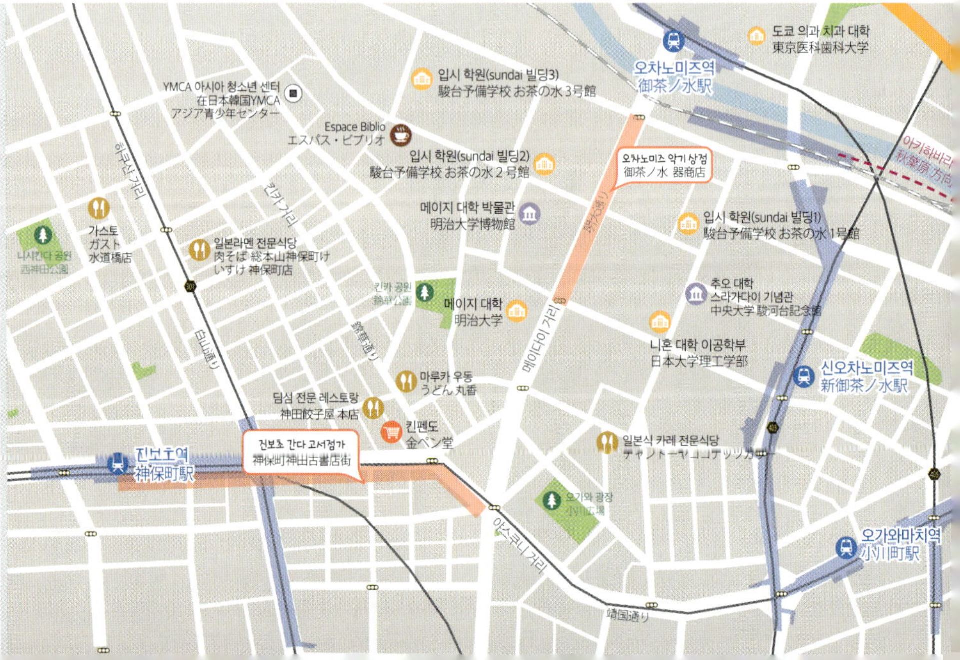

간다 고서점가
(古本屋)

고서점가는 간다 지역의 대학가와 무관하지 않다. 고서적은 물론 헌책을 취급한다. 이곳 헌책방은 1870년대에 문을 열어 100년이 훌쩍 넘었다. 인터넷과 IT의 발달로 많이 줄어들기는 했지만 아직도 많은 서점이 영업 중이다.

소장 가치가 있는 오래된 희귀 도서부터 만화책까지 다양한 종류의 책을 찾아볼 수 있다. 일본 책뿐 아니라 서양의 고서적이나 그림첩도 볼 수 있다. 여러 장르를 취급하는 서점도 있지만 대체적으로 각 서점마다 취급하는 전문 분야가 있다.

찾는 책이 이곳에 없다면 일본에 존재하지 않는 책이라고 할 수 있을 정도로 많은 양의 책이 존재한다. 재미있는 현상은 대부분의 서점이 북쪽을 향하고 있다는 점이다. 책이 직사광선을 맞으면 변색되기 때문에 북향 건물을 선호한다고 한다.

각 서점마다 책을 매입한다는 문구가 쓰여 있다. 서점에 들어가면 나는 특유의 종이 냄새가 고서점의 분위기를 느끼게 한다. 보물을 찾듯 책 속에 묻혀 무언가를 열심히 찾는 사람들을 만날 수 있다. 헌책을 열심히 파헤치는 사람을 보면 아무리 허름한 차림이라도 왠지 학식이 많은 사람으로 보인다.

오차노미즈
악기 상가

일본의 악기는 세계적으로도 명성이 자자하다. 서울에 낙원 상가가 있다면 일본에는 오차노미즈 악기 상가가 있다. 피아노, 기타, 드럼, 트럼펫 등 클래식 악기부터 전자 악기까지 모든 악기가 있는 곳이다. 악기 부속품과 액세서리, 오디오 장비까지 악기와 관련된 상품이 모두 있는 곳이다.

신상품의 악기도 있지만 중고 악기도 많다. 품질은 신상품 못지 않지만 매우 저렴한 가격에 구입할 수 있다. 낙원 상가보다는 훨씬 활기찬 분위기로 젊은 아티스트부터 노인 아티스트까지 남녀노소가 찾는 곳이다. 벽에 걸려 있는 중고 기타나 각종 악기가 빽빽하다. 가게마다 심각한 표정으로 악기를 만져 보고 연주하는 사람들을 볼 수 있다. 구입하기 위해 음질을 테스트하는 듯하다. 모든 장르의 악기를 취급하는 가게도 있고 장르에 따라 전문으로 취급하는 악기가 있다. 장르별 전문 가게에 들어가면 악기의 종류도 다양하고 수량도 많으며 질 높은 악기도 많다. 특히, 악기에 대한 자문도 받을 수 있는데, 전문가의 자문을 받아 전자 기타를 15,000엔에 구입했는데 만족도는 최고였다. 음악에 관심이 있는 사람이라면 반드시 들러야 할 장소일 것이다.

필기구 전문점
킨펜도
(金ペン堂)

필기구 역시 대학가와 고서점가가 형성된 이 거리에 어울리는 아이템이 아닐까? 쇼윈도에 진열된 상품만으로도 눈길을 끈다. 왠지 고급스러워 보이는 펜이 진열되어 있다.

이곳도 1920년에 문을 연 오래된 가게 중 하나이다. 메인 상품은 만년필로 저렴한 상품에서부터 세계적으로 유명한 브랜드의 만년필을 취급하고 있다. 가격은 10,000엔부터 1,500,000엔에 이를 정도로 만만치 않다.

위치 東京都千代田区神田神保町1-4
Tokyo-to, Chiyoda-ku, Kanda Jinbocho, 1 Chome-4

영업시간 월~토 12:00~18:00(수, 일요일 휴무)

오다이바, 도요스

お台場、豊洲

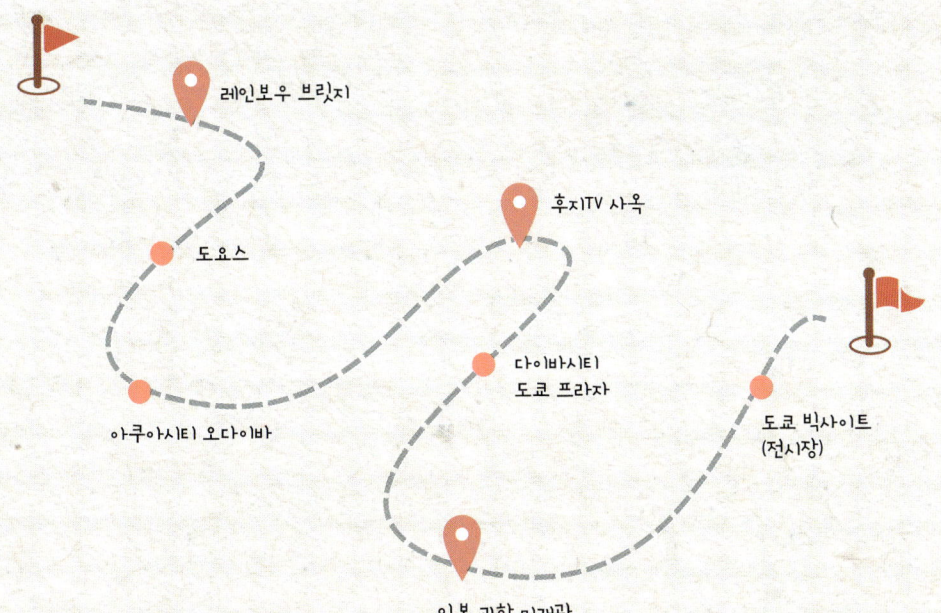

오다이바, 도요스
お台場、豊洲

Information

오다이바(お台場)는 도쿄에 속하지만 다른 지역과는 색다른 분위기의 지역이다. 레인보우 브릿지를 건너면서 오다이바의 풍경을 보면 어느 휴양지에 와 있는 느낌을 받는다. 해변을 따라 모래 사장이 있고 아이들이 뛰놀고, 연인들이 한가롭게 거닐고 있다. 오다이바는 도쿄만 매립지의 하나로 미나토구(港区), 고토구(江東区), 시나가와구(品川区) 3개 구에 걸쳐 엔터테인먼트와 쇼핑, 관광, 전시장, 공원 등 다양한 시설이 있다. 미나토구에서 유리카모메선을 타고 레인보우 브릿지를 건너면 나오는 후지TV, 오다이바 해변 공원, 자유의 여신상은 미나토구(港区)에 속하고, 다이바시티 도쿄, 일본 과학 미래관, 오에도모노카타리라는 온천 시설은 고토구(江東区), 배 박물관은 시나가와구(品川区)에 속한다. 세계적인 대규모 전시회와 이벤트가 열리는 빅 사이트(Big Sight)도 오다이바에 있다.

오다이바 북쪽 섬에는 도요스가 있는데, 이곳에는 거대한 중앙도매시장이 있다. 츠키지 시장을 2018년 도요스로 옮기면서 자리잡은 시장으로, 우리나라의 가락시장 역할을 하는 곳이라 보면 된다.

오다이바와 도요스는 버스, 수상 버스, 철도를 이용하여 갈 수 있다. 가장 일반적인

유리카모메선 신바시역

방법은 신바시역(新橋駅)에서 유리카모메선을 타고 가는 방법이다. 오다이바에서 여러 장소를 이동하려면 유리카모메 1일 자유 이용권(820엔)을 추천한다. 1일 자유 이용권은 하루에 몇 번이라도 승하차가 가능하기 때문에 비용을 절감할 수 있다. 유리카모메선은 오다이바와 도요스의 주요 지점을 도는 교통 시스템으로 모든 차량이 무인으로 운행된다. 철로가 높은 곳에 있어 오다이바의 경치를 내려다보기 편하다.

교통

- 모노레일 유리카모메선 각 역

오다이바를 건너는 레인보우 브릿지

① 오다이바로 가는 다리

레인보우 브릿지와
자유의 여신상

미나토구와 오다이바를 잇는 다리로, 유리카모메선을 타면 레인보우 브릿지를 건너간다. 상층부는 11호 고속도로, 하층부는 유리카모메선과 일반 도로가 있다. 이 다리를 통해 걸어서도 오다이바로 갈 수 있다. 오다이바를 건너면 자유의 여신상인 '다이바의 여신'상을 볼 수 있다. 미국 뉴욕에 있는 '자유의 여신상'의 짝퉁판 같은 느낌이지만 사실은 1998년 '프랑스의 해'를 맞이하여 설치한 것인데 많은 사람들의 호평으로 인해 2000년에 프랑스 정부로부터 공식 허가를 받아 브론즈 복제품을 제작하여 설치되었다.

- 레인보우 브릿지 : 東京都港区海岸 3 丁目 / Tokyo-to, Minato-ku, Kaigan, 3Chome
- 자유의 여신상 : 東京都港区台場1-4 / Tokyo-to, Minato-ku, Daiba, 1-chome-4

한류 드라마를 많이 방영했던
후지TV 사옥

위치 東京都港区台場2-4-8
Tokyo-to, Minato-ku, Daiba,
2 Chome-4-8

레인보우 브릿지를 건너면 마치 건물 사이에 끼어 있는 우주선과 같은 대형 원형(구) 구조물이 있는 웅장한 건물이 보인다. 바로 후지TV 본사 건물이다. 원형 구조물은 '하치타마'라 불리는 전망대다. '춤추는 대수사선'과 애니메이션 '포켓몬스터'의 주요 배경으로 등장해 우리에게도 친숙한 곳이다. 후지TV 계열에서 한류 붐이 일던 시기(2010년 1월~2012년 8월)에 '한류 알파'라 하여 월요일부터 금요일까지 한국 드라마를 방영하는 시간을 설정하여 한국 작품을 방영했다. '내 이름은 김삼순'을 필두로 한류 드라마를 많이 방영했으며 한국에 편향적이라 하여 한때 일본의 우익 단체가 이곳에서 데모를 하기도 했다. 한류에 대한 질투와 편향된 시각에 의한 데모라고 할 수 있다. 이곳은 견학 및 관광으로 찾는 사람이 많다. 사옥에는 원형의 구체 전망대, 옥상 정원, 카페와 레스토랑이 있고 후지TV 숍에서는 각종 캐릭터 상품과 기념품을 구입할 수 있다. 단순히 방송국만이 아니고 관광과 쇼핑이 가능한 복합 건물이다.

③

일본 최대의 수산 도매 시장

도요스 시장
豊洲市場

위치 東京都江東区青海2-6-3
Tokyo-to, Koto-ku, Aomi, 2 Chome-6-3

도요스 시장은 츠키지 시장(築地市場)의 역할을 대체하기 위해 2018년 새롭게 지어진 중앙도매 시장이다. 83년된 츠키지 시장이 노후화와 냉방 문제로 식품의 위생과 신선도 유지에 어려움을 겪자 오다이바와 인접한 현재의 도요스 지역으로 옮겼다. 약 900개의 회사와 음식점이 입점해 있는 어마어마한 규모다. 시장은 청과동, 수산물 도매 시장동, 관리시설동으로 나뉘어져 있다. 그중 단연 제일 유명한 곳은 수산물 강국인 일본답게 수산물 도매 시장동이다. 이 수산물 시장은 전 세계 최대 규모를 자랑한다.

수산물 중에서도 일본은 전 세계 참다랑어(참치) 수획량의 80%를 소비할 정도로 참다랑어에 진심인 국가다. 그 참다랑어를 취급하는 가장 큰 도매 시장이 바로 도요스 시장으로, 수산물 도매 시장동에서 도매업자와 중간도매업자들의 참다랑어 경매가 이루어진다. 새벽 5:30~6:30에 시장을 방문하면 견학이 가능하다. 2층 견학자 통로와 견학자 데크가 있는데, 2층 견학자 통로는 자유롭게 관람 가능하지만 경매를 코앞에서 볼 수 있는 견학자 데크는 약 한 달 전에 신청을 받아 사전 추첨제로 운영되고 있어서 인터넷을 통해 신청해야 한다. 또한 츠키지 시장에서 유명했던 몇몇 가게들두 시장이 이전할에 따라 도요스 시장으로 옮겨왔기 때문에 시장 안에서 맛집들을 찾아다니는 재미도 있다.엄청난 수의

참다랑어 경매장면

참다랑어 품질을 확인하는 중도매상들

참다랑어가 냉동, 비냉동 상태로 나열되어 경매를 기다린다. 중도매상들은 괜찮아 보이는 참다랑어를 발견하면 참다랑어를 만지작거리고 랜턴으로 비춰 보는 등 자신들만의 확인 방법으로 품질을 확인한다. 경매사가 종을 울리기 시작하면 경매가 시작된다. 경매의 시작과 동시에 업자들은 수신호로 가격을 부르고, 낙찰 받는다. 우리나라 경매 풍경과 유사하다.

참고 사항

수산중도매 시장은 시장 관계자 외의 일반인은 들어갈 수 없습니다. 일반인에게 출입이 허용된 곳은 견학자 통로와 식당가입니다.

도요스 중도매 시장 3층 식당가 안에 있는 맛집들

❶ 야마하라(山はら)

수산시장 안에 있는 식당답게 일본식 회덮밥, 카이센동(海鮮井 : 생선덮밥) 가게다. 아침에 가면 모닝 세트를 먹을 수 있다. 한국에서 카이센동은 보통 20,000원 정도의 가격대이지만 여기에서는 1,000엔대에 먹어볼 수 있다. 회는 부드러워 곁들여 나오는 밥과 같이 먹으면 생선의 부드러움과 일본 쌀의 찰기가 잘 어울린다. 거기에 따뜻한 미소시루까지. 한끼 식사로 더할 나위 없다.

영업시간 7:00~,
도요스 시장 휴무일(보통 수요일, 일요일)에 휴무

❷ 나카야(仲家)

본래 츠키지 시장에 있던 가게였으나 츠키지 시장이 도요스로 이전하여 따라온 카이센동 가게다. 중도매 시장 직영 가게이기 때문에 신선한 해산물을 합리적인 가격에 즐길 수 있다. 참고로 가게 앞 오른쪽에 메뉴판이 있는데 메뉴판에 '市'라는 마크가 붙어 있는 메뉴는 시장 관계자 한정 메뉴이기 때문에 시장 관계자가 아니라면 먹을 수 없다. 또한 시장 관계자들에게 우선적으로 식사가 제공된다. 이처럼 시장 관계자에게 친화적인 가게라 장화를 신은 시장 상인들이 손님으로 많이 온다. 결제는 현금만 가능하다.

영업시간 5:30~13:30 / 수, 일 휴무

❸ 센리켄(センリ軒)

1914년에 창업한 긴 역사를 자랑하며, 시장 관계자들에게 오랫동안 사랑받아 온 커피숍이다. 커피뿐 아니라 샌드위치나 수프 등의 간단한 아침거리도 판매한다.
메이지 시대(1868~1912) 초반에 센리켄이라는 마차를 운영하던 회사가 있었는데 도쿄 분교구(文京区)에 목장을 가지고 있었다고 한다. 이 목장에서 나오는 우유를 판매하기 위해 사명과 똑같은 레스토랑을 냈는데 이 가게가 현재까지 이어져 내려온 것이라고 한다. 도매 시장을 따라 니혼바시, 츠키지를 거쳐 도요스에 이전해 명맥을 이어오고 있다.

영업시간 5:00~13:00

④ 과학의 미래를 볼 수 있는
일본 과학 미래관
日本科学未来館

위치 東京都江東区青海2-3-6
Tokyo-to, Koto-ku, Aomi, 2 Chome-3-6

영업시간 10:00~17:00

최신 과학 기술을 소개하고 과학 발전의 미래를 엿볼 수 있는 각종 전시물이 전시되어 있다. 각 전시들은 인간이 왜 여기에 존재하는지 알아보는 '세계를 살피다(世界を探る)', 휴머노이드 로봇과 같은 미래의 과학 기술과 우리가 그리는 미래에 대해 알아보는 '미래를 만든다(未来をつくる)', 우리가 살고 있는 지구의 생명과 환경이 자신과 어떻게 연결되는지 알아보는 '지구와 이어지다(地球とつながる)'라는 세 개의 큰 주제로 나누어 전시되고 있다. 3D 돔 시어터에서는 입체 파노라마 영상을 상영한다.

오다이바, 도요스

⑤ 복합 쇼핑몰
아쿠아시티 오다이바
アクアシティお台場

위치 東京都港区台場1-7-1
Tokyo-to, Minato-ku, Daiba, 1 Chome-7-1

영업시간 11:00~21:00

후지TV 본사 건너편에 있으며 다이바역에서 가장 가까운 복합 쇼핑몰이다. 해안가에 위치해 있기 때문에 내부의 레스토랑에서 도쿄만(灣)을 장애물 없이 한눈에 볼 수 있다. 오다이바가 현재의 모습을 갖춘 것이 1996년인데 아쿠아시티가 개장할 당시에는 엄청난 인기를 얻었다. 최근에는 팔레트 타운, 다이바시티 등이 개장하면서 위상이 낮아졌지만 다른 쇼핑몰에는 없는 볼거리가 많기 때문에 여전히 많은 사람들이 찾는다.

❶ 디즈니스토어(The Disney store)

디즈니에서 공식적으로 운영하는 굿즈(goods) 판매점이다. 가게에 들어가면 디즈니의 캐릭터들이 영화를 찍고 있는 컨셉으로 가게 곳곳에 숨겨져 있다. 총 7명의 캐릭터가 있으니 찾는 재미가 있다.

❷ 플라잉 타이거 코펜하겐
(アクアシティお台場ストア)

북유럽 감성의 선물 가게다. 우리나라는 물론 일본 시내에서도 구하기 힘든 유럽산 제품들을 직접 보고 구입할 수 있다. 인테리어 용품부터 문구까지 다양하게 판매하고 있다. 문구류를 많이 취급하고 있어서 문구점 분위기가 난다.

❸ 도쿄 라멘 국기관(東京ラーメン 国技館)

일본에는 각 지역의 특색이 있는 재료 및 조리법으로 다양한 라멘이 있다. 매년 도쿄에서 열리는 라멘 대회에서 입상한 여섯 가게만 라멘 국기관에 입점한다. 가게 밖에 비치된 자판기에서 주문을 하고 입장한다. 자판기에는 한국어도 지원한다.

❹ 쿠아아이나(KUA'AINA)

하와이, 런던, 도쿄 전 세계 세 곳에만 있는 하와이안 수제 햄버거 전문점이다. 가격은 비싼 편이지만 양이 푸짐하다. 빵을 화산석(火山石)에 굽는 것이 특징이다. 하와이에서만 마실 수 있는 음료로 준비되어 있다. 가게 내부에는 실제 하와이에서 공수해온 소품들이 놓여 있다.

❺ 츠루하시 후게츠(鶴橋風月)

츠루하시(鶴橋)는 오사카에 있는 번화가의 지명이다. 아쿠아시티 6층에 위치한 오코노미야키 전문점으로 일본 전국은 물론 우리나라에도 분점이 있는 유명한 체인점이다.
오리지널 오사카식 오코노미야키와 야키소바를 맛볼 수 있는 곳이다. 한국어 메뉴판도 준비되어 있다. 계산 시 여권을 제시하면 10% 할인 서비스를 받을 수 있다.

❻ 곤파치(権八)

도쿄만이 한눈에 보이는 위치에 자리잡은 수제 소바, 야끼토리 전문점이다. 점내에서 직원이 직접 수타로 만든 소바와 엄선된 재료로 만든 꼬치 요리를 맛볼 수 있다. 오바마 미국 전대통령과 고이즈미 전 총리가 방문했던 곳으로 유명하다.

❼ 포무노키(ポムの樹)

5층에 위치한 오므라이스 전문점이다. 가게가 넓고 시원시원하다. 오므라이스의 종류는 무려 60여 가지에 달한다. SS사이즈부터 L사이즈까지 직접 고를 수 있는데, 적게 먹는 사람이라면 SS사이즈도 충분하다. M사이즈가 너무 많아 성인 남자도 남기는 경우가 있기 때문이다. 제대로 된 일본식 오므라이스를 먹고 싶으면 가볼 만한 곳이다.

❽ Hobson's

아쿠아시티 1층에 위치한 아이스크림&크레페 전문점이다. 다른 곳에서 식사를 마치고 디저트로 달달한 것이 생각나면 갈 만한 장소이다. 이 가게만의 오리지널 믹서기를 사용하여 과일을 아이스크림에 섞은 '블렌드 아이스크림'이 인기 메뉴다.

6

실물 크기의 건담이 전시된
다이바시티 도쿄 프라자
ダイバーシティ東京プラザ

위치 東京都江東区青海1丁目1-10
Tokyo-to, Koto-ku, Aomi, 1 Chome-1-10

영업시간 10:00~21:00

정문 앞에 서 있는 애니메이션에서의 크기와 똑같은 크기 (등신대)의 건담으로 유명한 곳이다. 유리카모메선 다이바(도쿄) 역에서 내려 웨스트파크 브릿지(ウェストパークブリッジ)를 건너면 갈 수 있다. 다이바시티라는 이름은 일반 공모 3천여 건 중 최종 후보로 뽑힌 6개를 후지TV 주최 페스티벌에서 투표로 결정한 곳이다. 약 150개의 옷 매장과 음식점이 위치하고 있는 거대한 크기의 쇼핑몰이다.

❶ 건담베이스 도쿄(ガンダムベース東京)

전 세계 건담 프라모델 팬을 위한 공식 종합 시설이다. 시설 안에는 만들고, 보고, 배우고, 즐길 수 있는 4개의 구역으로 구성되어 어린이부터 성인까지 즐거운 시간을 보낼 수 있다. 가끔 한정판을 판매하는 행사를 하는데, 행사 날에는 대기 인원이 100명이 훨씬 넘어 사진처럼 줄을 서서 기다려야 하는 경우도 많다.

❷ 뎃판야타이(てっぱん屋台)

'철판 포장마차'라는 뜻의 철판요리가게다. 간판에서 볼 수 있듯이 일본 전국의 지방마다 특색이 있는 철판요리를 먹어 볼 수 있는 곳으로 야끼소바, 오꼬노미야끼, 모단야끼를 즐길 수 있다. 한국어 메뉴도 있기 때문에 주문도 어렵지 않다.

❸ 츠키지 긴다코(築地 銀だこ)

1997년 시작해 일본 전국에 약 400개의 체인점을 가지고 있는 타코야키 업계의 대기업이다. 그만큼 일본인들에게 인기 있는 타코야키 전문점이며 맛은 보장된 가게다. 콜레스테롤 0의 좋은 기름을 쓰고 있으며 재료의 질에 신경을 많이 쓰고 있다.

❹ 츠케멘 큐린

2층 푸드코트에 위치해 있으며 라멘의 종류 중 하나인 츠케멘을 맛볼 수 있는 츠케멘 전문점이다. 츠케멘은 면과 국물이 따로 나와 찍어 먹는 방식으로 최근 몇 년 사이에 츠케멘 가게가 많이 생겨나고 있다.

❺ 다나카소바텐(田中そば店)

'가볍게 먹을 수 있는 시골 스타일 라멘'을 지향하는 라멘 체인점. 주력 메뉴는 '야마가타 매운 미소라멘(山形辛味噌らーめん)'이다. 면은 후쿠오카에서 직송해 온 얇은 면을 쓰고, 육수는 3일간 우려낸 돼지 육수를 사용한다.

테마 종합 쇼핑몰

덱스도쿄비치
デックス東京ビーチ

위치 東京都江東区青海1丁目6-1
Tokyo-to, Koto-ku, Aomi, 1 Chome-6-1

영업시간 층별로 상이

아쿠아시티 바로 옆에 있는 대형 쇼핑몰이다. 유리카모메선이 개설된 이후 최초로 생긴 쇼핑몰이다. 아쿠아시티에서 덱스도쿄비치로 넘어가면 바닥 재질이 갑자기 나무로 바뀐다. 이는 덱스도쿄비치가 이름에서도 알 수 있듯이(덱스, Decks : 선박 갑판) 선박을 모티브로 만든 곳이기 때문이다. 내부에는 약 150개의 음식점, 옷 가게, 잡화 가게들이 입점해 있다. 이외에도 밀랍 인형 박물관 '마담 투소'나 '레고랜드 디스커버리' 등 엔터테인먼트 시설도 많이 들어서 있어 인기가 많은 곳이다.

❶ 마담 투소

런던 본점에서 시작해서 전 세계에 지점이 있는 마담 투소의 일본 지점이다. 내부에는 유명 연예인이나 운동선수 등의 실물 크기 밀랍 인형이 전시되어 있다. 현실적으로 만나기 힘든 셀럽의 인형을 찾아 사진이라도 찍으면서 대리 만족의 기쁨을 누려 보자.

❷ 조이폴리스

덱스도쿄비치 내부에 위치한 일본 최대의 실내형 놀이공원이다. 아케이드 게임기 제조 회사 '세가(SEGA)'에서 운영하는 각종 아케이드 게임을 즐길 수 있는 놀이 공간이다. VR 장비 등 다양한 놀이 시설이 있다. 가장 인기 있는 기구는 '하프파이프 도쿄'로 두 사람이 즐기기 좋은 게임기이다.

❸ 오다이바 잇쵸메(お台場一丁目)

쇼와 시대(1960~1980년대) 거리 분위기로 꾸며놓은 상점가다. 벽에 붙은 포스터부터 벽지까지 레토로한 분위기를 자아낸다. 일본의 옛날 분위기이지만 우리나라의 60~80년대 분위기와도 흡사하다.

❹ 1129 by ODAIBA

도쿄만(湾)이 보이는 경치가 좋은 스테이크 전문점이다. 창 방향 자리는 예약이 필요하다. 커플에게만 제공하는 이벤트도 있으니 타이밍이 맞으면 혜택을 받을 수 있다.

❺ Bills

전 세계적으로 지점이 있는 양식 레스토랑이다. 우리나라에도 롯데월드몰과 광화문에서 영업을 하고 있다. 오다이바점에서는 아름다운 경치와 함께 식사를 즐길 수 있다. 주로 이탈리안 요리를 제공한다. 톰 크루즈가 영화 촬영으로 일본에 머물렀을 때 거의 매일 방문했다고 한다. 팬케이크가 맛있다고 소문이 나 있다. 시간대별로 주문할 수 있는 메뉴가 다르다.

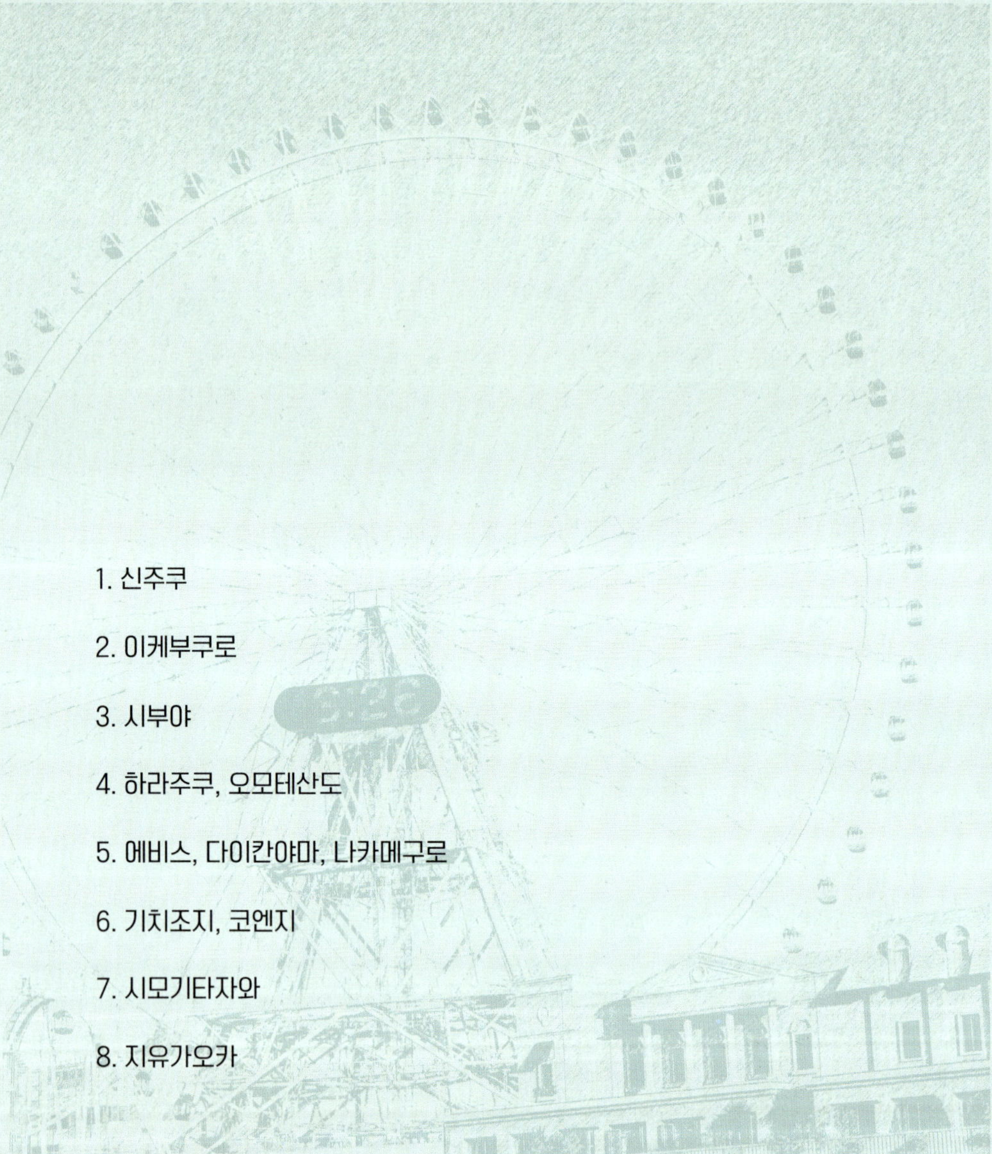

1. 신주쿠

2. 이케부쿠로

3. 시부야

4. 하라주쿠, 오모테산도

5. 에비스, 다이칸야마, 나카메구로

6. 기치조지, 코엔지

7. 시모기타자와

8. 지유가오카

플러스 알파 - 가구라자카

플러스 알파 - 나카노

플러스 알파 - 오기쿠보

플러스 알파 - 산겐자야

03

지역별 안내
서부

West Tokyo

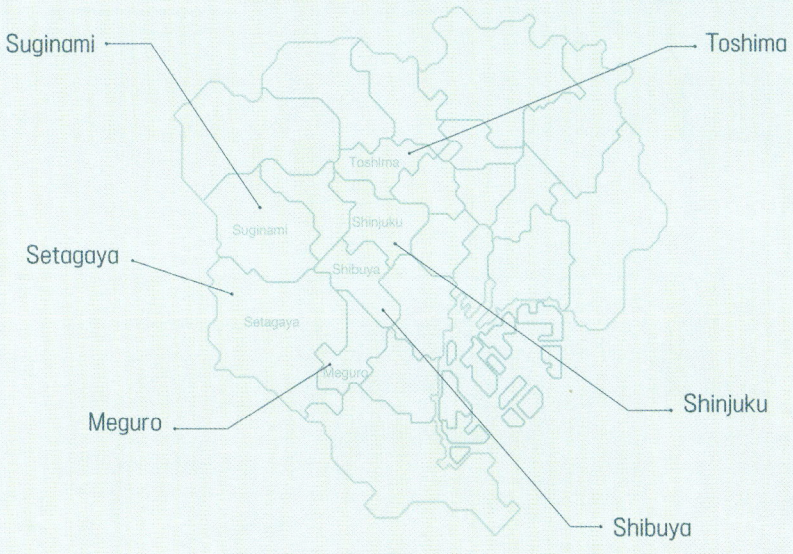

신주쿠

新宿

도쿄 도청사

요도바시카메라 등
서쪽 출구 쇼핑가

신주쿠 교엔

동쪽 출구 쇼핑가

남쪽 출구 쇼핑가

가부키초 및
신주쿠 2초메

신주쿠
新宿

Information

　신주쿠는 일본을 가보지 않은 사람들도 한 번쯤은 들어봤을 정도로 도쿄의 유명한 지역이다. 도쿄의 동쪽에 있는 도쿄역과 긴자, 아사쿠사 지역이 에도 시대부터 조성된 오랜 역사를 지닌 도심이라면 서쪽에 위치한 신주쿠는 시부야, 이케부쿠로와 함께 3대 신도심이라 할 수 있다.

　신주쿠역은 일본에서 유동 인구가 가장 많은 지역이다. 신주쿠역을 기점으로 도쿄의 서쪽 지역(나카노, 무사시노시, 고쿠분지시, 하치오지시 등)으로 드나드는 교통의 요충지이기도 하면서 도쿄의 도심과 서쪽 외곽을 연결하는 역이다. JR 야마노테선, 도에이 지하철, 도쿄 메트로 및 민영 철도의 수많은 노선이 신주쿠역을 지나간다. 2015년에는 1일 승하차 인구가 342만 명으로 세계에서 가장 많은 유동 인구를 가진 역으로 기네스북에 올랐을 정도이다. 왕래하는 사람이 많은 만큼 쇼핑, 음식점, 유흥가, 문화 시설이 발달한 지역이다. 도쿄를 상징하는 대표적인 지역이다.

　신주쿠역을 중심으로 동쪽 출구(東口) 쪽은 스튜디오 아르타(ALTA), 기노쿠니야 서점(紀伊国屋書店)이 있는데 많은 사람들이 만남의 장소로 이용하는 곳이다. 만남의 장소로 이용하는 만큼 주변에는 카페, 식당, 술집, 영화관, 오락실 등이 많다. 신주쿠 PePe, 마루이(OIOI), 이세탄(ISETAN) 등 유명 쇼핑몰과 백화점이 많고 악기점, 전자 제품 판매점, 저가 양판점 등 유통시설이 많이 들어서 있다.

　북쪽 출구 지역에는 동쪽 지역과 연결된 가부키초 거리가 있고 주변에는 술집과 클럽, 카페 등 유흥가가 형성되어 있으며, 크고 작은 호텔이 밀집되어 있다. 신주쿠 구청 건너편에는 좁은 골목길을 사이에 두고 오래된 건물의 술집이 벌집처럼 자리 잡고 있는데 신주쿠 고르덴가이(골든가)이다. 몇 년 전부터 밤의 관광 명소로 외국에 알려지면서 많은 외국 관광객들이 찾는 곳이다.

　서쪽 출구 지역은 신도심 개발의 원조 격인 케이오프라자 호텔과 도쿄 도청이 자리 잡고 있으며, 신주쿠 스미토모 빌딩, 신주쿠 미쓰이 빌딩, 도쿄모드 학원 등 고층 빌딩이 숲을 이루고 있다. 또한 케이오, 오다큐, 파르코, 루미네 백화점과 대형 양판점인 요도바시카메라, 저가 매장인 돈키호테, 중고책 전문점 북 오프(Book-off) 등 다양한 쇼핑 시설이 자리 잡고 있다.

남쪽 출구 지역은 역사와 연결된 루미네, 다카시마야 타임스퀘어, NEWoman을 비롯해 쇼핑몰 FLAGS가 있다. 역사 주변에 JR 동일본 본사, 오다큐 호텔 타워, 사잔테라스 등 고층 빌딩이 자리 잡고 있다. 또, 도쿄와 각 지방을 연결하는 버스가 모두 모이는 버스 터미널인 '바스타 신주쿠'가 있다. 버스를 이용하여 지방 도시를 가려면 이곳에서 버스를 탄다. 남쪽 출구 주변에서는 아마추어 음악가 또는 아티스트 지망생들이 길거리 연주와 퍼포먼스를 펼치기도 한다.

가부키초 지역은 저녁 시간대에 관광하는 것이 좋다. 가부키초의 특징을 제대로 볼 수 있다. 먼저 서쪽 출구로 나가 도쿄 도청사 및 고층 빌딩가를 관광하고 남쪽 출구 지역인 다카시마야, NEWoman을 거쳐 신주쿠교엔을 둘러본다. 동쪽 출구 지역(기노쿠니야 서점 주변)을 둘러본 후 가부키초를 관광한다. 저녁 시간에 한잔이 생각나면 고르덴가이나 오모이데요코초를 들르는 것이 좋다.

교통

- **신주쿠역**(新宿駅): **JY** 야마노테선, **JC** 주오선, **JC** 소부선, **M** 마루노우치선, **E** 오에도선, **JA** 사이쿄선, **JS** 쇼난신주쿠라인, **TN** 토부선 직통, **KO** 게이오선, **S** 신주쿠선, **OH** 오다큐선, 나리타익스프레스
- **세이부신주쿠역**(西武新宿駅): 세이부신주쿠선
- **신주쿠산초메역**(新宿三丁目駅): **F** 후쿠토신선, **M** 마루노우치선, **S** 신주쿠선
- **도초마에역**(都庁前駅): **E** 오에도선

추천 경로

1. 도쿄 도청사 (90분)
2. 요도바시 카메라 등 서쪽 출구 쇼핑가 (60분)
3. 남쪽 출구 쇼핑가 (60분)
4. 신주쿠교엔 (60분)
5. 동쪽 출구 쇼핑가 (60분)
6. 가부키초 및 (120분) 신주쿠 2초메, 3초메(60분)

❶ 도쿄와 신주쿠의 랜드마크
도쿄 도청
東京都庁

위치 東京都新宿区西新宿2-8-1
Tokyo, Shinjuku, Nishishinjuku, 2 Chome-8-1

영업시간 남전망대 10:00~20:00, 북전망대 10:00~17:30
(남전망대가 휴관일 경우 북전망대 10:00~20:00)
북전망대 2, 4째 주 월요일 휴관/ 남전망대 1, 3째 주 화요일 휴관
(공휴일이 겹칠 경우 그 다음날 휴관), 연말연시(12.29~1.2) 휴관

신주쿠의 랜드마크인 도쿄 도청 건물은 1991년 마루노우치 지역에서 이전해 왔다. 건설 당시에는 고급 대리석으로 치장하는 등 호화롭게 지어서 세금을 낭비한 대표적인 건물이라 하여 '텍스 타워', 또는 경제 버블기에 편승하여 지었다 하여 '버블 타워'라는 별명을 얻기도 했으나 지금은 도쿄의 상징물로 자리 잡고 있다. 지상 48층이지만 높이가 243m로 이케부쿠로의 선샤인60 빌딩보다 높다. 제1청사의 45층에는 전망대가 있는데 도쿄 타워나 도쿄 스카이트리 등 다른 전망대는 유료인데 반해 이곳은 무료로 입장할 수 있다. 도쿄의 전경을 보고자 한다면 이곳을 강력 추천한다. 맑은 날에는 후지산도 바라다 볼 수 있으며 20시까지 개방하기 때문에 도쿄의 야경을 볼 수도 있다. 도쿄도 방침에 따라 운영시간이 달라질 수 있으니 트위터에 '@tocho_tenbou'를 검색한 후 확인한 뒤 방문하는 것을 추천한다.

도쿄 도청 청사

도쿄 도청 전망대에서 본 풍경

잠들지 않는 거리

가부키초 거리
歌舞伎町

1. 가부키초의 상징 '가부키초이치방가이' 입구
2. 무료 안내소
3. 유흥 문화의 발신지 가부키초

'잠들지 않는 거리'로 알려진 가부키초는 도쿄, 아니 일본의 대표적인 유흥가다. 일본의 유흥 문화는 가부키초로부터 시작되고 모든 유흥 시설은 가부키초에 있다고 해도 과언은 아니다. 유흥가답게 낮보다도 밤이 더 화려한 곳이다. 식당과 선술집, 패스트푸드점, 파친코장, 가라오케(노래방), 극장, 클럽과 바, 성인용품점, 퇴폐업소가 빽빽하게 들어서 있다. 이곳을 찾는 사람들은 10대에서부터 대학생, 직장인, 장년층 남녀노소를 가리지 않는다. 신주쿠 고층 빌딩가에 근무하는 직장인들의 쉼터이며 신주쿠를 오가는 수많은 사람들의 만남의 장소이며 놀이의 장소이다.

이곳에서 거닐다 보면 말을 걸어오는 호객꾼을 만날 수 있다. 한국어로 말을 걸었다가 중국어로 걸기도 하고 반응이 없으면 일본어로 걸기도 한다. 식당이나 술집, 퇴폐업소를 안내한다. 이런 호객꾼의 말을 듣고 따라가서는 곤란한 일을 겪을 수 있으니 따라가지 않아야 한다. 이런 호객꾼을 없애기 위해 관청(신주쿠 구청, 경시청)에서 단속을 하고 있지만 근절되지 않고 있다. 가부키초 곳곳에 '무료 안내소(無料案内所)'가 있다. 이곳은 술집이나 퇴폐업소를 안내하는 곳이다. 관청에서 호객꾼을 단속하기 때문에 점포 형식으로 무료 안내소를 만들어 자신들과 제휴된 업소에 손님들을 소개한다. 아무리 치안이 좋은 일본이라 하더라도 유흥가에서는 주의를 기울여야 한다. 일본어 소통이 쉽지 않은 사람은 유흥업소에 들어가는 것을 자제하는 것이 좋다. 구경 삼아 들어갔다가 많은 돈을 쓰고 나오는 경우가 있다. 일본의 대표적인 유흥가의 화려한 밤을 눈으로만 훑어보는 것도 여행의 색다른 재미일 것이다.

3
독특한 분위기를 자아내는
신주쿠 2, 3초메
新宿2、3丁目

신주쿠 2초메와 3초메는 음식점과 술집이 들어선 유흥가이지만 가까이 있는 가부키초와는 또 다른 분위기이다. 도쿄메트로 마루노우치선과 후쿠도신선, 도에이 신주쿠선이 지나는 '신주쿠 3초메역(新宿3丁目駅)'이 있다. 가부키초에서도 걸어서 10분 이내에 갈 수 있다. 신주쿠역에서도 갈 수 있는데 신주쿠역 동쪽 출구로 나와 기노쿠니야 서점을 지나 마루이 백화점과 이세탄 백화점 방향으로 가면 된다. 마루이와 이세탄 등 패션 매장과 귀금속과 화장품, 뷰티 살롱이 자리 잡고 있다. 주변에 영화관도 많다. 대로변에 백화점과 쇼핑몰이 있고 그 뒤쪽의 골목에는 식당과 술집이 들어선 유흥가가 있다. 하지만 가부키초보다는 왕래하는 사람도 적고 더 차분한 느낌이다. 거리의 조명도 가부키초처럼 화려하지 않고 약간은 어두운 느낌이다. 각종 음식점과 술집이 있다.

신주쿠 2초메는 '게이의 성지'로 알려져 있다. 게이바 등 동성애자들이 찾는 업소가 많은 곳이다. 중심지인 나카 거리(仲通り)를 중심으로 게이 바 및 용품점, 남자 커플들만 이용하는 호텔이 있다. 신주쿠 2초메가 번성했을 때는 450여 점포가 있었으며 인근의 3초메와 5초메 등으로 퍼져 나갔다. 하지만 시간이 흐를수록 게이 타운의 분위기가 없어져 가고 있다. 임대료가 높아지기도 했지만 인터넷과 모바일의 발달로 인해 게이들의 만남의 장이 많아지면서 이곳을 이용하는 게이들이 줄어들기 시작했다고 한다. 가게들도 경영의 어려움을 타개하려고 이성 커플을 받기 시작하면서 자연스럽게 주변을 의식하는 게이들의 발길도 줄어들었다고 한다. 이 주변 음식점에서는 남자 커플이 데이트(?)를 즐기는 모습을 볼 수 있다.

1. 신주쿠 3초메 거리 2. 2초메 입구(에이즈 광고가 인상적이다)

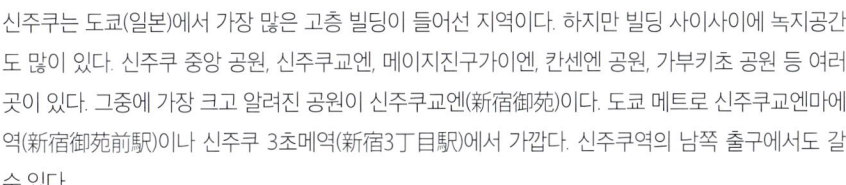

❹ 신주쿠교엔
정원 백화점
新宿御苑

위치 東京都新宿区内藤町11番地
Tokyo-to, Shinjuku-ku, Naitomachi-11

영업시간 09:00~16:00(산책로는 16:30분까지)
매주 월요일, 12/29~1/3 휴원

입장료 성인 200엔, 초중학생 50엔

신주쿠는 도쿄(일본)에서 가장 많은 고층 빌딩이 들어선 지역이다. 하지만 빌딩 사이사이에 녹지공간도 많이 있다. 신주쿠 중앙 공원, 신주쿠교엔, 메이지진구가이엔, 칸센엔 공원, 가부키초 공원 등 여러 곳이 있다. 그중에 가장 크고 알려진 공원이 신주쿠교엔(新宿御苑)이다. 도쿄 메트로 신주쿠교엔마에역(新宿御苑前駅)이나 신주쿠 3초메역(新宿3丁目駅)에서 가깝다. 신주쿠역의 남쪽 출구에서도 갈 수 있다.

신주쿠교엔은 에도 시대 다이묘(특정 지역에서 지배권을 행사한 계층)나 상급 무사들의 별장으로 조성된 곳으로 황실에서 관리하다가 2차 대전 이후 일반인에게 공개된 공원이다. 매년 봄에 열리는 총리 주최의 '벚꽃을 보는 모임'과 가을에 열리는 환경 장관 주최의 '국화를 보는 모임'을 개최하는 장소로, 아름다운 정원과 꽃과 나무가 아름다운 곳이다. 벚꽃 철에는 1,300그루의 벚꽃이 장관을 이뤄 '일본 벚꽃 명소 100선'에 뽑힌 공원이며 '정원 백화점'으로도 알려져 있다. 작은 연못을 중심으로 만들어진 아기자기한 일본식 정원, 넓은 잔디와 거목이 특징인 영국식 정원, 기하학적 구성으로 잘 알려진 프랑스식 정원이 있다. 어느 계절에 가더라도 푸르른 나무와 꽃을 감상할 수 있는 곳으로 신주쿠의 허파 역할을 한다.

신주쿠교엔

⑤

가부키초 중앙의 복합 상업 시설

신주쿠 토호
新宿東宝ビル

위치 東京都新宿区歌舞伎町1-19-1
Tokyo-to, Shinjuku-ku, Kabukicho, 1 Chome-1-19-1

가부키초 입구에서 안쪽으로 들어가면 31층 높이의 우뚝 선 건물이 나온다. 신주쿠 토호(東宝) 빌딩으로 극장과 호텔, 파친코장, 게임장, 레스토랑이 들어서 있다. '토호(東宝)'는 동쪽의 보물이라는 뜻으로 원래 영화를 제작하고 배급하는 일본에서 가장 큰 영화사다. 영화뿐 아니라 텔레비전 드라마, 게임도 제작하였으며 전국적으로 영화관을 운영하며 부동산 임대업도 하고 있다.

이 영화 제작사가 제작한 대표적인 작품이 공룡이 등장하는 '고질라'인데 토호 빌딩에는 영화에서 등장한 실물 크기의 고질라 조형물이 장식되어 있다.

가부키초의 야경(토호 빌딩에 장식된 고질라 조형물)

가부키쵸에서 볼 수 있는 일본의 사회 현상

토요코 키즈 トー横キッズ

토호 빌딩 서쪽에 위치한 시네시티 광장(シネシティ広場)에 가보면 삼삼오오 모여 있는 사람들을 볼 수 있다. 젊은 사람들이 땅바닥에 모여 앉아 얘기를 나누고 있거나 핸드폰으로 틱톡을 찍고 있다. 옆에는 커다란 캐리어들이 모여 있다. 패션도 독특하다. 여자들은 머리부터 발 끝까지 모노톤에 높은 굽의 신발을 신고 있고, 남자들은 아이돌처럼 화려한 복장을 하고 있다. 이들이 바로 '토요코 키즈'라고 불리는 청소년들이다.

토요코 키즈를 한국어로 번역하면 '토호 빌딩 옆에 있는 아이들'이라는 뜻으로, 이들은 광장 근처에서 노숙을 하거나 가부키쵸의 이곳 저곳을 정처 없이 돌아다닌다. 대부분이 가정폭력으로 인한 가출 청소년이 많으며 틱톡으로 서로의 위치를 공유하여 이 광장에 모여들었다. 시네시티 광장이 가출 청소년들의 집합소 역할을 하고 있는 셈이다. 가정폭력과 가출도 문제지만 더욱 문제인 것은 이 토요코 키즈를 노리는 범죄가 기승을 부리고 있다는 것이다. 가부키쵸의 호스트바나 지하 아이돌, 각종 범죄 단체들과 담배, 술, 마약에 아이들이 무방비로 노출되어 소소한 트러블부터 강력 범죄까지 다양하게 발생하고 있다.

2020년대부터 일본의 사회 문제로 부각되기 시작하여 현재에 이르렀다. 일본 정부나 사회 단체에서 손을 써 보려 하고 있지만 워낙 각종 범죄 단체들과 연관되어 있고 아이들 본인들이 집이나 보호 시설로 들어가는 것을 거부해서 쉽게 해결될 문제로 보이지 않는다.

관광으로 가부키쵸에 간 여행객이라면 토요코 키즈에 함부로 접근하지 말기를 바란다.

❻ 바스타 신주쿠
버스 여행을 하려면
バスタ新宿

위치 東京都渋谷区千駄ヶ谷5-24-55
Tokyo, Shibuya, Sendagaya 5 Chome -24-55

바스타 신주쿠는 2016년에 완공된 고속버스 터미널이다. 신주쿠역 남쪽 출구 건너편 또는 사잔테라스 출구로 나오면 바로 연결된다. 버스 승하차 승객들로 붐비는 곳이다. 일반적으로 버스 터미널은 1층에 있는데 반해 이곳은 JR 전철 선로 위에 건설되어 2~4층에 자리 잡고 있다. 행정 구역으로는 시부야구(渋谷区)에 속한다. 버스를 이용하여 도쿄 외곽으로 나가려면 이곳에서 버스를 탑승하면 된다.

남쪽 출구 앞의 바스타 신주쿠

쇼핑 / Shopping

1. 쇼핑과 먹거리가 풍부한
다카시마야 타임스퀘어 高島屋タイムズスクエア

신주쿠 쇼핑과 먹거리의 메카로 떠오른 다카시마야 타임스퀘어다. 의류 유통의 혁명을 일으켜 저가 기능성 의류로 유명해진 유니클로, 생활 잡화의 모든 것이 있는 핸즈(HANDS), 침대, 소파, 테이블 등의 가구 전문점 니토리(NITORI), 헤어 숍과 뷰티 살롱, 식당가가 있어 이곳에서 모든 것을 소화할 수 있다. 식당가에는 일본식 스테이크의 츠바메 그릴을 비롯해 생선초밥, 돈카츠, 샤부샤부, 한식과 중식 등 다양한 종류의 식당이 있다. 쫓기듯 먹어야 하는 일반적인 일본 식당과 달리 깔끔하고 넓은 공간으로 여유롭게 먹을 수 있다. 신주쿠역 신남쪽 출구로 나오면 정면에 자리 잡고 있다. 실제 행정구역은 시부야(渋谷)에 속하지만 입구에는 영문자로 'SHINJUKU'라는 글자 조형물이 있다. 신주쿠의 쇼핑 명가라는 것을 강조하는 것 같다.

위치 東京都渋谷区千駄ケ谷 5丁目 24-2
Tokyo, Shibuya, Sendagaya, 5 Chome-24-2
영업시간 일~목 10:30~20:00
금, 토 10:00~20:30

다카시마야(오른쪽은 핸즈)

2. 수예의 모든 것을 갖춘
오카다야 オカダ屋

핸드 메이드를 좋아하는 사람이 찾는 필수 코스가 오카다야(オカダ屋)다. 신주쿠 동쪽 출구로 나와 아르타(ALTA) 뒤편 골목에 있는 오카다야는 건물 전체가 수예용품 관련 매장이다. 단추 매장에서 출발하여 지금은 수예와 란제리 전문점으로 발전했다. 손뜨개를 위한 바늘, 실, 단추를 비롯해 레이스, 모피 및 부속품, 본드, 다리미, 가위 등 수예(핸드 메이드)에 필요한 용품은 모두 갖추고 있다.

위치 東京都新宿区新宿3-23-17
Tokyo-to, Shinjuku-ku, Nishishinjuku, 3 Chome-23-17
영업시간 10:30~20:30

쇼핑 / Shopping

전자 제품 양판점
③ 요도바시 카메라 ヨドバシカメラ

카메라, 가전제품, 게임기, PC 및 스마트폰 등 전자 제품을 비롯해 시계, 헬스용품, 소프트웨어, 취미 관련 용품, 기념품을 판매하는 대형 양판점이다. 전국적으로 매장을 갖고 있으나 이곳 신주쿠가 본점이다. 원래는 카메라와 사진용품 매장으로 시작했기 때문에 상호에 '카메라'가 붙어있다. 신주쿠 서쪽 출구 본점(新宿西口本店)은 서쪽 출구로 나와 게이오플라자 호텔 방향으로 가다 보면 찾을 수 있다. 본점을 중심으로 카메라 종합관, 휴대폰 액세서리관, 시계관, 게임·취미관 등이 주변에 여러 개의 건물에 흩어져 있다. 게임·취미관(호비관)에서는 게임기를 비롯해 게임 소프트웨어, 애니메이션 캐릭터, 기차, 로봇 모형 등 다양한 취미와 관련 상품을 판매하고 있다. 프라모델을 좋아하는 여행객이라면 필수 코스로 잡아야 할 매장이다. 이 매장에는 어린이는 별로 보이지 않고 성인들이 많이 보인다. 어린이들이 만지기에는 고가이며 깊이가 있는 덕후 성향의 상품이 많기 때문이다.

위치 東京都新宿区西新宿1-11-1
Tokyo-to, Shinjuku-ku, Nishishinjuku, 1 Chome-11-1
영업시간 09:30~22:00

TALK&TALK

저는 신주쿠하면 신카이 마코토의 '너의 이름은'이 생각나요. 신주쿠역 주변 거리가 메인 무대였어요. 일본인들이 자주 사용하는 단어로 '너의 이름은'의 성지죠.

그런가? 아빠는 '심야 식당'이 생각난다. 영화의 무대였던 고르덴가이에 가서 자주 마셨는데 요즘에는 관광객들이 많아 옛날 분위기가 아닌 것 같다.

쇼핑 / Shopping

④ 기노쿠니야 서점 紀伊国屋書店
책의 산실

일본인들의 독서열은 세계적으로도 알려져 있다. 지금은 스마트폰 등의 디지털 기기에 밀려 독서 인구가 줄어든다고는 하지만 여전히 책 읽는 사람이 많은 나라다. 일본의 서점 중 대표적인 곳이 기노쿠니야 서점이다. 신주쿠에서 누군가를 만날 때 만남의 장소로 이용되는 곳이 신주쿠 기노쿠니야 서점 본점이다. 서울에서 광화문의 교보문고를 만남의 장소로 이용하는 것과 같다. 일본인들의 책 사랑을 확인하고 싶다면 잠깐 들러 분위기라도 느껴보는 것도 좋을 것 같다.

위치 東京都新宿区新宿三丁目17番7号
Tokyo-to, Shinjuku-ku, 3-chōme-17-7
영업시간 10:30~20:30

⑤ 디스크유니온 ディスクユニオン
음악 CD와 레코드판

디스크유니온은 음악 CD 및 레코드판을 판매하는 전문 매장이다. 우리나라는 음악 CD나 레코드판이 자취를 감추고 있지만 소장욕이 강한 일본에서는 아직도 음반 시장이 움직이고 있다. 일본도 전자 음원이 대세가 되어 가고 있지만 타워레코드, HMV, 디스크유니온은 아직도 활발하게 움직이고 있다. 각 시대별, 장르별로 매장이 있다. 클래식관을 비롯해 락, 헤비메탈, 인디, 라틴 브라질, 가요관 등 장르별로 매장을 운영하고 있다. 그중에서 본관에 해당하는 '신주쿠 디스크유니온'은 지하 1층부터 7층까지 장르별로 매장이 있다.

위치 東京都新宿区新宿3-31-4
Tokyo-to, Shinjuku-ku, Nishishinjuku, 3 Chome-31-4
<쇼와가요관> 東京都新宿区新宿3-28-4
Tokyo-to, Shinjuku-ku, Nishishinjuku, 3 Chome-28-4
영업시간 평일 12:00~20:00
토, 일, 공휴일 11:00~20:00

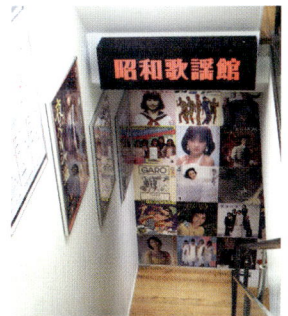

디스크유니온의 쇼와 시대 가요관

먹거리 / Food

낭만적인 술집이 모인
⑥ 고르덴가이 新宿ゴールデン街

신주쿠 구청(新宿区役所) 앞 도로인 쿠야쿠쇼 거리 건너편 뒷골목에 자리 잡은 신주쿠 고르덴가이(新宿ゴールデン街)는 2차 대전 후에 형성된 지역이다. 허름한 목조 건물에 다닥다닥 붙은 점포가 들어서 있다. 가게 내부는 옆 사람이 닿을 정도이며 10여 명 남짓 들어가면 꽉 찰 정도로 비좁다. 일본스러운 술집 거리라 할 수 있다. 1950년대 후반부터 작가나 저널리스트, 영화 관계자 등 예술인들이 즐겨 찾았던 곳으로 저렴하고 낭만적인 장소로 유명해졌다. 80년대 부동산 가격이 폭등했던 버블기에는 신주쿠의 비싼 임대료 때문에 빈 점포가 많았으나 버블이 꺼지면서 다시 활기를 되찾았다. 최근에는 외국에 알려지면서 많은 외국인들이 찾는 관광 명소가 되었다. 개인적으로는 기존의 분위기가 퇴색되어가는 느낌이 들어 안타깝다. 꼬치구이, 오코노미야키, 돼지고기 요리 등 다양한 음식을 맛볼 수 있으며 일본 전통주와 위스키 등 다양한 알코올을 즐길 수 있다.

위치 東京都新宿区歌舞伎町1丁目
Tokyo-to, Shinjuku-ku, Kabukicho, 1 Chome

작은 술집이 다닥다닥 붙어 있는 신주쿠 고르덴가이

라멘집
⑦ 다츠노야 竜の家

일본에서는 어디를 가더라도 라멘집을 쉽게 만날 수 있다. 다츠노야는 일본 전국은 물론 미국 LA에도 체인점이 있는 라멘집이다. 남쪽 후쿠오카(福岡)의 하카타(博多)에서 시작하여 세를 넓혀가고 있다. 자체 브랜드 밀가루로 만든 면과 돼지고기 육수에 향신료와 매운 된장이 어우러진 맛이 일품이다. 신주쿠에서 일본 라멘을 맛보고 싶다면 추천하고 싶은 곳이다.

위치 東京都新宿区西新宿7-4-5
Tokyo-to, Shinjuku-ku, Nishishinjuku, 7 Chome 4-5
영업시간 11:00~23:30

1. 라멘집 '다츠노야'의 입구
2. 진한 국물이 특징인 다츠노야 라멘

먹거리 / Food

서민적인 먹거리가 많은
⑧ 오모이데요코초 思い出横丁

번역을 하자면 '추억의 골목'이다. 신주쿠역의 서쪽 출구에서 유흥가인 가부키초로 가는 길목으로 철로 옆의 좁은 골목 입구에 초록색 바탕에 노란색의 글씨로 '오모이데요코초(思い出横丁)'라고 쓰인 간판이 보인다. 골목에 들어서면 꼬치구이를 굽는 연기가 자욱하고 매캐한 냄새가 진동한다. 작은 선술집들이 조밀하게 모여 있어 꼬치구이, 생선구이, 튀김, 라멘, 우동 등 각종 요리와 함께 술잔을 기울이는 남녀로 붐빈다. 대낮에도 술잔을 기울이는 사람을 만날 수 있다. 대부분 10여 석 정도의 좁은 식당이 골목 양쪽으로 늘어서 있다. 우리나라의 포장마차 골목과 같은 느낌의 서민들이 많이 찾는 골목이다. 신주쿠 고르덴가이는 술을 중심으로 밤부터 시작하는 반면 이곳은 음식을 중심으로 대낮부터 영업을 하는 곳이다.

위치 東京都新宿区西新宿1-2
Tokyo-to, Shinjuku-ku, Nishishinjuku, 1 Chome 2

오모이데요코초 입구
(가운데 초록색 간판)

좁은 골목으로 이루어진
오모이데요코초 풍경

TALK&TALK

신주쿠에는 없는 것이 없는 것 같아요. 낮에는 낮대로 밤에는 밤대로….

먹거리, 마실거리, 놀거리가 풍부한 곳이지. 일본의 모든 것을 압축해 놓은 곳이랄까? 특히, 잠들지 않는 거리 가부키초는 밤 문화의 모든 것이 있는 곳이지.

먹거리 / Food

재료부터 신경 쓴 독특한 라멘 전문점
⑨ 다메나린진 ダメな隣人

가게명을 한국어로 의역하면 '못돼먹은 이웃'이라는 독특한 이름을 가진 라멘 전문점이다. 세이부 신주쿠역 출구 근처에 있어 접근성이 좋다. 가게 입구부터 보통의 라멘집과는 다른 분위기가 풍기며, 쇼유(간장) 베이스의 육수지만 각종 야채와 생강이 들어 있어 다른 라멘집에서는 먹어보지 못한 독특한 맛이 난다. 대표 메뉴는 880엔인 레귤러 쇼유 라멘(REGULAR 醤油ラーメン)이다. 자리 앞에 있는 계란과 김은 무료라고 한다. 현금은 사용할 수 없으니 카드가 필수다.

위치 東京都新宿区歌舞伎町1-27-2
Tokyo-to, Shinjuku-ku, Kabukicho, 1 Chome 27-2
영업시간 11:00~
(육수 소진되는 대로 영업 종료)

가성비 좋은 스테이크 하우스
⑩ 르몽드 ルーモンド

스테이크를 1,000엔대에 즐길 수 있는 가성비가 최고인 가게다. 더구나 신주쿠 한가운데에서 이렇게 가성비 좋은 집을 찾기도 어려울 것이다. 신주쿠 서쪽 출구로 나와 도쿄 도청 방향의 요도바시 카메라 옆 블록에 있다. 10석 미만의 좌석으로 자리에 앉아 주문하면 눈앞에서 구워 준다. 부위에 따라 리브로스(등심), 사로인(채끝살), 히레(안심) 세 종류를 제공한다. 특제 소스 맛이 일품이다. 점심 때의 런치 세트도 저렴하다.

위치 東京都新宿区西新宿 1-16-11
Tokyo-to, Shinjuku-ku, Nishishinjuku, 1 Chome 16-11
영업시간 월~금 11:00~15:00
17:00~21:30

르몽드 입구

특제 소스 맛이 일품인 르몽드 스테이크

 먹거리 / Food

색다른 라멘 요리
⑪ 고노카미세이사쿠죠 五の神製作所

신주쿠역 남쪽 출구의 다카시마야 타임스퀘어 뒤쪽 골목에 있으며 줄을 서야 하는 집으로 유명하다. 식당이 들어서 있지 않을 만한 곳에 자리 잡고 있는데 문전성시를 이룬다. 입구에 있는 식권 자판기에서 식권을 구매해 들어간다. 줄을 서서 기다리는 경우에는 순서대로 들어가 식권을 끊어서 줄을 선다. 종업원이 일반, 대, 특대 중 어느 크기로 할 것인지 물어보는데 일반이면 충분할 것이다.

츠케멘은 국물과 면이 따로 나와 국물에 찍어 먹는 라멘을 말한다. 일반 라멘이 부먹이라면 츠케멘은 찍먹이다. 츠케멘은 소스에 찍어 먹는다. 먹어 보면 사람에 따라 호불호가 갈린다. 우리나라에서는 좀처럼 맛볼 수 없는 면 요리이므로 신주쿠 남쪽 출구쪽을 간다면 꼭 들러 보시길….

메뉴는 에비(새우) 츠케멘, 에비미소(새우된장) 츠케멘, 에비토마토 츠케멘 세 종류다. 개인적으로는 바질 소스와 바게트 빵이 나오는 에비토마토 츠케멘을 추천한다. 대기하는 경우가 많으니 먹고 나서는 대기하는 사람들을 위해 바로 나오는 것이 매너다.

위치 東京都渋谷区千駄ヶ谷 5-33-16 1F
Tokyo, Shibuya-ku, Sendagaya, 5 Chome-33-16

영업시간 11:00~20:00

대기하는 손님들

에비토마토 츠케멘

먹거리 / Food

전통을 간직한 튀김 전문점
⑫ 츠나하치와 후나바시야 つな八 · 船橋屋

일본 전통 요리 중 빠지지 않는 것이 '덴푸라(天麩羅)'라고 불리는 튀김 요리다. 기름으로 튀긴 튀김은 바삭바삭한 느낌에 재료에 따라, 기름에 따라 다양한 맛을 낸다. 신주쿠에서 대표적인 튀김 식당으로 츠나하치와 후나바시야가 있다. 두 곳 모두 신주쿠에 본점이 있으며 거리도 약 30m 정도로 가까이에 자리하고 있다.

츠나하치(つな八)는 1924년에 창업한 가게로 전국적으로 30여 곳에 분점을 두고 있다. 단품도 주문할 수 있고 다양한 튀김을 맛볼 수 있는 코스요리도 있다. 뜨거운 튀김 안에 아이스크림이 있는 아이스크림 튀김의 원조가 이곳 츠나하치로 알려져 있다. 튀김뿐 아니라 생선회도 취급하고 있으며, 나카무라야(中村屋)와 콜라보한 만주도 있다.

1886년 군고구마로 신주쿠에서 창업한 후나바시야(船橋屋)는 메밀면(소바)을 하다가 튀김으로 발전한 가게다. 세 개 층을 사용하고 있는데 츠나하치보다는 차분한 느낌이다. 이곳에서는 튀기는 기름이 압착열에 의해 변질되지 않는 기름을 사용하여 바삭바삭한 느낌을 더한다. 이곳에서 사용하는 참기름은 손님들에게 별도로 판매하고 있다. 신선도가 높은 야채 튀김이 대표 메뉴다. 츠나하치든 후나바시야든 우리나라에서의 분식집 튀김과는 차원이 다른 맛을 자랑하고 있으며 그만큼 가격도 만만치 않다.

위치
<츠나하치> 東京都新宿区新宿3-31-8
　　　　　　Tokyo-to, Shinjuku-ku, Shinjuku, 3 Chome-31-8

<후나바시야> 東京都新宿区新宿3-28-14
　　　　　　Tokyo-to, Shinjuku-ku, Shinjuku, 3 Chome-28-14

영업시간
츠나하치 　월~목 11:30~21:00
　　　　　금 11:30~22:00
　　　　　토 11:00~22:00
　　　　　일, 공휴일 11:00~21:00
　　　　　런치는 11:30~16:00 평일만 제공
　　　　　연말연시 휴무

후나바시야 　11:30~21:00
　　　　　　수요일, 연말연시 휴무

먹거리 / Food

규카츠 전문점
⑬ 모토무라 もと村

돼지고기의 돈카츠가 아니라 소고기의 규(牛)카츠다. 신주쿠점은 신주쿠 3초메역(E9 출구)에 가까운 골목의 지하에 자리 잡고 있다. 규카츠 메뉴 하나만 취급한다. 130g이 2,300엔, 260g이 2,760엔이다. 이곳에서는 한글 메뉴판도 제공하고 있으니 일본어가 통하지 않아도 주문에 문제가 없다. 주문을 하면 규카츠와 함께 돌판을 들고 나와 돌판 아래에 불을 붙여 준다. 이 돌판 위에 구워서 소스에 찍어 먹는다. 겉면에 붙은 튀김의 바삭거리는 느낌과 소고기의 부드러움이 조화를 이뤄 일반 스테이크와는 다른 또 다른 맛의 즐거움을 느끼게 한다.

위치 東京都新宿区新宿3-32-2
Tokyo-to, Shinjuku-ku, Shinjuku, 3 Chome-32-2
영업시간 11:00~23:00

모토무라 입구

규카츠 세트

과일 뷔페
⑭ 신주쿠 다카노 후루츠바 新宿高野フルーツバー

"신주쿠에 가면 기노쿠니야에서 책을 사고, 나카무라야에서 카레를 먹고, 다카노에서 디저트를 먹는다"라는 말이 있다. 신주쿠 다카노는 1885년에 창업한 과일 전문점이다. 지하에서는 각종 과일을 구입할 수 있으며 5층에 후루츠 바가 있다. 바이킹(뷔페)으로 기본 과일과 함께 계절별로 제철 과일을 즐길 수 있다. 스파게티와 빵, 볶음밥, 파르페, 케이크, 샐러드, 샌드위치 등 한 끼 식사로도 거뜬하다.
기본적으로 예약제이며 90분이라는 시간 제한이 있다는 점을 잊지 말아야 한다. 당일에 가서 먹으려면 미리 줄을 서서 대기표를 받아 입장해야 한다. 레디 전용 바이킹(뷔페)으로 여자와 함께 입장하지 않으면 오후 5시 이전에는 남자들끼리는 입장할 수 없다.

위치 東京都新宿区新宿3-26-11 5F
Tokyo-to, Shinjuku-ku, Shinjuku, 3 Chome-26-11, 5F
영업시간 매일 11:00~21:00
• 런치: 11:00~14:00
• 디저트: 15:00~17:00
• 디너: 17:30~20:45

다카노 후루츠 매장

먹거리 / Food

향긋한 커피가 생각나면
⑮ 카페 블루보틀 BLUE BOTTLE

여행의 피로가 쌓여 있을 때, 거리에서 풍기는 커피향은 저절로 발길을 멈추게 한다. 커피업계의 Apple로 불리는 블루보틀은 2015년 일본에 상륙하여 인기를 얻고 있다. 신주쿠를 비롯하여 아오야마, 다이칸야마, 롯폰기, 나카메구로 등 고급 매장이 많은 거리를 중심으로 점포를 내고 있다. 신주쿠 남쪽 출구의 NEWomen 1층에 자리 잡은 블루보틀(BLUE BOTTLE)은 항상 많은 사람들로 인해 자리 잡기가 쉽지 않다. 머그 컵이든 플라스틱 컵이든 파란색 병 마크가 찍혀 있다. 오리지널 커피뿐 아니라 케이크와 쿠키도 판매한다. 블루보틀 브랜드의 원두 커피와 함께 머그 컵, 드리퍼, 필터 등 커피 관련 상품을 매장에서 직접 구입할 수 있다.

위치 東京都新宿区新宿4-1-6
Tokyo-to, Shinjuku-ku, Shinjuku, 4 Chome-1-6

영업시간 월~금 8:00~21:30
토, 일, 공휴일 8:00~21:00

아침 식사부터 맥주까지 해결해 주는 레스토랑
⑯ 베르구 BERG

신주쿠역 동쪽 출구 지하에 있는 베르구(BERG)는 메뉴판으로 뒤덮은 외관부터가 남다르다. 약간은 어지럽지만 나름 분위기를 풍긴다. 커피가 200엔, 모닝 세트(천연 효모 토스트와 샐러드, 커피)가 399엔, 런치 서비스가 500엔이며 맥주와 와인 등 저렴하게 즐길 수 있는 알코올도 있어 아침부터 저녁까지 신주쿠 직장인들의 발길이 끊이지 않는다. 신주쿠역 마루노우치(丸ノ内) 개찰구에서 JR 신주쿠역 방향으로 계단을 올라가면 바로 오른쪽에 있다.

위치 東京都新宿区新宿 3-38-1
Tokyo-to, Shinjuku-ku, Shinjuku, 3 Chome-38-1

영업시간 매일 07:00~23:00

먹거리 / Food

서서 마시는 술집
17 니혼사이세이사카바 日本再生酒場

신주쿠 3초메에 가면 시간을 되돌린 듯한 느낌이 든다. 그 대표적인 가게가 서서 마시는 술집(다치노미) '니혼사이세이사카바(日本再生酒場)'이다. 간판부터 복고풍의 글씨, 입구에 걸린 등롱, 직원들의 복장이 시계를 50년 이상 뒤로 돌린 느낌이다.
안으로 들어가면 꼬치구이의 뿌연 연기가 시야를 가린다. 근처 사무실에서 퇴근하여 한잔을 기울이기 위해 찾은, 양복을 입은 샐러리맨들의 잡담 소리와 종업원들의 외침 소리가 시끄럽다. 깔끔한 레스토랑에서 와인도 좋지만 가끔은 이런 복고적인 분위기가 편안해 스트레스 해소에도 좋다. 메인 메뉴는 역시 다양한 종류의 꼬치구이이다. 여로를 풀 겸 잠깐 들러 한잔 하는 것을 추천한다.

위치 東京都新宿区新宿 3-7-3
Tokyo-to Shinjuku-ku, Shinjuku, 3 Chome-7-3
영업시간 15:00~24:00 일요일 휴무

꼬치구이와 와인&일본주
18 호르몬요코초 ホルモン横丁

내장 꼬치구이, 횡경막 부위 꼬치구이와 와인, 참치와 계절에 맞는 일본주, 한 접시에 650엔인 내장 요리를 하는 4개의 가게가 모여 있는 곳이다. 내장 요리를 메인으로 하는 선술집(이자카야)이라 생각하면 된다. 우리나라의 포장마차의 느낌이 나는 서민적인 식당이다. 들어가면 구이의 요리 때문에 연기가 자욱한데 이 연기가 침샘을 자극한다.

네 개의 가게가 모여있는 호르몬요코초

위치 東京都新宿区新宿 3-6-14
Tokyo-to, Shinjuku-ku, Shinjuku, 3 Chome-6-14
영업시간 17:00~24:00
토, 일, 공휴일 15:00~24:00(연중무휴)

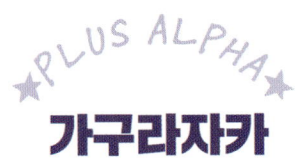

가구라자카
神楽坂

 교통

- 가구라자카역(神楽坂駅) : Ⓣ 도자이선
- 우시고메가구라자카역(牛込神楽坂駅) : Ⓔ 오에도선
- 이다바시역(飯田橋駅) : Ⓣ 도자이선, Ⓔ 오에도선, Ⓨ 유라쿠초선, Ⓝ 난보쿠선

가구라자카는 에도 시대부터 발달한, 역사를 지닌 지역이다. '사카(坂)'는 비탈길, 고개라는 의미로 메인 거리가 완만한 경사로 이루어져 있다. 이곳에는 프랑스어 학교, 문화 센터인 안스티추·후랑세 도쿄(アンスティチュ・フランセ東京)가 있어 프랑스 사람들이 많이 거주하고 있다. '작은 프랑스'라고 불리기도 한다. 서울의 서래 마을을 연상케 한다. 대로변은 외국 레스토랑이 많아 현대적인 느낌이 들지만 뒷골목으로 들어가면 에도 시대의 분위기가 풍기는 곳이다. 이곳에 요정과 술집이 많이 있었다고 한다. 좁디좁은 골목에 서서 바라보면 금방이라도 기모노에 게다(일본 나막신)를 신은 게이샤가 튀어나올 것 같다는 생각이 든다.

가구라자카의 풍치를 느낄 수 있는 좁은 골목길에는 일본 전통 가옥과 식당이 있고 대로변에는 대조적으로 세련된 레스토랑이 많아 청춘 남녀의 데이트 장소로도 알려져 있다. 7월에 열리는 가구라자카 마츠리는 '유카타로 오십시오'라는 테마를 내건다. 이 기간 중에 유카타(浴衣) 복장으로 방문하면 상점에서 할인을 받을 수 있다.

골목길(橫丁) 투어

가구라자카에는 옛 모습을 간직한 좁은 골목길이 많다. 혼다요코초(本田橫丁), 가쿠렌보요코초(隱れん坊橫丁), 효고요코초(兵庫橫丁), 켄방요코초(見番橫丁)가 이어져 있다. 이 골목길에는 옛 모습을 그대로 간직한 음식점과 술집, 주택이 남아 있다. 원래 이곳은 다이쇼(大正) 시대(1912년~1926년)의 요정과 술집이 밀집했던 유흥가였다고 한다. 두세 사람이 겨우 비켜갈 정도의 좁은 길로, 바닥은 돌로 되어 있고 골목길 양쪽으로 오래된 가게와 주택이 들어서 있다. 좁은 골목길은 청춘 남녀가 손을 잡고 데이트하기 좋은 길이다. 때로는 돌담길, 때로는 작은 나무로 뒤덮인 운치가 있는 길이다.

효고요코초 골목길

골목 양쪽에는 100년은 족히 넘었을 만한 집들이 있는데 일반 가정집과 일본 전통 식당이나 술집이 들어서 있다.

돌담길 사이에 서서 예스러운 가옥을 배경으로 사진을 찍으면 멋있는 작품이 나올 것 같은 느낌이 든다. 실제로 가구라자카의 골목길과 식당은 일본 방송에서 배경으로 자주 등장하기도 한다.

일부는 개발이 되어 현대식 건물이 들어서기는 했지만 좁은 골목길과 석조 바닥은 100여 년 전의 모습을 그대로 간직하고 있다.

켄방요코초 골목길

가구라자카 거리 상점가
(神楽坂通り商店街)

가구라자카의 중심 거리로 가구라자카 마츠리가 열리는 곳이다. 상점가는 현대식으로 많이 바뀌기는 했지만 다이쇼 시대와 에도 시대의 모습을 지키기 위해 노력하고 있다. 이 거리에는 도자기 상점, 의류 및 신발 매장, 프랑스 레스토랑 및 전통 식당과 편의점 등이 자리 잡고 있다. 여느 일본 거리와 다름없지만 어딘지 모르게 세련미가 느껴진다. 오래된 상점과 현대식 레스토랑이 같이 자리 잡고 있는 독특한 거리이다.

이곳은 재미있는 교통 규칙이 있는데 일명 '역전식 일방통행(逆転式一方通行)' 시스템이다. 자동차의 일방통행로인데 오전과 오후가 반대로 뒤바뀐다. 오전은 언덕 위(坂上)에서 언덕 아래(坂下)로, 오후는 언덕 아래(坂下)에서 언덕 위(坂上)로 통행 방향이 바뀐다. 교통 방향이 바뀌는 점심시간 (12:00~13:00)에는 보행자 천국이 되어 차량이 다니지 못한다.

언덕길 양쪽의 상가

점심시간은 보행자 천국

 ## 가구라자카의 상징
젠고쿠지(善國寺)

위치 東京都新宿区神楽坂5-36
Tokyo-to, Shinjuku-ku, Kagurazaka, 5 Chome-36

1595년에 창건되어 400년이 넘은 역사를 자랑하는 절이다. 가구라자카 중간쯤에 있으며 빨간색의 외형 때문인지 유독 눈에 띈다. 정문인 비샤몬텐(毘沙門天)은 에도 시대부터 '가구라자카의 비샤몬사마'로 믿음을 주어, 원하는 것을 비는 사람의 소원을 잘 이루어주는 신주쿠야마노테 일곱 복신의 한 명으로 알려져 있다. 중요한 시험이나 일이 있을 때 소원을 빌기 위해 찾는 사람들이 많다.

프랑스 본고장의 맛
루·부루타뉴 (ル・ブルターニュ)

프랑스 파리에도 있는 레스토랑으로 가구라자카에서도 본고장의 맛을 즐길 수 있다. 프랑스 북서부에 위치한 부루타뉴(Bretagne) 지방이 발상지인 갈레트(짭짤한 파이)를 맛볼 수 있다. 반숙한 계란과 햄, 버섯이나 베이컨 등을 가운데 넣어 버터향의 고소한 맛을 느낄 수 있다. 코스 요리도 있는데 런치 세트가 3,000엔이 넘는 금액으로 가성비를 따지는 여행객이라면 부담스러운 금액이다. 레스토랑과 함께 바 시도루(バー シードル)가 있어 부루타뉴 지방의 특산품인 사과 발포주 시도루도 즐길 수 있다.

위치 東京都新宿区神楽坂4-2
Tōkyō-to, Shinjuku-ku, Kagurazaka, 4 Chome 2

영업시간 월~금 11:30~21:00
토, 일, 공휴일 11:00~21:00

루 부루타뉴의 외관과 갈레트

페코짱야키 (ペコちゃん焼)

페코짱은 일본의 제과업체 '후지야(不二家)'의 마스코트 캐릭터이다. 단발머리의 소녀 캐릭터로, 이 페코짱의 모양으로 만든 디저트를 판매한다. 2006년부터는 페코짱의 남자 친구 버전도 나왔다. 작은 붕어빵에도 스토리를 만들어 마케팅에 활용하는 예이다. 일종의 붕어빵인데 크림, 바닐라빈즈, 초콜릿, 치즈 등 다양한 재료를 넣어 구워 판매한다. 항상 판매하는 제품 외에 계절별, 월별 한정 상품이 있다. 가구라자카의 명물 중 하나로 소문이 나있다.

위치 東京都新宿区神楽坂1-12 不二家 飯田橋神楽坂店
Tokyo-to, Shinjuku-ku, Kagurazaka, 1 Chome-12

영업시간 10:00~20:00(부정기 휴무)

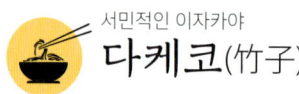
서민적인 이자카야
다케코(竹子)

가구라자카에 흔하지 않은 이자카야다. 고급 요정과 같은 외관이지만 내부에 들어가 보면 여느 이자카야와 다름이 없는 서민적인 술집이다. 입구가 고급스러워 보여서 처음 온 사람들은 들어가기가 망설여지는 곳이다. 가정집 같은 분위기이며 입구의 문패에는 '竹子'라고 쓰여 있다. 전혀 이자카야의 분위기를 느낄 수 없는 외관이다. 하지만 내부 면적은 예상 밖으로 넓다. 고급스러운 가게가 많은 가구라자카에서 이곳보다 저렴한 가격대에 마실 수 있는 곳은 드물 것이다.

위치 東京都新宿区神楽坂2-9
Tokyo-to, Shinjuku-ku, Kagurazaka, 2 Chome-9
영업시간 월~목, 토, 일, 공휴일 17:00~23:30
금, 공휴일 전날 17:00~24:00

요정 같은 느낌의 이자카야 '다케코'

캘릭 레스토랑
하지메노 잇포(HAJIMENO IPPO)

가구라자카의 중간쯤에서 옆길로 빠지는 혼다요코초의 한 편에 자리 잡고 있다. 허름한 느낌이지만 왠지 분위기 있는 식당이다. 20석 안팎의 작은 식당이지만 아오모리산 마늘을 주재료로 한 일본식 이탈리안 식당이다.

위치 東京都新宿区神楽坂4-5
Tokyo-to, Shinjuku-ku, Kagurazaka, 4 Chome-5
영업시간 수~금 18:00~22:30/ 토, 일, 공휴일 17:30~22:30 / 월, 화 정기휴무

일본 전통의 가방, 신발, 의류
스케로쿠(老舗助六)

1910년에 창업한 스케로쿠는 자체 디자인한 일본 전통의 가방, 신발, 우산 등을 제작하고 판매한다. 일본의 기모노에 어울리는 디자인을 전통 방식으로 제작하고 있다. 단품으로 판매하기도 하지만 손님의 발에 맞춰 오더 메이드 제작도 하고 있다. 손님들의 발의 크기에 맞춰 끈을 만들기도 하고 발에 맞춰 끈을 묶어주기도 한다.

위치 東京都新宿区神楽坂3-6
Tokyo-to, Shinjuku-ku, Kagurazaka, 3 Chome-6
영업시간 월~금 10:30~20:00
토~일 11:00~18:30 (제 2, 3 일요일 휴무)

프랑스 본고장의 빵을 재현한
포루 (ポール Paul)

1889년에 프랑스의 릴에서 창업한 빵집 체인점으로 일본에 상륙한지 25년이 지났다. 프랑스의 레시피 그대로 만들어 본고장의 빵 맛을 그대로 재현하고 있다. 외관은 물론 내부의 쇼케이스, 고풍스러운 가구와 조명도 프랑스풍으로 꾸며서 내부 분위기까지 재현했다. 가장 인기 있는 것은 프랑스에서 직수입한 반죽으로 만든 크로와상이다. 빵 뿐만 아니라 샌드위치, 샐러드와 같은 간단한 식사도 가능하다. 입구와는 달리 들어가면 넓은 공간에 테이블이 있어 여유로운 시간을 가질 수 있다.

위치 東京都新宿区神楽坂5-1-4
Tokyo-to, Shinjuku-ku, Kagurazaka, 5 Chome-1-4

영업시간 10:00~21:00(연말연시 휴무)

강변에 위치한 이탈리안 레스토랑
카날 카페 (Canal Café)

도심 한가운데에서 리조트 분위기를 느끼게 하는 이탈리안 레스토랑이다. 간다(神田)강변의 나무에 둘러싸여 있다. 봄에는 강을 따라 핀 벚꽃을 배경으로 식사를 즐길 수 있는 곳이다. 저녁에는 강변에 비친 도심의 조명이 분위기를 돋우는 로맨틱한 장소이다. 데이트를 즐기는 아베크족의 단골집이다.

위치 東京都新宿区神楽坂1-9
Tokyo-to, Shinjuku-ku, Kagurazaka, 1 Chome-9

영업시간 월~토 11:30~22:00
일, 공휴일 11:30~21:30

이케부쿠로

池袋

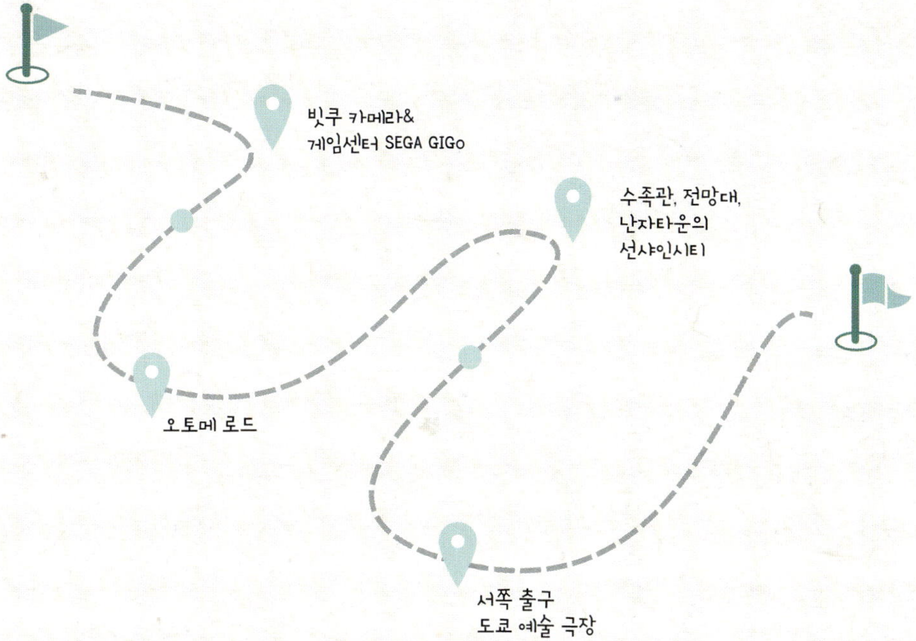

- 빗쿠 카메라 & 게임센터 SEGA GIGO
- 수족관, 전망대, 난자타운의 선샤인시티
- 오토메 로드
- 서쪽 출구 도쿄 예술 극장 주변

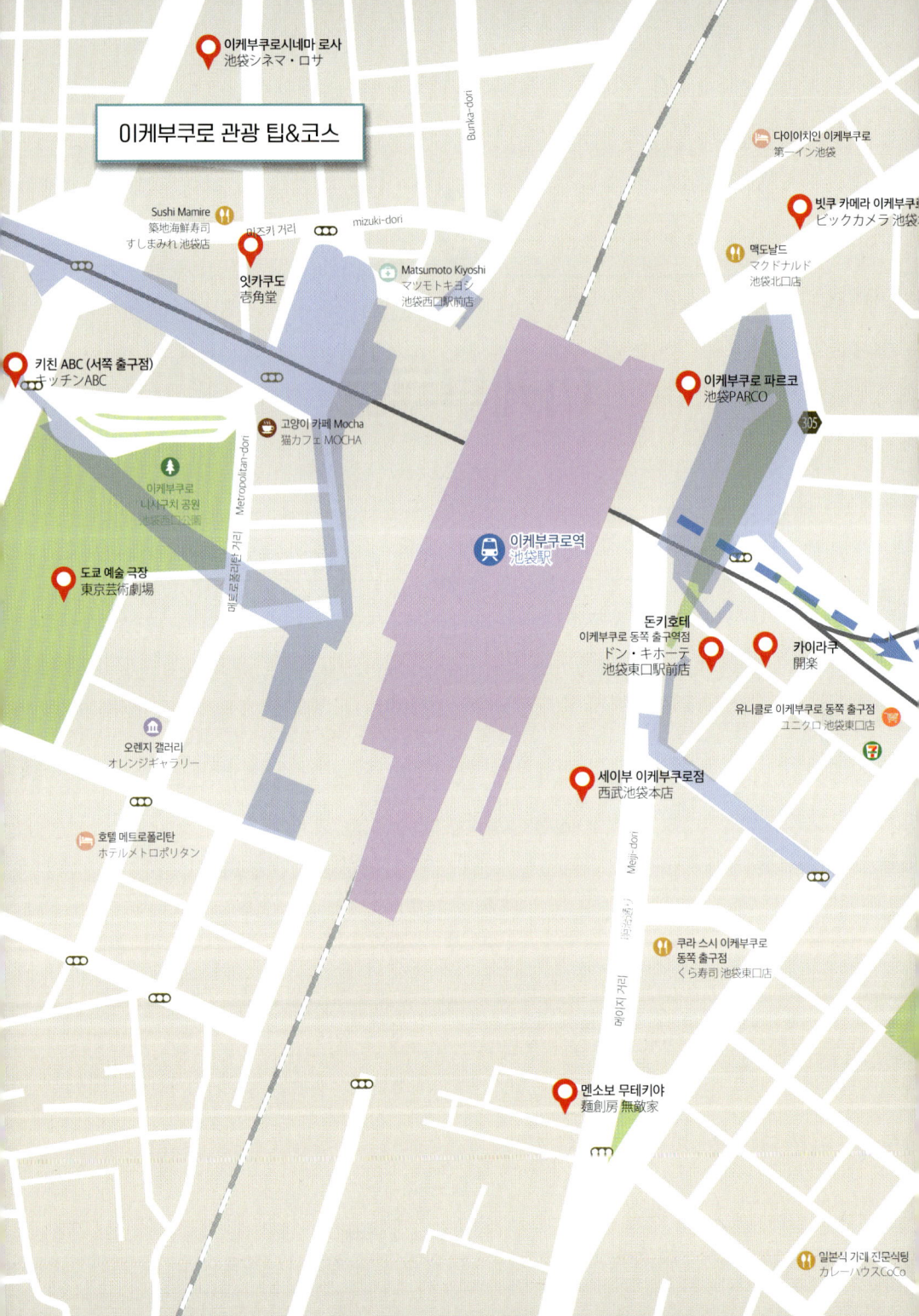

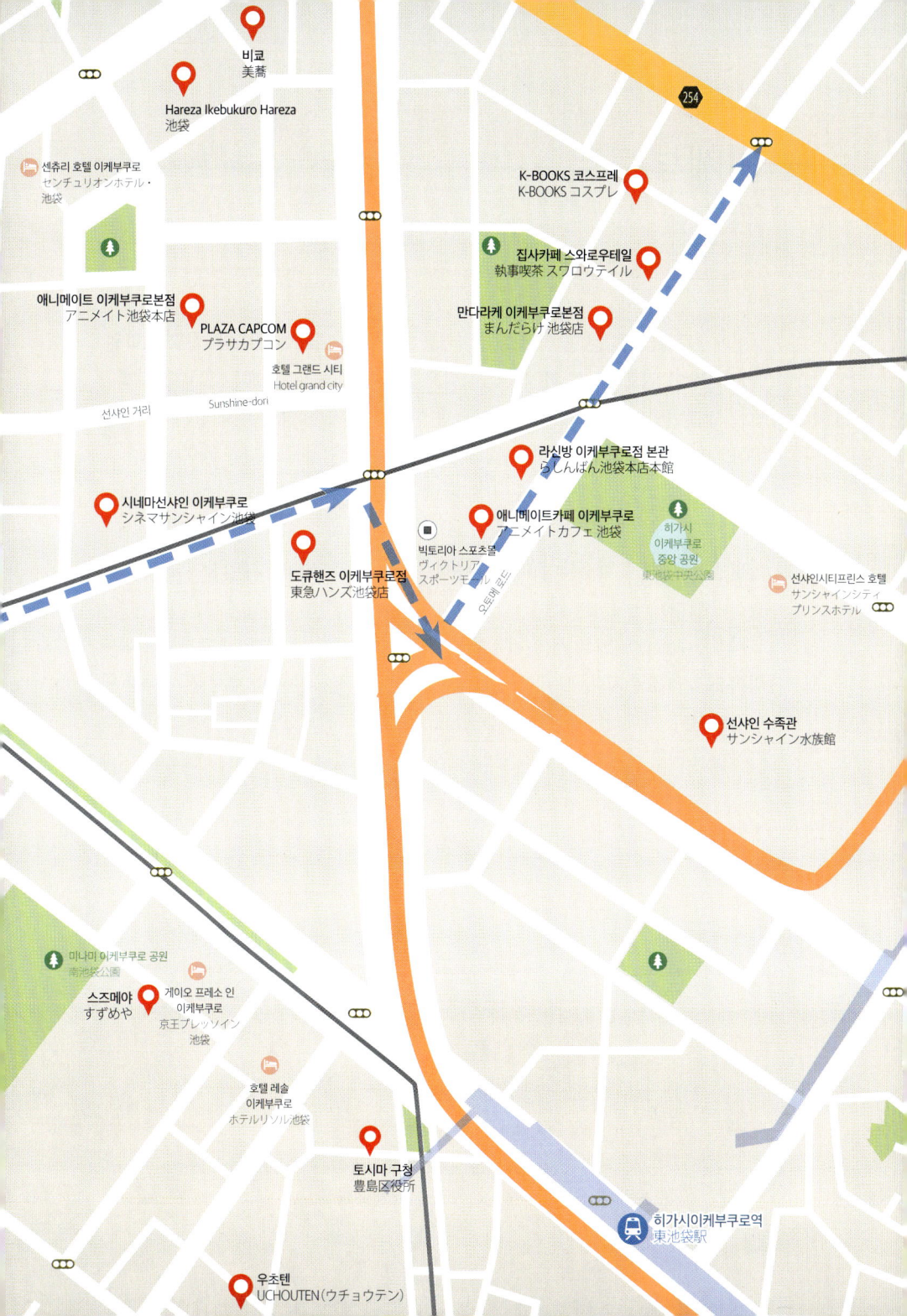

이케부쿠로
池袋

Information

이케부쿠로(池袋)는 한 단어로 분위기를 표현하기 미묘한 곳이다. 학교나 학원, 예술 극장이 있으면서도 파친코장과 퇴폐업소도 많다. 또, 한때는 일본에서 제일 높은 빌딩이었던 선샤인 빌딩이 있는 반면에 조그마한 연립 주택(일본식에서는 아파트라고 부른다)도 많다. 고급 제품을 취급하는 백화점의 밀집 지역이지만 저렴한 물건을 파는 가게도 많다. 1980~1990년대에는 우리나라 유학생들이 많이 거주했으나 지금은 중국인들이 많이 거주하는 지역이다. 근처 학원가의 대학생과 학원생, 가난한 유학생들이 많이 거주하는 지역으로 저렴한 게임장이나 먹거리, 술집이 많다.

이케부쿠로는 도쿄의 서쪽 위에 있으며 사이타마현(埼玉県)으로 오가는 길목에 있어 교통의 요충지다. 프린스 호텔이 들어서 있는 선샤인시티, 대형 전자 제품 양판점인 빗쿠 카메라(BIC CAMERA)를 비롯해 백화점과 호텔이 많으며 도쿄 예술 극장과 소극장, 선샤인극장 등 영화와 연극으로도 알려진 지역이다. 릿교 대학(立

教大学)을 비롯하여 뮤지컬 전문학교, 무대 예술 학원, 일본어 학원 등 학원가가 형성되어 있어 젊은이들이 많이 모이는 곳이다.

이케부쿠로역은 하루 유동 인구가 250만 명이 넘을 정도로 신주쿠에 이어 두 번째로 유동 인구가 많은 역이다. 문화와 쇼핑, 유흥가가 혼재한 지역이다.

뽑기 게임인 크레인 게임, 리듬에 맞춰 두들기는 음악 게임, 레이싱 게임, 격투 게임, 전투 게임 등 아케이드 게임기를 이용한 게임 센터가 많다. 여성 취향의 동인지 작품을 많이 취급하는 매장이 모여 있는 '오토메 로드(乙女ロード)'가 있어 여성 덕후들이 많이 모이는 지역이다.

 교통

- 이케부쿠로역(池袋駅) : ㉨ 야마노테선, ㉥ 후쿠토신선, ㉻ 마루노우치선, ㉮ 사이쿄선, ㉾ 세이부이케부쿠로선, ㉼ 쇼난신주쿠라인, ㉯ 유라쿠초선, ㉣ 토부도조선
- 히가시이케부쿠로(東池袋駅) : ㉯ 유라쿠초선

 추천 경로

1. 빗쿠 카메라 &
게임 센터 SEGA GiGo (60분)

2. 오토메 로드 (60분)

4. 서쪽 출구의 도쿄 예술 극장 주변 (60분)

3. 수족관, 전망대, 난자타운의 선샤인시티 (120~180분)

건물 전체가 게임 시설
PLAZA CAPCOM
プラサカプコン

위치 東京都豊島区 東池袋一丁目30番3 グランドスケープ池袋
Tokyo-to, Toshima-ku, Higasiikebukuro, 1 Chome 30-3, Grandscape Ikebukuro

영업시간 10:00~23:00

CAPCOM은 한국에서도 유명한 스트리트 파이터, 바이오하자드 등의 게임을 만드는 게임 기업이다. 1979년 오락실 게임을 시작으로 비디오 게임계에도 손을 뻗어 아직까지 그 명성을 유지하고 있는 회사다. PLAZA CAPCOM은 SEGA의 GiGO처럼 CAPCOM사에서 직접 운영하는 게임 센터다. 크레인 게임, 키즈 게임 등 최신 게임기들을 다량 보유하고 있으며, 엄청난 규모의 캡슐 뽑기 센터(Capsule Lab, カプセルラボ)를 자랑한다. 약 800대 이상의 캡슐 뽑기 기계가 있다고 한다. 인기 있는 물건이 들어 있는 기계부터 특이한 물건이 들어 있는 기계도 있다. 여러 가지 크레인 뽑기 기계도 있어 이런 종류의 게임을 좋아한다면 한 번 들러 볼만하다. 뽑기뿐 아니라 게임기도 여러 종류가 있다.

이케부쿠로의 랜드마크
선샤인시티
サンシャインシティ

위치 東京都豊島区東池袋-3-1
Toshima-ku, Higashiikebukuro, 3 Chome 1

이케부쿠로의 랜드마크로 자리 잡고 있으며 '선샤인60' 빌딩은 1978년에 문을 열었는데 지금도 도쿄도 내에서는 가장 높은 고층 빌딩 전망대이다. 원래 이 자리에 있던 도쿄 구치소(스가모프린스)가 이전하면서 도심 재개발 사업으로 당시에 일본에서 제일 높은 초고층 빌딩이 건설되었다. 우리나라의 '63빌딩'이 세워지기 전까지는 동양에서 가장 높은 빌딩이었다. 63빌딩은 처음에는 선샤인60보다 낮게 설계되었으나 일본보다 높게 세우기 위해서 63층으로 했다는 설이 있다. 전망대, 프린스 호텔, 선샤인 수족관, 난자타운, 박물관 및 극장, 컨벤션 센터 등 다양한 시설이 들어서 있다. JR 이케부쿠로역에서 도보로 10~15분 정도 거리에 있다.

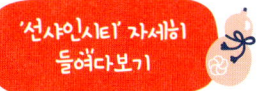
'선샤인시티' 자세히 들여다보기

❶ 스카이서커스 선샤인60 전망대

선샤인60 전망대는 고층 빌딩 전망대로는 도쿄에서 가장 높은 전망대(해발 251m)이다. 선샤인보다 높은 스카이트리 전망대(350m)는 빌딩이 아니라 전파탑이다. 단순히 높은 곳에서 바깥 풍경을 바라보는 전망대에 그치지 않고 'SKY CIRCUS텐트', '천공251', '카레이도 스케이프(만화경)', 'SKY 브릿지', '스카이 파티' 등 다양한 콘텐츠를 꾸며 놓고 즐길 수 있는 공간을 만들었다. 가상 현실 등 최신 기술도 도입하였는데 보고, 만지고, 느끼고, 놀라는 오감 체험 전망대라 할 수 있다.

천공251

카레이도 스케이프

스카이 브릿지   스카이 파티

영업시간 10:00~22:00, 마지막 입장은 종료 1시간 전

이용요금 유아(4세 이상) 300엔, 어린이(초중등) 600엔,
        학생(고등학생, 대학생) 900엔, 성인 1,200엔
           ※VR기기 이용은 별도 요금

❷ 수족관

1978년 개장하여 2011년에 전면 재단장을 거친 선샤인시티 수족관은 선샤인시티 내 월드인포트마트 빌딩 최상층에 자리 잡고 있다. '하늘의 오아시스'라는 콘셉트로 어린이뿐 아니라 성인들도 만족할 수 있는 수족관을 추구하고 있다. 실내와 실외를 오가며 즐길 수 있는 것이 특징이다. 도심과 수중, 수족관과 동물원을 융합한 새로운 형태의 수족관이다.

실외와 실내를 오가며 즐기는 선샤인시티 수족관

펭귄이나 펠리칸 피딩(먹이 주는) 타임, 열대어인 아로와나 피딩 타임, 수달과 물개의 피딩 타임 등 수중 생물의 다양한 퍼포먼스를 감상할 수 있다.

야외에서 펭귄이나 펠리칸을 볼 수 있다.

각종 퍼포먼스 타임

영업시간 4월 1일~10월 31일 : 10:00~20:00 / 11월 1일~3월 31일 : 10:00~18:00
(마지막 입장은 종료 1시간 전)
이용 요금 유아(4세 이상) 700엔, 어린이(초, 중등) 1,200엔, 성인 2,400엔

❸ 난자타운(NAMJATOWM)

게임기 회사 나무코(NAMUCO)가 운영하는 실내 테마 파크이다. 각각 특징을 지닌 세 개의 마을로 구성되어 있으며 걷는 것만으로 즐길 수 있는 게임성을 갖춘 테마 파크다. 각 테마에 맞춰 꾸며진 거리 중 '돗킹가무히로바(돗킹햄 광장 : ドッキンガム広場)'에는 각종 놀이 시설이 가득 차 있어 시간 가는 줄 모르고 즐길 수 있다.

후쿠부쿠로나나초매쇼텐가이(福袋七丁目商店街)는 일본의 60~70년대를 배경으로 꾸며 놓은 것이 인상적이다. 옛날 거리 및 식당과 술집, 일반 가정집의 분위기를 낸 음식점이 모여 있다. '난자교자스타지아무'는 우리말로 하면 '난자 만두 스타디움'으로 여러 지역의 만두를 맛볼 수 있다. 또, 디저트 골목(데자트요코초)도 자리 잡고 있다.

귀신들에게 빼앗긴 마을인 '모노노케방가이치(もののけ番外地)'는 스산한 어둠이 깔린 무서운 분위기이지만 다양한 즐거움을 선사하는 마을이다.

돗킹햄 광장   후쿠부쿠로나나초매쇼텐가이

모노노케방가이치

영업시간 10:00~22:00

이용 요금 어린이 300엔, 성인(중학생 이상) 500엔
- 난자 패스포트 : 성인 3,500엔, 어린이 2,800엔
- 난자 나이트 패스포트 : 성인 1,800엔, 어린이 1,500엔

❸ 여자 오덕의 중심지
오토메 로드
乙女ロード

위치 東京都豊島区東池袋3
Tokyo-to, Toshima-ku, Higashiikebukuro, 3 Chome

여자 오타쿠는 썩은 여성이란 의미의 '후죠시(腐女子)'라 부른다. 원래 '부녀자(婦女子)'의 일본어 발음이 '후죠시'인데 '부(婦)'대신 '썩다'라는 의미의 한자 '부(腐)'를 넣어도 같은 발음이 된다. 그래서 '부녀자(婦女子)' 대신 '썩은 여자'라는 의미로 '후죠시(腐女子)' 또는 줄여서 '후죠(腐女)'라 부른다. 후죠시의 특징은 남녀 간의 이성적인 사랑이 아니라 동성인 남성들만의 연애를 다룬 만화, 소설, 게임 등을 좋아한다는 것이다. 그것도 여성이 아닌 남성들의 동성애를 다룬 작품을 즐긴다. 이런 동성애적인 정서나 작품을 좋아하고 망상을 즐기는 것에 대해 '썩었다'는 자조적인 인식을 표현하기 위해 후죠시(腐女子)라는 단어를 만들게 된 것이다.

'여성을 타깃으로 한 남성들 사이의 동성애를 다룬 장르'를 남성들의 사랑이라는 의미의 'Boy Love'라 부른다. 줄여서 'BL'이라 표현하기도 한다. 특히 'Boy'가 의미하듯이 주로 10대 소년, 즉 미소년들의 연애를 다룬 작품을 말한다. 성인 남성들의 연애를 다룬 작품은 '장미' 또는 '맨즈 러브(Man's Love)'라고 한다. 한편으로 생각해 보면 남성들이 즐기는 미소녀 게임처럼 미소녀를 즐기는데 대한 반발 심리가 작용했다고 할 수도 있다.

4 집사가 서빙하는
집사 카페
執事 CAFE

여자 덕후의 성지인 이케부쿠로에는 여성이 집사로부터 응대를 받는 카페가 있다. 아키하바라에는 남성이 여성 메이드로부터 서비스를 받는 메이드 카페가 있는데 이를 변형해서 여기에서는 여성이 남성 집사로부터 주인집 아가씨 대우를 받는다. 80~100분 사이의 서비스 시간 동안 식사와 디저트를 즐길 수 있다. 4,000~5,000엔 정도이며 기본적으로 예약제로 운영된다. 여성이 입장하면 도어맨이 "다녀오셨습니까? 아가씨!(お帰りなさいませ、お嬢様。)"라고 인사말을 건넨다. 연미복을 입은 미남 집사가 시중을 든다. 젊은 미남과 고급스러운 분위기의 인테리어, 고급 메뉴로 여성들의 마음을 사로잡는다.

시부야의 집사 카페 중에는 젊은 서양인 집사가 짧은 일본어로 응대하는 집사 카페도 있다. 일반 카페와 크게 다를 바 없지만 메이드 카페를 벤치마킹하여 손님을 끌어 모으기 위한 상술의 하나로, '집사'라는 키워드를 활용하고 있다.

오토메 로드에 붙은 집사 카페의 광고(K BOOKS 옆)

⑤ 공연과 연주회가 끊이지 않는
도쿄 예술 극장
東京芸術劇場

위치 東京都豊島区西池袋1-8-1
Tokyo-to, Toshima-ku, Nishiikebukuro, 1 Chome-8-1

1990년에 개장한 세계 최대급의 파이프오르간이 설치된 공연장과 전시실을 갖춘 문화 시설이다. 2,000석 규모의 대강당을 비롯해 중, 소공연장을 갖추고 있다. 연극, 연주회, 댄스 등 다양한 공연과 전시가 연중 끊이지 않는 곳이다.

도쿄 예술 극장

TALK&TALK

 이케부쿠로는 한국 관광객에게는 그리 알려지지 않은 생소한 지역이네요?

 그렇지, 하지만 도쿄에서 라멘으로 유명한 지역이다.

 저와 같은 젊은 사람들도 놀기 좋은 지역같아요. CAPCOM, 여자 덕후들이 많이 찾는 오토메 로드, 선샤인시티, 빗쿠 카메라 등

 릿쿄 대학 등 학원가가 형성되어 있어 젊은이들이 많아 서민적인 가게가 많단다.
90년대에는 한국인이 많았는데 지금은 중국인들이 많이 살고 있다는구나.

젊은이들의 놀이터
로사 회관
ロサ会館

위치 東京都豊島区西池袋1-37-12
Tokyo-to, Toshima-ku, Nishiikebukuro, 1 Chome-37-12

젊은이들의 활력으로 가득 찬 곳이다. 저녁 시간이 되면 인근 릿교 대학의 대학생과 젊은이들이 모여 들어 활력을 불어 넣는다. 극장, 볼링장, 당구장, 테니스장, 다트, 게임 센터, 이자카야, 식당, 라이브 하우스 등 한 건물에서 다양한 놀이를 즐길 수 있는 곳이다. 로사 회관을 중심으로 주변에는 파친코, 식당과 술집이 자리 잡고 있다.

로사 회관

7 고양이를 테마로 한 카페

고양이 카페 모카
MOCHA

위치 東京都豊島区西池袋 1-15-6 / Tokyo-to, Toshima-ku, Nishiikebukuro, 1 Chome-15-6
영업시간 10:00~22:00 (연중무휴)
이용요금 평일 220엔(10분) / 토, 일, 공휴일 270엔 음료 385엔 / 고양이 먹이 550엔

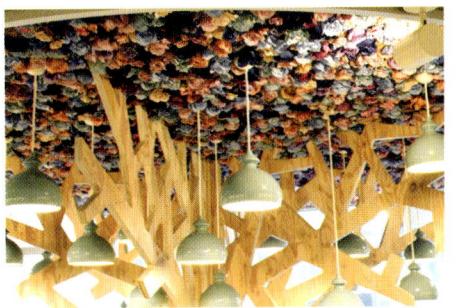

독특한 분위기의 인테리어

고양이를 테마로 한 카페로 전국적인 체인점을 갖고 있으며 도쿄 예술 극장 앞에 위치해 있다. 동쪽 출구 쪽에도 점포가 있다. 여기저기에서 고양이가 놀고 있는데 자유롭게 고양이와 함께 시간을 보내는 카페다. 385엔을 내면 음료 자판기를 무제한으로 즐길 수 있다. 13세 미만은 입장이 불가하며, 촬영은 가능하지만 플래시를 터뜨려서는 안 된다.

고양이와 함께 시간을 보내는 공간

쇼핑 / Shopping

이케부쿠로는 이케부쿠로역에 연결된 세이부(西武) 백화점과 토부(東武) 백화점을 비롯해 마루이(OIOI) 이케부쿠로, 루미네(ルミネ) 이케부쿠로 등이 있는 대형 쇼핑타운이다. 먹거리로는 라멘이 가장 유명하다. 유동 인구가 많은 지역이라 라멘뿐 아니라 먹거리가 풍부한 곳이다.

대형 전자 제품 양판점
① 빗쿠 카메라 BIC CAMERA

신주쿠에 '요도바시 카메라'가 있다면 이케부쿠로에는 '빗쿠 카메라'가 있다. 일본의 경기가 최고조이던 1980년에 창업한 회사로 초기에는 카메라 및 관련 용품 할인 숍으로 출발해서 가전제품 양판점으로 변신했다. 자회사로 가전 및 PC 양판점인 '소후마푸(Sofmap)'와 '코지마(Kojima)'를 두고 있다. 이케부쿠로에는 동쪽 출구 본점 외에 쪽 카메라관과 PC관, 서쪽 출구점 등 5개의 점포를 두고 있다. 빗쿠 카메라에서는 가전제품은 물론 카메라, 시계, 모바일 기기, 각종 소모품과 기념품을 판매한다. 가전제품이나 전자기기와 관련된 것은 무엇이든 있는 곳이다.

먹거리 / Food

이케부쿠로 대표적인 라멘 전문점

❷ 무테키야 無敵屋

이케부쿠로에서 가장 유명한 라멘집이다. 항상 줄을 서야 먹는 식당으로 알려져 있다. 15석 정도의 좌석이라 줄을 설 수밖에 없다. 외국에도 소문이 나서 외국인들도 많이 찾는다. "일본 라멘은 느끼해서 못 먹겠다"는 사람이 많은데 이런 사람들한테는 우마카라멘(旨辛麵) 또는 베지카라멘(ベジ辛麵)을 추천한다. 칼칼한 맛이 입맛을 돋우어 쉽게 적응할 수 있다. 계란, 야채 등 여러 종류의 토핑이 있는데 취향에 맞춰 추가하면 된다.

위치 東京都豊島区南池袋1-17-1
　　　Tokyo-to, Toshima-ku, Minamiikebukuro, 1 Chome-17-1
영업시간 10:30~04:00

농후한 돈코츠 라멘

❸ 잇카쿠도 壱角堂

돈코츠(豚骨)는 돼지 뼈를 우려내어 기름에 볶은 다음 양념을 해서 우려낸 육수를 말한다. 일본의 많은 라멘이 이 육수를 사용한다. 잇카쿠도는 돈코츠가 진하다는 것이 특징이다. 가게에 들어가면 돈코츠 특유의 비릿한 냄새가 가게의 특징을 말해 준다. 돈코츠 메밀면(소바), 츠케멘, 만두도 있으니 특유의 비릿한 맛을 즐기지 않는 사람이라도 안심하고 들어가도 된다.

위치 東京都豊島区西池袋1-20-4
　　　Tokyo-to, Toshima-ku, Nishiikebukuro, 1 Chome-20-4
영업시간 24시간 영업

먹거리 / Food

멘치카츠, 크로켓으로 소문난
④ 런치하우스 미토야 ミトヤ

도쿄 예술 극장 건너편 골목에 숨겨진 런치 하우스로 입소문만으로 많은 사람이 찾는 식당이다. 3~4평 정도의 넓이로 20여 석 정도의 카운터석과 10여 석 정도의 테이블 좌석이 있다.
주 메뉴는 자가의 수제 멘치카츠와 카레, 크로켓(고로케), 햄버거 종류이다. 650엔에서 800엔 정도로 가성비 좋은 식단이다. 세트를 주문하면 밥을 곱빼기로 할 것이냐는 질문을 한다. 먹는 양에 따라 "Yes", "No"로 결정하면 된다. 싱싱한 재료로 조리를 해서 바로 내놓은 따끈따끈한 크로켓과 게 크림의 미묘한 조화가 찾아온 보람을 느끼게 한다.

위치 東京都豊島区西池袋3-30-10久保ビル 1F
　　　 Tokyo-to, Toshima-ku, Nishiikebukuro, 3 Chome-30-10
영업시간 11:00~22:00

가니(게)크림크로켓 정식

도라야키 맛집
⑤ 스즈메야 すずめや

도라에몽이 좋아하는 도라야키 맛집이다. 표면은 촉촉하고 부드러우며 안에는 달달한 앙금이 가득 차 있다. 일주일에 단 3일만 영업하고 인기가 많기 때문에 줄 서서 구매해야 하는 경우가 많다. 인터넷으로 사전 주문할 수 있는데 영어나 한국어는 지원하지 않는다. 주문이 많은 날에는 영업 개시 시간이 조금밖에 안 지났는데 구매할 수 없는 경우도 발생한다. 유통기한은 가게에서 구매한 다음날까지만 먹기를 권고하고 있다. 도라야끼 말고도 '모나카(最中)'라는 화과자도 판매하고 있으며 9~11월에만 판매하는 계절상품도 있다.

위치 東京都豊島区南池袋2-18-5
　　　 Tokyo-to, Toshima-ku,
　　　 Minamiikebukuro, 2 Chome 18-5
영업시간 목, 금, 토요일만 영업,
　　　　　 11:00~18:00,
　　　　　 재료 소진 시 조기 종료,
　　　　　 연말연시 불규칙하게 휴무

먹거리 / Food

가성비 좋은 양식
❻ 키친 ABC(서쪽 출구점) キッチンABC

이케부쿠로 서쪽 출구로 나와 도쿄 예술 극장을 지나 도로 건너편 골목에 자리 잡고 있다. 건물의 계단 아래쪽 후미진 위치에 있지만 점심시간이면 어김없이 대기 줄이 보인다. 햄버거, 오므라이스, 카레 등 다양한 메뉴가 있지만 망설여진다면 매일 다른 메뉴로 제공되는 오늘의 정식(日替わり定食)을 주문하면 실패하지 않는다. 검정색의 카레도 특색이 있고 햄버거에 야채와 나폴리탄, 굴튀김, 쌀밥, 미소시루가 세트로 된 햄버거가키후라이세트(ハンバーグカキフライセット)도 800엔대로 가성비로는 최고다. 무테키야 라멘집 건너편에 동쪽 출구점이 있다.

위치 東京都豊島区西池袋3-26-6
Tokyo-to, Toshima-ku,
Nishiikebukuro, 3 Chome-26-6

영업시간 11:00~22:00
연말연시 휴무

일본식의 양식당
❼ 우초텐 UCHOUTEN

지하철 유라쿠초선(有楽町線) 히가시이케부쿠역(東池袋駅)에서 5분 정도 거리이다. JR 이케부쿠로역에서는 상당한 거리이다. 이케부쿠로 구청(구야쿠쇼) 건물 앞쪽에 자리 잡고 있다.
한적한 길이라 사람도 그리 많이 다니지 않는데 항상 만석이다. 가게도 1층인데 화단과 나무에 가려져 잘 드러나지 않는다. 입구는 지면보다 약간 아래쪽에 있어 기본적으로 예약제로 운영될 정도로 인기가 있는 가게다. 일본의 흑우(黒和牛)를 이용한 햄버거를 비롯해 오므라이스, 멘치카츠, 크림 크로켓 등 일본식화 된 양식집이다.

위치 東京都豊島区南池袋 2-36-10
Tokyo-to, Toshima-ku,
Minamiikebukuro, 2 Chome-36-10

영업시간 11:30~14:30,
18:00~20:00(일요일 휴무)

먹거리 / Food

점보 만두집
8 카이라쿠 開楽

점보 만두로 유명한 가게다. 이케부쿠로 동쪽 출구로 나와 횡단보도를 건넌 뒤 핫도리(服部) 커피숍 옆의 좁은 길을 따라 들어가면 나타난다. 간식으로 먹는다면 만두만으로도 충분하지만 식사를 하려면 세트를 주문하기를 추천한다. 만두 5개와 차항(중국식 볶음밥)과 스프가 나온다. 세트 종류에 따라 라멘이 제공되기도 한다.

위치 東京都豊島区南池袋 1-27-2
    Toshima-ku, Minamiikebukuro, 1 Chome-27-2
영업시간 월~토 11:00~22:30 / 일 11:00~21:30
    1, 3째 주 월요일 휴무

수타 메밀면
9 비쿄 美蕎

수타 메밀면의 명가다. 이케부쿠로 동쪽 출구에서 약간 떨어진 번잡함이 덜한 곳에 자리 잡고 있다. 외관은 소박한 느낌이 드는 전형적인 일본 식당이다. 검정 바탕에 흰색 글씨의 간판이 세련된 느낌을 주는 내부 역시 은은한 조명으로 인해 세련된 분위기가 느껴진다. 입구를 사람들이 손으로 면을 만드는 모습을 직접 볼 수 있도록 투명한 유리로 만들어 놓았다.

수타면이어서 그런지 면발은 일반 메밀면보다 굵은 편이며 탄력 있는 식감이 특징이다. 츠유(간장)는 약간 단맛이 느껴진다. 각 계절 채소를 튀겨 메밀면과 함께 나오는 '기세츠노야사이덴세이로(季節の野菜天せいろ)'도 추천 메뉴의 하나이다. 메밀면을 메인으로 하지만 간단히 한잔 할 수 있도록 맥주와 일본주, 회와 생선초밥, 튀김 등의 메뉴도 있다.

위치 東京都豊島区東池袋 1-32-5
    Toshima-ku, Higashiikebukuro,
    1 Chome-32-5
영업시간 월~금 11:30~14:20
        17:30~21:20
    토, 공휴일 11:30~14:20
        17:30~19:20
    일요일 휴무, 토요일 부정휴무

나카노
中野

 교통

- 나카노역(中野駅) : JC 주오선 쾌속, T 토자이선, JB 주오·소부선

나카노(中野) 지역은 오타쿠들의 박물관이라 할 수 있다. 이케부쿠로역에서 JR 야마노테선(山手線)을 타고 신주쿠역으로 가서 신주쿠역에서 JR 중앙선(中央線)으로 갈아타고 나카노역(中野駅)으로 향한다. 시간은 약 20분 정도 소요된다.

나카노는 덕후의 원조, 덕후의 박물관이라 할 수 있는 지역이다. 덕후 굿즈가 메인인 나카노 브로드웨이(NAKANO BROADWAY)를 중심으로 관광하면 된다. 나카노역에서 북쪽 출구(北口)로 나오면 상가인 나카노 선 몰(中野サンモール)이 있다. 통로 양쪽에 펼쳐진 쇼핑몰을 구경하면서 약 200m 정도 걸으면 나카노 브로드웨이(NAKANO BROADWAY) 간판이 보인다.

아키하바라가 게임, 애니메이션, 만화 중심이라면 나카노 브로드웨이는 앤티크 중심의 오타쿠의 깊이를 더하는 곳이라 할 수 있다. 1층에는 빈티지 의류를 비롯하여 신발이나 잡화 상가가 있고 2층부터 4층에서는 게임, 애니메이션, 만화, 피규어, 카드, 코스프레 용품 등 수많은 오타쿠즈들을 만날 수 있다. 나카노에 있는 만다라케(東京都中野区中野5-52-15 / Tokyo, Nakano, 5 Chome-52-15)는 일본 최대의 오타구즈 유통 매장이다. 일본 최대이니 세계 최대가 될 것이다. 만다라케는 아키하바라에도 매장이 있지만 본점이며 원조는 이곳 나카노 브로드웨이에 있다.

TIPS
오타쿠즈

각종 오타쿠 상품이 진열된 매장

'오타쿠 굿즈(Goods)'의 약어로 일반적으로 피규어, 프라모델, DVD, 화보집, 잡지, 카드, 각종 모형, 코스프레 의상 및 도구 등 오타쿠 관련 모든 상품을 말한다. 나카노 브로드웨이나 아키하바라에는 만다라케(MANDARAKE)를 비롯해 많은 매장이 있으며 애니메이트, K-BOOKS, 라신방 등은 이런 오타쿠즈를 유통하는 전국적인 체인점을 가지고 있다. 콘텐츠 관련 신상품은 물론 동인지와 중고 물품을 유통하기도 한다. 인터넷 사이트에서도 활발하게 거래되고 있다. 이런 매장을 통해 숨어 있는 무명 작가들이 작품을 판매하면서 이름을 알리기도 한다.

만다라케는 1980년에 두 평 정도의 만화 전문 고서점으로 출발했다. 현재는 전국에 10여 개 점포를 운영하고 있으며 인터넷을 통해 유통하기도 하는데 해외에서의 매출 비중도 상당히 높다고 한다. 만화책, 피규어, 코스프레 의상, 게임이나 셀화 등 서브컬처의 앤티크 상품을 중심으로 취급한다.

가끔은 희귀한 애니메이션 원화나 셀화가 나오기도 하는데 일반인들은 상상할 수 없는 고가에 거래된다. 이 업계에서는 모르는 사람이 없는, 오타쿠에게는 상징적인 곳이다. 정통 오타쿠들은 아키하바라보다 이곳을 더 선호한다. 정통 오타쿠 매장과 상품이 많기 때문이다.

일반인들에게는 장난감처럼 보이는 피규어나 캐릭터가 그려진 카드일 뿐이지만 이러한 물품을 수집하는 오타쿠들에게는 금액으로 환산할 수 없는 가치를 지닌다. 오타쿠즈는 희소성에 따라 가치가 책정되어 이곳에서 거래된다. 오타쿠즈를 구매하지 않더라도 다양한 상품을 보는 것만으로도 재미있는 시간이 될 것이다. 특히 일본의 만화나 애니메이션에 관심이 많은 관광객이라면 눈에 익은 캐릭터를 많이 볼 수 있을 것이다.

거래를 위해 전시된 각종 피규어

만다라케에 전시되어 있는 각종 오타쿠즈

이곳에서는 오래된 물건들도 많이 취급하고 있다. 예를 들어, 1968년에 창간한 주간 만화 잡지인 '소년 점프'의 70년대 발행본을 비롯하여 시리즈를 취급하고 청량음료인 환타나 콜라의 60~70년대 생산품이 내용물과 함께 진열되어 있기도 하다. 수십 년이 지난 영화 포스터, LP 음반, 코스프레 의류, 기차 프라모델 등 다양한 종류의 골동품류가 진열 및 거래되고 있다. 이런 상품들은 희귀성 때문에 당시에 거래되었던 금액보다 훨씬 높은 가격에 거래된다. 오래된 완구나 브로마이드 등 중장년이나 노년층에서 보면 어린 시절에 즐겼던 장난감을 파는 골동품 가게라고 할 수 있다. 오래된 잡지나 캐릭터 상품을 수집하는 사람들의 교류의 장이 되고 있다.

창간호부터 소장된 만화 잡지인 '소년 점프'

데이리 치코(デイリーチコ)

나카노 브로드웨이에 가서 빠트리지 않고 맛봐야 할 것이 특대 소프트아이스크림이다. 나카노 브로드웨이 상가에서 지하로 내려가면 특대 소프트아이스크림을 판매하는 '데이리 치코'가 있다. 이곳에서 판매하는 아이스크림은 크림의 높이만 30cm이며, 콘을 포함하면 40cm 가까이 된다. 가격은 소프트아이스크림치고는 조금 비싼 480엔(5,000원)정도이다. 중간 크기는 350엔 내외이다. 하지만 크기에 비하면 비싼 가격이라 할 수 없다.

소프트아이스크림과는 어울리지 않게 사누키 우동도 판매한다. 200엔~480엔 정도의 가격이며 나카노에서 가장 저렴하다고 홍보하고 있다. 소프트아이스크림과 우동은 어울리지 않는 조합이지만 이곳에서 우동으로 요기를 하고 디저트로 특대 소프트아이스크림을 맛보는 것으로 피로를 풀자.

위치 東京都中野区中野5-52-15
Tokyo, Nakano, 5 Chome-52-15 B1F

특대 소프트아이스크림 판매점 '데이리 치코'

시부야

渋谷

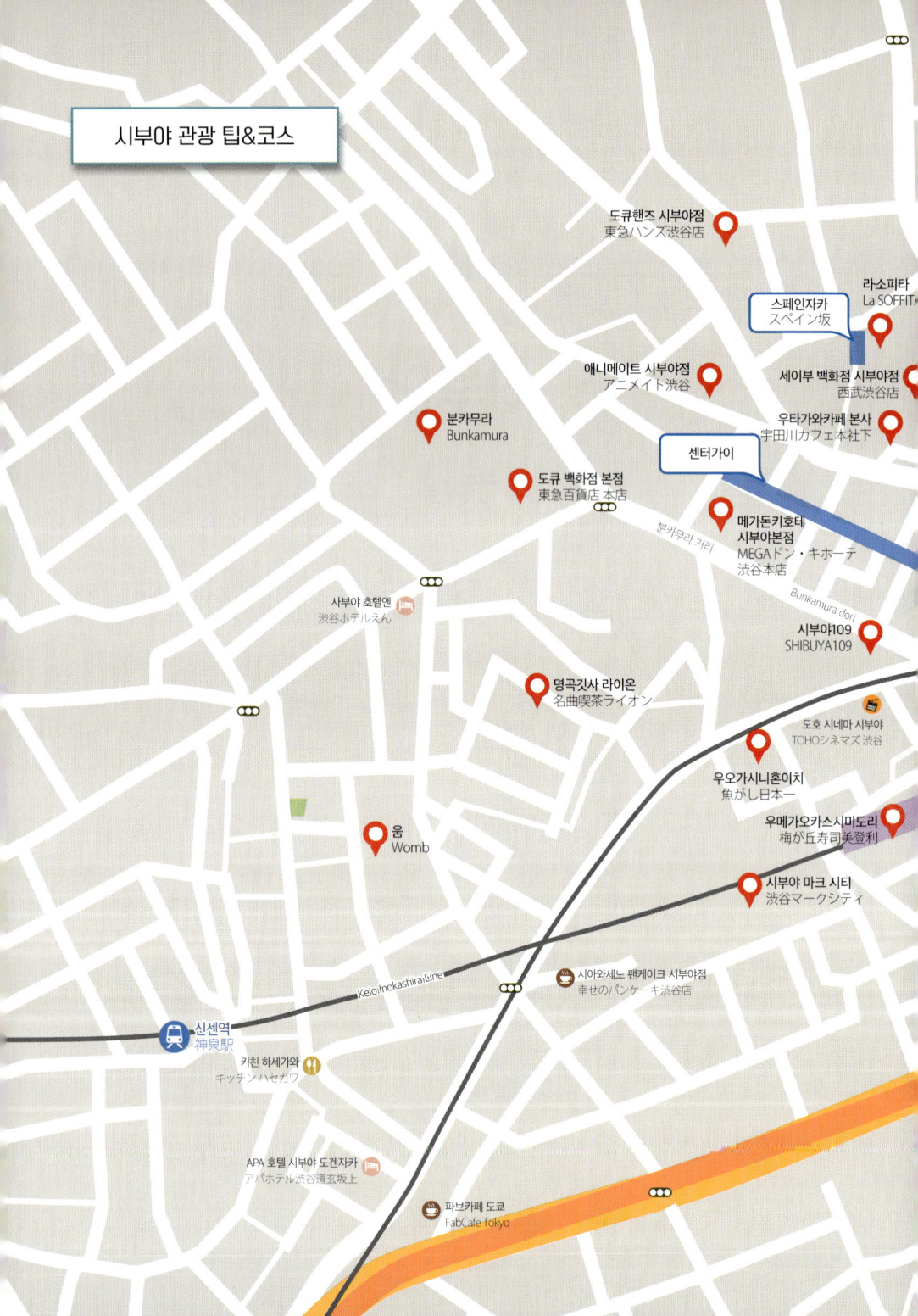

시부야
渋谷

Information

   일본 유행을 선도하는 대표적인 번화가다. '젊은이들을 위한 문화의 지역'이라는 표현이 어울리는 일본의 패션과 음악, 젊은이들의 문화를 주도하는 거리이다. 고급스러운 명품에서부터 빈티지, 힙합에 이르기까지 다양한 패션과 문화가 역동적으로 공존하는 거리이다. 시부야역에서 나오면서부터 젊음의 분위기가 물씬 풍기며 역동적인 분위기에 빨려 들어가게 된다. 도쿄의 동쪽에 위치한 마루노우치(도쿄역), 긴자, 니혼바시, 아사쿠사 등이 에도 시대부터 발달된 구도심이라면 도쿄의 서쪽에 위치한 시부야, 신주쿠, 이케부쿠로는 3대 신도심이다. 요코하마, 지유가오카 등 서쪽의 주요 거점과 도쿄 도심을 연결하는 교통의 요충지이기도 하다. 시부야역 앞의 하치코 동상을 중심으로 수많은 인파가 몰려들고, 이 인파가 동시에 길을 건너는 스크램블 교차로는 명소의 하나이다. 교차로가 이처럼 유명한 곳도 세계적으로 드물 것이다.

   시부야역에서 하치코상 출구로 나가서 하치코상을 보고 스크램블 교차로를 건너가 젊은이 거리인 센터가이로 들어가 젊은이들의 문화를 만끽한다. 센터가이를

따라 올라가 스페인자카, 시부야 BEAM, ANIMATE 등을 지나 도큐 백화점(분카무라)에 다다른다. 돈키호테를 들르거나 시부야109를 지나 스크램블 교차로로 돌아온다. 시부야역에서 철로를 건너 반대편의 시부야 히카리에로 간다. 저녁 시간이면 철로변에 있는 논베이요코초로 가서 가볍게 한잔을 즐긴다.

교통

- **시부야역**(渋谷駅) : 야마노테선, 후쿠토신선, 긴자선, 한조몬선, 사이쿄선, 쇼난신주쿠라인, 도카이도 본선, 덴엔토시선, 이노카시라선, 도요코선, 나리타익스프레스

추천 경로

1. 하치코상과 스크램블 교차로
2. 센터가이
3. 스페인자카
4. 시부야 BEAM, ANIMATE 등
5. 도큐 백화점, 분카무라
6. 돈키호테

 시부야109

 8. 스크램블 교차로

 9. 시부야 히카리에

 10. 논베이요코초

가장 유명한 만남의 장소
충견 하치코상
ハチ公像

충견 하치코는 주인에게 충성한 개로 알려져 있다. 매일 주인(교수)이 퇴근하는 시간에 맞춰 기다리다가 주인과 함께 귀가했다. 그러다 주인이 사망했지만 어김없이 역 앞에서 주인을 기다렸다. 이 실화를 바탕으로 영화가 만들어졌는데 원작인 일본 영화를 다시 미국에서 각색했다. 리차드 기어가 주연을 맡았는데 우리나라에서도 상영이 되는 등 세계적으로도 인기를 얻었다. 이런 유명세로 인해 많은 관광객들이 하치코상을 배경으로 기념 사진을 촬영한다. 충견상 앞은 만남의 장소로 이용되고 있어 항상 붐빈다. 충견상 바로 앞에는 '청개구리(アオガエル)'라는 이름을 가진 오래된 노면 전차가 전시되어 있다. 1954년부터 1970년까지 운행했던 전차를 전시해 놓았다.

관광객으로 붐비는 하치코상

청개구리라는 이름을 가진 노면 전차

❷ 수많은 인파가 한 번에 건너는
스크램블 교차로

우리나라 텔레비전에서 일본의 소식을 전하는 장면이 나올 때 자주 등장하는 교차로이다. 신호가 바뀌면 모든 차량의 통행이 정지되고 동시에 수많은 사람들이 건너는 이른바 스크램블 횡단보도이다. 러시아워에는 신호 한 번(1분 30초)에 1,000명이 넘는 사람이 건넌다고 한다. 횡단보도 자체가 관광 명소가 된 곳이다. 스크램블 횡단보도를 내려다 볼 수 있는 스타벅스 커피숍(東京都渋谷区宇田川町 21-6 / Tokyo-to, Shibuya-ku, Udagawacho, 21-6)은 횡단보도를 보기 위한 손님이 많아 일본에서 가장 매출이 높은 가게로 알려져 있다. 시부야는 젊음의 거리이다. 젊은이들이 놀기 좋고 쇼핑하기 좋은 곳이다. 그래서 그런지 학생과 젊은 회사원들이 눈에 많이 띈다. 저녁 무렵에 스크램블 교차로의 풍경을 보면 활기찬 일본 젊은이들의 분위기를 읽을 수 있다.

스크램블 교차로 전경

❸ 큐 프런트
시부야의 전광판
Q FRONT

위치 東京都渋谷区宇田川町21-6
Tokyo-to, Shibuya-ku, Udagawachō, 21-6

시부야역에서 내리면 누구나 쳐다보게 되는 건물이다. 건물이 유리로 되어 있는데 '큐즈아이(Q's EYE)'라는 이름의 대형 광고판을 통해 끊임없이 영상을 내보내고 있다. 각종 상업 광고를 비롯하여 콘서트, CD 발매 등 시부야의 연령층에 어울리는 광고를 내보내고 있다. 한류 스타들의 앨범 발매 및 콘서트 소식도 볼 수 있다.

TALK&TALK

그 유명한 젊음의 거리 시부야다!

2000년대 초에 유행했던 갸루(걸) 문화의 성지가 시부야의 센터가이란다.

가와이이(귀여운) 애들도 많네요. 와~ 말로만 듣던 스크램블 교차로, 대형 스크린의 광고판….

젊음의 거리로 청소년들도 많지만 의외로 올드한 가게도 많단다.
선술집 골목 논베이요코초, 역사를 지닌 시부야 라이온 등….

교차로를 건너는 사람들을 보는 것도 관광이네요. 사람이 너무 많아 떠밀리다시피 움직이네요.

패션 커뮤니티
시부야109
渋谷109

위치　東京都渋谷区道玄坂2-29-1
　　　Tōkyō-to, Shibuya-ku, Dōgenzaka, 2 Chome-29-1

'패션 커뮤니티109'라고 불리는 이 쇼핑몰은 초기에는 타깃을 20~30대로 잡고 시작했으나 지금은 10~20대 초반의 여성 고객을 대상으로 전환하였다. 시부야의 문화를 반영한 결과라 할 수 있다. 하치코상과 스크램블 교차로에서 한눈에 들어오는 둥근 모양의 건물이 시부야의 랜드마크처럼 우뚝 서 있다. 주변의 대형 전자 광고판에서는 유명 가수의 라이브 공연 홍보나 음반 홍보 등 젊은이들이 좋아하는 가수, 영화, 콘서트 등의 홍보 영상이 계속 흘러나온다. 중간중간에 한류 스타들의 얼굴도 볼 수 있다. 남성 고객을 위한 매장이 중심인 '109 MENS'도 가까운 곳에 자리 잡고 있다.

정면에 둥근 건물이 시부야109

❺ 갸루 문화를 탄생시킨
센터가이
センター街

'갸루'는 '걸(Girl)'의 일본식 표현으로 검정 계통의 진한 화장을 하고 짧은 치마와 높은 힐을 신은 여고생부터 20대 초반의 여성들을 지칭하는 단어다. 지금은 잊어져 가고 있지만 90년대 말부터 2000년대 초반까지 유행했던 '갸루(ギャル) 문화'가 탄생한 거리이다. 주머니 사정이 여의치 않은 중고생과 젊은이들이 많이 모이는 거리로 액세서리 및 화장품, 신발, 패션 매장과 음식점이 들어서 있다. 중고교생과 20대 초반의 패션과 문화를 선도하는 거리이다.

센터가이 입구

시부야 문화의 집결지
도겐자카
道玄坂

시부야역에서 시부야109의 오른쪽 골목을 따라 올라가면 경사길이 나오는데 이곳이 '도겐자카(道玄坂)'이다. 스웨덴계 패션 브랜드 'H&M' 매장이 있다. 삼거리 꼭지점에 '도큐 백화점 본점(東京都渋谷区道玄坂2-24-1 / Tokyo-to, Shibuya-ku, Dōgenzaka, 2 Chome-24-1)'이 자리 잡고 있다. 도큐 백화점 본점 뒤편에는 백화점에서 운영하고 있는 문화촌인 '분카무라(文化村)'가 있는데 각 층별로 테마를 설정하여 운영하는 종합 문화 시설이다. 극장, 콘서트홀, 미술관, 공연장과 레스토랑 등의 부대시설이 있다.

도큐 백화점을 왼쪽으로 하고 골목길로 올라가면 다시 삼거리가 나오는데 오른쪽에 'BEAM'이라는 건물(東京都渋谷区宇田川町31-2 / Tokyo-to, Shibuya-ku, Udagawacho, 31-2)이 나타난다. 이 건물에는 코미디 공연 극장인 요시모토 홀, J-POP 카페, 음반 매장, 만화와 애니메이션 콘텐츠 유통 매장인 만다라케(MADARAKE)와 애니메이트(ANIMATE), 인터넷 카페, 악기점과 음식점이 들어서 있다. 종합 콘텐츠 문화 공간이라 할 수 있다. 요시모토 홀 앞에서는 누군가가 피켓을 들고 지나가는 사람에게 무언가 열심히 말을 건네며 공연을 홍보하고 있다. 아마도 공연을 홍보하는 무명의 개그맨 지망생이지 않을까?

요시모토흥업 (吉本興業)

1912년에 창업하여 100년이 넘은 역사를 지닌 일본 최대 엔터테인먼트 프로모션 회사이다. 창업 당시에는 오사카(大阪)가 중심이었으나 도쿄에도 본사를 두고 있다. 개그맨(코미디언)을 중심으로 많은 연예인을 배출하고 있으며 그만큼 연예계에 막강한 영향력을 끼치고 있다. 개그맨은 도쿄(칸토)보다는 오사카 지역(간사이) 출신이 많은데 절반 이상이 요시모토 출신이라고 생각하면 될 것이다. '시부야 요시모토 홀'을 비롯하여 전국적으로 엔터테인먼트 극장이 있으며 프로야구, 축구 등 많은 스포츠 선수가 소속되어 있어 연예뿐만 아니라 스포츠 분야에도 사업을 전개하고 있다.

⑦ 아오야마와 시부야를 연결하는
시부야 히카리에
渋谷ヒカリエ

위치 東京都渋谷区渋谷2-21-1
Tokyo-to, Shibuya-ku, Shibuya,
2 Chome-2, 1-1

시부야 히카리에 빌딩

'시부야 히카리에'는 복합 상업 빌딩으로 저층부는 상업 시설, 고층부는 사무실로 구성되어 있다. 시부야역에서 많이 알려진 스크램블 교차로 반대편은 상대적으로 상업 시설이 적었으나 이 건물이 세워지면서 화제가 되었다. '시부야 신문화지구 프로젝트'의 일환으로 재개발된 건물로, 2012년에 문을 열었다.

고급 쇼핑가인 아오야마 거리(青山通り)와 젊음의 거리인 시부야를 잇는 가교 역할을 담당하고 있다. 쇼핑몰, 문화 시설, 고급 레스토랑을 갖추고 있다. 특히, 여성 친화적인 세련된 명품 브랜드와 각종 패션숍이 많이 입점하여 새로운 쇼핑 거점으로 주목받고 있다.

지하 1층과 지상 1층은 뷰티 전문, 지상 2층부터 지상 5층까지는 패션 전문 매장이 들어서 있는데 주로 여성에 특화된 매장으로 구성되어 있다. 8층과 9층에는 갤러리와 극장이 들어서 문화 공간으로도 한 축을 담당하고 있다.

❽ 홍대 뒷골목을 연상케 하는
스페인자카
スペイン坂

위치 東京都渋谷区宇田川町13番~16番
Tokyo-to, Shibuya-ku, Udagawachō, 13~16

스페인자카는 우리나라의 홍대 뒷골목과 비슷한 분위기를 풍긴다. 이노카시라 거리(井の頭通り)와 PARCO 백화점을 잇는 100m 남짓한 좁은 언덕길이다. 특별히 스페인과 인연이 있는 거리는 아니지만 거리의 이름이 지어진 후에 거리 이름에 걸맞게 스파게티 가게 등의 식당, 잡화, 패션 점포가 곳곳에 들어섰다. 일반적으로 거리의 분위기나 상징적인 건물에 따라 이름이 지어지는데 반해 이곳은 지어진 이름에 맞춰 거리가 조성된 곳이라 할 수 있다.

스페인자카

⑨ 고객 참가형 패션 숍
시부야 모디
渋谷MODI

위치 　東京都渋谷区神南1-21-3
　　　Tokyo-to, Shibuya-ku, Jinnan, 1-21-3

마루이(OIOI) 그룹에서 운영하는 시부야 모디는 의식주와 관련된 서비스는 물론 고객들이 참가하고 체험하는 서비스를 추구하는 쇼핑몰이다. 기존의 패션 중심의 마루이 숍에서 변화를 도모하였다.

1층부터 4층까지는 패션 잡화가 중심이고, 5층부터 7층까지는 레코드 유통사 HMV의 음반과 음악, 영상, 잡화, 카페를 중심으로 운영하고 있다. 8층은 가라오케, 9층은 레스토랑들로 구성되어 있다.

시부야 MODI

공원부지를 이용해 만든 쇼핑문화 복합시설
미야시타 파크
宮下パーク

위치 東京都渋谷区神宮前６丁目２０−10
Tokyo-to, Shibuya-ku, Jingumae, 6 Chome, 20-10
영업시간 8:00~23:00

시부야역 북쪽에 남북으로 길게 뻗어 있는 미야시타 공원 부지를 사용해 세워진 상업 시설이다. 본래 미야시타 공원은 가운데 도로가 지나다니는 두 개의 공원으로 나누어져 있었는데, 도로 위로 건물을 세워 일체화시켰다. 본래 공원의 기능은 건물 옥상으로 옮겼다. 옥상에 올라가 보면 녹지와 스케이트장, 암벽 등반장 등이 조성되어 있다.

건물 내부에는 식당, 옷 가게, 공유 오피스, 뮤직 바 등 쇼핑 시설과 문화 시설 등 약 90개의 점포가 입점해 있다. 1층 동쪽에는 이자카야들이 모여 있는 시부야요코쵸(渋谷横丁)를 조성해 놓아 시끌벅적하다. 시부야 스크램블 교차로와 하라주쿠를 잇는 길 가운데에 위치해 있기 때문에 도보로 이동하다가 중간에 가볍게 들르기 좋은 곳이다.

 **먹거리 / Food**

대형 쇼핑몰이 가득한 쇼핑 천국 시부야

시부야에는 유동 인구가 많은 만큼 대형 쇼핑몰이 많다. 도큐 백화점을 비롯하여 시부야 히카리에, 시부야109, 시부야 마크시티, 마루이(OIOI), 시부야 세이부 등 수많은 쇼핑몰이 있다. 이 밖에도 생활용품 및 DIY 상품을 판매하는 핸즈(HANDS), 저가 할인 매장인 돈키호테와 다이소, 빗쿠 카메라와 LABI 시부야 등 전자 제품 양판점, 마츠모토 기요시를 비롯한 각종 드럭스토어가 있다. 시부야는 그야말로 쇼핑천국이다.

시부야의 밤거리

백화점 내 식품 쇼핑몰
 ## 푸드 쇼 FOOD SHOW

여행을 가서 백화점 쇼핑을 하는 것은 바람직하지 않다는 생각을 갖고 있지만 식품은 추천할 만한 아이템이다. 시부야역의 도큐 백화점 도요코점(東横店) 지하에 있는 대형 식품 매장 'Food Show'가 그중 한 곳이다. 일본의 다양한 음식을 구경하면서 맛볼 수 있다. 우리나라와 마찬가지로 폐점 시간이 다가오면 할인 행사를 진행하기 때문에 그 시간대를 이용하면 가성비를 높일 수 있다. 일본 식품을 구입하고 싶다면 이런 곳을 이용하는 것이 좋다. 다음 날 아침 식사로 이곳에서 도시락을 구입하는 것도 좋지 않을까?

위치 東京都渋谷区渋谷2-24-1
Tokyo-to, Shibuya-ku, Shibuya, 2 Chome-24-1
영업시간 10:00~21:00

 먹거리 / Food

서민적인 술집 골목
② 논베이요코초 のんべい横丁

젊은이들이 많이 모이는 시부야의 화려한 건물과 시끌벅적한 시부야 지역의 철로 옆에 숨겨진 듯 자리 잡고 있는 논베이요코초는 시계를 쇼와 시대(1926년~1988년)로 되돌리게 하는 곳이다. 좁은 골목길 사이에 빽빽하게 들어선 작은 음식점과 술집이 손님을 맞이한다. 신주쿠의 오모이데요코초, 고르덴가이를 연상케 한다. 각 가게는 요리와 술의 종류, 주인의 분위기에 따라 특색이 있다. 내부 규모는 10석 내외의 카운터석이 대부분으로 좁디좁다. 들어가 보는 것만으로도 일본 문화를 느껴볼 수 있다. 센터가이 쪽에서 철로(야마노테선)의 고가 아래로 지나 반대편 광장으로 나가는 길목의 왼쪽에 있다. 분위기는 서민적이지만 가격은 만만치 않다.

위치 東京都渋谷区渋谷1-25
Tokyo-to, Shibuya-ku, Shibuya, 1 Chome-25

논베이요코초 골목과 좁은 가게

본고장의 요리 생선 초밥
③ 우메가오카 스시미도리 梅が丘寿司美登利

일본의 대표적인 요리가 생선 초밥(스시)이다. 우리나라에서도 비싼 편이지만 본고장에 가서 한 번쯤은 먹어 봐야 하지 않을까? 많은 생선 초밥 식당이 있지만 적당한 가격대의 식당을 찾기가 쉽지 않다. 이곳에서는 매일 수산 시장에서 직송해온 신선한 생선과 야마가타(山形)산 쌀을 사용한 최상의 생선 초밥을 비교적 저렴한 가격에 제공한다. 하나씩 주문하기 어려우면 세트(모리아와세)를 주문하면 된다. 초특선(超特選にぎり)이 2,000엔, 특상(特上にぎり)이 1,600엔 정도로 적당한 가격대이다. 문을 열기 전부터 줄을 서야 한다. 1시간 이상 줄을 서는 경우가 있으니 기다릴 각오를 하고 가야 한다.

위치 東京都渋谷区道玄坂1-12-3
Tokyo-to, Shibuya-ku, Dogenzaka, 1 Chome-12-3
영업시간 11:00~22:00(연중무휴)

초특선

먹거리 / Food

서서 먹는 생선 초밥
④ 우오가시니혼이치 魚がし日本一

일본의 식문화 중 대표적인 것이 서서 먹는 식당이다. 생선 초밥도 서서 먹는 식당이 많아졌다. 테이블 좌석 없이 바 형태의 카운터에서 서서 먹는다. 시부야에는 도겐자카(道玄坂)점과 센터가이(センター街)점 두 곳이 있다. 서서 먹는 식당의 장점은 저렴한 비용이다. 다른 서서 먹는 초밥 식당에 비해 약간 비싼 편이지만 우리나라에서 먹는 비용에 비해 저렴하게 먹을 수 있다. 영어 메뉴판이 있으므로 주문에는 그다지 어려움이 없다.

위치 東京都渋谷区道玄坂2-9-1
Tokyo-to, Shibuya-ku, Dogenzaka, 2 Chome-9-1
<센터가이점> 東京都渋谷区宇田川町25-6
Tokyo-to, Shibuya-ku, Utagawacho, 25-6
영업시간 11:00~21:00 (연중무휴)

수제 콜라 전문 점
⑤ 이요시 콜라 伊良コーラ

최근 뜨고 있는 수제 콜라 전문점이다. 이제 수제 맥주를 뛰어넘어 콜라까지 수제로 만드는 시대가 되었다. 칵테일바와 카페 중간 즈음의 분위기를 자아내는 현대적이고 고급스러운 가게다. 콜라는 기존에 마시는 기성 콜라와는 사뭇 다른 맛이다. 콜라보다는 콜라 맛 사탕을 연상시키는 맛이 나며, 계피가 들어갔는지 약간 쓴맛도 난다. 기성 콜라의 단맛을 기대하고 마시면 실망할 가능성이 크다. 현금 결제가 불가능하므로, 카드를 준비하자.

위치 東京都渋谷区神宮前5丁目29-12
Tokyo-to, Shibuya-ku, Jingumae, 5 Chome 29-12
영업시간 13:00~19:00, 연말연시 휴무

먹거리 / Food

이탈리안 프렌치 레스토랑

6 라·소피타 LA SOFFITA

스페인자카에 자리 잡은, 피자와 파스타를 전문으로 하는 레스토랑이다. 파스타는 이탈리아에서 직접 공수해 온 재료를 사용하여 본토의 맛을 즐길 수 있다. 피자는 장작 가마에서 구워 원래 피자의 맛을 최대한 살려 내고 있다. 고급스러운 인테리어를 갖추고 있고 본토의 맛을 추구하면서도 피자 세트가 1,000엔 내외의 저렴한 가격이라서 젊은 층에게 인기 있는 레스토랑이다.

위치 東京都渋谷区宇田川町16-12 2F
Tokyo, Shibuya City, Udagawacho, 16-12 2F

영업시간 11:00~23:00

시부야 285

 먹거리 / Food

⑦ 스카이 하이 SKY HIGH
유기농 재료를 사용한 주스

스카이 하이(Sky high)는 유기농 재료를 사용한 샐러드와 주스를 제공하는 주스 바다. 신선한 유기농 재료와 오너의 오랜 경험으로 섬세하게 브랜딩하여 마시기 쉽고 맛있는 주스를 제공한다. 레시피의 조정이나 새로운 맛을 내기 위해 다양한 상품을 개발하고 있다. '주스 크린즈(Juice Cleanse)'라 하여 소화 기관을 잠시 쉬게 하고 몸 안의 독성을 씻어내 몸의 재생 능력을 향상시키는 주스도 있다. 주스치고는 상당히 높은 가격이다.

위치 東京都渋谷区渋谷2-3-4
   Tokyo-to, Shibuya-ku, Shibuya, 2 Chome-3-4
영업시간 월~토 10:00~19:00
   일 12:00~17:00

⑧ 시부야 라이온 名曲喫茶 ライオン
역사를 간직한 음악 감상실

클래식 음악 감상실(깃사텐)인 시부야 라이온은 1926년에 개업하여 현재까지 영업 중이다. 원래 이 지역은 우리나라의 다방에 해당되는 깃사텐(喫茶店) 골목이었는데 지금까지 남아 있는 곳은 드물다. 도큐 백화점 본점 뒤쪽의 좁은 골목 사이에 있으며 눈에 띄는 초록색 간판과 오래된 대리석으로 장식된 건물이 역사를 말해 준다. 입간판에는 '창업 1926년(創業1926年)'이라고 초록색 간판에는 '명곡 깃사 라이온(名曲喫茶 ライオン)'이라고 쓰여 있다. 클래식 희귀 앨범, 레코드판과 CD를 소장하고 있다. LP판으로 클래식 명곡을 들을 수 있고 때때로 작은 콘서트도 열리는 곳이다.

위치 東京都渋谷区道玄坂2-19-13
   Tokyo-to, Shibuya-ku, Dogenzaka, 2 Chome 19-13
영업시간 11:00~22:30 (오본, 연말연시 휴무)

 **먹거리 / Food**

새벽 5시까지 영업을 하는
⑨ 우타가와 카페 宇田川カフェ

'자신의 방과 같은 분위기의 공간'을 추구하는 우타가와 카페는 도겐자카의 H&M 매장 뒤쪽 이노카시라 거리(井の頭通り) 주변에 자리 잡고 있다. 우타가와 카페는 새벽 5시까지 영업을 한다. 전철이 끊어진 주말 심야 시간에 이곳에서 시간을 보낼 수도 있다. 천장은 목재가 그대로 드러난 로그하우스 분위기에 테이블과 의자는 높낮이와 모양이 다르다. 천장과 벽에 걸린 조명도 고풍적인 분위기를 풍긴다. 어수선한 것처럼 보이지만 나름대로 클래식한 분위기를 자아낸다. 가구의 대부분은 오너가 집에서 가져온 것과 오너와 점장이 중고 매장에서 구입한 것이라고 한다. 피자, 파스타, 샐러드 등의 이탈리안 음식과 알코올과 음료를 판매하고 있다. 시부야에 세 곳이 있다.

위치 東京都渋谷区宇田川町18-4
Tokyo-to, Shibuya-ku, Utagawacho, 18-4
〈宇田川Suite〉東京都渋谷区宇田川町36-12
Tokyo-to, Shibuya-ku, Utagawacho, 36-12
〈宇田川別館〉東京都渋谷区宇田川町36-3, 6F
Tokyo-to, Shibuya-ku, Utagawacho, 36-3 6F
영업시간 11:00~05:00

TIPS

시부야의 밤

시부야는 패션의 도시라는 이름보다 '젊은이들을 위한 문화의 도시'라는 표현이 더 어울린다. 시부야는 젊은이들이 먹고 노는 모든 문화 시설이 있고 이들의 문화가 있는 공간이다. 많은 사람들이 모여 움직이다 보니 다양한 패션을 볼 수도 있다. 명품에서부터 힙합에 이르기까지 다양한 패션이 역동적으로 공존하는 거리이다. 시부야의 밤은 낮보다 더욱 화려하다. 클럽과 크고 작은 바와 펍, 선술집 이자카야, 노래방(가라오케)이 밤을 밝히며 젊은이들을 끌어들인다. 신주쿠 가부키초와는 또 다른 분위기이다.
신주쿠의 가부키초보다 젊은이들이 많이 모이는 곳이 시부야다. 이를 증명이라도 하듯 나이트 클럽이 많다. 시부야 BEAM 건너편의 '시부야 클럽 쿼트로(Club Quattro)'을 비롯하여 'T2 시부야', '할렘(HARLEM)', '아톰 도쿄(ATOM TOKYO)', '움(WOMB 東京都渋谷区円山町2-16, Tokyo-to, Shibuya-ku, Maruyamacho, 2-16)' 등 수많은 클럽이 있다. 그중에서도 '움'은 웅장한 사운드와 휘황찬란한 조명을 바탕으로 하는 야외 공연으로 유명하다.

하라주쿠, 오모테산도

原宿、表参道

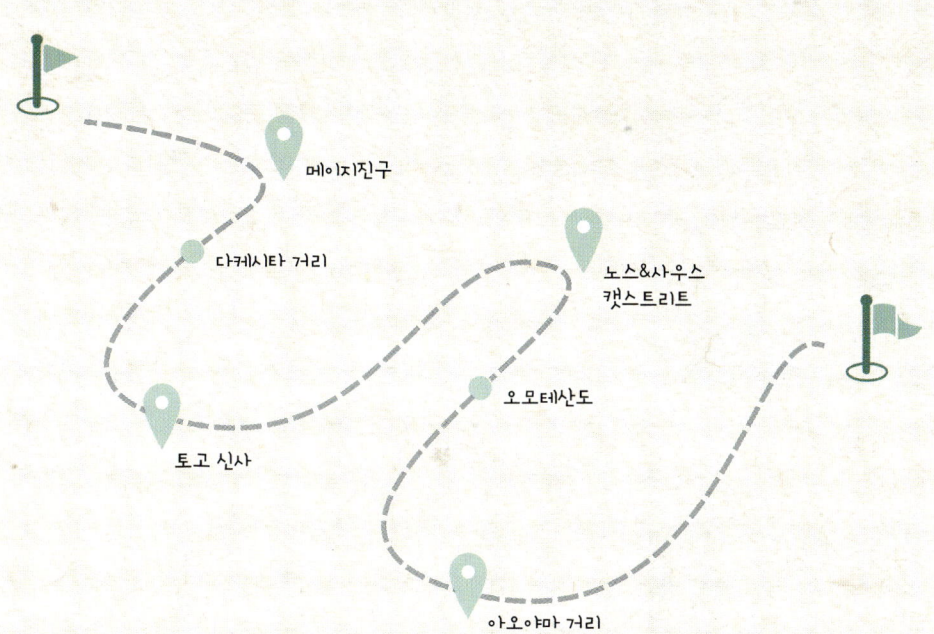

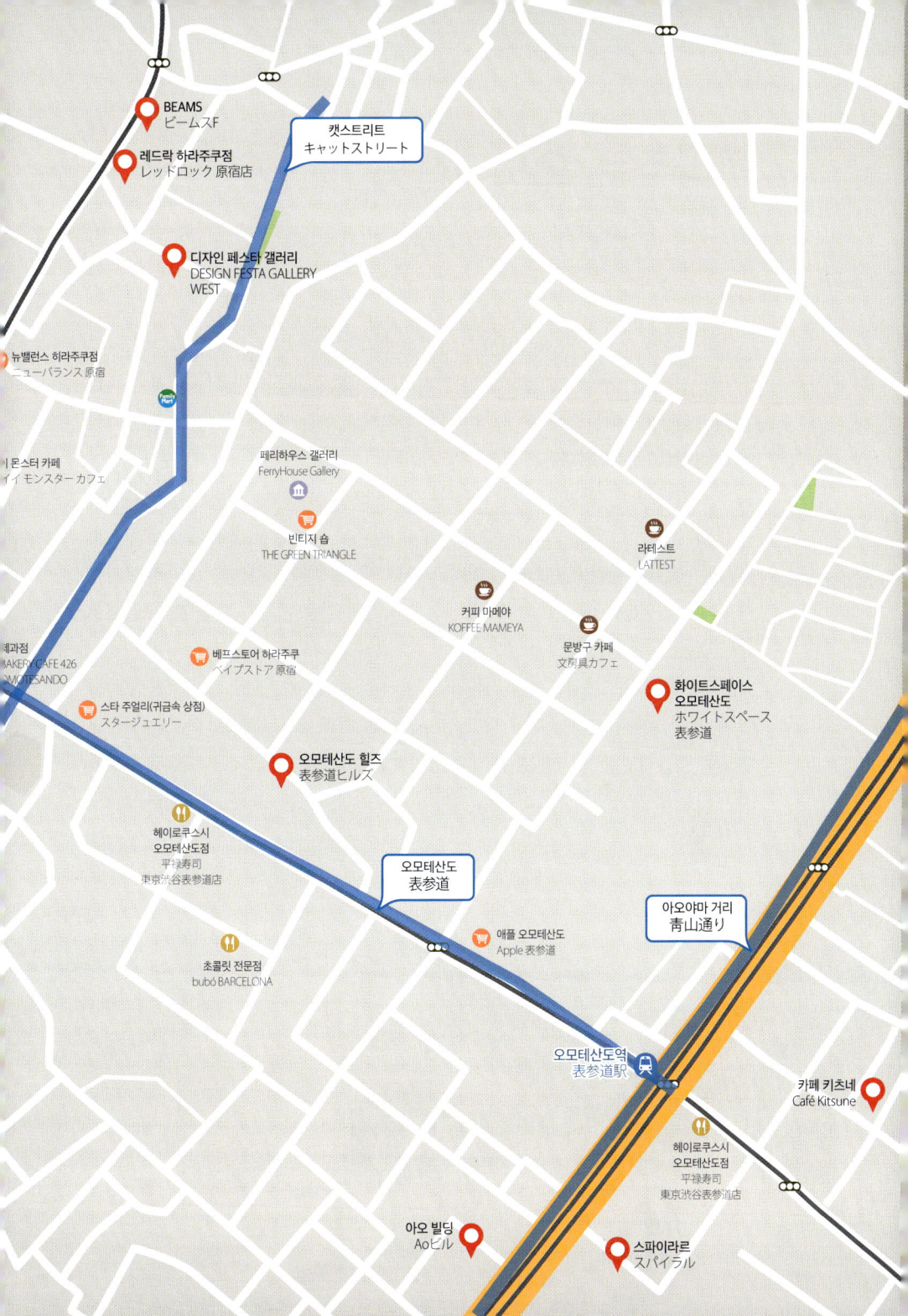

하라주쿠, 오모테산도
原宿、表参道

Information

　하라주쿠와 오모테산도는 패션의 거리이며 새로운 유행과 문화를 창조하는 지역이다. 인접한 지역이지만 전혀 다른 패션의 분위기이다. 하라주쿠는 젊은 층의 '가와이이', 오모테산도는 중년층의 '오샤레'를 상징하는 지역이다. 일본어로 '가와이이(可愛い)'는 귀엽다는 의미이며 '오샤레(おしゃれ)'는 화려하다, 고급스럽다는 의미이다. 연령대로 보면 하라주쿠는 10대에서 20대 초반 세대가, 오모테산도는 20대 후반부터 중년 세대가 주를 이룬다. 우리나라의 패션 잡지에서는 일본 젊은이의 패션을 '하라주쿠 스타일'이라고 소개하기도 한다. 오모테산도와 이어지는 아오야마 거리(青山通り) 역시 오모테산도와 같이 명품 매장과 고급 부티크, 패션 숍이 많은 지역이다.

　하라주쿠와 오모테산도를 둘러볼 때는 하라주쿠역을 기점으로 메이지진구를 돌아본 후 다케시타 거리를 지나 토고 신사, 캣스트리트, 오모테산도, 아오야마 거리 순으로 관광하면 된다. 시부야까지 관광하려면 아오야마 거리에서 도보로 시부야까지 가는 방법도 있다. 오모토산도역에서 시부야역까지는 500m 정도이다.

교통

- 하라주쿠역(原宿駅) : JY 야마노테선
- 메이지진구마에역(明治神宮前駅) : F 후쿠토신선, C 치요다선
- 오모테산도역(表参道駅) : G 긴자선, Z 한조몬선, C 치요다선

 추천 경로

1. 메이지진구(60분)
2. 다케시타 거리 (60분)
3. 토고 신사 (30~40분)
4. 노스&사우스 캣스트리트(90분)
5. 오모테산도 (60분)
6. 아오야마 거리 (60분)

① 역사를 지닌 역사

하라주쿠역
原宿駅

본래 하라주쿠역은 역사(驛舍)가 유명한 곳이었다. 2020년까지 약 100년 동안 자리를 지킨 유럽풍의 목조 건물이 하라주쿠를 찾은 수많은 관광객들을 반겨주었지만 현재는 그 모습을 찾아볼 수 없다. 이 하라주쿠의 상징과도 같던 건물은 2020년 내화(耐火) 기준을 충족하지 못해 철거되었기 때문이다. 이후 신 역사 옆에 구 역사를 최대한 재현할 예정이라고 한다. 비록 많은 사람들에게 익숙해진 구 역사는 이제는 사라져 씁쓸하지만 새롭게 지어진 하라주쿠역은 이전보다 훨씬 넓어서 쾌적하다.

역사 2층에는 커피숍과 같은 상업 시설이 입점해 있다. 그리고 역의 일부 플랫폼이 비어 있는데, 원래 황실 전용으로 사용되던 플랫폼이다. 황실 전용으로 사용되다가 1952년 철도 개통 80주년을 맞이하여 일반인들에게 개방했다. 지금은 매년 1월 1일, 메이지 진구 참배를 위해 개방된다.

설날에 참배객이 가장 많이 모이는
메이지진구
明治神宮

메이지진구(明治神宮)는 메이지 일왕을 기리고자 1920년에 지어진 일종의 사당이라 할 수 있다. 메이지 일왕은 외국과의 교류를 활발히 하며 일본 근대화를 주도한 인물로, 한일 병합도 이 시기에 이루어졌다. 일본인들은 설날(1월 1일)이 되면 신사에 찾아가 1년의 건강을 기원하고 소원을 비는 행사를 하는데 메이지진구에 가장 많은 참배객이 몰린다. 하라주쿠역에서 메이지진구 출구(明治神宮出口)로 나오면 '진구바시(神宮橋)'라 적힌 작은 다리가 있다. 이 다리를 건너면 울창한 숲이 나오는데 이곳이 메이지진구(明治神宮)의 입구다. 입구에 나무로 된 대문과 같은 형상의 조형물이 있다. 일본의 신사 경내에 들어가는 입구임을 의미하는 '토리이(鳥居)'라는 조형물이다.

토리이(鳥居)

'토리이'의 한자 표현은 새가 머문다는 뜻이다. 일반적으로 일본의 신사나 절 입구에 서 있는 조형물이다. 신사의 신성한 공간과 인간의 속세를 구분하는 경계를 나타내는 문이다. 일반적으로 나무로 양쪽에 기둥을 세우고 직사각형 각목 2개로 연결한다. 대문과 같은 느낌을 준다. 우리나라의 홍(살)문, 인도의 사원이나 중국의 비루가 그 원류라고 한다. 색상은 빨간색으로 채색된 경우가 많지만 메이지진구의 것과 같이 아무런 채색도 하지 않고 나무 원형의 색상을 유지하는 것도 많다. 신사 외에도 신성한 공간이라는 의미를 나타내는 장소에 설치되기도 한다. 지역에 따라서는 바다에 설치된 경우도 있다.

메이지진구 입구에 있는 토리이

토리이를 지나 높다란 나무로 둘러싸인 가로수 길을 따라 약 700m를 들어가면 메이지진구 본당이 나온다. 본당으로 들어가는 길목에 많은 술통이 보이는데 이는 천황에게 진상한 각 지역의 유명한 술을 담는 통이다. 그 반대편에는 외국의 주조장 등에서 보내온 오크통이 진열되어 있다.

전국에서 진상한 술통과 외국에서 온 오크통

주말에는 전통 예복을 입고 있는 커플이나 기모노 복장을 한 여성의 모습도 볼 수 있는데 이곳에서 결혼식을 올리기도 한다. 웨딩 촬영을 하는 신랑, 신부의 모습도 간간이 볼 수 있다. 본당 왼쪽에는 '초우즈야(手水鉢, 手水舍)'라는 공간이 있다. 참배자들이 참배하기 전에 몸을 깨끗이 하는 의미에서 손을 씻는 시설이다. 이곳에서 많은 사람들이 물 주걱으로 손을 씻는 모습을 볼 수 있다. 가장 안쪽에 신궁의 본당이 있다.

신당 앞에서 두 손을 모으고 기도하듯 서 있는 사람들이 많은데 메이지 일왕을 기리는 것인지, 자신의 소원을 비는 것인지 모르겠지만 한일병합시대의 인물이라 그런지 우리의 입장에서 보기에 개운하지는 않다.

③ 가와이이 패션의 성지
다케시타 거리
竹下通り

하라주쿠가 가와이이 패션의 성지인데 그 중 메인이 다케시타 거리이다. JR 하라주쿠역을 등지고 보면 왼쪽에 다케시타 거리(竹下通り)임을 알려 주는 아치형 입구가 보인다. 이 골목은 사람들이 가장 붐비는 골목이다. 일본에서 특별한 곳을 이야기할 때 '성지(聖地)'라는 표현을 사용하는데 '가와이이 성지'가 하라주쿠이다. 가와이이는 우리말로 '귀엽다'라는 의미로 사용하는데 하라주쿠는 소녀들의 의류, 액세서리, 먹거리를 갖춘 놀이터이다.

약 350m 골목 양쪽으로 의류, 화장품, 편의점, 커피숍, 패스트푸드점, 아이스크림, 간식 가게, 즉석 사진 가게 등 크고 작은 매장이 빽빽하게 들어서 있다. 이 거리를 왕래하는 사람 대부분은 10~20대 초반 쯤의 연령대이다. 외국에도 많이 알려져 구경하러 온 외국 관광객 인파가 본래의 거리 분위기를 퇴색하게 만드는 것이 옥의 티이다. 다케시타 거리 한편에 서서 다양한 옷과 장신구를 걸치고 개성있는 화장을 한 행인들을 보는 것만으로도 재미있는 곳이다. 이 거리를 찾는 청소년들의 눈높이를 맞추기 위해서 그런지 조금은 유치해 보이는 간판이나 인테리어도 많다.

가와이이 패션

'가와이이(可愛い)'는 우리말로 '귀엽다'라고 해석된다. 귀여운 패션이라는 의미로 원래는 10대들의 패션을 칭했지만 20~30대로 확장되면서 섹시한 패션과 대조되는 의미로 사용되고 있다. 말뜻 그대로 귀여운 분위기의 의상이나 헤어 스타일을 의미하거나 어리게 보이는 의상이나 헤어, 메이크업을 통칭하기도 한다. 가와이이 패션의 성지가 바로 하라주쿠의 다케시타 거리라 할 수 있다.

다이소도 하라주쿠에서는 핑크색

거리를 색상으로 표현한다면 핑크빛이라 할 수 있다. 100엔 할인 매장인 다이소도 이 거리에서는 핑크빛으로 치장한 간판을 내걸고 있다.

이 거리를 걷다 보면 나이를 불문하고 분위기에 빠져든다. 관광이 아니라 쇼핑객의 일원이 되어 자연스럽게 걸으면서 즐겨야 한다. 관점에 따라서 이해할 수 없는 패션도 많지만 이 또한 눈요기의 하나로 생각하면 즐길 수 있다. 아무리 난해한 패션이라도 하나의 문화로 바라보는 시각이 필요하다. 시각에 따라 세련되고 신선한 디자인으로 이해할 수도 있을 것이다. 고정 관념에 사로잡힌 시선보다는 조금 열린 시선으로 보면 새로운 모습으로 보일 것이다.

④ 오샤레의
오모테산도와 아오야마 거리
表参道、青山通り

오모테산도(表参道) 거리는 이름에서 알 수 있듯이 메이지진구를 참배하기 위해 만들어진 '참배 길(参道)'이다. 거리가 생긴지 오래되어 양쪽 옆의 가로수도 역사를 증명이라도 하듯 울창한 숲을 이루고 있다. 중간에 육교가 있는데 육교에서 바라보면 멀리 메이지진구가 있는 숲이 보인다. 길 양쪽으로 세련된 매장이 들어서 있다.

오모테산도 힐즈를 중심으로 명품 매장, 애플스토어, 유명 스포츠 브랜드 매장 등 다양한 매장이 들어서 있다. 매장에 진열된 상품뿐 아니라 건물과 디스플레이에도 주목할 필요가 있다. 다양한 구조와 디자인의 건축물, 일본 특유의 아기자기한 소품을 활용한 인테리어와 상품 디스플레이에서는 일본인들의 특색이 묻어 나온다.

오모테산도 거리의 끝자락에 오모테산도역(表参道駅)이 있다. 오모테산도역에서 시부야역에 이르는 대로가 아오야마 거리(青山通り)이다. 이 거리 역시 오모테산도와 유사한 분위기로 명품 숍을 비롯해 갤러리, 뷰티 숍 등 세련된 점포가 많이 있는 거리이다. 아오(Ao), 고파(Gofa), 스파이라르(Sprial) 빌딩 등 독특한 디자인의 세련된 건물도 많이 볼 수 있다.

아오야마 거리의 건물들

오모테산도역에서 약 100m를 나아가면 유리로 된 독특한 디자인의 건물이 나타난다. 쇼핑몰 'Ao(東京都港区北青山3-11-7 / Tokyo-to, Minato-ku, Kitaaoyama, 3 Chome-1 1-7)'이다. 일본어로 '만나자'가 '아오우(会おう)'인데 이 일본어 발음을 따서 지은 이름이라고 한다.

이 건물은 낮에 봐도 아름다운 외관을 자랑하는데 저녁이 되면 LED 조명이 라이트업 되면서 환상적인 분위기를 연출해 아오야마 거리를 비춘다. 이곳에는 세계적인 향수와 화장품 브랜드 샤넬이 입주해 있는데 매장이 도로에 접해 있는 곳은 이 점포가 세계 최초라고 한다. 아오(Ao) 건물과 마주하고 있는 스파이라르(東京都港区南青山5-6-23 / Tōkyō-to, Minato-ku, Minamiaoyama, 5 Chome-6-23) 건물도 독특한 외관을 자랑하고 있다. 이 건물은 복합 문화 시설로 갤러리, 레스토랑, 뷰티 살롱, 바, 생활 잡화 등의 복합 시설이 들어서 있다. 다목적 홀에서는 전시회뿐만 아니라 연극, 쇼, 파티 등의 다양한 이벤트가 개최된다.

독특한 디자인의 스파이라르 빌딩

이 밖에도 여성 패션 매장을 비롯한 복합 상업 시설인 La Porte 아오야마(東京都渋谷区神宮前5-51-8 / Tōkyō-to, Shibuya-ku, Jingūmae, 5 Chome-51-8), 타원형의 오벌 빌딩 2층에 자리 잡고 있는 갤러리 Gofa(東京都渋谷区神宮前5-52-2 青山オーバルビル 2F / Tōkyō-to, Shibuya-ku, Jingūmae, 5 Chome-52-2)가 있다. 갤러리 Gofa는 일본 최초의 애니메이션, 만화, 게임 전문 갤러리로 유명하다. 종종 만화나 애니메이션 작가들의 원화 전시회가 열리는 곳이다. 일본 애니메이션이나 만화, 게임에 관심이 있는 사람이라면 한 번쯤 들러 보면 살아있는 공부가 되지 않을까 생각된다. 각종 유명 브랜드의 패션을 감상할 수도 있지만 건물들을 보면서 독특한 디자인의 건물을 감상할 수 있는 기회도 함께 누릴 수 있다.

⑤ 캣스트리트
하라주쿠 뒷골목
キャトストリート

'하라주쿠 뒷골목(裏原宿)'이라 불리는 지역으로 오모테산도를 가운데에 두고 뒤쪽 골목길을 말한다. '고양이 볼처럼 좁은 길' 또는 '고양이가 많았던 곳'이라서 캣스트리트로 불린다고 한다. 그렇다고 고양이가 나타나는 곳은 아니다. 오모테산도힐즈 뒤쪽이 노스(North) 캣스트리트, 반대편 쪽이 사우스(South) 캣스트리트이다.

이 길은 1964년 도쿄 올림픽을 계기로 시부야천(川)을 복개하여 만든 도로에 젊은 디자이너들이 점포를 내면서 형성되었다. 좁은 골목길 양쪽으로 2~3층 정도의 그리 높지 않은 건물이 들어서 있고 패션숍과 레스토랑이 밀집해 있다. 다케시타 거리처럼 번잡하지 않은 꾸불꾸불한 골목길로 왠지 정감을 느끼게 하는 거리이다. 오모테산도에 점포를 내기 어려운 영세업자들이 허름한 건물에 점포를 내면서 시장 분위기와 같은 느낌이었으나 하라주쿠, 오모테산도, 아오야마 지역의 발전에 영향을 받아 규모는 작지만 아기자기한 맛을 내는 세련된 상가로 바뀌게 되었다. 캣스트리트에는 헌 옷이나 재고 옷 판매점도 많다. 오모테산도처럼 고가의 브랜드가 아니다. 오모테산도에 있는 점포에 비해 소규모의 패션숍과 카페, 레스토랑이 많다.

개성이 넘치는 모양과 세련된 디스플레이로 눈길을 끈다. 개인적으로는 다케시타 거리의 번잡스러움이나 오모테산도의 화려한 분위기보다는 한적하고 운치가 있는 캣스트리트가 왠지 정감이 가고 마음에 들어 이곳에서 많은 시간을 보냈다.

하라주쿠, 오모테산도 주변의 골목은 모두 특색을 지닌 지역이라 할 수 있다. 시간적 여유가 된다면 느긋하게 감상하며 즐기는 여유를 가져 보았으면 한다. 특정 가게를 일부러 찾으려 하지 말고 돌아보다가 마음에 드는 곳에 들어가서 구경하거나 차를 마시는 여유를 가졌으면 한다. 아무 곳이나 들어가도 후회하지 않을 것이다.

일반인들의 전시 공간
디자인 페스타 갤러리
DESIGN FESTA GALLERY WEST

위치 東京都渋谷区神宮前3-20-18
Tokyo-to, Shibuya-ku, Jingumae, 3 Chome-20-18

노스 캣스트리트 끝자락에 다다르면 독특한 형상의 건물이 눈에 들어온다. 건설 공사장의 비계 파이프를 이용하여 건물 외관을 장식한 건물인데 갤러리와 카페가 들어서 있다. 원본 작품이라면 국적이나 연령에 관계없이 저렴한 가격에 공간을 임대해 주는 갤러리이다. 회화, 사진, 일러스트, 그래픽, 영상 등 다양한 장르가 전시되는 공간이다. 넓이에 따라 차이는 있지만 저렴한 곳은 3.2㎡의 경우 하루 임대료가 평일 5,500엔대, 주말에는 7,500엔대이며 1주일 임대료는 35,000엔 내외이다. 일본 사람들에게 소개하고 싶은 사진이나 미술, 일러스트레이터, 그래픽 작품이 있다면 이곳에 전시해 보는 것도 고려해 볼 만하다. 젊은이들이 많이 모이는 거리인 만큼 전시하는 사람들도 젊은 세대가 주를 이룬다.

가설재로 장식된 갤러리

쇼핑 / Shopping

하라주쿠의 랜드마크
① 라포레 하라주쿠 ラフォーレ原宿

오모테산도와 메이지 거리가 교차되는 지점에 있는 건물로 남녀 의류, 화장품, 액세서리 및 레스토랑이 있는 복합 상업 건물이다. 1978년에 지어져 하라주쿠의 랜드마크 역할을 하는 건물이다. 랜드마크인 이유는 단순히 건물이 높아서도, 패션 매장이 있어서도 아니다. 하라주쿠의 패션 트렌드를 주도했기 때문이다. 각종 이벤트와 기획, 임팩트 있는 광고로 화제를 모았으며 이곳에서 많은 패션 크리에이터가 탄생했다. 이곳은 만남의 장소로도 유명해 주말이나 휴일에는 많은 젊은이들이 누군가를 기다리고 만나는 광경을 볼 수 있다.

위치 東京都渋谷区神宮前1-11-6
Tokyo-to, Shibuya-ku, Jingūmae, 1 Chome-11-6

영업시간 11:00~20:00

오모테산도의 랜드마크
② 오모테산도 힐즈 OMOTESANDO HILLS

도시 재개발 프로젝트의 일환으로 기존의 낡은 아파트 단지를 허물고 건설(2006년)한 복합 시설이다. 상업 시설, 주거 시설, 주차 시설을 가진 세 개의 건물로 이루어져 있다. 아파트를 허물고 재건축할 당시에 입주민들의 반발로 상당한 마찰이 있었다고 한다. 지금도 끝자락에는 원래의 공영 주택을 일부 남겨 두었다. 도로의 경사면에 맞춰 슬로프와 계단이 만들어진 독특한 형태를 띠고 있다.
21_21 디자인사이트 등을 설계한 세계적인 건축가 안도 타다오(安藤忠雄)가 설계한 것으로도 유명하다. 이 오모테산도 힐즈에는 루이비통, 버버리, 샤넬 등 우리에게도 익숙한 세계적인 명품 브랜드와 귀금속 가게가 입점해 있다. 또, 귀에 익숙하지 않지만 한눈에 봐도 고급스러운 디자인의 상품과 의상이 전시된 점포가 들어서 있다.

위치 東京都渋谷区神宮前4-12-10
Tokyo-to Shibuya, Jingumae, 4-12-10

영업시간 11:00~21:00
일 11:00~20:00
(레스토랑 종료는 23:30, 일 22:00)

오모테산도 힐즈
(끝부분에 자리한 공영주택)

쇼핑 / Shopping

③ 남성 캐쥬얼웨어의
BEAMS

다케시타 거리의 끝 지점의 대로변에 있는 'BEAMS'는 'TOKYO CULTUART by BEAMS'라는 콘셉트를 바탕으로 독특한 예술품이나 피규어, 실물 크기의 장난감 등을 뒤엉켜 전시하고 있다. 패션을 예술과 조합한 콘셉트라 할까? 물건을 파는 매장이면서 공연과 전시장을 겸비한 공간이다. 이곳에서는 전시회나 공연도 열린다. 전위 예술품과 같은 분위기를 자아낸다. 창업자인 나가이(永井秀二)씨는 "도쿄에는 다양한 문화가 모여 혼돈하는 이미지가 있다. 그 이미지대로 아키하바라에 있을 것 같은 소프트 비닐 인형, 간다 진보초에 있을 것 같은 헌책, 인기 갤러리에 전시되어 있을 것 같은 회화 등이 여기에는 같이 늘어서 있다.

콤팩트하게 '맛있는 것만 취하는' 도쿄다운 것만을 모은 셀렉션은 예술을 좋아하는 사람, 초보 예술자 또는 외국인들도 좋아할 것으로 생각한다."고 말했듯이 현대 도쿄의 다양한 문화를 보여준다는 콘셉트의 패션 스타일을 강조하고 있다. 이곳은 남성 패션의 비중이 여성 패션에 비해 7:3 정도로 높은 편이다. 이 거리를 따라 BEAMS BOY, RAY BEAMS, BEAMS, BEMA+가 들어서 있다.

위치 東京都渋谷区神宮前3-24-7 / Tokyo-to, Shibuya-ku, Jingūmae, 3 Chome-24-7
영업시간 11:00~20:00

④ 코스프레 점원이 안내하는 캔디
캔디 아 고고 CANDY A GO GO

다케시타 거리 중간쯤에 '캔디 아 고고'라는 과자 가게가 있다. 이곳은 전 세계의 캔디, 초콜릿이 진열되어 있으며 100g에 500엔 정도의 금액이다. 캐릭터 복장(코스프레)을 한 점원들이 서비스를 한다. 설날, 할로윈데이, 크리스마스 등 시기에 따라 다른 복장으로 분장하여 등장한다. '과자는 패션의 한 아이템'이라는 콘셉트로 과자를 테마로 한 새로운 개념의 가게라 할 수 있다.

위치 東京都渋谷区神宮前1-7-1 1F
　　　Tokyo-to, Shibuya-ku, Jingūmae, 1 Chome-7-1
영업시간 10:00~20:00

쇼핑 / Shopping

가와이이 패션의 대표 매장
⑤ 솔라도 SOLADO

솔라도(Solado)는 다케시타 거리에서 가와이이 패션을 보여 주는 대표적인 가게다. 입구의 컬러풀한 간판에서 그 분위기가 느껴진다. 지하 1층에는 재고 옷이나 헌 옷, 1층에는 중고생들의 캐주얼 스타일 의상, 구두, 잡화의 유명 브랜드 매장이 자리하고 있다. 3, 4층은 쇼핑에서 빠질 수 없는 먹는 즐거움을 충족시켜 주는 장소이다. 이곳에서는 매년 'Solado 이미지 모델'을 선발하고, 인터넷 투표로 Solado Girls를 선발하는데 이들은 Solado의 모델을 하게 된다.

위치 東京都渋谷区神宮前1-8-2
Tokyo-to, Shibuya-ku, Jingūmae, 1 Chome-8-2

영업시간 평일 10:30~20:30
토, 일, 공휴일 10:30~21:00

Solado 매장

속옷 전문 매장
⑥ 해피하트 HAPPY HEART

다케시타 거리에는 모든 패션 아이템이 있다. 란제리(속옷)도 하라주쿠의 가와이이 패션 아이템 중 하나이다. Happy Heart는 란제리를 전문으로 취급하는 매장이다. 각종 속옷과 귀여운 느낌의 잠옷이 진열되어 있다. 핑크빛 디스플레이로 장식해 놓은 입구에서부터 란제리 전문점이라는 것을 알 수 있다.

위치 東京都渋谷区神宮前1-20-7
Tokyo-to, Shibuya-ku, Jingūmae, 1 Chome-20-7

영업시간 11:00~19:30

쇼핑 / Shopping

⑦ 프리쿠라랜드 노아 ノア
다양한 장식과 함께 찍는 스티커 사진

작은 박스에 들어가 다양한 배경을 설정하여 찍고, 편집 도구를 이용하여 장식을 하는 사진을 '스티커 사진'이라 부르는데 일본에서는 '프린트 클럽'이라 한다. 단어를 줄여 '프리쿠라'라 부른다. 여중고생이 많이 모이는 하라주쿠에서 빠지지 않는 놀이 중 하나이다. 프리쿠라랜드 노아는 다케시타 거리의 중간쯤 지하에 있다. 탈의실에서 다양한 복장으로 갈아입을 수 있으며, 다양한 아이템이 있는 기계에서 사진 놀이를 할 수 있다.

위치 東京都渋谷区神宮前 1-17-5
Tokyo-to, Shibuya-ku, Jingūmae, 1 Chome-17-5

영업시간 08:00~23:00

프리쿠라 내부

⑧ 콘도마니아 CONDOMANIA
대로변으로 당당히 나와 있는

밤 문화의 상징이며 은밀한 것으로 취급되는 콘돔을 판매하는 가게가 하라주쿠 대로변에 자리 잡고 있다. 가게 이름도 당당하게 '콘도마니아'인 이곳은 오모테산도 사거리의 한쪽에 자리 잡은 콘돔 전문점이다. 간판에는 'Condomania' '+Fun SHOP' 이라 쓰여져 있다. 온라인 판매도 하고 있는 숍이다. 이렇게 비싼 땅에서 별도의 매장을 운영할 정도로 비즈니스가 되는 것이 신기할 따름이다.

위치 東京都渋谷区神宮前6-6-8
Tokyo-to, Shibuya-ku, Jingūmae, 6 Chome-6-8

영업시간 11:00~21:30

먹거리 / Food

9 크레페
다케시타 거리의 빠질 수 없는 군것질

친구들과 쇼핑을 하면서 먹는 간식은 또 다른 추억이다. 10~20대가 많이 모이는 다케시타 거리에는 많은 간식거리가 있다. 그중에 빠질 수 없는 것이 크레페이다. 다케시타 거리를 걷다 보면 수많은 크레페 가게가 있다. Angel Heart, Sweet Box, Marion Crepes, Santa monica 등 경쟁을 벌이듯 자리를 잡고 있다. 달달한 크레페로 먹는 즐거움을 누리고 여행의 피로를 푸는 것도 좋을 것 같다.

10 레드락 RED ROCK
줄을 서야 먹을 수 있는 스테이크동 전문점

BEAMS+ 지하에 자리 잡은 Red Rock(レッドロック)은 고베에 본점을 둔 스테이크 가게로, 전국적으로 체인점을 갖고 있는데 그 중 한 곳이 하라주쿠에 있다. 원래 고베는 일본 소인 '와규(和牛)'로 유명한 지역이다. 그러나 이곳에서는 반드시 일본 소만을 사용하지는 않는다.

이곳은 기본적으로 줄을 서야 먹을 수 있다. 스테이크동과 로스트비프동이 대표적인 메뉴이며 가격은 1,000엔 내외이다. 일본 소인 흑우를 이용한 메뉴인 흑우 와규는 1,600엔~2,000엔 정도이다. 이곳 덮밥 요리는 가격에서도 그렇지만 일본 어디에서나 만날 수 있는 규동 체인점의 규동(덮밥)과는 차원이 다른 맛을 자랑한다. 주머니 사정이 여의치 않더라도 한 번쯤은 이런 요리로 호사를 누려보는 게 어떨까?

위치 東京都渋谷区神宮前3-25-12 B1F
Tokyo-to, Shibuya-ku, Jingūmae, 3 Chome-25-12
영업시간 11:00~21:00

Red Rock 하라주쿠점과 스테이크동

먹거리 / Food

⑪ 루크스 LUKE'S
로브스터 요리를 간편하게

미국에서 탄생한 로브스터 롤 전문점의 일본 지점이다. 로브스터 요리를 샌드위치나 햄버거처럼 들고 먹을 수 있도록 만든 간편식이다. 일반적인 샌드위치에는 고기를 넣거나 채소를 넣는데 반해 쉽게 먹을 수 없는 로브스터를 넣은 것이 특징이다. 햄버거나 샌드위치보다는 약간 비싼 편(1,000엔 내외)이다.

위치 東京都渋谷区神宮前5-25-4
Tokyo-to, Shibuya-ku, Jingūmae, 5 Chome-25-4
영업시간 11:00~20:00

⑫ 카페 키츠네 CAFÉ KITSUNE
프랑스와 일본의 조화

외국에서 들어온 커피숍으로 오모테산도, 아오야마 지역에서 조용히 인기를 얻고 있는 카페가 키츠네이다. 원래 프랑스의 패션과 음반 레이블을 전문으로 한 '메종 키츠네'에서 출점한 카페다. 일본어로 '여우'란 의미의 '키츠네'가 프랑스 브랜드라는 것이 특이하다. 대나무 울타리와 대리석 바닥으로 꾸민 입구가 일본 전통 찻집의 분위기를 자아낸다. 고소한 맛과 향을 가진 카페라테를 추천한다.

위치 東京都港区南青山3-15-9
Tokyo-to, Minato-ku, Minamiaoyama, 3 Chome-15-9
영업시간 10:00~19:00

하라주쿠, 오모테산도

에비스, 다이칸야마, 나카메구로

恵比寿、代官山、中目黒

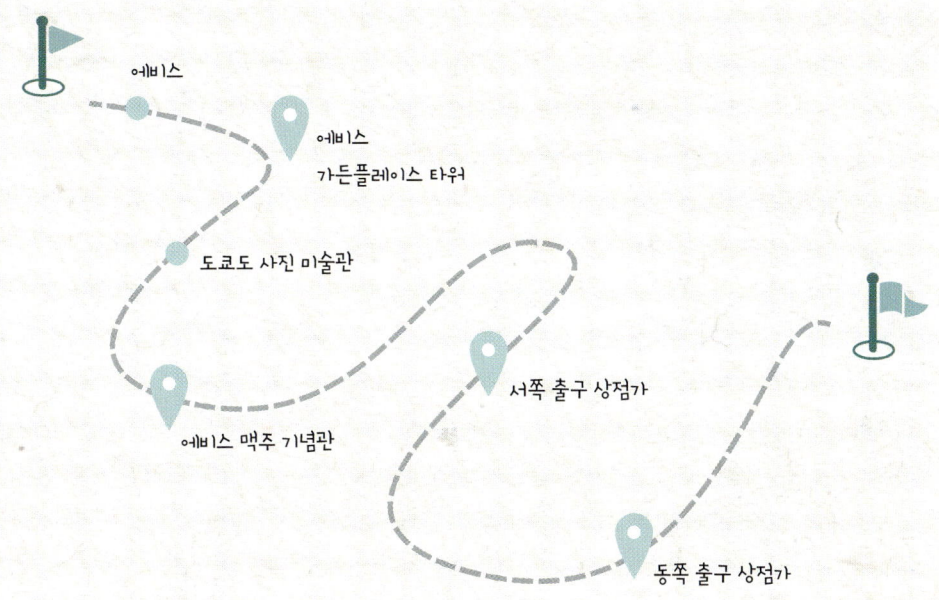

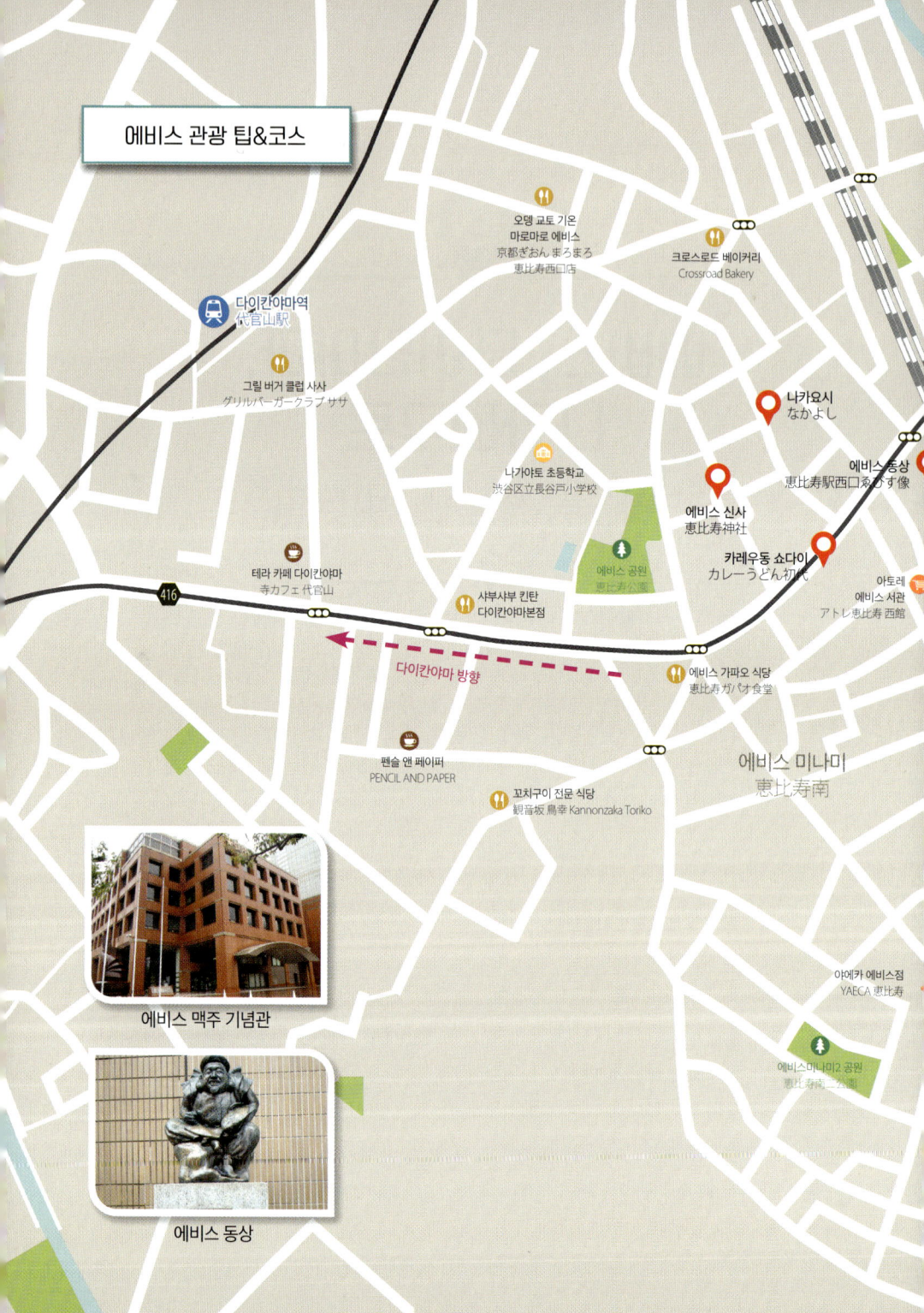

에비스, 다이칸야마, 나카메구로
恵比寿、代官山、中目黒

Information

　에비스, 다이칸야마, 나카메구로 지역은 시부야 아래쪽에 위치해 있으며 2000년대부터 떠오른 지역이다. 약간씩 차이는 있지만 주택가를 끼고 있으며 세련된 분위기의 패션숍과 로맨틱한 레스토랑, 카페가 많은 지역이다. 맛과 멋을 추구하는 사람들이 찾는 지역으로 알려져 있다. 시부야 지역이 커지면서 지가 상승에 따른 임대료 폭등으로 인해 주변 지역으로 확장되었다. 그 대표적인 지역이 에비스, 다이칸야마, 나카메구로 지역으로 세 지역이 트라이앵글을 이루고 있다.

에비스(恵比寿)

　에비스역을 중심으로 발달했으며 개성적인 레스토랑과 숍이 많은 지역이다. 비교적 오래된 주택가를 중심으로 깔끔하고 아담한 작은 상점이 모여 있다. 전체적으로는 차분한 느낌이지만 젊은이들이 많이 찾는 지역이다. 지역 이름은 일본의 맥주 브랜드인 '에비스'에서 유래되었다. 1887년에 맥주 공장이 세워졌으며 1923년에 정식으로 '에비스'라는 지명이 되었다. 에비스 맥주 공장터를 활용한 '에비스 가든플레이스'가 문을 열면서 주변에 세련된 레스토랑과 점포가 많이 늘어났다. 서쪽

출구 쪽에는 라멘집을 비롯한 레스토랑과 유흥가가 있다.

　에비스역은 에비스 가든플레이스 외에는 큰 빌딩이나 유명한 관광지가 있는 곳은 아니다. 에비스역에서 스카이워크를 이용해 에비스 가든플레이스로 간다. 가든플레이스 내에 있는 도쿄도 사진 미술관, 에비스 맥주 기념관, 백화점 등을 돌아본 후 다시 에비스역으로 돌아온다. 그 다음에는 반대편으로 나가 동쪽 및 서쪽 출구 상가를 돌며 관광한다. 시간적 여유가 된다면 에비스에서 다이칸야마로 걸어가면 좋다.

  교통

- **에비스역**(恵比寿駅) : ⓙⓨ 야마노테선, ⓗ 히비야선, ⓙⓐ 사이쿄선, ⓙⓢ 쇼난신주쿠라인

  추천 경로

1. 에비스 가든플레이스 타워 (30분)
2. 도쿄도 사진 미술관 (60분)
3. 에비스 맥주 기념관 (30~40분)
5. 동쪽 출구 상점가 (60분)
4. 서쪽 출구 상점가 (60분)

복합 상업 시설

에비스 가든플레이스
恵比寿ガーデンプレイス

에비스 지역의 랜드마크다. 에비스 맥주의 모회사인 삿포로 맥주가 에비스 공장 자리에 건설한 오피스 빌딩, 미술관, 백화점, 영화관, 레스토랑, 주택 단지 등으로 구성된 복합 시설이다. 에비스역에서 상당히 멀지만 에비스 스카이워크라 불리는 움직이는 보도를 통해 쉽게 접근할 수 있다.

에비스 스카이워크가 끝나는 위치에 에비스 가든플레이스가 있다. 넓은 광장을 중심으로 왼쪽에는 백화점, 오른쪽에는 주상 복합 시설, 호텔, 사진 박물관 등의 다양한 시설이 자리 잡고 있다. 내부에는 고급스러운 인테리어의 레스토랑과 쇼핑 시설이 있다. 연말이 되면 볼 수 있는 화려한 조명을 가진 일루미네이션이 볼거리 중 하나이다.

맥주의 모든 것
에비스 맥주 기념관
恵比寿ビール記念館

위치   東京都渋谷区恵比寿4-20-1
      Tokyo-to, Shibuya-ku, Ebisu, 4-20-1
영업시간 11:00~19:00
         (월요일, 연말연시 휴관)

에비스 맥주 탄생 120주년을 기념하여 2010년에 개관한 맥주 기념관이다. 단독 상품 브랜드의 기념관은 매우 특이한 경우이다. 100년 전의 맥주와 관련된 자료와 정보가 가득하며 맥주의 발전상을 볼 수 있다. 에비스 맥주를 시음할 수 있으며 맥주 초콜릿과 캐러멜을 기념품으로 구입할 수 있다.

③ 사진 영상 전문 미술관
도쿄도 사진 미술관
東京都写真美術館

위치 　東京都目黒区三田1丁目13-3
　　　Tokyo-to, Meguro-ku, Mita, 1-13-3
개관시간 　10:00~18:00
　　　　월요일 휴관
　　　　(월요일이 공휴일인 경우 다음날 휴관)

도쿄도 역사 문화 재단에서 운영하는 사진, 영상 전문 공립 미술관이다. 일본의 첫 번째 사진 영상 미술관이다. 사진 전시실, 영상 전시실 외에 도서관과 카페, 뮤지엄 숍이 있다. 최근에는 애니메이션, 텔레비전 게임과 같은 영상 문화에 힘을 쏟고 있다. 일본을 대표하는 작가의 작품도 소장하고 있다.

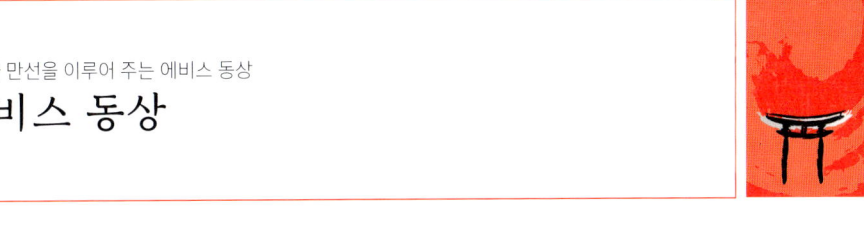

4 상업과 만선을 이루어 주는 에비스 동상
에비스 동상

에비스역의 서쪽 출구로 나가면 에비스 동상이 있다. 에비스는 일본의 칠복신 중의 하나로 상업 번성과 만선을 이루어주는 신이다. 만면에 미소를 띠고 있듯이 행복의 상징으로 알려져 있다. 에비스를 찾는 사람들이 만남의 장소로 이용하는 대표적인 장소로 항상 누군가를 기다리는 사람으로 붐빈다. 1975년 라이온스 클럽에서 기증한 동상이라고 한다.

TALK&TALK

 그리 큰 변화가 아니네요.

 아빠가 도쿄에 살았을 때는 그리 알려지지 않은 지역이었는데 시부야가 커지면서 확장된 지역이지.

 세 지역이 특색이 있나요?

 굳이 구분하자면 다이칸야마는 여성 취향, 나카메구로는 남성 취향, 에비스 서쪽 출구는 모던한 분위기, 동쪽 지역은 레트로한 분위기랄까? 주관적이긴 하지만….

 에비스 맥주는 들어봤는데…. 이왕 여기까지 온 거 한번 마셔 봐요!

 맥주보다는 다이칸야마의 패션, 나카메구로의 먹거리를 둘러보면 어떨까….

먹거리 / Food

특이한 비쥬얼의 소바 전문점
① 이타소바 카오리야 板蕎麦 香り家

풍부한 풍미를 가지고 있는 소바면을 먹어볼 수 있는 판소바 전문점. 주문 시 면의 굵기를 정할 수 있는데 다른 가게에서는 잘 팔지 않는 굵은 면(極太麺)을 판매하고 있다. 굵은 면은 메밀의 고소한 향기를 온전히 느낄 수 있다. 메밀에 진심인 가게라 그날 사용할 소바를 직접 갈아서 준비한다고 한다. 특이하게 소바 하이볼을 팔고 있다. 카오리야(香り家) 세트가 가장 인기 있으며 세트 구성이 푸짐하다. 식사 시간대에는 웨이팅이 기본이다.

위치 東京都渋谷区恵比寿4-3-10
Tokyo-to, Shibuya-ku, Ebisu, 4 Chome 3-10
영업시간 점심 11:00~16:00/저녁 17:00~22:00 연중무휴

새롭게 떠오르는 커피 전문점
② 사루타히코 猿田彦

커피 전문점인 스타벅스의 인기는 세계적이다. 일본에서도 가는 곳마다 스타벅스가 자리 잡고 있다. 2015년에는 미국에서 들어온 블루보틀(Blue Bottle)이 가세해서 인기를 얻고 있다.
여기에 조용히 떠오르는 커피업계의 숨은 강자가 '사루타히코(猿田彦)'이다. 오오츠카(大塚) 사장이 20대인 2013년에 창업하여 입소문을 타면서 점포를 늘려 가고 있다. 에비스 본점을 중심으로 오모테산도, 신주쿠, 진보초, 초후 등에 점포를 늘려가고 있다. 사루타히코는 10여 석 정도의 작은 커피숍이다. 내부는 목재로 된 아기자기한 인테리어에 원두가 진열된 진열장과 테이블 서너 개가 전부이다. 인기의 비결은 역시 최고의 원두를 사용하여 내리는 핸드드립 커피이다.

위치 東京都渋谷区恵比寿1-6-6
Tokyo-to, Shibuya-ku, Ebisu, 1-6-6
영업시간 월~금 08:00~22:00
토, 일 10:00~22:00

먹거리 / Food

③ 쇼다이 初代
수타 메밀면, 카레우동

이 식당의 색상은 화이트(White)다. 일단 입구의 간판부터 흰색 바탕이다. 대표 메뉴인 수타 메밀면 외에 카레 우동이 있다. 카레우동을 주문하면 하얀색 아이스크림 같은 무언가로 뒤덮인 음식이 나온다. 이 하얀색의 정체는 감자에 생크림을 얹은 무스다. 카레 우동의 맛을 보다 부드럽게 해 준다. 소주, 맥주 등 알코올과 안주도 있다.

위치 東京都渋谷区恵比寿南1-1-10
Tokyo-to, Shibuya-ku, EbisuMinami, 1-1-10

영업시간 11:30~23:00
연말연시 휴무

④ 에비스요코초 恵比寿横丁
쇼와 시대 분위기의

꼬치구이, 오뎅과 튀김, 생선회 및 스시, 냄비 요리, 이자카야, 철판 요리 등 여러 먹거리 식당이 모여 형성된 식당가이다. 비교적 세련된 분위기의 가게가 많은 에비스 지역에서 쇼와 시대(1930~1980년대)의 분위기를 느낄 수 있는 식당가이다. 이곳이야말로 간단히 한잔을 즐길 수 있는 최적의 장소가 아닐까?

위치 東京都渋谷区恵比寿1-7-4
Tokyo-to, Shibuya-ku, Ebisu, 1-7-4

영업시간 16:00~03:00

 **먹거리 / Food**

타이야끼 전문점
⑤ 타이야끼 히이라기 たいやきひいらぎ

우리나라의 붕어빵의 원형이라고 할 수 있는 타이야끼(도미빵) 전문점이다. 붕어빵과 타이야끼 모두 생선 모양이고, 안에 앙금같은 내용물이 들어 있는 것은 똑같지만 생김새가 미묘하게 다르며 타이야끼 크기가 붕어빵보다 크다. 식감도 살짝 다르다.
한국에서 겨울에 붕어빵을 즐겨 찾는 여행객이라면 한 번 맛보는 것도 나쁘지 않다. 이 매장에서는 계절 메뉴도 판매하고 있어 여름에는 아이스크림이 든 타이야끼도 맛볼 수 있다.

위치 東京都渋谷区恵比寿1-4-1
Tokyo-to, Shibuya-ku, Ebisu, 1 Chome 4-1

영업시간 10:00~19:00
(재료 소진되는 대로 종료, 연중무휴)

먹거리 / Food

6. 나카요시 なかよし
일식당 겸 이자카야

목재로 된 친근감 있는 외관이 눈길을 끈다. 나무에 양각을 한 간판에서 친근감이 느껴지는 가게다. 나무로 된 내부 인테리어는 차분한 느낌을 준다. 냄비 요리와 생선구이, 튀김 메뉴가 있다. 저녁 시간에는 이런 요리와 함께 술을 한잔 할 수 있는 식당이다.
동행한 지인에 의하면 이곳에 붙어 있는 메뉴의 글씨체가 일본에서 매출을 올리는 글씨체라고 한다. 많은 가게에서 이러한 글씨체를 사용하고 있다고 한다.

위치 東京都渋谷区恵比寿西1-8-2
Tokyo-to, Shibuya-ku, EbisuNishi, 1-8-2

영업시간 11:00~21:00

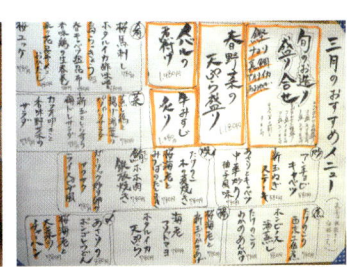

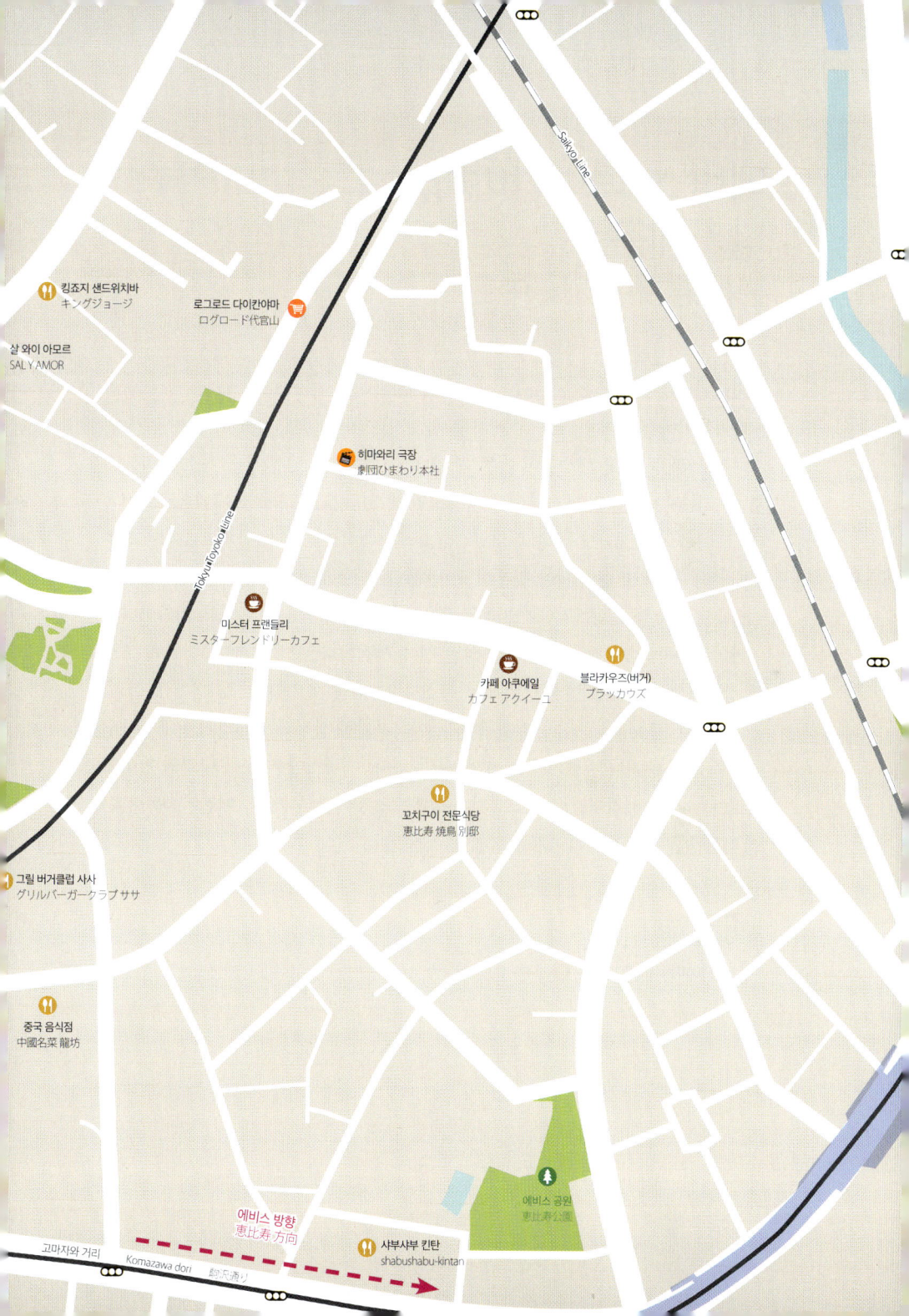

에비스, 다이칸야마, 나카메구로
恵比寿、代官山、中目黒

Information

다이칸야마(代官山)

　다이칸야마는 조용한 고급 주택가를 끼고 있으며 이집트, 말레이시아, 우간다, 기니 대사관 등 외국 대사관이 많은 지역이다. 2000년대 초반부터 명소로 떠오른 지역이다. 메인 거리와 뒷골목에는 개성적인 레스토랑과 패션숍도 자리 잡고 있다. 다이칸야마의 상징과도 같은 T-Site Garden을 중심으로 개성 넘치고 고급스러운 인테리어의 레스토랑이 많아 젊은이들이 데이트 장소로 많이 찾는 곳이다. 아자부주반과도 비슷한 느낌이지만 아자부주반보다 더 현대적인 느낌이 나는 지역이다.

　다이칸야마는 2000년 이후에 조성된 신흥 상점가다. 고급 주택가와 함께 조성된 상가에는 세련되고 깔끔한 카페와 레스토랑, 패션숍이 많다. 츠타야 서점이 있는 T-Site Garden을 중심으로 관광한다. 아기자기한 상점과 인테리어를 구경하고 깔끔한 거리를 거니는 즐거움을 느껴 볼 수 있다. 에비스에서 1km 내외의 거리이므로 에비스에서 걸어갈 수 있고, 시부야에서도 걸어갈 수 있다. 여건이 허락한다면 거리를 구경하면서 걸어가는 방법을 추천한다.

 교통

- 다이칸야마역(代官山駅) : **TY** 도큐도요코선

세련된 복합 상업시설
T-Site Garden

위치 東京都渋谷区猿楽町16-15
Tokyo-to, Shibuya-ku, Sarugakuchō, 16-15

영업시간 09:00~21:00

T-Site Garden에 있는 TSUTAYA 서점

서재 같은 분위기의 TSUTAYA 서점 내부

T-SITE GARDEN은 건축가, 디자이너, 크리에이티브 디렉터가 공동으로 꾸민 복합 상업 시설이다. 이 건물은 높낮이 차이로 인해 시간의 흐름에 따라 다양한 색조를 투영해 아름다움을 더해 준다. 서점과 음악이나 영상 소프트웨어 렌털을 전문으로 다루며 전국적인 체인점을 가진 'TSUTAYA 서점'을 중심으로 커피숍, 레스토랑, 여행사, 펫숍, 카메라, 병원, 갤러리 등 다양한 숍이 입점해 있는 상업 시설 단지이다.

TSUTAYA 서점은 단순히 책을 보고 구입하는 기존 서점의 인식을 바꾼 대표적인 서점이다. 이 회사는 'Culture Convenience Club'을 표방하고 있다. 문화를 편의점처럼 쉽게 접할 수 있게 하겠다는 의미이다. 온라인 서점에 밀려나는 우리나라 서점들도 이러한 서점의 변신을 참고했으면 한다. 서점 내부는 어느 가정집의 서재와 같은 분위기이다. 벽면에 책 진열장이 있고 가운데에 테이블과 의자가 배치되어 있다. 벽면에는 그림이나 사진이 붙어 있다. 책의 진열도 여느 서점과는 다르다. 책을 채우기 위한 진열이라기보다는 인테리어 소품과 같은 감각적인 배치가 눈에 띤다. 서점이지만 서점 같지 않은 분위기를 가진 서점이다.

T-Site Garden 내에는 서점뿐 아니라 세련된 분위기를 가진 이탈리안 레스토랑 'IVY PLACE'과 프랑스 레스토랑 'Maison Paul Bocuse'가 있다. 어느 곳이든 야외 테라스석이 있다. 커피나 식사를 즐기는 사람들의 풍경이 유럽의 어느 도시와 같은 분위기를 연출한다. 이 밖에도 동물 병원, 자전거 판매점 등 다양한 상가가 들어서 있다.

T-Site Garden 내에 있는 IVY PLACE

❷ 다이칸야마 힐사이드테라스
代官山ヒルサイドテラス

건축계 거장이 디자인한 세련된 문화공간

위치 東京都渋谷区猿楽町 29－18
Tokyo-to, Shibuya-ku, Sarugakucho, 29-18

영업시간 월~금 10:00~19:00, 주말 휴무

건축계의 노벨상이라고 불리는 '플리츠커 건축상'을 수상한 건축가, 마키 후미히코(槙文彦)가 디자인한 건물이다. 건물은 1967년부터 1992년까지 긴 세월 동안 건설되었다. 급격한 도시 변화의 한 가운데에서 1/4세기동안 개발해 완공한 힐사이드테라스는 건설 과정부터 새로운 케이스 스터디 대상으로 봐도 무방할 것이다. 30년 전만 하더라도 다이칸야마는 힐사이드테라스 옆에 위치한 아사쿠라 저택을 제외하면 그냥 경사진 녹지였다고 한다. 아사쿠라 가문은 녹지를 개발하기 위해 성급한 개발을 지양하고 장기간에 걸쳐 쾌적한 환경을 만들기를 원했고 그 결과 만들어진 것이 바로 힐사이드테라스다.

마키 후미히코가 본 건물을 건설할 때 중요하게 고려했던 것은 첫째, 내부 공간과 외부 공간 스케일의 암시적인 연속성, 둘째로 파사드(건물의 정면)와 길거리의 상호작용 용이성이다. 이에 따라 넓은 보도, 플랫폼, 계단이 만들어졌다. 즉, 주어진 부지의 특수성과 한계를 고려하고 존중하는 것을 통합한 시도라고 볼 수 있다. 현재 힐사이드테라스는 A동부터 F동까지 있으며, 각종 전시회나 콘서트가 열리는 문화 시설로의 역할을 톡톡히 하고 있다. 현대 건축에 관심이 많은 여행객이라면 의미 있는 관광지가 될 것이다.

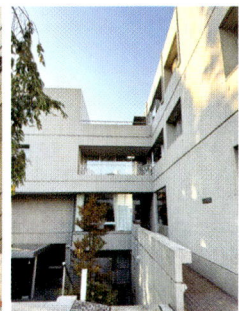

❸ 갤러리와 카페
몽키 갤러리&카페
MONKEY GALLERY&CAFE

위치   東京都渋谷区猿楽町12-8
       Tokyo-to, Shibuya-ku, Sarugakuchō, 12-8

영업시간   10:00~19:00(부정기 휴무)

다이칸야마의 골목을 누비다 보면 작은 녹지 공간 안에 있는, 목재로 된 12각형의 건물을 보게 될 것이다. 형상도 특이하지만 이름도 특이한 몽키 갤러리와 카페다. 1층에 자리 잡은 카페는 엄선된 커피콩을 페이퍼 드립으로 내린 커피를 제공한다. 건물의 형상에 맞춰 자연스럽게 배치된 테이블이 편안한 느낌을 준다. 갤러리는 그림, 일러스트, 사진, 오브제 등 다양한 기획전과 세미나, 결혼식 장소로 활용되고 있다.

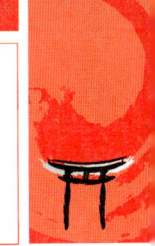

④ 캐주얼한 느낌의
할리우드 렌치마켓
HOLLYWOOD RANCH MARKET

위치 東京都渋谷区猿楽町28-17
Tokyo-to, Shibuya-ku, Sarugakuchō, 28-17

영업시간 11:00~20:30(연중무휴)

서부 영화에 나오는 어느 가게와 같은 외관이다. 내부 인테리어로 목재를 주로 사용하여 정돈되지 않고 자유분방한 느낌을 준다. 신상 의류와 헌 옷이나 재고 의류를 판매하고 있다. 액세서리와 모자, 머플러, 양말 등도 취급한다. 현대적인 분위기를 풍기는 다이칸야마와는 동떨어진 느낌이지만 그래서 그런지 젊은 청춘들의 모습이 많이 보인다. 통신 판매도 하고 있는 체인점이다.

먹거리 / Food

그릴 햄버거 전문점
① 사사 SASA

다이칸야마역 동쪽 출구 바로 앞에 있다. 소고기는 와규(일본 소)를 사용하며 모든 재료를 직접 손질하여 만드는 수제 햄버거 가게다. 아보카도, 치즈, 버섯, 베이컨 치즈 버거 등 다양한 종류의 햄버거가 있으나 가장 낯선 것은 낫토 햄버거다. 낫토는 콩을 발효시킨 것으로 우리의 청국장과 비슷하다. 생각보다 양이 많으므로 가능한 한 S나 M 사이즈로 주문하는 것이 좋다.

위치 東京都渋谷区恵比寿西2-21-15
Tokyo-to, Shibuya-ku, Ebisunishi, 2 Chome-21-15

영업시간 11:00~21:30
토, 일, 휴일 11:00~20:30
(매주 화요일 휴무, 화요일이 휴일인 경우 수요일 휴무)

튀김 꼬치(串揚げ, 쿠시아게) 전문점
② 롯카쿠테이 六角亭

다이칸야마 역에서 남쪽으로 살짝 내려가면 코너에 자리잡고 있는 쿠시아게(튀김을 꼬치에 끼운 음식) 전문점이다. 점심에는 카츠동, 돈카츠, 아이카케동(두가지 이상의 토핑을 넣어서 만든 덮밥)을 판매하는 덮밥집이었다가 저녁에는 쿠시아게를 파는 이자카야로 변모한다.
혼자 앉기 좋은 카운터석부터 단체용 객실도 마련되어 있다. 이자카야답게 일본주부터 시작해서 소주에 탄산수를 탄 사와(サワー), 하이볼, 와인, 맥주, 위스키 등 여러 주류를 판매하고 있다.

위치 東京都渋谷区恵比寿西1-36-5
Tokyo-to, Shibuya-ku, Ebisunishi, 1Chome, 36-5

영업시간 점심(월~금) 11:30~14:00
저녁 월~토 17:30~23:00
일 16:00~22:00

먹거리 / Food

튀김 아이스크림 전문점

③ 덴뿌라 모토요시 이모 テンプラ モトヨシ いも

튀김과 아이스크림. 상상도 못한 조합이다. 덴뿌라 모토요시 이모는 다이칸야마 공원 건너편에 자리잡은 조그만 가게로, 고구마 튀김 아이스크림을 팔고 있다. 정식 메뉴명은 '소금 소프트 마루쥬(塩そふと丸十)'. 소금 맛이 살짝 느껴지는 바닐라 아이스크림에 튀김 가루가 조금 뿌려져 있고 고구마 튀김 3개가 올라가 있다. 주문 시에 콘과 컵 둘 중 하나를 고를 수 있다. 왜 이름이 마루쥬인가 찾아보니, 가게에서 사용하는 고구마가 가고시마 사쓰마(薩摩) 지방에서 나는 고구마라고 한다. 에도시대에 가고시마 지방을 다스리던 다이묘의 가문(家紋, 가문 문양)이 동그라미(丸) 안에 십자 모양(十)의 선이 그려져 있기 때문에 이름을 마루쥬로 했다고 한다. 고급 일식당을 연상하게 하는 인테리어와 직원들도 손님에게 극진히 대하기 때문에 아이스크림을 먹으러 온 것인지, 고급 일식당에 온 것인지 헛갈린다.

위치 東京都渋谷区代官山町20-6
　　　Tokyo-to, Shibuya-ku, Daikanyamacho, 20-6
영업시간 12:00~16:30 부정기휴일

에비스, 다이칸야마, 나카메구로

나카메구로 관광 팁&코스

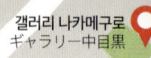
갤러리 나카메구로
ギャラリー中目黒

야키니쿠 전문식당
大阪焼肉・ホルモン
ふたご 中目黒本館

쿠시와카마루
串若丸

스타벅스
スターバックス
コーヒー

트래블러스 팩토리
トラベラーズファクトリー

고가 밑 상점가

시민 문화 회관
東急研修センター

라이프 나카메구로점
ライフ中目黒/店

마츠야도세멘
三ツ矢堂製麺

츠타야 서점

메구로강변

니와카야쇼스케
二〇加屋長介

스페인 음식점
カルド 中目黒

오니버스 커피
나카메구로점
ONIBUS

메구로긴자 아동놀이터
目黒銀座 児童遊園

Uotetsu
オサカナヤ
魚哲 中目黒店

라이브 음악 공연장
中目黒 楽屋
Nakameguro Rakuya

에비스, 다이칸야마, 나카메구로
恵比寿、代官山、中目黒

Information

나카메구로(中目黒)

　나카메구로는 예전에는 작은 음식점과 술집, 파친코장이 있는 서민적인 곳으로 그리 알려지지 않은 지역이었다. 하지만 다이칸야마가 각광을 받으며 나카메구로까지 영향을 끼치면서 현대식 건물이 들어서고 고급 음식점과 숍이 들어오면서 분위기가 바뀌고 있다. 기존의 고가 및 상점가를 중심으로 상권이 발달하고 있다. 이 지역을 오가는 연령층도 점점 젊어지고 있다. 봄철에는 메구로강(目黒川) 양쪽으로 피는 벚꽃이 장관을 이뤄 벚꽃의 명소로 알려지면서 많은 사람들이 찾는다.

　나카메구로는 특별히 유명한 관광지가 있는 지역은 아니다. 시부야 권역으로부터 형성된 상가가 확장하면서 젊은이들이 모이기 시작하여 자연스럽게 형성된 지역이다. 서민들의 주택가와 어우러진 지역이며 비교적 저렴하면서 맛있는 먹거리가 많다. '루프 쉐어링' 프로젝트로 형성된 철로 아래 상점가와 메구로강을 끼고 있는 분위기 좋은 카페나 레스토랑이 있다. 벚꽃 철에 간다면 메구로강변의 벚꽃은 놓치지 않도록 하자.

 교통

- **나카메구로역**(中目黒駅) : **TY** 도쿄도요코선, **H** 히비야선

고가 밑 상점가
ROOF SHARING

위치 東京都目黒区上目黒1丁目、2丁目、3丁目
Tokyo-to, Meguro-ku, Kamimeguro,
1 Chome, 2 Chome, 3 Chome

영업시간 업소에 따라 다름

일본의 전철 밑에 조성된 상가는 서민들의 먹거리가 많은 곳으로 알려져 있다. 퇴근길 직장인들의 허기를 채워 주고 술잔을 기울이며 피로를 풀기에 최적의 장소이기도 하다. 특히 일본에 사는 많은 혼술족이 퇴근길에 혼술하기에는 이보다 더 좋은 장소가 없을 것이다. 점주 입장에서는 역세권이면서 철로 밑이라 임대료가 저렴하다는 장점도 있다.

나카메구로의 고가 밑 상점가는 도쿄의 명소 중 하나로 알려져 있다. 지붕을 공유한다는 의미의 'Roof Sharing'이라는 콘셉트를 내세워 명물로 만들었다. 고가 밑이라 허름해서 질이 떨어질 것 같지만 '루프 쉐어링 프로젝트'에 의해 깔끔하고 세련된 이미지로 변신했다. 다양한 종류의 먹거리를 제공하며 질적으로도 뛰어난 곳이 많아 입소문을 타고 많은 사람들이 찾는 명소가 되었다.

고가 아래에 형성된 상가

메구로강변 벚꽃

위치 東京都目黒区大橋~下目黒
Tokyoto meguroku ōhashi~shimomeguro

메구로강은 메구로구(目黒区)와 시나가와구(品川区)를 가로질러 도쿄만에 이르는 작은 강이다. 강을 따라 3.8km 양쪽에 심어진 800그루의 벚꽃 나무가 이곳을 벚꽃의 명소로 만들었다. 다른 곳과 달리 강을 끼고 양쪽에 펼쳐진 벚꽃이 장관을 이룬다. 특히, 밤이 되면 벚꽃과 함께 어우러진 환상적인 조명이 아름다움을 더해 준다. 주변의 다양한 종류의 음식점에서는 벚꽃에 취한 사람들을 끌어 모은다.

메구로강 양쪽에 조성된 벚꽃나무

❸ 고가 아래에 자리 잡은
츠타야 서점
蔦屋書店

위치 東京都目黒区上目黒1-22-10
Tokyo-to, Meguro-ku, Kamimeguro, 1 Chome 22-10

영업시간 07:00~24:00(연중무휴)

츠타야 서점은 무언가 새로운 콘셉트의 서점이라는 생각이 든다. 고가 아래에 자리 잡고 있는 세련된 서점이다. 보통 이런 곳에 자리 잡으면 허름한 느낌인데 이곳은 츠타야만의 세련된 디자인으로 눈길을 끈다. 다이칸야마의 T-Site Garden에 있는 츠타야 서점도 그렇지만 책만 파는 곳이 아니라 휴식 장소에 가깝다. 커피를 마시며 책이나 잡지를 읽을 수 있고 잡화나 문구를 구입할 수 있으며 각종 이벤트에도 참가할 수 있는 곳이다. 어울릴 것 같지 않지만 고가 철로와 묘하게 조화를 이룬 곳이다.

고가 밑 츠타야 서점

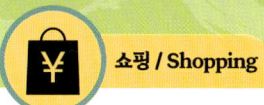

쇼핑 / Shopping

여행용 문구와 커피숍
❶ 트러블러스 팩토리 トラベラーズファクトリー

보물찾기 하듯 찾아가야 하는 집이다. 이런 곳에 가게가 있을 줄은 생각도 못했다. 좁은 골목길을 따라가다가 다시 더 좁은 골목으로 들어가야 찾을 수 있다. 제대로 찾아갔지만 하얀색 입간판이 없었더라면 지나쳤을지도 모른다. 좁은 가게 안에서는 의외로 많은 사람들이 쇼핑을 하고 있었다.

상호를 봐서는 여행용품만을 취급할 것 같은데 실제로는 여행용 문구 및 핸드 메이드 잡화를 전문으로 하고 있다. 자신만의 트래블러스 노트를 주문 제작할 수 있다. 1층에서는 상품을 판매하고 계단을 따라 2층으로 올라가면 조그만 커피숍이 있다. 2층에 전시된 자전거가 인상적이다. 나리타 공항과 도쿄역에도 점포가 있다.

위치 東京都目黒区上目黒3-13-10
Tokyo-to, Meguro-ku, Kamimeguro, 3 Chome, 13-10

영업시간 12:00~20:00
(매주 화요일 휴무)

에비스, 다이칸야마, 나카메구로

먹거리 / Food

② 꼬치구이 전문점
쿠시와카마루 串若丸

일본의 서민적인 마을에는 반드시 꼬치구이 가게가 있다. 이곳은 꼬치구이로 유명해 나카메구로의 맛집으로 빠지지 않는다. 체인점도 운영하는데 나카메구로에 본점과 2호점이 있다. 자욱한 연기를 마시며 좁은 공간에서 옹기종기 모여 앉아 술을 한잔 기울일 수 있다. 닭꼬치부터 간, 염통, 메추리알, 은행, 파, 피망 등 끼울 수 있는 음식은 다 있다. 주문이 많아 매진된 품목이 있으면 입구 상단에 매진된 메뉴 표찰을 걸어 놓는데 재미있는 아이디어였다.

위치 東京都目黒区上目黒1-19-2 / Tokyo-to, Meguro-ku, Kamimeguro,
     1 Chome, 19-2(본점)
영업시간 17:00~24:00(연중무휴)

개방형 주방을 중심으로 앉는 카운터석

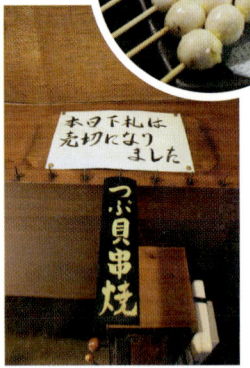

매진된 메뉴는 표찰로 표시해 놓는다.

먹거리 / Food

③ 카마모토 한베이 釜本はん米衛
솥밥과 햄버그 스테이크 전문점

솥밥과 햄버그 스테이크라는 특이한 조합의 메뉴를 제공하는 가게다. 식권을 구매해서 앉으면 개방된 주방에서 일 하고 있는 직원들의 모습이 훤히 보인다. 솥밥이라 밥맛은 보장되어 있고, 햄버그 스테이크는 미디엄 레어로 나오면 원하는 만큼 자기 자리에서 굽는 방식이다. 숙성 와규 레어 함바그 정식 180g(熟成和牛レアハンバーグ定食)을 1,800엔에 맛볼 수 있다.

위치 東京都目黒区上目黒1-6-5
　　　 Tokyo-to, Meguro-ku, Kamimeguro, 1 Chome, 6-5
영업시간 11:30~22:00(매월 둘째주 월요일, 연말연시 휴무)

④ 미츠야도세멘 三ツ矢堂製麺
츠케멘 전문점

츠케멘은 찍어먹는 면 요리이다. 10여 년 전부터 츠케멘 식당이 많이 생겨났다. 미츠야도세멘도 그중 하나로 전국적으로 체인점을 갖고 있으며 필리핀에도 점포를 갖고 있다. 이곳은 면 요리치고 주문 방법이 조금 복잡한 것이 특징이다. 기본 메뉴를 선택하면 면의 두께, 면의 양, 마지막으로 면을 내릴 때 어떤 물(찬물, 따뜻한 물)에서 내릴지를 선택한다. 윤기가 흐르는 두꺼운 면에 파가 듬뿍 간 간장 소스, 토핑으로 삶은 계란과 두껍게 썰어 나온 고기(차슈)와 김이 나온다. 면을 풀어서 소스에 찍어 먹는데 취향에 맞춰 토핑 재료를 넣으면 된다.

위치 東京都目黒区上目黒3-3-9
　　　 Tokyo-to, Meguro-ku, Kamimeguro, 3 Chome, 3-9
영업시간 11:00~02:00(연말연시 휴무)

먹거리 / Food

한약재를 넣은 카레 전문점
⑤ 카쿠라 香食楽

약간은 독특한 카레 요리이다. 약선(藥膳) 카레라 하여 한약재를 넣은 카레다. 위에 좋은 카쿠라 카레, 신장에 좋은 흑(黒) 카레, 오장에 좋은 베지 카레 세 종류가 있다. 토핑으로 야채나 치킨을 추가할 수 있다. 27종류의 향신료 허브와 생약, 12종류의 채소와 과일, 하루 동안 삶은 채소와 닭고기 수프로 만든다. 화학 조미료를 사용하지 않는 건강식이다. 원래부터 건강식으로 알려진 카레이지만 여기에 한약재와 채소와 과일이 더해졌다. 가게는 허름한 건물에 있으며 입구는 화분으로 장식되어 있다.

위치 東京都目黒区上目黒2-42-13
　　　Tokyo-to, Meguro-ku, Kamimeguro, 2 Chome, 42-13
영업시간 목~일, 공휴일 11:00~22:00
　　　　　(월, 화, 수 휴무)

우동과 이자카야
⑥ 니와카야쇼스케 二◯加屋長介

고가 아래에 자리 잡은 우동집 겸 이자카야이다. 깔끔한 외장이 눈에 들어온다. 수년 전부터 우동 이자카야가 인기를 타고 도쿄에 상륙했다. 주로 남부 지방인 하카타(博多) 요리를 전문으로 하는 이자카야이다. 닭고기로 우려낸 시원한 수프의 하카타 우동이 메인이며 하카타 야키동 등 다양한 메뉴와 알코올도 즐길 수 있다.

위치 東京都目黒区上目黒3-5-29
　　　Tokyo-to, Meguro-ku, Kamimeguro, 3 Chome, 5-29
영업시간 월~금 12:00~14:00/18:00~23:00
　　　　　토, 연휴 14:00~23:00
　　　　　일, 공휴일, 연휴 마지막 날 14:00~22:00
　　　　　(연말연시 휴무)

1. 꼬치구이 전문점 '쿠시와카마루' 2. 나카메구로 길거리

기치조지, 코엔지
吉祥寺、高円寺

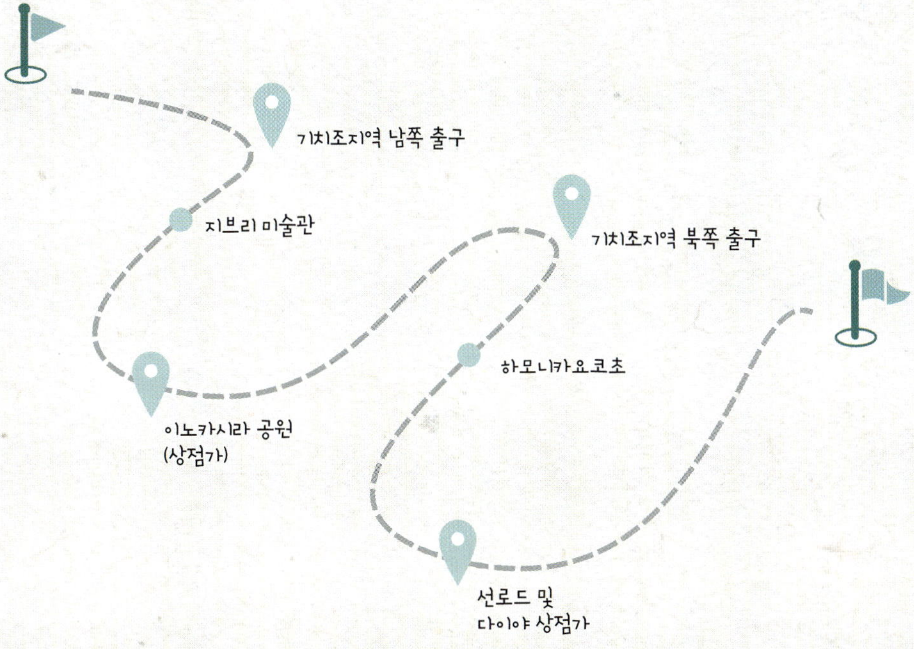

- 기치조지역 남쪽 출구
- 지브리 미술관
- 이노카시라 공원 (상점가)
- 기치조지역 북쪽 출구
- 하모니카요코초
- 선로드 및 다이야 상점가

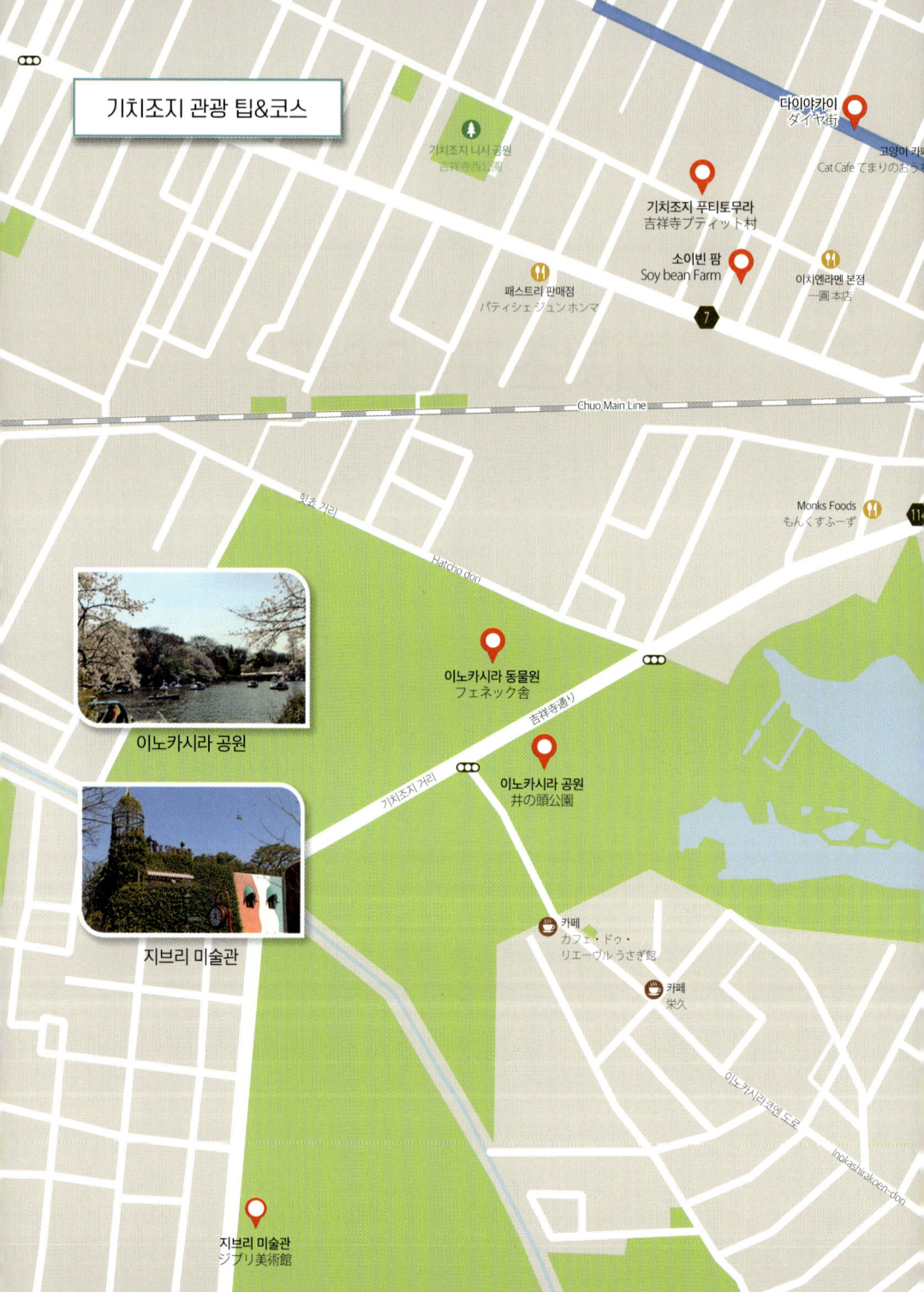

기치조지, 코엔지
吉祥寺、高円寺

Information

    신주쿠에서 주오선(중앙선 中央線)을 타고 가면 신주쿠 위성 지역이라 할 수 있는 나카노(中野), 코엔지(高円寺), 오기쿠보(荻窪), 기치조지(吉祥寺)역이 나온다. 사무실이 많은 고층 빌딩가이면서 환락가인 신주쿠에서 살짝 벗어난 지역이다. 신주쿠처럼 화려하거나 번화하지는 않지만 신주쿠 못지않은 패션과 쇼핑, 문화를 형성한 지역이다. 기치조지, 코엔지는 매년 발표하는 '살기 좋은 지역'에서 빠지지 않고 등장하는 지역이다. 신부쿠, 시부야, 이케부쿠로의 도심과 연결되는 교통이 많아 편리하고, 역에서 조금만 벗어나면 한적한 주택가, 쇼핑을 즐길 수 있는 상점과 풍부한 먹거리가 있다. 공연을 하는 문화 시설도 있고 쉴 수 있는 녹지도 풍부한 지역이다. 대학 캠퍼스가 가까이 있어 젊은이들이 많이 모이는 곳이기도 하다.

운치 있는 분위기의 기치조지(吉祥寺)

    기치조지(吉祥寺)는 도쿄 및 수도권에서 '살기 좋은 지역' 중 하나로 빠지지 않는 곳이다. 신주쿠역에서 주오선(中央線)을 타면 15분 내외에 도착할 수 있으며 시부야역에서는 시모기타자역(下北沢駅)을 경유하는 게이오(京王) 이노카시라선(井の頭線)을 타면 16분 정도면 도착할 수 있는 교통이 편리한 곳이다. 도심과 가까워 접근성이 유리하고 녹지가 많아 조용하고 차분한 분위기이면서 먹거리, 쇼핑을 즐길 수 있는 상점, 문화 시설이 갖춰져 있어 많은 사람들이 선호하는 지역이다. 도회

지와 한적한 시골의 풍경을 공유할 수 있는 지역이다.

　행정 구역으로 무사시노시(武蔵野市)에 속하며 도쿄 대학 공학부 등 대학 캠퍼스가 많아 젊은이들의 비율이 높은 편이다. 역으로부터 10여 분 거리에 있는 이노카시라 공원(井の頭公園)은 380,000㎡의 넓은 면적으로 호수를 낀 공원이다. 숲 사이의 산책길이 아름답고 호수에는 백조 보트가 있어 많은 연인들의 데이트 장소로 알려져 있다. 숲과 어우러져 있고 아름다운 카페와 쇼핑 시설이 갖추어져 있어 음악가, 화가 또는 언더그라운드 예술가들이 많이 거주하고 있다. 만화 '개구리중사 케로로(ケロロ軍曹)', 애니메이션 '바다가 들린다(海がきこえる)', 드라마 '라스트 프렌드(ラストフレンズ)', 영화 '세바스챤(セバスチャン)' 등이 기치조지를 배경으로 한 작품이다.

　기치조지역 북쪽 출구에는 하모니카요코초와 각종 상점가가 있으며 반대편에는 이노카시라 공원과 지브리 미술관, 동물원이 있다. 지브리 미술관은 이노카시라 공원 안에 있어 걸어갈 수 있지만 시간적 여유가 없다면 버스나 택시를 이용하는 것이 효율적이다. 지브리 미술관에 들렸다 돌아오는 길에 이노카시라 공원, 공원 앞 상가를 거쳐 북쪽 출구로 나가 선로드 상점가, 다이야 상점가, 하모니카요코초를 관광한다. 역순으로 관광해도 좋다.

교통

- **기치조지역**(吉祥寺駅) JC 주오선 쾌속, IN 이노카시라선, JB 주오·소부선
- **이노카시라공원역**(井の頭公園駅) IN 이노카시라선

① 도쿄 시민의 휴식처
이노카시라 공원
井の頭公園

위치 東京都武蔵野市御殿山1-18-31
Tokyo-to, Musashino-shi,
Kotenyama, 1 Chome-18-31

이노카시라 공원은 물과 숲이 어우러져 있는 대표적인 도쿄 시민들의 휴식처다. 호수를 비롯하여 종합 운동장, 야구장, 미술관, 동물원, 절 등 각종 시설이 들어서 있을 정도로 넓은 공원인데 이 시설을 걸어서 모두 보기에는 무리가 따를 정도이다. 봄에는 벚꽃, 가을에는 단풍으로 물든다. '일본의 벚꽃 명소 100선'에 뽑힐 정도로 전국적으로 유명하다. 사시사철 사람들의 발걸음이 끊이지 않는 곳이다.

데이트를 즐기는 연인들이 많이 타서 그런지 이곳의 오리 보트는 유난히 로맨틱하게 보인다. 휴일이면 연인이나 가족들이 오리 보트를 타고 데이트를 즐기는 모습을 볼 수 있다. 공원 입구에는 먹거리와 쇼핑 시설이 자리 잡고 있어 이노카시라 공원을 찾는 사람들의 발걸음을 멈추게 한다. 이 지역의 특성상 저렴한 먹거리와 상점이 많다.

❷ 미야자키 하야오의
지브리 미술관
ジブリ美術館

위치 東京都三鷹市下連雀1丁目1-83
Tokyo-to, Mitaka-shi, Shimorenjaku, 1 Chome-1-83

지브리 미술관은 애니메이션 미술관으로서 일본 애니메이션의 대가 미야자키 하야오(宮崎駿) 감독의 애니메이션 스튜디오인 '지브리'가 조성한 곳이다. 애니메이션에 관심이 있는 사람이라면 반드시 들러 봐야 할 장소이다. 기치조지역으로부터 1.4km 정도의 거리에 있는데 도보로 15~20분 정도의 상당한 거리이다. 애니메이션을 테마로 한 기획전이 열리고 '스튜디오 지브리'의 다양한 작품을 전시하고 있다. 입장은 하루에 네 번으로 정해진 시간에 입장(10시, 12시, 14시, 16시)하도록 되어 있다. 미리 날짜와 시간을 지정하여 예약을 해야 입장할 수 있다. 현장에서는 티켓을 구입할 수 없으며 예약 티켓은 편의점인 '로손(LOWSON)'에서만 구입할 수 있다. 예약도 미리 서두르지 않으면 쉽지 않다.

건물은 이노카시라 공원 안의 숲에 둘러싸여 있다. 건물 외벽을 넝쿨 식물이 휘감고 있다. 외관은 애니메이션 미술관답게 만화풍의 독특한 디자인으로 꾸며져 있어 사람들의 눈길을 끈다. 건물 옥상에는 '천공의 성 라퓨타'에서 나오는 로봇 병사상이 서 있다.

상설 전시실에서는 지브리 스튜디오에서 제작한 애니메이션의 원화나 콘티, 애니메이션의 원리, 스튜디오 풍경 등을 볼 수 있다. 단편 애니메이션을 상영하고 있고 어린이들이 뛰어놀 수 있는 공간도 마련되어 있다. 카페도 있는데 지브리의 작품과 관련된 음료 등이 있다. 기념품 판매점에서는 애니메이션 캐릭터를 비롯해 지브리 애니메이션과 관련된 기념품을 구입할 수 있다.

지브리 미술관 외에도 기치조지역 주변에는 많은 만화가들이 살고 있으며 만화 관련 출판사도 많아 서브컬처의 발상지로 알려져 있다. 1937년에 설립된 극단 젠신자(劇団前進座), 극단 카이(櫂), 극단 메구미(め組), 인형극을 주로 공연하는 극단 치이사이 오시로(小さいお城) 등 많은 극단이 있어 배우나 작가 등 예술계에 종사하는 사람들이 자주 오가는 곳이기도 하다. 연극 공연은 물론 재즈 바와 라이브 하우스에서 음악을 즐길 수 있는 낭만적인 분위기를 가진 지역이다.

미야자키 하야오(宮崎駿) 감독

일본의 애니메이션 대가로 만화가이며 애니메이션 감독이다. 70년대에는 외국의 명작을 애니메이션으로 만들었다. 우리나라에도 많이 방영된 「루팡 3세」, 「플란다스의 개」, 「알프스 소녀 하이디」, 「엄마 찾아 삼만리」 등이 있다. 1984년에 애니메이션 전문 스튜디오인 '스튜디오 지브리'를 세운 후에는 「천공의 성 라퓨타」, 「이웃집 토토로」, 「바람의 계곡 나우시카」, 「붉은 돼지」, 「모모노케 히메」, 「센과 치히로의 행방불명」, 「하울의 움직이는 성」, 「벼랑 위의 포뇨」 등 수많은 작품을 내놓았으며 일본뿐 아니라 세계적으로도 명성을 얻었다. 우리나라에서도 많이 알려진 감독이다. 전쟁을 반대하는 평화주의자로 우익의 헌법 개정을 반대하는 등 일본의 우경화에 대해 쓴소리를 마다하지 않는 지성인으로 알려져 있다.

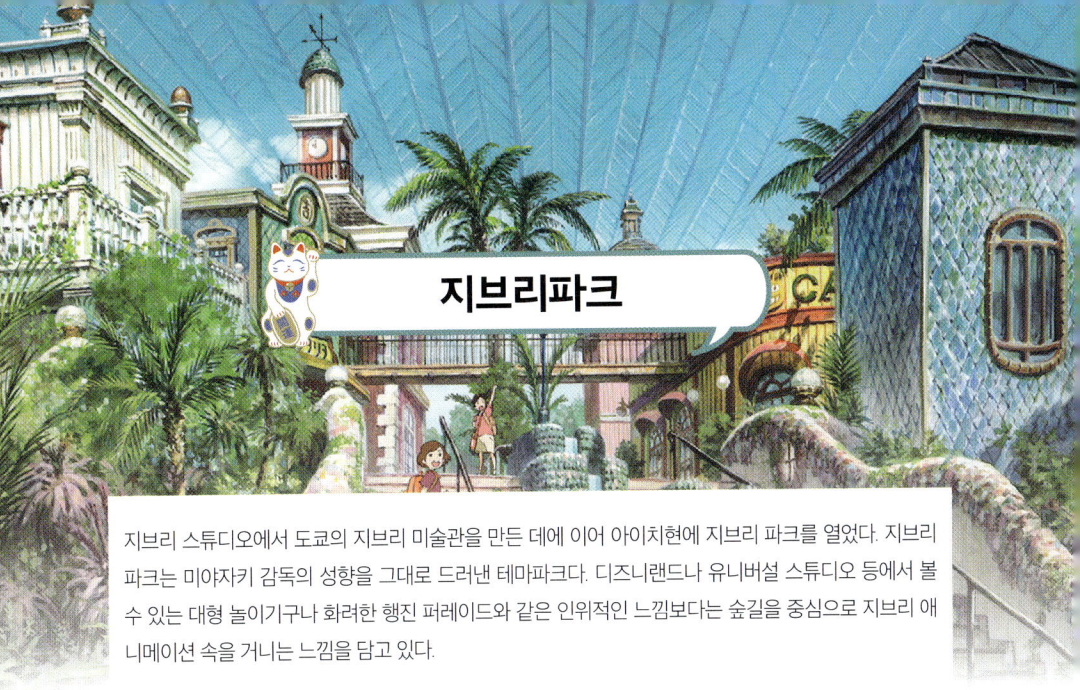

지브리파크

지브리 스튜디오에서 도쿄의 지브리 미술관을 만든 데에 이어 아이치현에 지브리 파크를 열었다. 지브리 파크는 미야자키 감독의 성향을 그대로 드러낸 테마파크다. 디즈니랜드나 유니버설 스튜디오 등에서 볼 수 있는 대형 놀이기구나 화려한 행진 퍼레이드와 같은 인위적인 느낌보다는 숲길을 중심으로 지브리 애니메이션 속을 거니는 느낌을 담고 있다.

지브리 파크는 아이치(나고야) 박람회 기념 공원에 자리하고 있다. 박람회장을 재활용하기 위해 아이치현의 설득으로 지브리가 협업하여 만든 테마파크로 2022년 11월에 1단계로 세 개의 구역이 첫 개장하였으며 이어서 2단계로 차례로 개장한다.

지브리 대창고(ジブリ大倉庫)는 단편 애니메이션을 방영하는 오리온좌, 지브리 작품의 등장인물이 되어 명장면에 들어가는 체험형 전시관, 전 세계에서 사랑을 받은 지브리 작품의 포스터, 영상이나 음악 패키지, 서적 등을 모아 놓은 전시실 등 지브리 작품을 감상하고 체험하고 볼 수 있는 창고다. 카페와 기념품 코너도 함께 구성되어 있다.

청춘의 언덕(青春の丘)은 애니메이션 「귀를 기울이면(耳をすませば)」을 테마로 한 공간으로 언덕 위에서 내려다 보는 지구를 테마로 한 지구촌(地球屋)과 건물 베란다에 올라가면 테마파크를 한눈에 볼 수 있도록 만들었다.

돈도코 숲(どんどこ森)는 어린이들만 들어갈 수 있는 공간으로 2005년 아이치박람회 때 인기를 끌었던 곳으로 애니메이션 「이웃집 토토로」에서 등장한 사츠키와 메이의 집을 재현한 공간이다.
2단계에는 모노노케의 마을(もののけの里), 마녀의 계곡(魔女の谷)라는 체험 공간을 구성하고 있다.

기본적으로 예약제를 실시하고 있다. 입장권을 구입해 들어가면 모두 관람할 수 있지만 무료로 입장해도 애니메이션에서 나왔던 집이나 공간을 볼 수 있으며 조성된 공원을 관람하는 것도 좋다.
지브리 파크 공식 홈페이지에서는 "지브리 파크는 숲이나 길을 그대로 자신의 발로 걸으면서 바람을 느끼며 비밀을 발견하는 장소입니다"라고 소개하고 있다. 지브리 파크의 방문은 재미있게 봤던 애니메이션의 추억을 소환하는 여행의 또 다른 즐거움이 될 것이다.

ⓒ 2022 Studio Ghibli

③ 고양이 천국
기치조지 푸티토무라
吉祥寺プティット村

위치 東京都武蔵野市吉祥寺本町2-33-2
Tokyo-to, Musashino-shi, kichijoji Honcho, 2 Chome-33-2

영업시간 10:00~21:00

디즈니 애니메이션에 나오는 백설 공주의 배경과 같은, 동화 속의 배경과 같은 외관이다. 실제 이 테마파크는 그림책 이미지를 떠올리도록 지어졌다고 한다. 내부는 점포들이 모여 있는 작은 테마 파크라 할 수 있다.

대표적인 점포가 고양이를 보고 즐길 수 있는 '테마리노 오시로'이다. 몇 년 전부터 고양이에 대한 관심이 높아지면서 고양이 카페가 많이 늘어났다. 고양이를 감상할 수 있으며 여유로운 시간을 보낼 수 있는 공간이다. 고양이 카페 자매점인 '테마리노 오우치'도 멀지 않은 곳에 있다.

이 밖에도 광산과 같은 느낌의 장식을 한 액세서리 가게, 귀여운 옷을 중심으로 파는 의류 가게, 핫도그 가게, 카페 등이 들어서 있다. 규모는 크지 않지만 먹고 마시고 쇼핑하고 놀 수 있는 공간이다.

TALK&TALK

 기치조지, 코엔지는 살기 좋은 지역으로 소문이 나 있던데요? 왜죠?

 도심에서 가까워 교통이 편리하고 조용해서 그러지 않을까? 공원도 많고.

 그러고 보니 한적한데 있을 건 다 있네요.

 이노카시라 공원은 호수를 끼고 있어 데이트족이 많이 찾는단다.
그리고 기치조지의 지브리 미술관을 가 보는 것도 추천한다.

서민들의 애환이 담긴 거리
기치조지 상점가

이노카시라 공원은 남쪽 출구이고 반대편인 기치조지역 북쪽 출구(北口)로 나오면 정면에 기치조지 선로드 상점가(吉祥寺サンロード商店街)가 있고, 왼쪽 방향으로 다이야카이(ダイヤ街)가 있다. 도큐 백화점을 중심으로 쇼핑과 먹거리 가게가 빽빽이 들어서 있다. 현대식 점포와 전통 시장을 묘하게 섞어놓은 듯한 분위기이다.

상점가를 조금 벗어나면 좁은 골목의 주택가가 나온다. 좁은 골목 사이에 있는 전봇대와 늘어져서 어지럽게 엉켜 있는 전선이 이곳의 분위기를 말해 준다. 골목길 중간중간에서 운치 있는 풍경과 재미난 디스플레이로 눈길을 끄는 가게를 발견할 수 있다. 주로 젊은 층이 왕래한다.

SUN ROAD(정면)와 다이야카이(왼쪽) 상점가 입구

TALK&TALK

 시기를 맞출 수 있다면 매년 8월에 열리는 코엔지 마츠리의 아와오도리를 볼거리로 강추한다.

저는 코엔지가 맘에 들어요. 빈티지 숍도 많고 활기찬 느낌이에요.

 **쇼핑 / Shopping**

케쥬얼 아이템, 소품을 파는 세련된 셀렉트 샵
① STEPS STEPS

여러 장르의 의류를 취급하는 셀렉트 숍. 기치조지 외에도 시모키타자와, 지유가오카 등 패션으로 유명한 동네에 분점을 가지고 있다. 남자, 여자 모두의 의류가 준비되어 있으며 스트리트, 아웃도어, 밀리터리 등 캐주얼 중심의 의류가 주류다. 의류 말고도 모자나 가방, 소품들도 팔고 있어 매력적인 가게다. 직원들도 매우 친절하다.

 위치　東京都武蔵野市吉祥寺本町2-2-10
　　　　Tokyo-to, Musasino, Kichijoji, Honcho, 2 Chome, 2-10
영업시간　11:00~20:00

스니커즈로 가득 차 있는 가게
② Skit SKIT

2001년에 오픈한 스니커즈 숍이다. 매장에 들어가기 전부터 창문 너머로 엄청난 수의 운동화가 보인다. 들어가면 바닥부터 천장 끝까지 스니커즈로 도배가 되어 있다. 손님들이 신발을 만져도 손때 타지 않도록 신발을 비닐로 완벽하게 밀봉해 놓았다.
주력 상품은 나이키 운동화로 보이며 일본내 미발매 모델 등 유니크한 스니커즈도 취급하고 있다. 아마 나이키 운동화 매니아들에게는 천국일 것이다. 한국 리셀러 가격보다 싼 것도 있고 비싼 것도 있기 때문에 구매하기 전에 잘 비교해 봐야 한다.

 위치　東京都武蔵野市吉祥寺南町1-18-1
　　　　Tokyo-to, Musasino, Kichijoji, Minamicho, 1 Chome, 18-1
영업시간　11:00~19:00

먹거리 / Food

③ 낭만적인 이름의 하모니카요코초 ハモニカ横丁

'하모니카요코초'라는 이름을 들었을 때 참으로 낭만적인 이름이라는 생각과 함께 꼭 한번 가 보고 싶은 생각이 들었다. 하지만 악기인 '하모니카'와는 관계없이 좁은 골목 사이로 빽빽하게 들어찬 가게의 모습이 하모니카의 마우스피스 모양과 닮아서 지어진 이름이라고 한다. 이름의 유래를 듣고 약간은 실망했다. 실제 가 보면 이름처럼 낭만적이지는 않더라도 정감이 가는 골목이다. 두 사람이 겨우 비켜설 정도로 좁은 골목을 사이에 두고 양쪽으로 식당이 들어서 있다.

2차 대전이 끝난 이후 역 앞에 생긴 벼룩시장을 기원으로 낮에는 생선, 채소, 꽃집, 과자집 등으로, 밤이 되면 음식점과 카페, 술집으로 사람들이 붐비는 곳이다. 100여 개의 상점과 카운터 바, 선술집인 이자카야가 빽빽하게 들어서 있다. 오뎅, 닭 꼬치구이, 카레와 스튜, 면 요리 등 다양한 요리를 즐기며 한잔을 기울일 수 있는 서민적인 골목이다. 주머니 사정이 여의치 않은 대학생과 샐러리맨들이 많이 찾는 지역으로 알려져 있다.

위치 東京都武蔵野市吉祥寺本町1丁目 1
Tokyo-to, Musashino, Kichijoji Honcho, 1 Chome, 1

먹거리 / Food

하모니카요코초 음식점 중 추천할 만한 곳이 몇 군데 있는데 일단 입구에 있는 스탠딩 이자카야인 '포요(ポヨ)'가 있다. 비교적 밝고 세련된 느낌의 인테리어로 시선을 끈다. 서양적인 분위기를 풍기는 가게다. 서양 요리와 위스키, 와인 등 알코올을 즐길 수 있다. 메인 메뉴인 로스트치킨은 로즈마리로 구운 치킨이다. 포요는 서서 먹고 마시는 집(다치노미, 스탠드 이자카야)으로 앉을 수 있는 좌석이 없다. 이에 비해 가격은 만만치 않은 것을 보면 나름 요리에 자신이 있다는 증거이지 않을까? 테이크 아웃도 가능하다.

꼬치구이(야키도리) 이자카야인 '텟창(TETCHANG)'은 낮부터 연기를 뿜어내며 꼬치구이를 연신 구워 낸다. 꼬치구이의 대표격인 닭꼬치(야키도리)가 일품이다. 낮술로 얼큰하게 취한 사람들의 수다 소리가 오히려 정겹게 들리는 집이다.

파스타 전문점 '스파기치(スパ吉)'도 줄이 있는 가게다. 카운터석, 좌석 합해서 20석 정도밖에 들어갈 수 없어서인지 줄이 끊이지 않는다.

이 밖에도 하모니카요코초 안에는 카페 '하모니카 키친(ハモニカキチン)', 만둣집 '민민(みんみん)', 타코라이스 '쿠이나(クイナ)', 타이야키(붕어빵) '아마네(天音)' 등 많은 맛집이 자리 잡고 있다.

좁은 골목 안에 있는 작은 점포지만 각 점포마다 나름 자랑할 만한 메인 메뉴를 가지고 저렴하다고 해서 비위생적이거나 형편없지 않다. 어느 레스토랑에 내놓아도 손색없는 음식이 많다.

먹거리 / Food

스테이크 하우스
④ 사토 SATOU

하모니카요코초를 빠져나가면 다이야카이 쇼핑가 한가운데에 긴 줄이 보인다. 중국 관광객으로 보이는 사람도 많은 것을 보니 중국 관광객들에게 알려진 명소인 것 같다. 바로 스테이크 하우스 '사토(SATOU)'이다. 가게에 입장하는 행렬이 아니고 구입해 즉석에서 먹는 멘치카츠(다진 고기를 잘게 썬 양파 등을 넣고 튀긴 요리)와 고로케를 구입하기 위한 긴 행렬이다.

이곳에서는 유통 단계를 거치지 않고 계약 농가에서 키운 최상급 흑우를 1~3주간 숙성시키기 때문에 최상의 맛을 낼 수 있고 저렴하게 공급할 수 있다. 이곳 외에도 긴자와 츠키지에 점포를 갖고 있다.

위치 東京都武蔵野市吉祥寺本町1-1-8
Tokyo-to, Musashino-shi, Kichijoji Honcho, 1 Chome-1-8
영업시간 11:00~14:30/17:00~20:00(연말연시 휴무)

미소(된장)를 주재료로 한
⑤ 소이빈 팜 SOYBEAN FARM

우리나라에서도 된장은 건강식품으로 알려져 있다. 일본 된장인 미소는 식탁에서 빠지지 않는 메뉴다. 기치조지 상점가에서 약간 떨어진 곳에 있는 이곳은 녹색의 영문 간판이 눈에 띈다. 이곳은 일본 된장인 미소를 주재료로 한 창작 요리를 내놓는다. 고기를 사용하더라도 양배추로 쌓아 미소 수프를 뿌려 내놓는다. 겉모습만으로도 건강식이라는 것을 알 수 있다. 맛도 된장 특유의 냄새가 없고 부드럽다. 입구에 원재료인 다양한 종류의 미소를 진열해 놓고 매장에서 직접 판매하기도 한다. 미소의 종류가 다양하다는 것을 새삼 알게 된다.

위치 東京都武蔵野市吉祥寺本町2-24-9-102
Tokyo-to, Musashino-shi, Kichijoji Honcho, 2 Chome-24-9-102

 먹거리 / Food

줄을 서는 라멘집
❻ 이치엔 一圓

지나가다 보니 길게 줄을 늘어선 가게가 있어 어떤 곳인가 살펴보니 라멘집이었다. 약간 중화풍이 나는 라멘집이다. 줄을 선 사람들 중 라멘을 먹기 위한 사람도 있지만 이곳의 만두를 구입하는 사람도 많다. 이곳 만두의 특징은 일반 만두에 비해 1.5배 정도의 크기이다. 일명 점보 만두이다. 라멘은 매운맛의 '네기카라멘(葱辛麵)'을 추천한다. 느끼한 일본 라멘에 거부감을 갖는 사람이라면 더욱 추천하고 싶다.

위치 東京都武蔵野市吉祥寺本町2-17-2
Tokyo-to, Musashino-shi, Kichijōji Honchō, 2 Chome-17-2
영업시간 11:00~21:00(수요일 휴무)

아르누보풍의 카페
❼ 유리아패무패루 ユリアペムペル

이노카시라역에서 남쪽 출구로 나와 오른쪽 방향의 파크로드를 걸어가다 보면 나오는, 역에서 약 50m쯤에 있는 흰색 건물이다. 그냥 지나칠 정도로 조그맣고 오래된 흰색 건물에 있으며 간판도 작은 철판에 새겨져 있어 찾기가 쉽지 않다. 건물 3층과 4층에는 나무가 심어져 있어 건물 밖으로 초록빛이 보인다.

가게에 들어서면 아르누보 풍의 조명과 인테리어로 인해 고풍스러운 분위기가 물씬 난다. 100년 전의 미국산 계산대도 볼 수 있다. 커피나 홍차와 함께 샌드위치, 시츄, 케이크 등을 판매한다. 이곳의 카페오레는 손님이 직접 따라 마시는 시스템이다. 저녁에는 칵테일 음료도 맛볼 수 있다. 특이한 가게 이름은 일본의 시인이며 동화 작가인 미야자와 켄지(宮沢賢治)의 시 제목에서 따왔다고 한다. 애니메이션 '은하철도 999'의 원작인 '은하철도의 밤'을 쓴 작가이다.

위치 東京都武蔵野市吉祥寺南町1-1-6
Tokyo-to, Musashino-shi, Kichijōji Minamichō, 1-1-6
영업시간 11:30~24:00

먹거리 / Food

독일식 소시지, 핫도그
⑧ 케니히 KÖNIG

공원에서 맑은 공기와 좋은 풍경을 감상하는 즐거움에 더해 먹는 즐거움도 빠지지 않는다. 이노카시라 공원 앞쪽 상점가에 있는 항상 기다리는 사람이 있는 가게다. 테이크 아웃 전문점으로 독일식 소시지, 핫도그, 샌드위치를 취급한다. 걸어 다니며 먹기 좋은 음식이다. 여기에 독일 맥주까지 곁들일 수 있다.

위치 東京都武蔵野市吉祥寺南町1-17-1
Tokyo-to, Musashino-shi, Kichijōji Minamichō, 1-17-1

영업시간 11:00~19:30

크레페와 주스 바
⑨ 펄 레이디 PEARL LADY

크레페와 주스를 취급하는 가게로 케니히 옆에 있다. 펄 레이디는 체인점으로 하라주쿠, 시부야 등 젊은이들이 많이 모이는 곳에서 쉽게 찾아볼 수 있다. 손님은 주로 중고교생부터 20대까지의 젊은 여성들이 많은 편이다. 크레페 30여 종, 음료 30여 종으로 종류가 너무 많아 무엇을 골라야 할지 고민이 될 정도이다. 과일과 함께 달달한 생크림의 크레페로 여행의 피로를 달래 보는 것은 어떨까?

위치 東京都武蔵野市吉祥寺南町1-17-10
Tokyo-to, Musashino-shi, Kichijōji Minamichō, 1-17-10

영업시간 11:00~21:00(연중무휴)

코엔지 관광 팁&코스

미술관
猫雑貨&
猫ギャラリー·猫の額

코엔지 키타고레
高円寺キタコレ

나카토오리 상점가

비지 비
Busy Bee

타부시
麺処田ぶし
高円寺本店

Chuo East Line

코엔지 스트리트
高円寺ストリート

Sobu Line

51 Area 51
エリア

미술관(달걀공방)
ギャラリー
たまごの工房

COLABO
コラボ
高円寺

장선사
長仙寺

파르 상점가

코엔지 스트리트

이탈리아 음식점 Lasagna
ラザニ屋

일본식 카레 전문식당 Negura
ネグラ（妄想インドカレー）

알바트로스
Albatross

기치조지, 코엔지
吉祥寺、高円寺

Information

자유분방한 젊은이의 거리, 코엔지(高円寺)

　코엔지(高円寺)는 단독 주택과 학생들을 위한 원룸, 아파트(연립 주택) 등이 많아 서민적인 지역이다. 신주쿠 도심에서 가까워 교통이 편리하다. 신주쿠에서 승차한 승객 중에서 피어싱을 하고 문신이 있는 젊은이가 내리는 곳은 십중팔구 코엔지라고 말할 정도이다. 자유분방한 거리답게 힙합 패션의 젊은이들이 많은, 개성 넘치는 지역이다. 대학생을 중심으로 젊은 독신자들이 많이 사는 곳으로 연극의 도시로도 유명하다. 아카시 스튜디오(明石スタジオ), 자·고엔지(座・高円寺) 등 소극장이 있어 예술의 향기를 풍기는 지역이다. 만담(개그) 등을 펼치는 '엔게이 마츠리', 가을의 대축제 '코엔지 훼스', 아와오도리로 전국적으로 알려진 '코엔지 아와오도리', 길거리 공연을 펼치는 '코엔지 빗쿠리 다이도게이' 등 축제와 이벤트가 끊이지 않는 곳이다.

　코엔지역의 북쪽 출구에는 '준조(순정) 상점가(純情商店街)', '나카토오리 상점

가', '코신토오리 상점가'가, 남쪽 출구에는 'PAL 상점가', '루쿠 상점가'가 있는데 헌 옷이나 재고 옷을 취급하는 빈티지 숍이 주를 이룬다. 사실 상점가의 원래 이름은 '코엔지 긴자 상점가(高円寺銀座商店街)'였다. 이 상점가는 소설가 네지메 쇼이치(ねじめ正一)의 소설에서 주 무대로 등장하였는데 소설 속 상점가의 이름이 '순정 상점가'였다. 이 소설이 일본의 문학상 중 하나인 나오키상(直木賞)을 수상하고 1990년대에 드라마로 만들어져 인기를 얻으면서 유명해지자 소설에 나오는 상점가 이름으로 바뀌게 된 것이다.

코엔지는 젊은이가 많이 모이는 지역인 만큼 헌 옷과 보세 옷을 취급하는 빈티지 숍이 널리 알려져 있다. 역 주변의 상점가에는 가성비 좋은 쇼핑 거리와 저렴한 먹거리가 많다. 북쪽 출구로 나가 순정 상점가와 나카토오리, 코신토오리 상점가를 돌아본 후 남쪽 출구로 나가 PAL 상점가와 루크 상점가에서 빈티지 숍을 관광한다. 8월 말에 방문한다면 아와오도리 군무를 볼 수 있는 코엔지 마츠리에는 반드시 참관하기를 추천한다.

 교통

- **코엔지역(高円寺駅)** : JC 주오선 쾌속, JB 주오·소부선

① 아와오도리가 유명한 축제
코엔지 마츠리
高円寺祭り

코엔지라고 말하면 전국적으로 알고 있는 것 중 대표적인 이벤트가 매년 8월 말(마지막 주 토, 일)에 열리는 축제인 '도쿄코엔지 아와오도리(高円寺阿波踊り)'이다. 관동 지방에서 가장 큰 규모의 아와오도리로 알려져 있다. 원래는 코엔지의 PAL 상점가에서 상가를 살리기 위해 시작했으나 도쿄의 대표적인 여름 축제 중 하나로 자리 잡았다.

축제 때는 전국 각지에서 100만 명 이상의 인파가 모여들 정도로 유명세를 떨치고 있는 이벤트다. 이 시기에 방문한다면 이 축제 현장에 가 보기를 권장한다.

아와오도리(阿波踊り)

아와오도리(阿波踊り)는 일본의 전통 무용의 하나로 축제(마츠리) 때 군무가 장관이다. 도쿠시마현(德島縣)이 발상지로 우리의 추석에 해당하는 오봉(お盆)에 죽은 자를 공양하기 위해 추는 춤의 일종이다. 에도 막부에 시작하여 연례행사처럼 여름의 마츠리에 빠지지 않는 춤(무용)의 하나이다.
남녀가 마츠리 복장으로 맞춰 입고 특유의 박자에 맞춰 간단한 스텝과 박수로 흥을 돋우며 추는 아와오도리는 보는 사람들도 따라 하고 싶을 정도로 절로 흥이 난다.

아와오도리　　•사진제공 : 中央線あるあるPROJECT

지역 문화 예술 활동의 거점

자·고엔지
座·高円寺

위치 東京都杉並区高円寺北2-1-2
Tōkyō-to, Suginami-ku, Kōenjikita, 2 Chome-1-2

자·고엔지(座·高円寺)는 스기나미 구립 예술 회관이다. 지역에 뿌리를 두고 지역 문화 활동의 거점 역할을 하고 있다. 연극과 댄스 공연은 물론 문화 예술 강좌, 각종 예술 이벤트를 개최하면서 지역민들에게 예술 활동 무대를 제공하고 있다. 이를 통해 지역민들의 예술에 대한 접근성을 높이고 신인 예술인을 발굴하는 데에 중추적인 역할을 하고 있다.

• 사진제공 : 中央線あるあるPROJECT

보세 옷의 보고
코엔지의 빈티지 숍

젊은이들이 많이 사는 지역은 활력이 넘치고 저렴한 가게가 많다는 것이 특징이다. 코엔지도 그 중 하나이다. 도쿄에서 시모기타자와(下北沢)와 함께 빈티지 숍으로 유명한 곳이다. 코엔지 역을 중심으로 각 상점가에는 중고 및 재고 옷을 취급하는 가게들이 많다. 특히, 코엔지역 남쪽 출구(南口)에서 신코엔지(新高円寺)역 사이의 약 800m 거리에 있는 'PAL 상점가'와 '루쿠(ルック) 상점가'에는 250여 점포가 들어서 있다.

PAL 상점가

루쿠 상점가

❶ 코엔지 키타고레(キタコレ)

코엔지 문화를 단적으로 보여 주는 빈티지 숍이다. 나카토리 상점가에 있는 이 숍은 허물어질 것 같은 2층 건물을 수선한 헌 옷을 판매하는 오너들이 모여 개축한 건물이다. 빨간 바탕에 화난 눈동자가 그려진 외관, 찢어진 만화책으로 장식한 벽, 욕실을 리모델링한 형태의 가게 등 인테리어도 볼거리이다. 외관, 인테리어뿐 아니라 판매하는 물건도 인디 계열의 개성이 넘친다. 문이 닫혀 있는 상태에서 보면 '이게 과연 영업을 하는 가게일까'라고 생각될 정도로 험악(?)한 형상이다. 찢어진 간판도 모두 연출인 것 같다.

위치 東京都杉並区高円寺北3-4-11
　　　Tokyo-to, Suginami-ku, Koenjikita, 3 Chome-4-11
영업시간 15:00~21:00(목요일 휴무)

❷ 비지 비(Busy Bee)

코엔지에는 중고나 재고 옷 가게가 많지만 세련된 패션 의류 가게도 많다. 비지 비는 오너가 직접 선정한 세련된 여성복과 액세서리, 수입 잡화와 인테리어 소품을 갖추고 있다.

위치 東京都杉並区高円寺北3-2-17
Tokyo-to, Suginami-ku, Koenjikita, 3 Chome-2-17

❸ 쿠로 벤츠(黒 BENZ)

문이 닫혀 있으면 옷 가게라는 것을 알 수 없을 정도이다. 펑크 계열을 취급한다. 가게 이름은 '검정 벤츠'라는 의미이다. 가게 이름을 지을 때 가까이에 검정색 벤츠 승용차가 서 있어서 그대로 지었다고 한다. 가게 이름만큼이나 펑크, 록 계열의 강렬하고 자유분방한 옷과 구두, 모자, 액세서리 등을 취급하고 있다. 남성 취향의 상품이 많은 편이다.

위치 東京都杉並区高円寺南4-24-12
Tokyo-to, Suginami-ku, Koenjiminami, 4 Chome-24-12

영업시간 13:00~20:00

❹ BIG TIME

일본에서 미국의 50~70년대 패션을 재해석한 아메리카 빈티지 장르를 대표하는 빈티지 숍. 미국 패션의 대표격인 군복이나 가죽재킷, 반다나 등 여러 제품을 판매하고 있다. 미국 뿐만 아니라 멕시코 등 각국의 퀄리티 있는 빈티지 중고 의류들을 구경할 수 있다.

위치 東京都杉並区高円寺南4丁目25-3
Tokyo-to, Suginami-ku, kouenjiminami 4 Chome, 25-3

영업시간 월~목 11:00~20:00/금~토 11:00~21:00/일요일 휴무

❺ 스랏토(SLUT)

재킷, 트레이닝복, 청바지, 정장용 바지, 모자, 아웃도어, 코트 등 다양한 의류를 취급하고 있다. 캐주얼한 패션이 중심이 된다. 1950년대 미국의 빈티지 상품을 직수입한 의류가 많다. 입구는 좁지만 들어가 보면 상당히 넓다. 내부는 밝고 친근감이 느껴져 그냥 구경하기에도 부담스럽지 않다.

위치 東京都杉並区高円寺南4-6-1
　　　Tokyo-to, Suginami-ku, Koenjiminami, 4 chome-6-1
영업시간 월~금 12:30~19:30 / 토~일 12:30~20:00

❻ 알바트로스(Albatross)

스포티한 디자인의 의류가 주를 이룬다. Adidas, FILA, NIKE 등 스포츠 계열의 상품이 많다. 스포츠 패션을 즐기는 여행자라면 다양한 브랜드의 상품을 쇼핑할 수 있다.

위치 東京都杉並区高円寺南3-46-9
　　　Tokyo-to, Suginami-ku, Kōenjiminami, 3 Chome-46-9
영업시간 12:30~20:30

❼ 돈돈다운(ドンドンダウン)

헌 옷 백화점으로 남성, 여성, 어린이 의류 및 잡화 등을 매입하고 판매한다. 중저가 브랜드 상품도 많다. 매주 수요일이 되면 점점 가격을 내린다 하여 'Don Don Down on Wednesday'라는 간판을 내걸고 있다. '돈돈(どんどん)'은 우리말로 '점점'이란 뜻이다.

위치 東京都杉並区高円寺南4-24-9
　　　Tokyo-to, Suginami-ku, Koenjiminami, 4 Chome-24-9
영업시간 월~금 12:00~19:30 / 토~일 12:00~20:00

 먹거리 / Food

고가 밑 상점가
① 코엔지 스트리트 高円寺ストリート

코엔지는 빈티지 숍과 함께 저렴하고 맛있는 집이 많다는 것으로도 유명하다. 상점가 사이에 있는 맛집도 많지만 그중에서도 코엔지역의 고가 철로 아래쪽에 자리 잡은 식당가인 '코엔지 스트리트(高円寺ストリート)'에 있는 저렴한 술집과 식당이 유명하다. 저녁 풍경이 코엔지의 분위기를 대변해 준다.
일본에서 역이나 고가 철로 아래에 있는 식당이나 술집은 서민들이 하루의 고단한 피로를 푸는 장소이면서 가격이 저렴한 장소로 알려져 있다. 포장마차 풍의 술집, 전통 식당과 술집, 꼬치구이, 라멘집, 한국 음식점 등의 가게가 그리 넓지 않은 골목을 사이에 두고 양쪽으로 늘어서 있다. 여름철에는 가게 밖에 의자를 내놓고 술잔을 기울이는 사람들을 쉽게 볼 수 있다. 저녁 시간에 이곳을 방문하게 된다면 철로 아래의 서민적인 골목에서 한잔을 기울이는 것도 좋을 것이다.
이처럼 코엔지는 자유분방한 젊은이들을 중심으로 한 서민들이 많이 모여 사는 지역으로 문화와 패션, 정감 있는 이야기가 넘치는 곳으로 알려져 있다. 화려하지는 않지만 정감이 넘치고 소소한 스토리가 있는 지역이다. 화려한 도쿄의 번화가와는 약간은 떨어져 있지만 활기 넘치고 서민적인 분위기를 가진 이곳에서의 시간도 좋은 추억이 될 것이다.

고가 철로 아래의 코엔지 스트리트

먹거리 / Food

츠케 우동 전문점
② 도코이 とこ井

골목길에 있는 우동 전문점이다. 인기 맛집이기 때문에 식사 시간 대에는 웨이팅이 기본이다. 가게에 들어가서 바로 왼쪽에 식권 자판기가 있다. 원하는 메뉴를 선택한 뒤 식권이 나오면 식권에 면 굵기와 면 온도를 고르라고 되어 있다. 자판기 근처에 있는 볼펜으로 식권에 두꺼운 면(極太麵), 얇은 면(細麵)과 차가운 면(冷盛り), 따뜻한 면(熱盛り) 중에 원하는 것에 동그라미를 한 뒤 직원에게 식권을 넘기면 된다. 미리 주문하고 기다려야 한다.

기본 메뉴인 니꾸지루 츠케 우동(肉汁つけうどん)이 가장 인기 있다. 어묵을 연상시킬 정도의 굵기를 자랑하는 두꺼운 면은 정말 쫄깃쫄깃하고 따뜻한 육수와 잘 어울린다. 츠케 우동이기 때문에 소바를 먹는 것처럼 면을 육수에 찍어 먹는 방식이다.

위치 東京都杉並区高円寺南4-7-5
Tokyo-to, Suginami-ku, Koenjiminami, 4 Chome, 7-5
영업시간 11:00~21:00,
토, 일, 공휴일을 제외한 날에는 16:00~17:00 브레이크 타임

튀김 전문점
③ 텐스케 天すけ

코엔지의 맛집으로 알려진 튀김(덴푸라) 전문점이다. 우리나라의 분식점에서는 맛보기 어려운 아삭아삭한 식감이 입안을 즐겁게 해 준다. 이러한 식감은 신선한 식재료와 튀김 기름을 사용하기 때문이라고 한다. 각종 야채를 넣은 튀김을 비롯해 새우, 오징어 튀김, 밥 위에 튀김을 올린 텐동도 맛볼 수 있다. 인기 있는 메뉴 중 하나는 달걀을 반숙한 달걀 튀김(半熟玉子てんぷら)이다.

위치 東京都杉並区高円寺北3-22-7
Tokyo-to, Suginami-ku, Koenjikita, 3 Chome-22-7
영업시간 12:00~14:00 / 18:00~22:00(월요일 휴무)

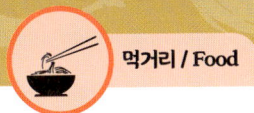
먹거리 / Food

라멘 전문점
④ 타부시 田ぶし

전통 일본식 식당의 느낌이 드는 깔끔한 외관이다. 2003년에 창업했지만 전국적으로 체인점을 내고 있으며 인도네시아에도 체인점을 내며 세를 확장하고 있는 라멘 전문점이다. 이곳 코엔지가 본점이다.

맛의 비결은 가다랑어, 날치 등 생선에서 우려낸 기름과 돼지 뼈(돈코츠)에서 우려낸 수프를 적절히 배합하여 만든 국물이다. 여기에 직접 뽑아낸 중간 굵기의 면발과 토핑으로 가장 연한 죽순(멘마)의 끝부분만 사용하기 때문에 부드러운 식감이 뛰어나다.

위치 東京都杉並区高円寺北3-2-17
　　　 Tokyo-to, Suginami-ku, Koenjikita, 3 Chome-2-17
영업시간 11:00~23:00(연말연시 휴무)

차분한 분위기의 찻집
⑤ 포핀스 POPPINS

코엔지의 분위기에 어울리지 않을 것 같은 예스러우면서 차분한 느낌의 찻집이다. 반지하로 된 입구에 있는 화분과 운치 있는 글씨체로 쓰인 가게 이름이 발길을 옮기게 한다. 카운터 안쪽 벽에는 다양한 색상과 모양의 찻잔이 진열되어 클래식한 분위기를 더한다. 일본 커피숍(찻집)은 커피나 음료를 제공하지만 샌드위치와 함께 세트를 제공하기도 한다. 또 우리나라와 달리 알코올을 판매하기도 한다. 이곳에서도 저녁 시간에는 알코올을 즐길 수 있다.

위치 東京都杉並区高円寺南4-27-17
　　　 Tokyo-to, Suginami-ku, Koenjiminami, 4 Chome-27-17
영업시간 9:30~19:00(연중무휴)

오기쿠보
荻窪駅

🚉 **교통** 오기쿠보역(荻窪駅) :  주오선 쾌속, JB 주오·소부선, M 마루노우치선

오기쿠보 음악제의 모습

오기쿠보(荻窪)는 신주쿠에서 10분 거리에 있는 교통이 편리한 곳이다. 같은 주오선(中央線)에 있는 기치조지나 코엔지보다 덜 알려져 있지만 살기 좋은 지역 중 하나이다. 신주쿠에서 가깝지만 번잡하지 않고 녹지가 많아 살기 좋은 곳이다.

'클래식 음악을 즐길 수 있는 거리, 오기쿠보' 기획의 결과로 탄생한 오기쿠보 음악제가 30회가 넘도록 이어져 오는 것을 보더라도 이곳이 문화 예술의 지역이라는 것을 알 수 있다. 이 지역에는 많은 문인과 화가, 예술가들이 살고 있다.

애니메이션 박물관

오기쿠보에는 '스기나미 애니메이션 뮤지엄'이 있다. '애니메이션의 강국' 일본에 있을 법한 박물관이다. 이곳에서는 일본 애니메이션의 역사와 앞으로의 애니메이션에 대해 알 수 있는 다양한 전시물과 기획전이 펼쳐진다. 애니메이션의 원리를 이해하고 애니메이션 제작을 무료로 체험할 수 있는 공간이 마련되어 있어 애니메이터를 꿈꾸는 청소년들에게 좋은 교육 시설이 되기도 한다. 연중 애니메이션 영화를 상영하는데 무료로

관람할 수 있다. 이러한 애니메이션 관련 시설과, 다양한 이벤트가 애니메이션 강국을 만드는 초석이 된다.

오기쿠보에는 산책하기 좋은 공원과 봄철에는 벚꽃, 가을에는 단풍이 아름다운 명소가 있다. 벚꽃이 아름다운 곳으로 알려진 곳은 젠푸쿠지 가와료쿠치(善福寺川緑地)로 작은 천을 끼고 양쪽으로 1km 정도 거리에 벚꽃이 만발한다. 널리 알려지지 않았지만 주변에 사는 많은 시민들이 찾아 꽃놀이를 즐긴다.

니시오기쿠보(西荻窪)에서는 '차 산책(茶散歩)' 이벤트를 개최하는데 차와 관련된 워크숍과 전람회를 연다. 매년 6월 첫 번째 토, 일요일에 개최하는데 100여 점포가 참가한다. 이 기간 동안에는 가맹점에서 차를 무료로 제공하고 음식점에서 할인 이벤트를 실시한다. 다양한 종류의 차를 맛볼 수 있고 다기 등 차와 관련된 용품을 저렴하게 구입할 수 있다.

• 사진제공 : 中央線あるあるPROJECT

시모기타자와

下北沢

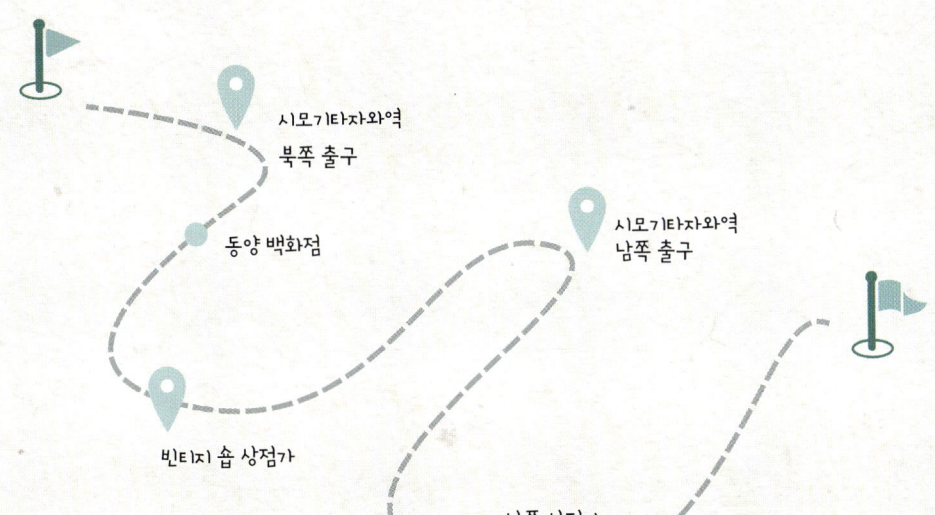

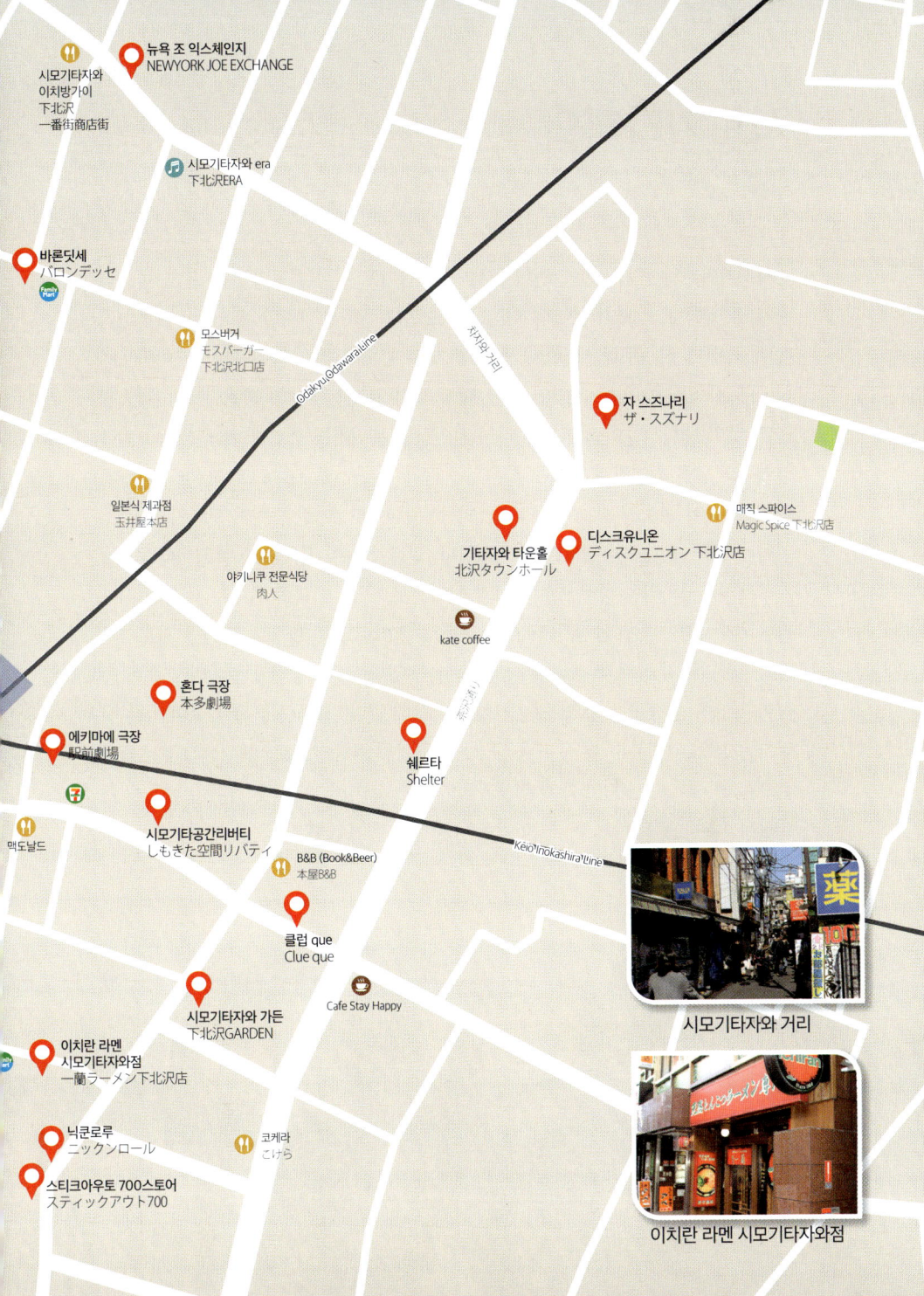

시모기타자와
下北沢

Information

시모기타자와는 특별한 인연이 있는 곳도 아니고 친한 친구가 사는 곳도 아닌데 왠지 정이 간다. 시모기타자와(下北沢)는 도쿄의 동쪽에 위치한 세타가야구(世田谷区)에 속하며 신주쿠와 시부야에서 10분 내외에 도착할 수 있는 곳이다. 야마노테선(山手線) 외곽에 있는 지역인 만큼 대학 캠퍼스(国士舘大学, 明治大学, 東京大学 등)가 많아 대학생들이 많이 거주하며 서민적인 분위기를 풍긴다. 소극장이나 연극 공연장과 같은 공연장과 라이브 하우스가 많고 오디오, CD숍, 크고 작은 극단이 자리 잡고 있어 젊음과 청춘의 문화가 숨쉬는 지역이다. 이런 분위기 탓인지 많은 소설이나 영화, 드라마의 배경이 되기도 한다. 빈티지 숍이 많은 것도 특징이다.

시모기타자와역을 중심으로 북쪽과 남쪽으로 나뉜다. 북쪽 출구로 나가면 시모기타자와이치방가이 상점가(下北沢一番街商店街), 남쪽 출구로 나가면 시모기타자와미나미구치 상점가(下北沢南口商店街)가 있다. 북쪽 상점가는 빈티지 숍이 중심이고 남쪽 상점가는 먹고 노는 시설이 발달해 있다. 좁다란 골목에 모여 있는 상점가는 1950년대부터 헌 옷이나 재고, 보세 의류를 중심으로 파는 상점들이 들어섰으며, 현재는 1,500여 개의 점포가 빽빽하게 들어서 있다. 옷 가게를 비롯해 액세서리, 헤어 숍, 라이브 바, 크고 작은 공연장이 들어선 활기 넘치는 거리이다.

시모기타자와의 거리

낮에는 쇼핑을 나온 주부나 중고생, 대학생들의 발길이 잦으며, 저녁에는 연극이나 음악과 함께 식사를 즐기거나 한잔을 기울이기 위해 많은 사람들이 모여든다. 당연히 젊은 아티스트도 많이 모이는 지역이다.

시모기타자역에서 내려 먼저 북쪽 출구로 나가 동양 백화점, 플라밍고, 뉴욕 조 익스체인지 등 빈티지 숍을 중심으로 돌아본다. 다음으로 남쪽 출구 방향으로 나가 빈티지 숍과 함께 먹거리와 커피를 즐기도록 한다. 남쪽 출구 방향에 게임장, 먹거리, 유흥 시설이 많은 편이다. 연극의 거리이지만 극장에 들어가 관람하는 것은 현실적으로 무리이기 때문에 저녁 시간이라면 라이브 하우스에 들어가 언더그라운드 음악을 즐기는 것도 좋다.

 교통

- **시모기타자와역**(下北沢駅) : (IN) 이노카시라선, (OH) 오다큐 오다와라선

백화점 같지 않은 백화점
동양 백화점
東洋百貨店

위치 東京都世田谷区北沢2-25-8
Tokyo-to, Setagaya-ku, Kitazawa, 2 Chome-25-8

영업시간 11:00~21:00
(점포에 따라 차이가 있음)

시모기타자와의 패션을 상징적으로 보여 주는 곳이 '동양 백화점'이다. 상식적으로 백화점이라 하면 높고 세련된 외관의 건물에 화려한 디스플레이와 고급스러운 물건이 가득 찬 이미지를 떠올릴 것이다. 백화점에 대한 선입견을 가지고 간다면 "이게 무슨 백화점이야?"라고 혀를 차게 된다. 동양 백화점은 백화점에 대한 고정 관념을 깨는 곳이다. 창고처럼 보이는 빨간색 벽돌 건물에 작고 고풍스러운 분위기의 '東洋百貨店'이라 쓰여진 나무 간판이 보인다.

안에는 최신 유행하는 의류와 중고 의류는 물론 모자, 시계, 액세서리, 재미있는 잡화, 외국에서 수입한 의류 및 잡화, 자전거 등 다양한 종류의 상품이 있다. 여러 종류의 상품이 있는, 말 그대로 백화점이다. 면적은 그리 넓지 않다. 일반 백화점으로 생각하고 간다면 실망할지도 모른다. 하지만 시모기타자와를 대변하는 곳으로, 둘러보면 독특한 느낌이 들 것이다.

동양 백화점 내부

②

네온사인의 플라밍고가 눈에 띄는

플라밍고
FLAMINGO

위치 東京都世田谷区北沢2-25-12
Tokyo-to, Setagaya-ku, Kitazawa, 2 Chome-25-12

東京都世田谷区北沢2-26-21
Tokyo-to, Setagaya-ku, Kitazawa, 2 Chome-26-21

플라밍고는 시모기타자와를 비롯해 도쿄의 하라주쿠, 오모테산도, 기치조지와 교토, 오사카에도 점포를 두고 있다. 'Flamingo'라는 네온사인의 글씨와 플라밍고 새의 조형상이 눈에 띄는 매장이다. 대낮에도 네온사인에 불이 들어와 있다. 시모기타자와에서 빈티지 숍으로 플라밍고를 모르는 사람이 없을 정도로 유명하다. 플라밍고와 플라밍고 마바타키점이 있다. 1930~1990년대의 미국이나 유럽에서 유행했던 의류를 중심으로 모자, 액세서리, 소품 등 다양한 종류에 방대한 수량의 상품을 판매한다. 내부는 고풍스러운 분위기의 조명과 인테리어로 편안한 느낌을 준다. 남성용 의류도 가득하다. 쇼핑 외에 인테리어를 보는 즐거움도 있다.

• **영업시간** 평일 12:00~21:00 / 토, 일, 공휴일 11:00~21:00 / 1월 1일에만 휴무

플라밍고 매장 내부

③ 목욕탕을 숍으로 바꾼
뉴욕 조 익스체인지
NEWYORK JOE EXCHANGE

위치 東京都世田谷区北沢3-26-4
Tokyo-to, Setagaya-ku, Kitazawa, 3 Chome-26-4

영업시간 12:00~20:00

시모기타자와의 빈티지 숍으로 가장 유명한 곳 중 하나이다. 먼저 이름이 재미있다. '뉴욕 조'라고 하면 미국 뉴욕을 연상하게 되지만 사실은 목욕탕의 '입욕장'의 일본어 발음이 '뉴욕조(入浴場)'이다. 원래 '센토'라고 불리는 일본 공중 목욕 시설이었는데 이를 개조하여 매장으로 리모델링한 것이다. 상점이 밀집한 곳이 아닌 한적한 골목에 있으며 반지하와 같이 지면으로부터 약간 아래쪽에 있어 찾기는 쉽지 않지만 유명한 곳이다. 입구가 좁아 작을 것 같지만 내부로 들어가면 상당히 넓은 면적이다. 유명 브랜드부터 재고 옷까지 다양한 옷을 취급한다. 이곳의 특징은 판매뿐 아니라 매입과 교환이 가능하다는 점이다. 매월 첫째 일요일에는 반값 세일을 실시하는데 사람들이 줄을 서야 할 정도이다.

뉴욕 조 익스체인지 입구와 내부

④ 남성용 빈티지 상품이 많은
알라스카
ALASKA

위치 東京都世田谷区北沢2-30-10
Tokyo-to, Setagaya-ku, Kitazawa, 2 Chome-30-10

영업시간 11:30~21:30(부정기 휴무)

해외 게스트 하우스를 이미지화했다. 내부는 고풍스러운 가구와 소품으로 이국적 분위기를 연출하고 있다. 남성용 빈티지 상품의 비중이 높다. 의류 외에 눈여겨볼 것은 넥타이, 벨트, 팔찌 등 개성파 패셔니스트가 착용하는 액세서리이다. 캐주얼 복장을 즐기는 중년에게도 어울리는 상품이 많다.

TALK&TALK

 아기자기하면서 오밀조밀한 분위기의 거리구나. 약간 레트로한 분위기도 풍기고….

 레트로한 분위기이지만 젊은이들이 많은데요. 거리가 온통 빈티지 숍이네요.

 주변에 대학 캠퍼스가 많단다. 젊은이들이 사는 동네라 저렴한 빈티지 숍과 음식점이 많단다.

 그리 알려져 있지는 않지만 의외로 매력이 있는데요.

❺ 700엔의 캐주얼 의류
스티크아우토 700스토어
スティックアウト700

위치　東京都世田谷区北沢2-14-16
　　　Tokyo-to, Setagaya-ku, Kitazawa,
　　　2 Chome-14-16

영업시간　11:00~20:00

시모기타자와 남쪽 출구 상점가에 자리 잡고 있다. 일단 특이한 간판이 눈에 띈다. 700엔 균일 가격의 초저가 캐주얼 의류를 판매한다. 신제품, 중고 제품, 리메이크 제품을 초저가에 판매한다. 정말 그렇게 저렴하게 판매하는지 궁금해서라도 한 번쯤 들러보고 싶은 가게다. 상품의 양도 다른 가게 못지않게 많다.

연극의 거리

시모기타자와 연극제

시모기타자와는 '연극의 거리'라고도 불린다. 매년 2회씩 '시모기타자와 연극제'를 개최한다. 주변의 빈티지 숍, 라이브 하우스, 카페 등과 어울려 다양한 이벤트가 개최된다. 극단 혼다를 비롯해 많은 극단이 자리 잡고 있으며, 대표적인 극장인 혼다(本田) 극장을 비롯하여 에키마에(駅前) 극장, 자 스즈나리(ザ·スズナリ), 기타자와 타운홀, 게키(劇) 소극장, 라쿠엔(楽園) 소극장 등 많은 극장과 소극장이 있다. 또, 쉐르타(Shelter), 시모기타자와 가든, 클럽 큐(QUE) 등 라이브 하우스도 많다. 젊은이들이 많이 모이는 지역으로 서브컬처의 새로운 성지로 떠오르고 있다.

먹거리 / Food

직영 농가에서 직송한 식재료
❶ 쿠로가와 식당 黒川食堂

야채, 고기, 생선 정식과 덮밥 요리(돈부리), 샐러드와 디저트를 즐길 수 있다. 야마나시현(山梨県)의 직영 농가에서 직송한 채소를 이용하여 모든 요리를 직접 요리하여 제공한다. 주인이 농부의 아들이라서 더욱 식재료에 연연한다고 한다. 뷔페 형식의 샐러드 바와 후르츠 바가 있다. 한국 돈으로 13,000원 정도에 정식과 샐러드 바의 뷔페를 즐길 수 있다. 이 가격에 신선한 채소와 과일을 맘껏 먹을 수 있는 곳이 얼마나 있을까?

위치 東京都世田谷区北沢2-14-6
Tokyo-to, Setagaya-ku, Kitazawa, 2 Chome-14-6

영업시간 11:00~22:30(연중무휴)

주먹밥이 유명한
❷ 닉쿤로루 ニックンロール

어지럽게 붙여 놓은 스티커가 눈에 띈다. 로루는 영어 'Roll'의 일본식 발음이다. 고기로 말아놓은 오니기리(주먹밥)와 각종 음료를 판매한다. 김치말이 주먹밥도 있다. 푸드 트럭을 이용한 이동식 점포도 성업 중이다. 각종 텔레비전과 잡지 등에서 취재를 올 정도로 유명세를 탄 곳으로, 이곳이 본점이다. 본점이라 해도 두 평 남짓한 공간이다.

재미있는 캐릭터가 붙어있는 닉쿤로루

위치 東京都世田谷区北沢 2-14-15
Tokyo-to, Setagaya-ku, Kitazawa, 2 Chome-14-15

영업시간 12:00~21:30(부정기 휴무)

 **먹거리 / Food**

칸막이와 독특한 주문 시스템의 라멘집

❸ 이치란 라멘 시모기타자와점

위치 東京都世田谷区北沢2-14-10
Tokyo-to, Setagaya-ku, Kitazawa,
2 Chome-14-10

영업시간 11:00~06:00(연중무휴)

이치란 라멘집은 도쿄뿐만 아니라 외국에까지 진출한 라멘 전문점이다. 메뉴도 오직 하나 돈코츠 라멘뿐이다. 라멘 위에 뿌리는 붉은색의 액체 소스가 이 식당의 비법이란다. 30여 종의 고추를 배합하여 숙성시킨 소스로 매콤한 맛을 낸다. 그래서인지 간판도 빨간색 바탕이다. 돼지 뼈를 우려내 만든 수프도 특유의 냄새를 제거하기 위해 충분한 시간을 할애하여 거품을 제거하면서 만들어 내고, 면도 요리하기 전에 공기와 닿지 않게 하기 위해 전용 면 상자에 넣어 보관하여 요리 직전에 개봉한다.

손님이 옆 사람을 의식하지 않고 음식에 집중할 수 있도록 테이블을 독서실의 칸막이식으로 분리하여 독립된 공간을 제공하고 있다. 혼밥족이 많은 일본에서 혼밥족을 위한 독립된 공간이다. 누구나 생각할 수 있는 작은 아이디어이지만 쉽게 실행에 옮기지 못한 것을 실행에 옮겨 성공한 경우다.

주문 용지에 취향(맛의 농도, 마늘이나 파의 첨가 여부, 면의 경도 등)에 맞춰 표시하면 이에 맞춰 음식이 나온다. 면(사리)을 추가로 주문할 수도 있다. 각 테이블에는 버튼이 있는데 주문하거나 면을 추가할 때 누르면 된다.

먹거리 / Food

여행 중 커피가 생각나면

④ 몰디브와 바론딧세 MOLDIVE&バロンデッセ

시모기타자와 남쪽 출구에서 커피를 마시고 싶다면 올가닉(유기농) 커피숍 몰디브를 추천한다. 직접 로스팅하는 커피숍이라는 것을 보여 주듯 은색의 긴 연통이 건물 옥상까지 뻗어 있다. 엄선한 커피콩을 직접 로스팅해서 우려내는 커피숍으로 정평이 높다. 유기농 커피를 취급한다. 아메리카노뿐 아니라 커피를 젤리화 한 '카페오레 젤리'나 밀크 안에서 얼린 더치 커피가 서서히 녹아내리는 '카페오레 큐브' 등의 독특한 메뉴도 있다. 처음에는 여름에만 판매했는데 인기가 높아 겨울에도 판매하게 되었다고 한다. 여류 소설가 요시모토 바나나의 소설에 나올 정도로 입소문을 타서 통신 판매도 하는 가게다.

<몰디브>
위치 東京都世田谷区北沢2-14-7
Tokyo-to, Setagaya-ku, Kitazawa, 2 Chome-14-7
영업시간 10:00~21:00 (1/1, 2, 3 휴무)

<바론딧세>
위치 東京都世田谷区北沢2丁目30-11
2 Chome-30-11 Kitazawa, Setagaya City, Tokyo
영업시간 11:30~21:00(월요일 휴무)

북쪽 출구에서는 바론딧세를 추천한다. 바론딧세(バロンデッセ)는 카페와 갤러리를 운영하는 곳이다. 아주 작지만 아기자기한 느낌의 인테리어와 조명이 차분한 느낌을 주는 공간이다. 라테를 주문하면 먹기 아까울 정도로 예쁜 캐릭터를 새겨 준다. 이곳에서는 라테 아트 체험과 바리스타 교육도 실시한다. 라테 두 잔의 재료비를 포함하여 1,050엔만 내면 라테에 자신이 원하는 문양을 새길 수 있도록 지도해 준다.

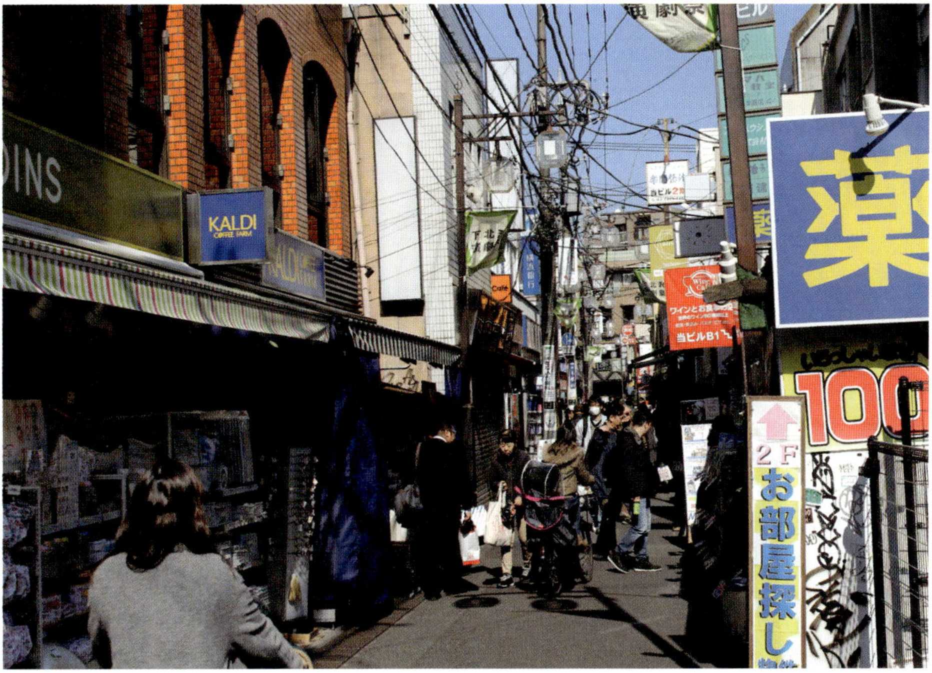
KALDI
COFFEE FARM
薬
100
2F
お部屋探し

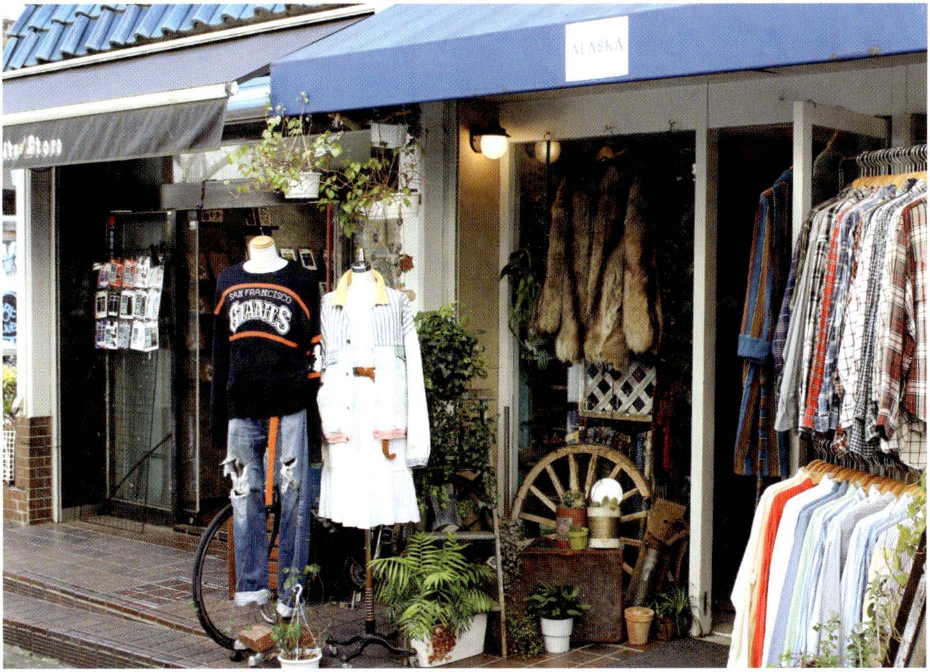
ALASKA
SAN FRANCISCO
GIANTS

지유가오카
自由が丘

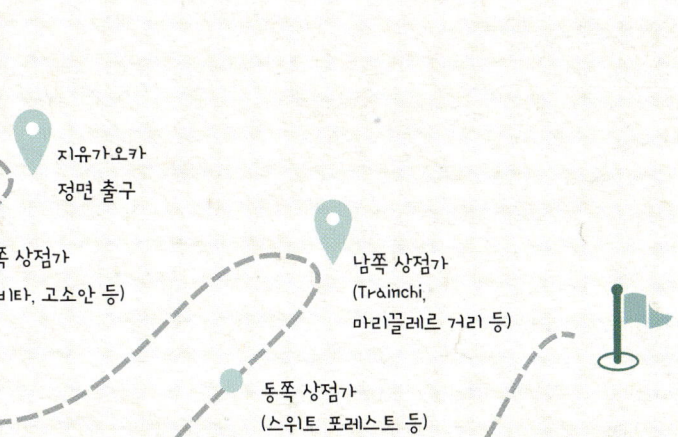

지유가오카
정면 출구

북쪽 상점가
(라비타, 고소안 등)

남쪽 상점가
(Trainchi,
마리끌레르 거리 등)

서쪽 상점가
(IDEE, KEYUCA 등)

동쪽 상점가
(스위트 포레스트 등)

지유가오카
自由が丘

Information

'자유의 언덕'이라는 의미의 지유가오카는 이름만으로도 시적인 분위기가 풍기는 지역이다. 도쿄 도심(시부야)과의 교통도 편리하며 쇼핑과 문화 시설이 풍부한 조용한 전원 지역이다. 주변에 많은 대학이 몰려 있어 젊은이들이 많이 사는 지역이다. 지유가오카 근처에는 도립 대학(都立大学), 학예 대학(学芸大学), 코마자와 대학(駒沢大学) 등 대학교 이름을 가진 역이 있으며 도쿄 도시 대학(東京都市大学), 일본 체육 대학(日体大学), 산업 능률 대학(産業能率大学), 도쿄 의료 보건대(東京医療保健大学), 도쿄 공대(東京工大) 등 많은 대학 캠퍼스가 있다.

이렇게 대학 캠퍼스가 많다 보니 젊은 층의 인구 비중이 높을 수밖에 없다. 젊은 층의 비중이 높지만 서민적인 시모기타자와(下北沢)와는 달리 가까이에 고급 주택가인 덴엔초후(田園調布)가 있어 고급스러운 카페나 레스토랑이 많다. 우리나라의 신사동 가로수 길과 비슷한 분위기로 여성들이 좋아하는 지역이다.

주택가와 어우러진 상가에는 아기자기한 카페와 식당이 자리하고 있으며 골목마다 일부러 장식해 놓은 듯한 아름다운 외관이 매력적이다. 딱히 어디를 정해 들어가 보지 않고 거리 이곳저곳을 기웃거리기만 해도 기분 좋은 거리이다. 귀여운

가게들을 들어가 보면 작은 귀걸이나 핸드크림 등 어느 것 하나도 흔하지 않은 것들뿐이라 소장하고 싶은 생각이 든다. 특히나 감수성이 풍부한 사람들이 반할 만한 거리이다. 관동 지방에서 살기 좋은 지역 순위에 빠지지 않는 곳이다.

지유가오카는 어디를 가도 깔끔하고 세련된 거리 분위기이다. 일본이 아니라 유럽의 어느 작은 도시의 풍경을 연상케 한다. 지유가오카역의 정면 출구 또는 북쪽 출구로 나가 라비타, 고소안까지 가서 다시 역 방향으로 돌아오는 경로가 효율적이다. 철로를 건너 남쪽 출구로 나와 마리끌레르 거리를 중심으로 관광한다.

 교통

- **지유가오카역**(自由が丘駅) : TY 도큐도요코선, OM 도큐 오오이마치선

프랑스 거리를 연상시키는
마리끌레르 거리
マリクレール通り

이 거리 이름은 '마리끌레르(Marie Claire)'라는 프랑스의 패션 잡지 이름에서 유래했다. 1982년은 마리끌레르 일본어판이 탄생한 해였다. 이때는 마침 지유가오카 지역이 지역 활성화를 위해 다양한 업종을 유치하던 때였다. 당시에 상점가의 제안에 의해 같은 해에 발간된 패션 잡지(마리끌레르)와 함께 프로모션을 기획하게 되었는데 프랑스 대사관의 협력으로 '마리끌레르 거리'라는 이름이 붙여졌다. 1982년은 프랑스의 미테랑 대통령이 역사상 처음으로 일본을 방문한 해이기도 해서 더욱 의미가 있는 이름이 되었다.

마리끌레르라는 패션 잡지의 영향 때문인지 프랑스풍의 거리를 조성했다. 가운데에 나무가 심어져 있고 양쪽으로 상가가 형성되어 있다. 노리스(NOLLEY'S), 스피크앤스판(spick and span), 갭(GAP), 그린라벨 릭렉싱(green label relaxing), 무지루시 등의 패션숍과 하나캬베츠, 후리퍼스, 셔터스(SHUTTERS), 차노코 등의 로맨틱한 카페가 있다. 가게 내부 디자인도 거리 분위기에 맞춘 듯하다.

매년 5월에는 마리끌레르 마츠리도 있다. 프랑스 대사관의 후원으로 거리 양쪽에 일본과 프랑스 국기를 내걸고 샹송 라이브 공연도 펼쳐진다. 주변의 숍에서는 마츠리를 기념하여 할인 행사도 펼친다.

사진 촬영의 최적지
라비타
LA VITA

위치 東京都目黒区自由が丘2-8-3
Tōkyō-to, Meguro-ku, Jiyūgaoka, 2 Chome-8-3

영업시간 11:00~20:00

사진을 촬영하기 좋은 장소이다. 건물 디자인에서 이탈리아 베니스의 느낌이 난다. 라비타는 드라마 촬영지로도 자주 쓰이는 곳이다. 어느 쪽에서 사진을 찍더라도 멋진 사진이 되는 곳이다. 그래서인지 많은 사람들이 사진을 찍기 위해 대기하고 있다. 테디 베어 전문점, 도자기, 유리 공예품 등의 판매 시설과 레스토랑이 있다. 외관의 아름다움 때문에 관광객이 많이 찾기는 하지만 사진 촬영하기 좋은 장소라는 특징 외에는 특별한 뭔가가 없다는 느낌이 든다.

③

지유가오카의 축제
양과자 축제
JIYUGAOKA SWEETS FESTA

양과자 몽블랑

지유가오카에서 펼쳐지는 이벤트로는 4월 말부터 5월까지의 골든위크에 열리는 과자의 날 (JIYUGAOKA SWEETS FESTA) 행사가 있다. 양과자(Sweets)를 주제로 한 축제다. 이 행사에는 높이 3m의 과자로 만든 과자의 집이 등장하기도 한다.

역 앞 광장에서는 라이브 음악과 댄스 공연을 비롯해 스모 선수나 예능인 등 유명 인사들의 토크쇼나 사인회가 열린다. 이 축제의 중심에 있는 대표격인 가게가 몽블랑(MONT-BLANC)이다. 1933년에 창업한 양과자 전문점으로 알프스의 유명한 산 이름에서 따왔다. 양과자 '몽블랑'의 이름이기도 하다. 몽블랑은 밤을 원재료로 사용한 케이크이다.

축제 기간에는 지유가오카에 자리한 많은 양과자 전문점에서 스탬프 도장을 3개 이상 받아 오면 상품을 증정하는 이벤트와 스마일 포토 콘테스트 등의 다양한 이벤트가 펼쳐진다. 지유가오카에는 양과자 뿐 아니라 빵, 초콜릿 등 달콤한 것들을 파는 가게가 많은 지역이다.

초콜릿 전문점

④ 클래식 카메라의 보고
포파이 카메라
ポパイカメラ

위치 東京都目黒区自由が丘2-10-2
Tokyo-to, Meguro-ku, Jiyūgaoka, 2 Chome-10-2

영업시간 12:00~19:00(수요일 휴무)

카메라에 관심이 많은 사람이라면 한번 들러 보면 재미있을 것이다. 창업한지 80년이 넘은 카메라 전문점이다. 일단 외관부터 독특하다. 잡화점 같은 느낌이 나기도 하고 어린이 용품을 판매하는 가게 분위기가 나기도 한다.

가게 안에는 오래된 카메라가 전시되어 있어 이 가게의 역사를 말해 주고 있다. 디지털 카메라가 대세인 요즘이지만 이곳에서는 필름 카메라를 고집하고 있다. 신제품은 물론 중고 카메라도 취급하고 있으며, 사진 현상 서비스도 실시하고 있다. 필름 카메라를 다루는 오래된 단골손님이 많고 사장이 여성이어서 그런지 여성 고객이 많다고 한다.

TALK&TALK

 우리말로 '자유의 언덕'이라니, 이름이 참 예쁘네요.

 그렇지? 거리도 깔끔하고 분위기 있는 레스토랑도 많단다.
여자들이 선호하는 지역으로 넘버 원이란다.

 거리를 통째로 디자인한 느낌이네요. 여자 친구랑 같이 오면 좋겠네요.

쇼핑 / Shopping

① 세계적인 차 전문점
루피시아 LUPICIA

미국, 프랑스, 호주, 대만 등에도 점포를 두고 있는 세계적인 차 전문점이다. 지유가오카점이 본점이다. 일본을 비롯해 인도, 대만, 중국, 스리랑카 등에서 생산되는 찻잎을 직접 조달하여 만든 차를 공급한다. 녹차, 홍차, 우롱차, 허브티 등 연간 400여 종의 차를 소개한다. 정통 차와 함께 티백, 다기도 취급하고 있다. 깔끔하고 여유로운 공간에 다양한 차가 전시되어 있어 차의 은은한 향이 흐른다.

위치 東京都目黒区自由が丘1-26-7
Tokyo-to, Meguro-ku, Jiyūgaoka, 1 Chome-26-7
영업시간 10:00~20:00(부정기 휴무)

② 도그 패션 전문점
펫 파라다이스 PET PARADISE

반려동물을 기르는 인구가 부쩍 늘었다. 경제적 여유, 출산율 감소, 노령화, 핵가족화가 원인이라고 한다. 일본은 우리나라보다 훨씬 더 빨리 이러한 현상이 진행되어 왔다. 그만큼 관련 산업의 규모도 크다. 펫 파라다이스는 사료, 애완견 집과 옷, 장식용품, 장난감 등 다양한 종류의 상품을 갖추고 있다. 도그 패션 전문점이라 해야 어울릴 정도로 개의 치장을 위한 용품이 많다. 애완용품에서도 일본 특유의 가와이이(귀여운) 패션의 느낌이 난다.

위치 東京都目黒区自由が丘2-9-10
Tokyo-to, Meguro-ku, Jiyūgaoka, 2 Chome-9-10
영업시간 11:00~20:00(연중무휴)

쇼핑 / Shopping

아기자기한 잡화점
③ 마르쉐 드 블루에 플루스 MARCHE DE BLEUET PLUS

골목길을 구경하며 걷다 보면 발견할 수 있는 아기자기한 잡화점이다. '동네의 세련된 가게'를 모토로 언제든 가볍게 들러 기분 전환을 할 수 있는 가게를 지향한다. 자연적인 생활잡화를 중심으로 상품들이 준비되어 있다. 1층에서는 머리핀, 식기류, 조미료 등 잡화를 판매하고 있고, 2층에서는 가구를 판매하고 있다. 조그만 간식거리도 판매하고 있어 기념품을 사기 위해 방문하는 것도 나쁘지 않다.

위치 東京都目黒区自由が丘1-25-9
Tokyo-to, Meguro-ku, Jiyugaoka, 1Chome, 25-9
영업시간 11:00~20:00(연말연시 휴무)

생활용품 전문점
④ 투데이즈 스페셜 TODAY'S SPECIAL

아담하고 깔끔한 지유가오카 거리에 어울리는 매장이다. 1층은 생활용품 판매점, 2층은 식당이다. 집안을 꾸미는 작은 화분에서부터 가드닝 용품, 주방용품, 식품, 헬스케어, DIY, 문구 등 다양한 용품을 취급한다. 2층 식당에서는 계절별, 지역별 식재료를 조달하여 신선한 음식을 제공한다. 깔끔한 분위기이며 일본식 특유의 정갈한 요리가 입맛을 돋운다. 약간 비싸다는 느낌(런치 1,800엔)은 있으나 여유로운 공간과 신선한 재료, 맛과 분위기를 생각하면 가성비는 충분하다고 할 수 있다.

위치 東京都目黒区自由が丘2-17-8
Tokyo-to, Meguro-ku, Jiyūgaoka, 2 Chome-17-8
영업시간 11:00~23:30(부정기 휴무)

쇼핑 / Shopping

⑤ 애플 하우스 APPLE HOUSE
부인복 전문점

애플 하우스는 천연 소재를 사용한 프리 사이즈 부인복 전문점이다. 천연 섬유를 사용하여 지구와 사람에게 친화적인 상품을 개발하여 입기 편한 의류를 판매하고 있다. 전국에 체인점을 갖고 있으며 대부분의 의류를 임금이 저렴한 국가에서 생산하는 것과 달리 100% 일본에서 생산한다. 이 점을 어필하고 있다.

위치 東京都目黒区自由が丘1-25-12
　　　 Tokyo-to, Meguro-ku, Jiyūgaoka, 1 Chome-25-12
영업시간 11:00~20:00(연말연시 휴무)

⑥ 트레인치 TRAINCHI
작은 백화점

도큐전철 그룹에서 운영하는 상업 시설이다. 원래는 차량 기지였는데 폐쇄되면서 상업 시설로 만든 공간이다. 그리 넓지 않은 면적에 아담하게 배치된 레이아웃이 인상적이다. 2층 구조로 깔끔한 외관에 다양한 상업 시설이 하나의 공간에 있다. 빵집부터 이탈리안 레스토랑, 술집, 크레페, 커피숍, 생활 잡화, 의류, 액세서리 등의 다양한 상점이 모여 있다.

위치 東京都世田谷区奥沢5-42-3
　　　 Tokyo-to, Setagaya-ku, Okusawa, 5 Chome-42-3
영업시간 10:00~20:00(점포에 따라 다름, 부정기 휴무)

먹거리 / Food

7 피터래빗 가든   PETER RABBIT GARDEN
그림책을 테마로 한

상점과 주택이 어우러진 골목 한편에 피터래빗 가든 카페 지유가오카 본점이 있다. 그림책 피터래빗의 세계관을 옮겨 놓았으며 영국스러운 분위기를 자아내는 레스토랑이다. 각 테이블마다 토끼 인형이 먼저 자리를 잡고 앉아 있어 토끼와 식사를 하는 느낌이 든다. 메뉴판은 동화책을 보는 것처럼 동화풍의 화초에 토끼가 그려져 있다. 접시에도 토끼가 그려져 있고 샐러드의 무와 빵에도 토끼가 새겨져 있다. 샐러드가 담겨 있는 그릇에는 드라이아이스를 넣어 신비로운 분위기를 연출해 낸다. 오므라이스와 버터가 듬뿍 들어간 빵의 조합으로 입속의 호사를 누릴 수 있는 곳이다. 분위기상으로는 어린이들이 많을 것 같지만 젊은 청춘들이 많이 찾는 가게다.

빵에 새겨진 토끼 캐릭터

위치 東京都目黒区自由が丘1-25-20
　　　Tokyo-to, Meguro-ku, Jiyūgaoka, 1 Chome-25-20
영업시간 월~금 11:00~19:00 / 토, 일, 공휴일 11:00~20:00(연중무휴)

8 팡노 다지마   パンの田島
줄을 서는 빵집

항상 기다리는 행렬이 끊이지 않는 빵집이다. 항상 줄을 서기 때문에 가게에서 나눠 주는 번호표를 받아 들고 기다려야 한다. 장사하는 사람들의 로망이 아닐까? 이곳에서 가장 인기 있는 메뉴는 쿠페빵으로 고구마 모양이며 아래가 납작한 빵이다. 딸기 커스타드, 딸기 생초코 커스타드도 인기가 있다. 대부분 테이크 아웃이지만 29석 정도의 홀이 있어 가게에서 먹을 수도 있다.

위치 東京都目黒区自由が丘2-11-11
　　　Tokyo-to, Meguro-ku, Jiyūgaoka, 2 Chome-11-11
영업시간 08:00~20:00(연중무휴)

 **먹거리 / Food**

고택에서 즐기는 차
⑨ 고소안 古桑庵

지은지 90년이 넘은 민가를 개조한 카페다. 카페로 문을 연 것이 1954년이니까 카페도 60년이 넘었다. 외관만으로도 그 역사를 알 수 있다. 잘 정돈된 정원과 시간의 흐름을 말해 주는 목조 건물이 아담하고 세련된 건물이 많은 지유가오카 거리와 묘하게 조화를 이룬다.

내부는 일본의 가정집을 개조했기 때문에 고택의 가정집 구조를 그대로 볼 수 있다. 단순히 차를 마시는 찻집으로 공간이 아니라 일본 가옥과 정원을 구경할 수 있는 좋은 기회가 될 것이다. 차를 마시는 방에는 장신구, 전통 회화, 일본 인형이 장식되어 있다. 이곳에서는 빙수, 녹차, 커피, 안미츠(팥과 완두콩으로 만든 간식), 말차 카페오레 등 음료를 중심으로 판매하고 있다. 해외에도 많이 알려져 일본인보다 외국인 관광객의 비중이 많은 편이다.

위치 東京都目黒区自由が丘1-24-23
Tokyo-to, Meguro-ku, Jiyūgaoka, 1 Chome-24-23

영업시간 11:00~18:30(수요일 휴무)

고소안의 정원과 차를 마시는 공간

먹거리 / Food

10 코스트 KOST
프렌치 카페

지유가오카역에서 10분 정도 떨어져 있다. 철로를 따라 한적한 주택가 한편에 조용히 자리 잡고 있어 찾기가 쉽지 않다. 아담하고 작은 외관부터가 매력적인 식당이다. 수프, 애피타이저, 메인, 디저트에 이르기까지 담긴 그릇과 음식 모양을 보면 하나하나가 정성스러운 요리라는 것을 눈으로도 느낄 수 있다. 프랑스 요리인 만큼 가격(런치코스 3,000엔)이 만만치 않다.

위치 東京都世田谷区奥沢 6-28-10
Tokyo-to, Stagaya-ku, Okusawa, 6 Chome-28-10
영업시간 점심 11:00~13:00 / 저녁 18:00~22:00(화 휴무, 월요일은 런치만 영업)

11 밀크 랜드 MILK LAND
홋카이도산 유제품 전문점

마르쉐 드 블루에 플루스 바로 건너편에 있는 가게다. 가게 내부에 있는 2층 높이의 거대한 젖소가 인상적이다. 2006년에 홋카이도 기간 산업인 낙농업을 부흥하기 위해서 만들어진 가게라고 한다. 홋카이도의 낙동업계는 일본 전국 우유 생산의 50%를 담당할 정도로 많은 비중을 차지하고 있다. MILK LAND는 홋카이도산 우유의 우수성을 홍보하는 역할을 하고 있다. 우유 소프트 아이스크림과 같은 간식거리부터 모짜렐라 리조토와 같은 식사도 주문할 수 있으며, 홋카이도산 우유로 만든 치즈나 생크림도 구매할 수 있다.

위치 東京都目黒区自由が丘1-26-16
Tokyo-to, Meguro-ku, Jiyugaoka, 1Chome, 26-16
영업시간 11:00~19:00, 수요일 휴무, 수요일이 공휴일인 경우 목요일 휴무

산겐자야
三軒茶屋

 교통

- **산겐자야역**(三軒茶屋駅) : DT 덴엔토시선, SG 세다가야선

산겐자야(三軒茶屋) 역시 세타가야구에 있는 젊음의 거리이며 연예인들이 많이 사는 동네로 알려져 있다. 시부야역에서 산겐자야역까지는 5분 정도로 가까이에 있어 교통도 편리한 곳이다. 조용한 주택가와 함께 세련된 분위기의 카페가 있는가 하면 전통적인 모습을 간직한 골목이 그대로 남아 있다. 크게 눈에 띄는 관광지는 아니지만 골목의 아기자기한 분위기를 느낄 수 있는 곳이다. 에도 시대에 세 곳의 찻집이 있었던 곳이라고 해서 지금의 이름이 붙여졌다고 한다. 시부야역에서 도큐덴엔도시선 (東急田園都市線) 또는 준급을 타면 약 20분 정도 소요된다.

산겐자야에는 조용한 전원주택과 자그마한 카페가 많다. 도쿄에서 만나기 쉽지 않은 노면 전철이 달리는 곳이다. 신주쿠, 하라주쿠, 시부야 등 사람들이 많이 모이는 곳도 좋지만 가끔은 이러한 주택가를 산책하면서 아기자기한 조경이나 장식들을 구경하는 것도 여행의 즐거움이다. 특별히 어느 곳을 지정해서 가는 것보다 주변의 골목길을 다니면 그 자체로 관광이 되는 거리이다. 화려하지는 않지만 아기자기한 풍경이 볼거리라 할 수 있다. 이국의 낯선 동네의 골목길을 걸으며 거리의 분위기를 만끽하는 여유로운 시간을 갖는 것도 여행의 또 다른 매력이다.

 ## 캐롯 타워(Carrot Tower)

랜드마크인 캐롯 타워는 산겐자야역 북쪽 출구에 있는 높이 솟아 있는 건물이다. '캐롯(Carrot)'이라는 이름에서 알 수 있듯 건물 양쪽 외벽이 당근색으로 장식되어 있다. 이 건물은 1990년대 후반에 재개발 사업을 통해 건설된 곳으로 사무실과 각종 상업 시설, 공연장, 갤러리가 들어서 있고 지역의 쇼핑과 문화 공간이 있어 지역민의 휴식 공간으로 자리 잡았다. 최상층의 전망대는 무료로 관람할 수 있다. 산겐자야 지역을 조금만 둘러보면 알 수 있지만 앤지 이 지역 본래의 분위기외는 어울리지 않는 건물이다.

1. 북쪽 출구 앞에서 본 캐롯 타워
2. 역 주변 상점가

⛩ 레트로 상점가

일본에서는 2000년대 들어 옛날의 풍경이나 물건 등을 그리워하며 즐기는 복고풍의 의미를 가진 '레트로(レトロ)'라는 단어가 유행했다. 산겐자야 지역은 '레트로'를 대변하는 상점가가 많다. 산겐자야역을 중심으로 정돈되지 않은 어지러운 간판과 전선줄, 좁은 골목길 상점가가 형성되어 있다. 캐롯 타워 아래의 스즈랑 거리(すずらん通り),

캐롯 타워 건너편에 있는 에코나카미세(エコー仲見世) 상점가는 70~80년대에서 시계가 멈춘 듯한 분위기이다. 취급하는 상품은 최신 제품이지만 건물 외관과 내부의 인테리어가 시간이 멈춘 듯한 느낌을 자아낸다. 에코 나카미세 뒤의 유우라쿠 거리(ゆうらく通り), 산자삼방카이(三茶3番街)는 시계를 더 뒤로 돌린 듯하다.

에코 나카미세 상점가를 지나 안쪽으로 들어가면 유우라쿠 거리(ゆうらく通り)가 나온다. 좁은 골목을 사이에 두고 오래된 건물과 빛바랜 간판이 다닥다닥 붙어 있다. 교차하는 전선과 흘러내린 때 자국이 세월을 말해 주고 있다. 두 사람이 겨우 비켜갈 정도로 좁은 골목길을 사이에 두고 점포가 늘어서 있다.

한 걸음 위쪽으로 가면 '산자삼방가이(三茶3番街)' 골목이 나온다. 이 골목도 유우라쿠 거리와 다를 바 없지만 베트남, 중국, 한국 요리 등 아시아 국가들의 식당이 많다는 것이 특징이다.

1. 에코 나카미세 상점가
2. 상가 내부
3. 유우라쿠 거리
4. 산자삼방가이 거리

밤이 즐거운 스즈랑 거리(すずらん通り)

일본은 세계적으로 치안이 좋은 나라로 알려져 있어 어느 도시를 관광하든 밤 문화를 즐길 수 있다. 산겐자야에서 밤 문화를 즐기기 좋은 곳은 스즈랑 거리이다. 그리 넓지 않은 지역에 식당과 술집, 바와 노래방, 게임과 파친코 등 다양한 즐길 거리가 밀집해 있다. 먹거리도 일본 전통 식당을 비롯해 이탈리안, 중식, 라면, 고깃집, 햄버거 등 다채롭다.

팬케이크 전문점
보이보이(VoiVoi)

보이보이(VoiVoi)는 팬케이크 카페다. 대로변에 있는 가게가 아니고서는 일본에서 오래된 가게를 찾으려면 골목과 골목 사이를 누비며 보물찾기를 하듯 찾아 나서야 한다. 이곳 역시 주택가 골목 사이에 자리 잡은 가게다. 가게 밖에서 줄을 서서 기다리는 것은 일상적인 풍경이다. 손님을 맞이하는 친절함이 저절로 발길을 끌게 한다. 입속에서 녹아내리는 팬케이크는 여행의 피로를 달래 줄 것이다.

위치 東京都世田谷区三軒茶屋 1-35-15
Tokyo-to, Setagaya-ku, Sangenjaya, 1 Chome-35-15

 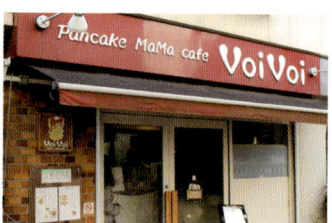

수제 햄버거 전문점
하라카라 (ハラカラ)

캐롯 타워 앞에 있는 세타가야 거리를 따라 역의 반대 방향으로 올라가다 보면 왼쪽 골목으로 접어든 곳에 햄버거 전문점인 하라카라가 있다. 수제 햄버거 가게다. 정크 푸드를 헬시 푸드로 탈바꿈시킨 햄버거 전문점이다. 그만큼 건강을 고려하여 영양의 균형을 맞춰 요리한 햄버거라 할 수 있다. 햄버거 치고는 상당히 비싸다.

위치 東京都世田谷区三軒茶屋2-16-8
　　　Tokyo-to, Setagaya-ku, Sangenjaya, 2 Chome-16-8

영업시간 화~토 11:30~21:30 / 일, 공휴일 11:30~20:30
　　　　(월요일 휴무)

도쿄의 교통 시스템

❶ 전철의 종류

도쿄의 전철 시스템은 매우 복잡하다. 여러 회사가 운영하다 보니 우리처럼 일원화되지 않은 느낌이다. 환승해야 할 경우 개찰구를 나가서 다시 표를 구입해 다른 개찰구를 통해 들어가는 경우도 발생한다. 솔직히 일본을 자주 드나드는 필자도 헤매다가 역 안내원에게 묻는 경우도 있을 정도로 많은 노선이 있으며 복잡하다.

도쿄에서 운행하는 대표적인 전철 회사를 살펴보면, 가장 많은 노선을 운영하는 회사가 1987년 일본국유철도(국철)에서 민영화된 'JR 동일본'이다. 도쿄를 중심으로 수도권에 간선만 30여 개 노선을 운영하고 있다. 다음으로 도쿄 23구를 중심으로 지하철 9개 노선을 운영 중인 '도쿄메트로', 도쿄도의 지하철 4개 노선과 노면전철, 버스를 운영하는 '도쿄도교통국'이 있다.

구분	노선 이름
JR 동일본	야마노테선(山手線線), 사이쿄선(埼京線), 주오선(中央線), 소부선(総武線), 오메선(青梅線), 무사시노선(武蔵野線), 아카바네선(赤羽線), 케이요선(京葉線), 조반선(常磐線), 조에츠선(上越線), 요코하마선(横浜線), 케이힌토호쿠선(京浜東北線), 토카이도혼선(東海道本線), 토호쿠혼선(東北本線), 난부선(南武線), 가와고에선(川越線) 등
도쿄메트로	긴자선(銀座線), 마루노우치선(丸ノ内線), 히비야선(日比谷線), 도자이선(東西線), 치요다선(千代田線), 유라쿠초선(有楽町線), 한조몬선(半蔵門線), 난보쿠선(南北線), 후쿠도심선(副都心線)
도에이 지하철	도에이 아사쿠사선(都営浅草線), 도에이 미타선(都営三田線), 도에이 신주쿠선(都営新宿線), 도에이 오에도선(都営大江戸線)

이 밖에도 도쿄를 중심으로 오고 가는 전철 회사는 토부철도(東武鉄道), 세이부철도(西武鉄道), 오다큐전철(小田急電鉄), 케이오전철(京王電鉄), 도큐전철(東急電鉄), 케이세이전철(京成電鉄), 케이힌규코우전철(京浜急行電鉄), 유리카모메(ゆりかもめ), 도쿄린카이고속전철(東京臨海高速鉄道), 도쿄모노레일(東京モノレール), 타마도시모노레일(多摩都市モノレール), 츠쿠바익스프레스(つくばエクスプレス) 등이 있다. 이들 회사는 각각 여러 개의 노선을 갖고 있기 때문에 노선 수는 훨씬 많다. 예를 들어, 도큐그룹의 도큐전철(東急電鉄)의 경우는 도요코선(東横線), 메구로선(目黒線), 이케가미선(池上線) 등 8개의 노선을 운영 중이다.

이처럼 운영 주체에 따라 많은 노선을 운행하기 때문에 수많은 노선이 복잡하게 얽혀 있다. 도쿄의 모든 노선을 지도 한 장으로 표현하기 어려울 정도이다. 그래서 전철 내부에 있는 노선도를 보면 해당 노선의 운영 주체가 운행하는 노선만 표시해 놓는 경우가 대부분이다. 예를 들어, 서울의 2호선에 해당하는 야마노테 선(山手線)을 타면 JR 동일본이 운행하는 전철 노선도가, 긴자선(銀座線)을 타면 도쿄메트로가 운영하는 지하철 노선도가 있다.

❷ 승차권(티켓) 구입

도쿄에는 전철 노선이 많고 복잡하기는 하지만 전철 승차권(티켓)을 구매하거나 승차하는 방법은 우리와 크게 다를 바 없다. 창구에서 승무원에게 구매해도 되고 개찰구 근처에 있는 자동 발매기를 이용해도 된다. 도쿄사쿠라토라무(구 명칭 토우덴 아라카와선(東電荒川線))의 경우는 승차를 하면서 기관사에게서 직접 구입하는데 이 경우를 제외하고 다른 전철은 동일한 방법이다.

승차권 발매기에서 구입하는 방법은 다음과 같다.

- **먼저, 목적지까지의 요금을 확인한다.**

탑승할 역에서 목적지까지의 금액을 정확히 파악해야 한다. 요금 체계가 우리나라보다 세분화되어 있어 각 역마다 금액이 다르기 때문이다. 예를 들어, 서울 지하철 2호선에 해당하는 야마노테선(山手線)의 경우, 6번째 정거장까지는 150엔인데 7번째는 160엔이고 9번째는 190엔이 된다. 이렇게 각 역마다 요금이 다르기 때문에 목적지까지의 요금을 정확히 파악해야 한다.

- **승차권 발매기에 돈을 투입한다.**

목적지까지의 요금에 해당하는 돈을 투입한다. 10엔 이상의 주화와 1,000엔짜리 지폐만 이용 가능한 기기도 있으나 5,000엔이나 10,000엔 지폐도 사용할 수 있는 발매기도 있다. 최근에는 거의 모든 지폐를 사용할 수 있는 기계가 늘어나고 있다.

- **투입된 금액에 맞춰 구입 가능한 금액의 버튼 또는 버튼 모양의 터치 패널에 불이 들어온다.**

여러 장을 구매하고자 할 때는 사람 수가 그려진 버튼을 누른 후 금액 버튼을 누른다. 터치 패널식인 경우, 먼저 행선지의 요금을 선택한 후 돈을 투입하는 방식도 있다.

- **해당 금액의 버튼을 누르면 승차권이 발매되고 잔돈이 나온다.**

자동 발매기를 이용하지 않을 경우에는 역무원이 있는 창구에서 구입한다. 가고자 하는 목적지를 말하고 돈을 내밀면 승차권을 발행해 준다. 예를 들어, "신주쿠에키 오네가이시마스(新宿駅、お願いします。)" 또는 "신주쿠에키에 이키타이데스(新宿駅へ行きたいです。)"라고 말하면 금액을 알려 주고, 돈을 건네면 승차권을 건네준다.

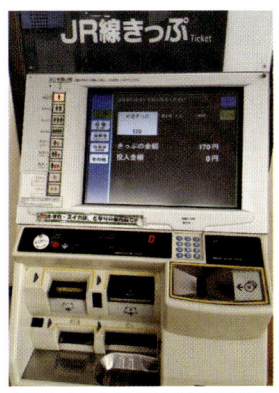
승차권 발매기에 돈을 투입한 후 화면

미도리노 마도구치와 뷰 프라자 마크

뷰 프라자와 미도리노 마도구치

    신칸센과 같은 고속 전철이나 장거리 버스 등은 JR 승차권 발매소인 '미도리노 마도구치(綠の窓口)' 또는 여행 센터인 '뷰 프라자(びゅうプラザ)'의 창구에 가서 구입한다. '뷰 프라자'에 가면 철도 승차권 발매를 비롯하여 항공권도 구매할 수 있으며 다양한 여행 정보를 얻을 수 있다.

    이렇게 구매하면 JR선을 탑승했다가 지하철인 메트로로 갈아타거나 다른 철도 회사의 전철로 갈아탈 때마다 해당 승차권을 구매해야 하기 때문에 매우 번거롭다. 가장 좋은 방법은 우리나라의 T-머니와 같은 교통 카드(Suica 또는 Pasmo)를 구매하여 사용하는 방법이다. 승차권을 구매하는 시간도 절약할 수 있고 간편하다.

❸ 교통 카드(Suica, Pasmo)의 구입

도쿄에는 우리나라의 T-머니와 유사한 기능을 하는 교통 카드인 '스이카(Suica)'와 '파스모(Pasmo)'가 있다. 전자 머니 기능도 있다. 1일권을 구매하지 않는다면 이러한 교통 카드를 구매하여 활용하는 것이 편리하다. 전철을 탈 때마다 매번 승차권(티켓)을 구매해야 하는 번거로움이 없어 편리하게 사용할 수 있다. 역 구내의 자판기나 짐을 맡기는 코인락커(コインロッカー) 등에 부착된 센서에 터치하여 현금처럼 사용할 수도 있어 매우 편리하다.

교통 카드의 일종인 스이카(Suica)와 파스모(Pasmo)

스이카(Suica)

JR 동일본에서 발행하는 선불식 교통 카드로 1,000엔 단위로 충전할 수 있으며 최대 20,000엔까지 충전할 수 있다. 창구에서도 구매할 수 있고 일반 승차권 발매기에서도 구매할 수 있다. 보증금이 500엔이 붙는다. 반납할 때 500엔은 돌려받을 수 있다. 따라서, 발매할 때 2,000엔을 내면 1,500엔만 사용할 수 있다.
2001년 발행 당시에는 도쿄 인근을 중심으로 수도권 내에서만 사용하였으나 각 지역의 교통 카드와 제휴하여 점차 지역이 확대되어 나고야, 오사카 지역에서도 사용할 수 있게 되었다. 지방에서 사용하려면 사용 가능 여부를 확인한 후 사용하는 것이 좋다. 각 지역의 교통 카드사와 제휴를 확대해 가고 있으나 일본의 모든 철도나 버스 회사와 제휴된 상태가 아니기 때문이다.
'Suica' 카드 가맹점에서는 현금 카드처럼 사용할 수도 있다. 자판기나 편의점에 'Suica' 마크가 붙어 있으면 사용이 가능한 가맹점이다.

파스모(Pasmo)

스이카(Suica)와 유사한 교통 카드의 하나로 주식회사 파스모가 발행한 교통 카드 겸 전자 머니 카드다. 이 카드 역시 초기에는 도쿄를 중심으로 한 수도권에서 사용되었으나 제휴를 통해 지역을 넓혀 가고 있다.
파스모(Pasmo)와 스이카(Suica)의 제휴에 의해 상호 이용(일부 사업자 제외)이 가능하다. 따라서 파스모(Pasmo)는 스이카(Suica)의 사용 지역에서 같이 사용할 수 있다고 생각하면 된다. 이 카드도 가맹점 각 창구나 도쿄 메트로의 창구나 승차권 발매기에서 구매할 수 있다. 구매할 때는 보증금 500엔이 필요하며 카드 반환 시에 보증금은 돌려받을 수 있다.
충전은 기본적으로 1,000엔 단위이며 일부 사업자는 10엔 단위로도 가능하다. 몇 번이고 충전이 가능하며 최대 20,000엔까지 충전할 수 있다. 전자머니 가맹점에서는 현금 카드처럼 사용할 수 있다. 가맹점에는 'Pasmo' 마크가 표시되어 있다.

다음은 자동 발매기를 이용하여 Pasmo 카드를 구입하는 순서다. 스이카(Suica)도 비슷한 방식으로 구입할 수 있다. 영문 메시지를 통해 이용할 경우에는 상단에 있는 [English] 버튼을 누른다.

Pasmo카드 구입 순서

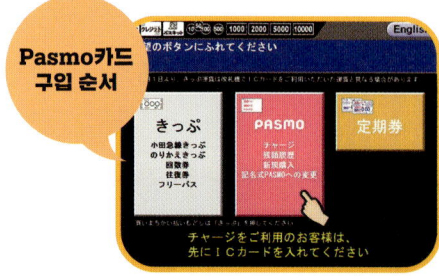

1. 분홍색 버튼(충전, 잔액 이력, 신규 구입)을 누른다.

2. [PASMO新規購入](PASMO 신규 구입) 버튼을 누른다. 충전을 하려면 [チャージ、残額履歴](충전, 잔액 이력) 버튼을 누른다.

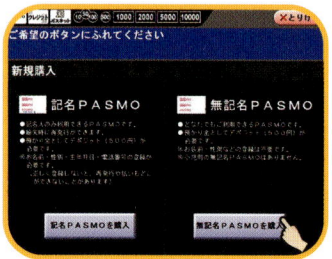

3. 기명, 무기명을 선택한다. 오른쪽의 [無記名 PASMO 購入](무기명 PASMO 구입) 버튼을 누른다.

4. 구입 또는 충전할 카드의 금액을 선택한다. 하단에 보증금 500엔이 포함되었다는 메시지가 표시된다. 지정한 금액의 돈을 투입한다.

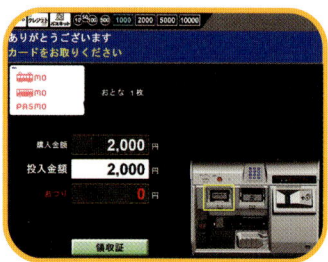

5. 구입 금액과 투입한 금액이 표시된다. 카드가 발행되면 발매기에서 꺼낸다. 영수증이 필요한 경우는 하단의 [領収証](영수증) 버튼을 누른다.

역의 자판기 외에 편의점(세븐일레븐, 패밀리마트 등)에서도 현금(1,000엔 단위)을 내고 충전할 수 있다.

참고 사항

일본 여행을 자주 하는 사람은 반납하지 않고 사용해도 되지만 언제 다시 방문할지 모르는 경우에는 보증금을 돌려받을 수 있으므로 반납하는 것이 좋다. 반납할 당시에 카드에 충전되어 남아 있는 잔액에서 수수료 220엔을 제외한 금액과 보증금 500엔을 돌려받는다. 잔액이 220엔 이하인 경우에는 보증금 500엔만 돌려받는다. 가능하다면 잔액을 220엔 이하까지 사용하는 것이 조금이라도 남는 장사다. 잔액을 0엔으로 하면 수수료 220엔을 아끼는 결과가 된다.

❹ 승하차

전철의 승하차는 우리와 크게 다를 바 없다. 개찰구의 구조와 시스템도 비슷하다. 승차권 발매기에서 구매한 승차권을 개찰구의 승차권 투입구에 넣으면 앞쪽으로 튀어나온다. 이를 빼 들고 승차할 홈으로 가서 승차한다. 교통 카드인 스이카(Suica)나 파스모(Pasmo)는 개찰구의 센서에 터치를 하고 지나간다. 너무 빠른 속도로 지나치면 차단될 수 있으니 보통 걸음걸이로 통과하도록 한다.

탑승 시에는 줄을 서 있다가 내리는 사람이 모두 내리고 올라타는 매너를 지키도록 하자. 피곤해서 자리에 앉고 싶다고 하차하는 승객이 내리기도 전에 올라타는 행동은 삼가도록 하자. 해외에 나가면 한 사람, 한 사람이 한국을 대표하는 외교관이라는 생각을 하고 행동했으면 한다.

목적지에 도착하여 개찰구를 나올 때는 승차권 투입구에 넣거나 센서에 태그를 하고 나오면 된다. 구입한 승차권의 금액을 초과한 경우나 충전 금액이 부족한 경우에는 부족한 금액을 정산해야 한다. 개찰구 옆에 있는 요금 정산기에 승차권을 넣으면 부족한 금액이 표시된다. 부족한 금액만큼 돈을 투입하면 정산이 된다. 정산기 사용이 어려우면 출구 앞에 있는 역무원에게 내 보이면 금액을 알려 준다. 그 금액만큼 추가로 지불하면 된다. 교통 카드인 스이카(Suica)나 파스모(Pasmo)도 이와 같은 방법으로 정산하도록 한다. 잔액이 부족하지 않도록 탑승 전에 목적지까지의 요금을 정확히 파악한 후 미리 충전해 놓는 것이 베스트다.

도쿄의 전철역에는 전철이 많이 오가기 때문에 수많은 홈이 있다. 각 운영 주체와 목적지에 따라 홈이 다르기 때문에 가고자 하는 목적지의 탑승 홈을 정확히 파악해야 한다. 하나의 홈에서 드나드는 전철의 종류가 많기 때문에 주의해야 한다. 우리나라 지하철은 일부를 제외하고는 거의 모든 역에서 정차한다.

반면 일본의 철도는 종류에 따라 정차하는 역이 있고 그렇지 않은 역이 있다. 각 역을 정차하는 각역정차, 몇 개의 역을 건너뛰는 준급, 특급, 급행 등 여러 종류가 있다. 들어오는 열차가 목적지 역에서 멈추는지 확인하고 탑승해야 한다.

다음의 예는 신주쿠에서 출발하는 오다큐선(小田急線)의 노선도다. 노선도에는 다양한 색상으로 표시되어 있다. 위쪽의 범례에는 쾌속급행(快速急行), 급행(急行), 다마급행(多摩急行), 준급(準急), 각역정차(各駅停車)가 있다. 각 색상 노선에 흰색 동그라미가 있는 곳이 정차를 하는 역이다.

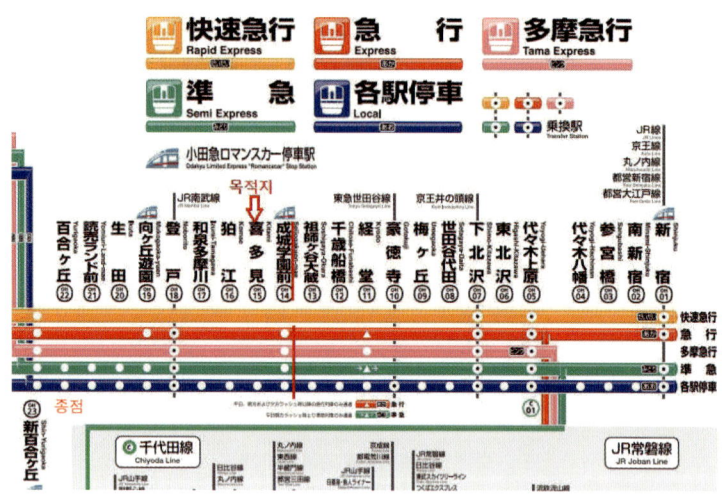

오다큐선의 노선도의 예

　예를 들어, 오렌지색의 쾌속급행은 신주쿠에서 종점인 '신유리가오카(新百合ヶ丘)'역까지 가려면 두 번만 정차하고 세 번째 역에서 내리면 된다. 신주쿠에서 기타미역(喜多見駅)을 가려면 빨간색인 급행(急行) 또는 초록색인 준급(準急)을 타고 세이조가쿠엔마에역(成城学園前駅)에서 내려 각역정차(各駅停車) 열차로 환승하여 한 정거장을 간다.

　가장 안전한 방법은 모든 역에서 정차하는 각역정차(各駅停車) 열차를 타고 가는 방법이겠지만 그러면 시간이 너무 많이 소요된다. 따라서 열차 종류를 적절하게 활용해야 한다. 각역정차 열차를 타야 하는데 급행이나 쾌속급행을 탔다가는 역을 지나쳐 다시 되돌아가야 하는 불상사가 발생할 수도 있다. 플랫폼에 가면 중앙에 다음과 같은 전철의 정보가 표시된다. 타는 홈, 전철의 종류, 최종 목적지, 발차시간 및 차량 수가 표시된다. 전철의 종류는 정차 역에 따라 각역정차, 준급, 특급, 쾌속 등으로 구분된다.

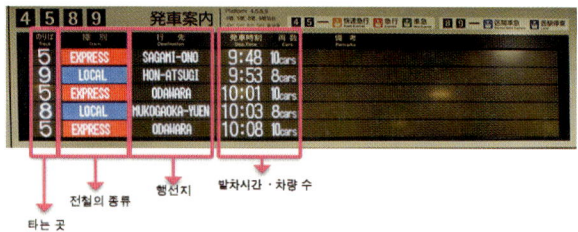

　각 홈에는 다음과 같이 도착하는 열차에 대한 정보가 표시된다. 이 정보를 확인하고 탑승한다.

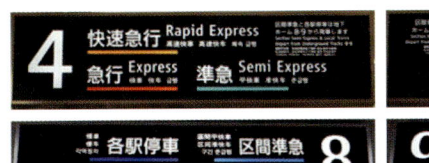

회사에 따라 표시 방법에 차이가 있으나 대부분 비슷한 시스템으로 안내하고 있다. 여하튼 일본의 철도는 우리보다 노선이 많고 종류도 다양하여 복잡하기 때문에 탑승할 때 주의를 기울여야 한다.

❺ 할인 승차권

일본은 각 철도 회사마다 할인 승차권이나 세트 형식의 상품을 많이 내놓는다. 가장 대표적인 것이 1일 자유 이용권, 2일 자유 이용권과 같이 정해진 기간 내에 얼마든지 타고 내릴 수 있는 기간 한정 자유 승차권이다. 전철이 지나는 역을 중심으로 자유롭게 타고 내리면서 관광을 하려면 이러한 할인 승차권이나 자유 이용권을 활용하는 것이 경제적이다.

주의해야 할 점은 발행하는 승차권의 종류에 따라 탑승할 수 있는 전철이 있고 탑승할 수 없는 전철이 있다는 점이다. 도쿄라 하더라도 23구 내에서만 탑승할 수 있고 23개 구를 벗어나면 별도의 요금을 지불해야 하는 경우도 있다. 우리처럼 공영화되어 일괄 관리하는 시스템이 아니라 민영화되어 있어 각 운영 주체에 따라 별도로 관리되기 때문이다.

다음은 도쿄 지역에서 발행되는 자유 이용 승차권이다.

도쿄 후리 깃푸(승차권)

JR선 23구(区)내, 도쿄 메트로, 도에이 지하철, 도쿄 사쿠라토라무, 도에이 버스, 닛포리도네리 라이너의 전 구간을 하루 동안 자유롭게 승하차

가격 : 1,600엔(성인), 800엔(어린이)
유효 기간 : 1일
발매 장소 : 도쿄도 23구의 JR 동일본 주요 역의 미도리노 마도구치, 뷰 플라자, 도에이 지하철 각 역, 닛포리·도네리 라이너 각 역, 도쿄메트로 각 역
탑승 가능 철도 및 버스 : JR선 23구 내, 도쿄메트로, 도에이 지하철, 도버스, 도쿄사쿠라토라무(도덴 아라카와선), 닛포리·도네리 라이너

도에이 마루고토 깃푸(승차권)

도쿄도 전철(도덴), 도에이 버스, 도에이 지하철, 닛포리·도네리 라이너를 하루 동안 자유롭게 승하차

가격 : 700엔(성인), 350엔(어린이)
유효 기간 : 1일
발매 장소 : 도에이 지하철 각 역의 자동 매표기, 도에이 버스·도쿄도 전철(도덴)의 차내, 닛포리·도네리 라이너 각 역의 자동 매표기에서 당일 발매. 예매는 도에이 지하철 각 역(일부 제외)의 창구, 도에이 버스 영업소·지소, 아라카와 전철 영업소, 도에이 지하철·도에이 버스·도쿄도 전철(도덴) 및 닛포리·도네리 라이너의 정기권 발매소(일부 제외)에서 발매
탑승 가능 철도 및 버스 : 도에이 지하철, 도버스, 도덴, 닛포리·도네리 라이너

도쿄 메트로, 도에이 지하철 공통 1일 승차권

도쿄 메트로와 도에이 지하철 전 노선을 하루 동안 자유롭게 승하차 가능

가격 : 900엔(성인), 450엔(어린이)
유효 기간 : 1일
발매 장소 : 도에이 지하철·도쿄메트로 각 역의 자동매표기에서 당일 발매
탑승 가능 철도 및 버스 : 도쿄메트로, 도에이 지하철

도쿄 메트로 24시간 승차권

사용 개시 이후 24시간에 한해 도쿄 메트로 모든 노선에서 자유롭게 승하차 가능

가격 : 600엔(성인), 300엔(어린이)
유효 기간 : 사용 개시 이후 24시간. 단, 구매 당일 막차가 될 때까지 탑승하지 않으면 무효가 됨.
발매 장소 : 예매권은 도쿄 메트로 각 역의 정기권 판매소(일부 정기권 판매소 매장은 제외)에서 발매. 당일권은 도쿄 메트로 각 역(일부 역은 제외)의 자동 발매기에서 당일 판매
탑승 가능 철도 및 버스 : 도쿄 메트로

JR동일본 도쿄도 구내 패스

도쿄 23구 내의 보통 열차(쾌속 포함)의 보통차 자유석을 하루 동안 자유롭게 승하차 가능

가격 : 760엔(성인), 380엔(어린이)
유효 기간 : 1일
발매 장소 : JR 동일본 자유 탑승 가능 역의 지정석 매표기 및 창구, 미도리노 마도구치, 뷰 플라자 등(일부 제외)에서 발매
사용하기 1개월 전부터 구입 가능
탑승 가능 철도 및 버스 : JR

도덴(都電) 1일 승차권

도쿄사쿠라토라무(도덴 아라카와선)을 하루 동안 몇 번이라도 승하차 가능

가격 : 400엔(성인), 200엔(어린이)
유효 기간 : 1일
발매 장소 : 아라카와 전차 영업소, 도덴 정기권 발매소에서 발매. 당일권은 도덴 차내에서도 발매(현금만 취급)
탑승 가능 철도 및 버스 : 도쿄사쿠라토라무선(도덴 아라카와선)

유리카모메 1일 승차권

유리카모메선을 하루 동안 몇 번이라도 승하차 가능

가격 : 820엔(성인), 410엔(어린이)
유효 기간 : 1일
발매 장소 : 유리카모메 각 역(신바시역·도요스역은 예매권도 가능)에서 발매
탑승 가능 철도 및 버스 : 유리카모메

린카이선 1일 승차권

린카이선을 하루에 한해 몇 번이라도 승하차 가능

가격 : 730엔(성인), 370엔(어린이)
유효 기간 : 1일
발매 장소 : 린카이선 각 역(오사키역에서는 자동 매표기만 발매)
탑승 가능 철도 및 버스 : 린카이선

> **도쿄 지하철 자유 승차권**
>
> 도쿄를 방문하는 여행자(외국인과 지방 사람들)들을 위해 공항과 여행 대리점 등 한정된 지역에서 판매하며 1일, 2일, 3일 자유권을 구입하여 정해진 기간 내에 자유롭게 승하차
>
> **가격** : 1일: 800엔(성인), 400엔(어린이)
> 　　　　 2일: 1,200엔(성인), 600엔(어린이)
> 　　　　 3일: 1,500엔(성인), 750엔(어린이)
> **유효 기간** : 1일, 2일, 3일
> **발매 장소** : 하네다, 나리타 공항 카운터
> **주의** : 도쿄 시내에서는 구입할 수 없다.
> **탑승 가능 철도 및 버스** : 도쿄 지하철 전 노선

　할인 승차권을 구입할 때는 목적지와 코스를 고려하여 판단해야 한다. 저렴하다고 무턱대고 구입해 놓고 실제 두세 번만 탑승한다면 손해이다. 예를 들어, 도쿄 지하철 3일권은 하루당 500엔 꼴이지만 목적지를 통과하는 지하철역이 없는 경우가 있는데, 이때 지하철이 아닌 JR 전철을 탑승하려면 별도의 요금을 지불해야 한다. 우에노와 아사쿠사, 도쿄 스카이트리를 관광한다고 하면 1,590엔의 '도쿄 후리 깃푸'보다는 1,000엔의 '도쿄메트로, 도쿄도에이 지하철 공통 1일 승차권'이 더 효율적이다. '도쿄메트로, 도쿄도에이 지하철 공통 1일 승차권'보다 더 저렴한 승차권은 800엔인 '도쿄 지하철 자유 승차권'이다. 단, 이 승차권은 공항에서만 구입할 수 있으므로 미리 계획을 세워 입국할 때 공항에서 구입해야 한다. 도쿄에서 운행되는 노선은 위의 전철의 종류를 확인한다.

❻ 공항에서 도쿄 도심으로

　도쿄의 관문인 하네다(羽田) 공항이나 나리타(成田) 공항에 도착하면 도쿄 도심으로 들어가기 위해 여기저기를 두리번거리게 된다. 어느 나라의 공항이나 시스템은 비슷하기 때문에 차분히 둘러보면서 가장 먼저 관광 안내소를 찾는다. 도쿄의 관문인 하네다(羽田) 공항이든 나리타(成田) 공항이든 관광 안내소가 있으며 한국어가 가능한 직원이 있다.

　이곳에서 도쿄 관광에 대한 정보를 최대한 얻도록 한다. 한국어로 인쇄된 안내 전단지나 책자가 비치되어 있으므로 이 자료들을 잘 챙기도록 한다. 특히, 도쿄 전철과 지하철 노선도가 있으면 반드시 챙겨 오도록 한다. 도쿄에서의 관광은 100% 전철(지하철)로 이동한다고 생각하면 된다. 매우 유용하게 활용할 수 있다.

하네다 공항에 있는 관광 정보 센터

공항에 비치되어 있는 한글로 된 관광 정보지

하네다와 나리타에서 도쿄 도심으로 들어가는 교통은 여러 방법이 있다. 대표적인 방법을 소개하면 다음과 같다. 택시는 비용이 너무 많이 소요되기 때문에 제외한다. 나리타에서 도쿄 도심으로 택시를 이용하면 우리 돈으로 최소 150,000원에서 200,000원 내외가 소요된다.

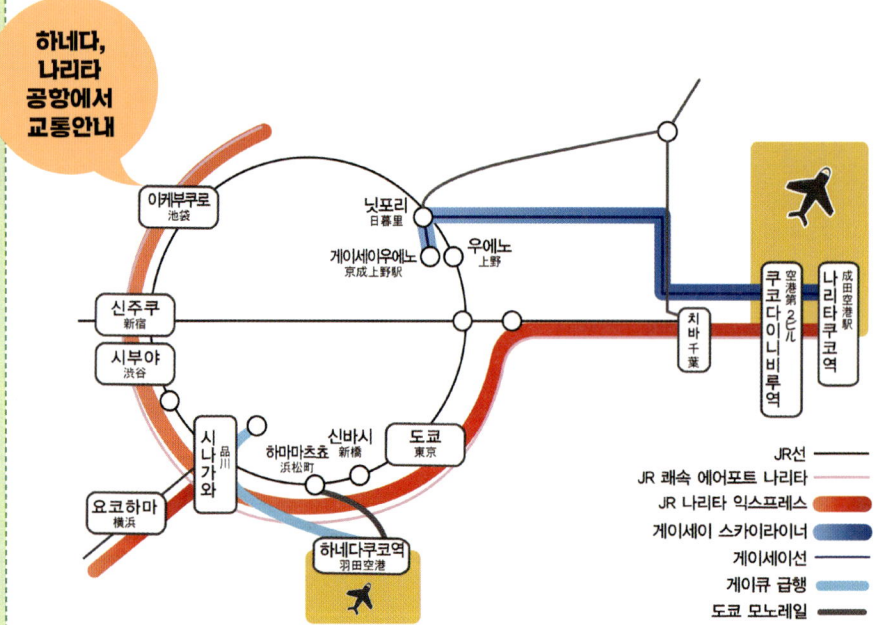

구분	교통수단 및 요금	도착지
하네다 공항	리무진 버스 1,000엔(40분~50분) 케이큐선(京急) 410엔-시나가와(品川)역 환승-JR 170엔(약 35분) 도쿄 모노레일 490엔-하마마츠초(浜松町)역 환승-JR 160엔(약 30분)	도쿄역
	리무진 버스 1,300엔(약 1시간) 케이큐선(京急) 410엔-시나가와역 환승-JR 200엔(약 40분)	신주쿠역
	케이큐선(京急) 410엔-시나가와역 환승-JR 200엔(약 45분)	우에노역
	리무진 버스 1,000엔~1,200엔(약 40분~1시간 반)	주요 호텔
	리무진 버스 840엔(30분~50분)	도쿄시티 에어터미널 (T-CAT)
나리타 공항	AIRPORT BUS「TYO-NRT」1,300엔(약 1시간) JR 소부선(総武) 쾌속 950엔(90분) JR 나리타 익스프레스 3,020엔(60분)	도쿄역
	리무진 버스 3,200엔(1시간 반~2시간) JR 나리타 익스프레스 3,190엔(80분) 나리타 스카이라이너 2,670엔-우에노(上野)역 환승-JR 200엔(약 70분)	신주쿠역
	나리타 스카이라이너 2,470엔(43분)	우에노, 닛포리역
	리무진 버스 2,800엔~3,100엔(1시간~2시간)	주요 호텔
	리무진 버스 2,800엔(1시간~1시간 반)	도쿄시티 에어터미널 (T-CAT)

    이 밖에도 다양한 조합과 방법으로 목적지에 도착할 수 있으나 낯선 곳에서 복잡한 방법을 쓰면 그만큼 시간도 많이 소요되기 때문에 생략했다. 같은 게이세이선(京成線)도 직통으로 연결하는 스카이라이너가 아니라 몇 번 정차를 하는 엑세스 특급을 타면 닛포리에서 나리타 공항까지 시간은 20분 정도 더 소요되지만 절반 금액인 1,300엔대에 갈 수도 있다.

    표에서 보는 바와 같이 한 번에 빠르게 도착하는 방법은 비용이 많이 소요되고 환승을 통해 가면 저렴한 비용으로 도착할 수 있다. 리무진 버스는 호텔에서 바로 공항으로 가기 때문에 편리하기는 하지만 도로 교통 사정에 따라 시간이 지체될 수 있다. 버스를 이용할 때는 공항 도착 시간에서 여유를 두고 출발해야 한다.

도쿄의 먹거리

여행의 즐거움 중 하나가 현지의 음식을 맛보는 것이다. 웬만한 음식을 우리나라에서도 맛볼 수 있으나 여행하는 김에 가능한 현지 음식을 먹어 보길 권장한다. 대부분은 우리나라 사람들에게도 잘 맞아 큰 거부감이 없이 먹을 수 있다.

❶ 생선 초밥(스시 : 寿司)

일본의 대표적인 음식이다. 일본 요리 중에 세계적으로 가장 많이 알려진 요리가 생선 초밥(스시)이 아닌가 생각된다. 바다로 둘러싸여 생선이 많이 나오고 쌀을 주식으로 하는 일본의 환경에서 이 두 가지 식재료를 가장 어울리게 먹는 방법이 생선 초밥이다. 원래는 동남아에서 밥 속에 넣어 생선을 보관하던 저장법을 일본에서 발전시킨 요리이다. 생선의 종류 및 밥을 쥐는 방법에 따라 구분하기도 한다.

니기리 스시

마키 스시

- **니기리 스시**(握り寿司)
  '니기루(握る)'는 '쥐다'라는 의미로 손으로 주물러 만든 생선 초밥이다.

- **마키 스시**(巻き寿司)
  '마키(巻き)'는 '감다'라는 의미다. 김, 해초류 등으로 말아서 만든 것을 말한다.

- **테마키 스시**(手巻き寿司)
  마키 스시에서 따로 도구를 사용하지 않고 맨손으로 김이나 해초류 등으로 감는 생선 초밥을 말한다.

- **이나리 스시**(稲荷寿司)
  유부 초밥을 말한다. 달짝지근한 유부로 초밥을 싼 것이다.

• 없는 재료에 따른 명칭

명칭	재료	명칭	재료
이쿠라(いくら)	연어알	우니(うに)	성게
네기토로(ネギトロ)	파를 얹은 참치살	시라우오(白魚)	뱅어
가니미소(カニ味噌)	게장	카이바시라(かいばしら)	조개관자
사몬(サーモン)	연어	빈토로(びんとろ)	날개 다랑어
마구로(マグロ)	참치	오토로(大トロ)	참치 대뱃살
타이(タイ、鯛)	도미	사바(サバ、鯖江)	고등어
간파치(カンパチ)	갯방어	아지(鯵)	전갱이
호타테(帆立)	가리비	아와비(鮑)	전복
에비(エビ)	참새우	보탄에비(ボタンエビ)	모란새우
아마에비(甘エビ)	단새우	아카가이(赤貝)	피조개
도리가이(とり貝)	새조개	이가(いか)	오징어

생선 초밥은 대체적으로 고가에 속한다. 좌석이 있는 일반 식당에서 두 사람이 생선 초밥을 먹을 경우, 기본 10만 원 이상의 비용을 지불해야 한다. 일본 여행을 왔으니 현지에서 생선 초밥을 먹어 보겠다면 비교적 저렴한 회전 초밥(回転寿司) 식당이나 서서 먹는 생선 초밥(立食い寿司) 식당을 권한다. 회전 초밥 식당의 가격은 저렴한 것은 한 접시에 100엔대이며 비싼 생선의 경우 200엔, 300엔, 400엔대까지 있다. 물론 식당에 따라 약간의 차이는 있다. 접시의 색상에 따라 가격이 다르니 주머니 사정을 고려하여 잘 선택하여 즐기도록 한다. 150엔에서 200엔 정도의 생선 초밥을 5~7접시 먹었다면 1,000엔~2,000엔대에 해결할 수 있다. 국물이 필요하면 된장국인 '미소시루'를 별도로 주문하면 된다.

❷ 라면(라멘 : ラーメン)

일본어 발음은 '라멘'이다. 일본의 라멘 식당은 우리나라와 같은 인스턴트 라면이 아니라 생면에 각종 재료로 우려낸 국물을 사용하는 면 요리이다. 지역에 따라 재료가 다른 만큼 면의 종류, 국물의 종류가 특색이 있다. 그래서 북쪽의 삿포로 라멘, 남쪽의 하카타 라멘과 같이 지역의 이름이 붙은 라멘이 많다. 라멘의 종류는 수없이 많다.

- **쇼유 라멘**
  간장으로 국물 맛을 낸 라멘이다. 후쿠시마의 기타가타 라멘이 유명하다.

- **미소 라멘**
  일본 된장인 '미소'로 국물 맛을 낸 라멘이다. 미소의 달달하고 구수한 맛이 특징이다. 삿포로의 미소 라멘이 유명하다.

- **시오 라멘**
  소금(시오 : 塩)으로 국물 맛을 낸 라멘이다. 국물이 투명하며 깔끔한 맛이 특징이다. 홋카이도의 하코다테 지역의 라멘이 대표적이다.

- **야채 라멘**
  채소를 익히거나 볶아서 국물을 내기도 하고 기본 국물에 면을 함께 얹어서 먹기도 한다. 된장 국물인 경우 '된장 야채 라멘'이라고 부르기도 한다.

- **돈코츠 라멘**
  돼지 뼈를 우려내 국물 맛을 낸 라멘이다. 추가로 생선이나 채소를 넣어 국물을 우려내기도 한다. 처음 접한 사람은 약간 비위가 상할 수 있으나 깊은 맛이 있어 맛을 알고 나면 다시 찾게 된다. 하카타의 돈코츠 라멘이 유명하다.

- **탄탄멘**
  중국 사천성이 발상지인 라멘으로 참기름에 고추를 볶아 만든 매운 국물이 특징이다. 사천성 요리답게 약간 매운 맛이 특징이다.

- **츠케멘**
  국물과 면이 따로 나와 국물에 찍어 먹는 라멘이다. 츠케멘을 취급하는 가게는 그리 많지 않다. 일반적으로 면이 두꺼운 것이 특징이다.

- **히야시 라멘**
  냉면과 비슷하게 차가운 면에 야채, 고기, 계란 등을 얹어 먹는 라멘이다.

- **기타**
  기무치(김치) 라멘, 네기(파) 라멘, 모야시(숙주) 라멘 등 재료 및 특징에 따라 다양한 이름을 갖고 있다. 네기미소(파, 된장) 라멘, 부타기무치(돼지, 김치) 라멘, 돈코츠쇼유(돼지 뼈, 간장) 라멘과 같이 두 가지 이상의 재료를 조합한 경우 두 단어를 조합한 라멘 이름도 많다.

기본적으로 라멘의 이름은 국물의 베이스에 따라 이름이 정해지지만 토핑의 종류에 따라 정해지기도 한다. 일본의 라멘은 식당에서 요리를 해서 내놓기 때문에 재료에 따라 이름을 짓기도 하지만 상업적 측면에서 별도의 이름을 만들어 내놓기도 한다.

먹는 사람의 취향에 따라 토핑을 하기도 하는데 김, 파, 계란, 마늘, 숙주, 죽순(멘마), 차슈라 불리는 돼지고기 등이 있다. 김치 라멘도 인기 있는 메뉴의 하나이다. 라멘 가격은 500엔부터 1,000엔을 넘는 라멘도 있다. 일본의 3대 라멘으로는 삿포로(札幌), 하카타(博多), 기타가타(喜多方)를 꼽는다.

❸ 우동(うどん)

일본의 서민 음식 중 빼놓을 수 없는 것이 우동이다. 3대 면 요리는 우동, 라멘, 메밀면이다. 우동도 라멘과 마찬가지로 지역과 재료에 따라 다양한 종류가 있다. 먹는 방법에 따라 다음과 같이 분류한다.

- **가케 우동**
  삶은 면을 넣고 국물만 부은 우동이다. 파와 같은 간단한 양념을 하기도 한다. 가장 일반적인 우동이다. 국물이 엷은 편이며 국물까지 먹는다.

- **붓가케 우동**
  삶은 우동 면에 소량의 엷은 국물을 부은 우동이다. 취향에 따라 일본 양념장의 일종인 '츠유(つゆ)'를 붓고 파와 같은 양념을 추가하여 먹는 국물 우동이다. 가케 우동보다 국물이 더 진하지만 국물의 양은 적은 편이다. 국물이 진하기 때문에 주로 면만 먹는다.

- **자루 우동**
  면과 국물이 따로 나오는 우동이다. 면을 국물 소스에 찍어 먹는 우동이다.

- **가마아게 우동**
  면을 삶은 후 물에 식히지 않은 상태로 내놓아 우동 맛을 즐길 수 있게 하는 우동이다. 국물은 진한 편이기 때문에 주로 면만 먹는다.

재료에 따라서도 여러 종류가 있다.

- **타누키 우동**
  '타누키'는 우리말로 '너구리'이다. 너구리가 들어간 것은 아니고 주재료를 뺐다는 의미로 '타네누키(たねぬき)'에서 유래되었다는 설이 있다. 우동 국물에 튀김 부스러기를 넣은 우동이다.

- **기츠네 우동**
  '기츠네'는 우리말로 '여우'다. 여우가 유부를 좋아한다고 해서 명명되었다는 설이 있다. 유부를 양념하여 만든 우동을 말한다. 유부 우동이다.

- **덴푸라 우동**
  '덴푸라'는 우리말로 '튀김'이다. 우동 위에 새우 튀김이나 채소 튀김을 얹은 우동이다.

- **츠키미 우동**
  '츠키미(月見)'는 '달을 본다'라는 의미로 생 달걀을 넣은 우동이다. 계란의 흰자와 노른자가 달을 보는 것 같다는 의미에서 붙은 이름이다.

- **카레 우동**
  우동에 카레를 넣어 카레 맛이 나는 우동이다.

- **니쿠 우동**
  '니쿠'는 '고기'를 말하며 우동에 소고기, 돼지고기를 넣은 우동이다. 지방에 따라 말고기를 넣기도 한다.

- **미소 우동**
  일본식 된장을 가미한 우동이다.

이렇게 국물을 내는 재료나 들어가는 토핑에 따라 다양한 이름의 우동이 있다. 일반적으로 따뜻하게 먹지만 '히야시 우동'은 면이 차가운 것이 특징이다. 일반적으로 면과 국물이 따로 나오는 '자루 우동'이 차가운 면을 제공한다.

④ 메밀면(소바 : 蕎麦)

일본의 대표적인 요리 중 하나이다. 일본의 3대 요리하면 '생선 초밥(스시)', '튀김(덴푸라)', '메밀면(소바)'으로 알려져 있다. 원재료인 메밀을 이용하여 면을 만든 것이다. 메밀면 역시 먹는 방법에 따라 구분하기도 하고 국물의 재료나 토핑의 재료에 따라 구분하기도 한다. 지역에 따라 국물의 진한 정도, 색깔, 맛이 다르다. 메밀면도 우동과 마찬가지로 먹는 방법에 따라 자루, 가케, 붓가케 소바로 나눈다. 여기에 재료에 따른 다양한 종류의 메뉴가 있다.

- **자루 소바/모리 소바**
  차갑게 식힌 면과 간장 국물(츠유)이 따로 나와 면을 간장 국물에 찍어 먹는 메밀면 요리이다. 면에 김을 얹은 것을 '자루 소바', 얹지 않은 것을 '모리 소바'로 구분하기도 한다.

- **가케 소바**
  별도의 재료를 넣지 않고 뜨거운 국물에 먹는 메밀면이다.

- **타누키 소바**
  국물과 면 위에 튀김 부스러기와 파가 들어가 있는 메밀면이다.

- **기츠네 소바**
  국물과 면 위에 유부가 들어가 있는 메밀면이다.

- **덴푸라 소바**
  국물과 면 위에 튀김이 들어가 있는 메밀면이다. 덴세이로소바(天せいろそば)라고도 한다.

- **오로시 소바**
  붓가케 메밀면의 한 종류로 무를 갈아 얹은 후 파나 김 등을 추가한 메밀면이다. 별도의 그릇에 간 무를 넣어 찍어 먹기도 한다.

- **츠키미 소바**
  계란의 흰자와 노른자가 달을 보는 것 같다는 의미로 국물과 면 위에 생 계란을 넣는다.

- **토로로 소바**
  가케 메밀면의 한 종류로 마를 갈아 계란의 흰자와 비벼 먹는다. 별도의 그릇에 간 무와 계란을 찍어 먹기도 한다.

- **크로켓 소바**
  국물과 면 위에 크로켓을 얹은 메밀면이다.

▶ 자루 소바

이 밖에도 오리고기 국물로 만든 카모세이로 소바(鴨せいろそば), 버섯을 주재료로 한 나메코 소바(なめこそば) 등 다양한 토핑 및 재료로 만든 메밀면이 있다. 재료의 구성에 따라 이름이 붙지만 같은 종류의 메뉴라도 지방에 따라 다르게 부르기도 하고 특정 가게에서 고유의 이름을 지어 부르기도 한다.

⑤ 덮밥(돈부리 : 丼物)

'○○丼'이라 쓰여진 요리는 덮밥 요리이다. '○○동(돈)'으로 발음한다. 한자의 모양에서 알 수 있듯이 우물 정(井)에 점이 들어가 가운데 얹어 놓은 듯한 형상이다. 가장 많이 알려진 음식이 소고기 덮밥인 '규동(牛丼)'이다. 300엔 내외로 충분히 한 끼를 해결할 수 있다.

- **규동**

  얇게 썬 소고기와 양파를 삶아 쌀밥 위에 얹어 놓은 요리이다. 취향에 따라 베니쇼가(紅生姜)라 불리는 빨간색 생강을 넣거나 7가지 맛의 고춧가루(七味)를 뿌려 먹는다. 김치나 샐러드(일본식 표현 : 사라다)를 추가로 주문하여 먹는다고 해도 500엔 이내에서 해결할 수 있다.

  보통 규동 식당은 자판기를 통해 식권을 구입한 후 카운터에 앉아 식권을 내놓으면 음식이 나온다. 최근의 자판기는 다국어 기능을 지원하고 있다. 한국어로도 식권을 구매할 수 있어 일본어를 모른다 할지라도 그리 어려움 없이 구매할 수 있다.

  소고기 덮밥은 프랜차이즈 가게가 많은데, 일본에서 가장 유명한 곳이 마츠야(松屋), 요시노야(吉野家), 스키야(すき家)다. 일본의 어느 지역을 가더라도 세 식당 중 한 곳은 있다고 할 정도로 많다.

- **부타동(豚丼)**

  소고기 대신 돼지고기를 얹은 덮밥이다.

- **텐동(天丼)**

  튀김(덴푸라)을 얹은 덮밥이다.

- **우나기동(ウナギ丼)**

  장어를 얹은 덮밥이다.

- **가츠동(かつ丼)**

  돈카츠를 얹은 덮밥이다.

- **오야코동(親子丼)**

  닭고기와 계란을 얹은 덮밥이다. 오야코(親子)는 부모와 자식을 말하는데, 닭이 어미이고 계란이 자식이라 하여 오야코(親子)라 부른다.

- **타닌동(他人丼)**

  돼지고기와 계란을 얹은 덮밥을 말하는데 돼지와 계란은 타인이라는 의미에서 이러한 이름이 붙었다고 한다.

- **기타**

  새우를 얹으면 에비동(エビ丼), 카레가 들어가면 카레동(カレ丼), 생 계란이 들어가면 츠키미동(月見丼), 생선이 들어가면 카이센동(海鮮丼) 등 어느 재료를 얹느냐에 따라 이름이 지어지고 가격 차이가 있다. 500~800엔 내외의 가격이다.

❻ 생선회(사시미 : 刺身)

일본어로 '사시미(刺身)'라 하는데 우리나라 사람들 중에서도 일본어를 그대로 사용하는 사람들이 많다. 신선도가 높은 어패류를 잘게 썰어 간장(쇼유), 겨자(와사비), 생강을 곁들여 먹는 음식이다. 야채나 해초류와 함께 먹기도 한다. 일본 요리이긴 하지만 우리나라 사람들의 1인당 소비량이 일본보다 앞선다고 한다. 그만큼 우리나라 사람들도 좋아하는 음식이다. 일본에서 생선회를 즐기기에는 가격적인 부담이 크다. 특히 우리나라처럼 곁들일 찬이 없어 비용 면에서 부담스러울 수 있다. 도쿄의 생선 도매 시장인 도요스 시장에서 즐기는 것이 회를 먹는 가장 좋은 방법이다.

❼ 튀김(덴푸라 : 天婦羅, てんぷら)

　생선류과 어패류 또는 고구마, 가지, 호박 등의 야채를 밀가루와 계란에 묻혀 기름에 튀긴 요리이다. 서서 먹는 저렴한 식당에서부터 고급 식당에 이르기까지 어디에서나 접할 수 있는 대중적인 요리라 할 수 있다. 음식점 골목에 가 보면 튀김 전문점이 많다. 튀김은 고가의 음식이며 선술집인 이자카야에서 비교적 저렴하게 먹을 수 있다.

❽ 샤부샤부(しゃぶしゃぶ)

　의성어로, 우리말로 표현하면 '살랑살랑'에 해당된다. 얇게 썬 고기(쇠고기, 돼지고기, 닭고기 등)를 야채, 두부 등을 끓인 물에 넣어 살짝 데친 후에 간장, 참기름 등에 찍어서 먹는 음식이다. 일본에서도 약간은 고가인 고급 요리라 할 수 있으며 한국도 비슷한 실정이다. 최하 3,000~5,000엔 이상으로 가성비를 따지는 여행객 입장에서 즐기기에는 약간은 부담스러운 가격이라 할 수 있다.

❾ 스키야키(すき焼き)

　전골 요리의 하나로 전용 철판이나 냄비에 얇게 여민 쇠고기를 야채, 버섯, 두부와 함께 익혀서 먹는 요리이다. 양념은 간장, 설탕, 계란 등이다. 최하 3,000~5,000엔대의 가격으로 약간은 부담스러운 가격의 음식이다. 조리 후에 날계란을 풀어 찍어 먹는다.

❿ 타코야키(タコ焼き)

　간식이나 군것질용으로 우리나라에서도 '타코야키'라는 이름의 포장마차를 쉽게 볼 수 있다. 일본의 축제와 같은 이벤트나 행사장, 먹거리 골목에 반드시 등장하는 먹거리의 하나이다. '타코'는 문어를 말한다. 문어를 잘게 썰어 밀가루와 계란 반죽에 묻혀 3~5cm 크기의 둥근 타코야키 틀에 넣어 굽는다. 재료로는 파, 당근, 피망 등 다양한 야채와 소스, 마요네즈, 가쓰오부시 등을 넣는다. 오사카(大阪) 지방에서는 이쑤시개와 같은 것으로 먹고, 도쿄(東京) 지방에서는 젓가락으로 먹는다. 문어 대신 오징어를 넣으면 '이카야키'라 한다. 간식으로 본고장의 타코야키의 맛을 느껴 보는 것도 좋을 것이다.

⑪ 오코노미야키(お好み焼き)

일본식 파전이다. 철판 요리의 하나로 밀가루와 야채, 계란, 면 등을 섞고 소스를 넣어 익힌 후 가츠오부시나 마요네즈를 뿌려 철판에서 요리하여 먹는다. 양배추, 계란, 고기, 오징어 등을 넣어 만든 '간사이 스타일' 또는 '오사카 스타일'과 양배추, 콩나물, 중화 메밀국수를 계란을 풀어서 부치는 '히로시마 스타일'이 유명하다. 가격은 700~1,000엔대 정도이다. 전문점이 아닌 이자카야에서는 조금 더 저렴하게 즐길 수 있다.

⑫ 찬코나베(ちゃんこ鍋)

찬코나베는 일본의 전통 스포츠인 스모(우리나라의 씨름) 선수들이 먹는 음식으로 알려져 있다. 커다란 냄비에 해산물, 고기, 두부와 채소를 넣어 끓이는 요리이다. 최하 3,000엔 이상이다.

⑬ 말고기(馬肉)

우리나라에서는 말고기를 잘 먹지 않지만 일본에서는 말고기를 먹는다. 특히, '바사시(馬刺し)'라 하여 말고기 회를 먹기도 한다. 말고기는 고가의 요리에 속하기 때문에 부담스러운 금액이다. 하지만 일부 술집 중에서는 말고기 회 메뉴를 갖추고 있는 집도 있으니 맛을 보고자 한다면 한 접시 정도는 주문해도 되지 않을까 생각된다. 고기의 색상이 벚꽃 색상과 비슷하다 하여 '사쿠라니쿠(桜肉)'라는 이름으로 판매되기도 한다.

⑭ 삼각 김밥과 도시락

일본의 편의점에서 쉽게 구할 수 있는 음식이다. 점심시간 즈음에 회사원이 많은 오피스 빌딩 주변이나 학생들이 많은 캠퍼스 근처의 공원에 가 보면 여기 저기 의자에 앉아 도시락을 먹는 광경을 목격할 수 있다. 일본은 삼각 김밥이나 도시락 문화가 발달하여 다양한 메뉴와 질을 보장한다.

편의점 외에 도시락 전문점이 있다. 도시락 전문점에는 편의점보다 더 질 좋은 도시락이 많다. 관광을 가서 매 끼니를 도시락으로 때울 수는 없겠지만 한 번쯤 도시락으로 요기를 하는 것도 좋다. 특히 호텔에서 조식을 포함하지 않은 경우라면 아침에 가까운 편의점에서 도시락이나 삼각 김밥을 구입하여 호텔에서 먹자. 비용을 절약할 수 있는 좋은 방법이다.

도쿄의 마실거리

여행의 피로를 푸는데 빠지지 않는 것이 술일 것이다. 술을 즐기지 않는 사람이라 할지라도 술집의 분위기를 느껴보는 것이 좋다. 술집의 메뉴는 우리와 크게 차이는 없다. 일본에서 술을 마실 수 있는 장소와 메뉴에 대해 간단히 알아보자.

❶ 이자카야(居酒屋)

　일본의 선술집으로 우리나라에서도 일본어 그대로 '이자카야'라는 이름으로 영업을 하고 있다. 일본에 가서 가장 저렴하게 한잔을 즐길 수 있는 장소가 이자카야일 것이다. 비교적 저렴하고 다양한 종류의 음식과 음료, 그리고 알코올을 즐길 수 있다. 여독을 푸는 의미에서 한잔을 하고 싶다면 이자카야를 권한다. 저렴한 술집이라고 하지만 서너 명이 들어가서 메뉴를 하나 둘씩 주문하다 보면 우리 돈으로 100,000원이 훌쩍 넘어서니까 주머니 사정을 고려하여 주문해야 한다.

　도쿄에는 이자카야 체인점이 많다. 널리 퍼져 있는 체인점으로 와라와라(笑笑), 시로기야(白木屋), 토호우켄분로쿠(東方見聞録), 와타미(和民), 우오타미(魚民), 쇼야(庄屋) 등이 있다. 이곳 역시 주문 식단제로 거의 모든 메뉴를 하나씩 주문해야 된다. 기본적으로 나오는 것은 '오토오시(お通し)'라 하여 삶은 콩(껍질이 붙어 있는 상태)이나 채소를 저린 오싱코 정도만 나온다.

　이자카야의 메뉴판에는 요리된 사진이 있어 일본어를 구사하지 못하더라도 주문하기에 불편함이 없다. 혹시 메뉴판에 사진이 없으면 사진으로 된 메뉴판을 요구하면 된다. 대부분의 이자카야는 사진이 들어있는 메뉴판을 가지고 있기 때문이다. 한국인들이 많이 찾는 지역에는 한국어 메뉴판을 제공하는 곳도 있다. 최근에는 태블릿 PC를 이용하여 주문하는 시스템으로 바뀌고 있다. 화면에 음식 이미지와 가격이 표시되어 원하는 메뉴를 터치하고 수량만 입력하면 자동 주문이 된다. 일본어를 구사하지 못하더라도 쉽게 주문할 수 있다.

이자카야의 영문 메뉴판의 예

❷ 야타이(屋台)

우리나라의 포장마차 분위기와 비슷하다. 안쪽에 요리하고 서빙하는 사람이 있고 테이블을 사이에 두고 둘러앉아 간단한 요리와 술을 먹을 수 있다. 겨울에는 바람막이로 비닐을 두른 것도 우리와 비슷하다. 마츠리와 같은 축제 현장에도 빠지지 않는다.

주로 전철역 주변이나 유흥가 뒷골목에 많다. 취급하는 요리는 다양하다. 술안주용 꼬치구이, 오징어 구이부터 간식거리인 초코 바나나, 옥수수 구이도 있고 식사로도 충분한 야키소바, 라멘, 닭요리, 냄비 요리도 있다. 심지어 우리나라 요리인 김밥이나 떡볶이를 제공하는 야타이도 있다. 저녁 시간이면 직장인들이 퇴근 후 하루의 피로를 달래며 한 잔 마시는 풍경이 우리와도 다를 바 없다. 연령층으로 보면 30대 이후 중년의 비율이 높다. 일본이나 일본 문화에 익숙하지 않은 관광객이 들어가기에는 약간 부담스러울 수 있다.

❸ 꼬치구이(串焼き) 또는 닭꼬치(焼き鳥)집

꼬치구이는 대표적인 서민 요리로 '야키도리' 또는 '쿠시야키'라는 간판을 달고 서민 동네의 식당이나 역 주변의 작은 뒷골목에 많이 있다. 닭고기, 껍질, 닭 내장 등을 파, 마늘, 버섯 등과 함께 막대에 끼워 소스를 묻힌 후 구운 요리이다. 가게에 들어가 보면 뿌연 연기가 자욱하고 꼬치구이 냄새가 코를 자극한다. 맥주나 소주와 함께 여로를 푸는데 제격이라 할 수 있다.

신주쿠의 대표적인 서민 먹자골목인 '오모이데요코초(思い出橫丁)'에 들어가 보면 대낮에도 꼬치구이 집에서 연기를 피우며 술잔을 기울이는 사람들을 만날 수 있다. 신주쿠 서쪽 출구(西口)로 나와 가부키초(歌舞伎町)로 향하는 길목에 '思い出橫丁'라고 쓰여진 초록색 간판이 보인다. 좁은 골목에 전봇대와 전선이 뒤얽혀 있고 작은 간판이 즐비하게 늘어서 있다.

골목에 들어서면 꼬치구이의 냄새가 코를 자극한다. 꼬치구이뿐 아니라 라면, 메밀면, 우동 등 다양한 요리를 저렴하게 먹을 수 있고 술 한잔을 들이킬 수 있는 골목이다. 기치조지역의 하모니카요코초(ハモニカ橫丁), 시부야역의 뒤편에 있는 논베이요코초(のんべい橫丁), 우에노역의 아메요코(アメ橫) 등 여러 곳이 있다. 뒷골목의 작은 선술집에 들어가 일본의 서민 요리를 즐기며 한잔 마시는 것도 여행의 즐거움이 될 것이다.

❹ 서서 마시는 술집(立ち飲み)

서서 마시는 술집은 낮에는 쉽게 눈에 띄지 않는다. 대부분 저녁 즈음에 영업을 시작하기 때문이다. 서서 마시는 집의 특징은 좁은 공간에 많은 사람들이 들어갈 수 있어 저렴하다는 점이다. 그렇다고 안주 종류가 적은 것도 아니다. 메뉴판에 빼곡하게 쓰여진 메뉴 종류를 보면 놀라울 정도이다. 샐러드나 꼬치구이, 소시지와 같은 간단한 안주부터 일손이 많이 들어가는 파스타와 냄비 요리, 생선회도 있으며 심지어 말고기도 있다.

술 종류도 맥주를 비롯하여 한국의 소주, 일본주, 각 지방의 술, 위스키, 보드카와 같은 양주도 다양하다. 서서 마시는 술집이라 뜨내기 손님이 많을 것 같은데 안쪽 벽의 장식장에는 키핑해 놓은 술이 즐비하다. 서서 마시는 집을 즐겨 찾는 지인의 말에 의하면 퇴근길에 간단히 한잔하기에는 안성맞춤이란다. 오랫동안 서 있으면 다리가 아파 짧은 시간에 간단히 한잔 하는 정도로 과음하지 않아 좋다고 한다. 무엇보다 일반 가게에 비해서 저렴하다는 것이 직장인들에게 사랑을 받는 이유일 것이다. 신주쿠, 우에노, 이케부쿠로, 시부야 등 큰 역 주변에 많이 있다. 도쿄에서 서서 마시는 술집으로 유명한 지역 중 하나는 샐러리맨이 많은 신바시역(新橋駅) 주변이다. 술을 못 마시더라도 한 번쯤 들어가 간단한 요리를 주문해 보는 것도 재미있을 것이다. 우리나라에서는 느끼기 어려운 이색적인 풍경과 일본인들의 삶의 한 단면을 볼 수 있지 않을까?

❺ 바와 클럽(バー、クラブ)

바(Bar)나 클럽(Club)은 관광객 입장에서는 언어와 비용 면에서 부담스러운 장소이다. 일본에는 다양한 바와 클럽이 있다. 단순히 음악을 즐기는 음악 카페와 술과 함께 음악과 춤이 있는 클럽도 있고, 여성들이 서빙하는 섹시 클럽, 걸스 바 등 다양한 종류가 있다. 신주쿠 가부키초와 같은 유흥가에서 손님을 유인하는 곳에 따라갔다가 낭패를 당할 수 있으므로 조심해야 한다. 그런 사람들은 아예 따라가지 않는 것이 상책이다.

신주쿠 고르덴가이 풍경

아카사카(赤坂)나 신주쿠(新宿)에는 한국인 여성이 서빙하는 한국 클럽도 많다. 한국인이 서빙하니까 들어가서 즐기기는 편하지만 비용이 수십만 원이 소요된다는 점에서 주의해야 한다. 일본까지 가서 한국 클럽에 들어가는 것은 권하고 싶지 않다.

저렴한 바를 추천한다면 신주쿠가부키초 잇초메(1丁目)의 뒷골목에 있는 '신주쿠 고르덴가이(新宿ゴールデン街)'를 추천한다. 신주쿠 구청(구야쿠쇼) 건너편에 있다. 좁은 골목에 다닥다닥 가게들이 붙어 있다. 종전 후에 형성된 곳으로 초창기인 1950년대 후반부터 작가나

신주쿠 고르덴가이에 있는
바의 내부

저널리스트, 영화 관계자 등 예술인들이 즐겨 찾았던 곳으로 유명해진 곳이다. 최근에는 서양에 도쿄의 명소 중 하나로 소개되면서 서양 관광객들도 많이 찾는 지역이 되었다. 수년 전과 비교해 보면 확실히 외국인들이 많이 눈에 띈다.

내부에 들어가 보면 3~4평 남짓한 공간에 종업원 한 명 또는 두 명이 손님을 맞이한다. 카운터를 중심으로 둘러앉으면 간단한 요리와 함께 알코올이 제공되며 주인과 손님이 이런 저런 이야기를 나누며 시간을 보낸다. 10명 남짓이 들어가면 꽉 찰 정도의 좁은 공간이다. 혼술족이 주로 찾는 공간이다. 서서 마시는 집과 마찬가지로 가게에 따라 다양한 음식과 술을 제공하고 있다. 저렴한 편이라고는 하지만 한두 잔 기울이다 보면 상당한 금액이 나올 수 있으니 주의해야 한다.

❻ 스나쿠(スナック)

'스낵 바(bar)'를 지칭한다. '스낵'의 일본식 발음이 '스나쿠'다. 우리나라에서 스낵은 단순히 간식류를 제공하는 식당이지만 일본은 술을 마시는 식당의 이미지가 강하다.

스낵 바는 간단한 식사나 안주가 제공되고 술을 마실 수 있는 가게다. 노래를 부를 수 있는 가라오케(노래방) 기계가 있다. 카운터를 중심으로 둘러앉거나 테이블이 서너 개 놓일 정도의 그리 넓지 않은 공간이다. 한두 명의 종업원이 주방 일을 하면서 서빙을 한다. 대부분은 한 명이 음식도 만들고 안주도 내오며 응대한다. 때에 따라서는 손님과 함께 노래를 부르기도 한다. 바(bar)의 또 다른 형태라 할 수 있다.

주인이 직접 노래를 부르는 스나쿠의 풍경

❼ 홋피(ホッピ)

일본에만 있는 마실거리로 '짝퉁 맥주'라 할 수 있는 홋피는 1940년대 말부터 인기를 얻은 맥아 발효 음료다. 이자카야에서도 쉽게 볼 수 있는 메뉴다. 알코올이 0.8%이기 때문에 주세법상으로 청량음료로 취급되지만 맥주를 마시는 기분을 낼 수 있다. 소주에 희석시켜 마시기도 한다.

❽ 츄하이(酎ハイ)와 사와(サワー)

츄하이와 사와는 거의 유사한 음료다. 츄하이를 주문하면 일본 소주에 얼음과 함께 레몬과 같은 과일이 나온다. 소주에 얼음을 넣고 레몬과 같은 과일즙을 짜서 마신다. 손님이 직접 만들어 마시는 칵테일이라 할 수 있다. 사와도 비슷한 음료로 탄산이 섞인 주스라 할 수 있다. 일본에서는 주로 이자카야 등에서 술을 잘 마시지 못하는 사람이나 여성들이 즐겨 마신다.

 참고 사항

주문 방법과 시스템

해외여행을 가면 식당에서 메뉴의 종류나 주문하는 방법이 낯설어 두려움이 있기 마련이다. 일본 요리는 우리와 비슷하고 우리나라에도 많이 알려져 있어 음식 종류에 대해 크게 문제될 것이 없다. 그러나 일본어 소통이 되지 않는 경우에는 주문할 때 상당히 애를 먹는다. 주문하는 방법은 식당에 따라 다르기는 하지만 일반적인 방법을 소개한다.

❶ 자판기

가게의 내부 또는 외부에 있는 식권 자판기를 통해 식권을 구입한다. 주로 서서 먹는 식당이나 라멘, 소고기 덮밥(규동)과 같이 간단히 먹을 수 있는 음식을 파는 식당에서 이런 주문 방법을 도입하고 있다. 식당 외부 또는 내부에 있는 자판기에서 원하는 메뉴를 선택하여 식권을 구매한 후 카운터에 제시하면 해당 메뉴의 음식이 나온다. 최근에는 다국어 서비스 자판기도 늘어나고 있다.

식당 앞에 있는 식권 자판기

❷ 메뉴판

식당이나 술집에서 가장 일반적인 방법이다. 사진으로 표시된 메뉴판이라면 음식 사진을 보고 주문하면 된다. 일본어 의사소통이 되지 않고 사진으로 구성된 메뉴판이 없는 경우에는 그 식당의 메인 요리를 주문하는 것이 무난하다. 예를 들어, 소고기 덮밥 식당에 가면 소고기 덮밥인 '규동(牛丼)'을 주문한다. 소고기 덮밥에는 보통인 '나미(並)'와 곱빼기인 '오오모리(大盛)'가 있다. 일반적으로 보통인 '나미(並)'를 주문하면 된다.

햄버거 정식

식당에서는 '테쇼쿠(정식 : 定食)'란 이름이 붙은 메뉴가 많다. '부타쇼가야키 테쇼쿠(돼지제육볶음정식 : 豚生姜焼き定食)', '카루비야키니쿠 테쇼쿠(갈비정식 : カルビー焼肉定食)', '함바그 테쇼쿠(햄버거정식 : ハンバーグ定食)', '덴푸라 테쇼쿠(튀김정식 : 天ぷら定食)' 등이 그러하다. 이는 '테쇼쿠(定食)' 메뉴 이름 앞에 있는 요리에 쌀밥과 미소시루(된장국) 등이 세트로 되어 있는 요리를 말한다. 단품 요리로 주문할 수 있지만 '테쇼쿠'로 주문하면 단품 요리를 따로 따로 주문하는 것보다 가격이 저렴하다. 소고기 덮밥(규동 : 牛丼) 식당에도 이러한 '테쇼쿠'가 있다. 소고기 덮밥과 미소시루, 샐러드 등이 세트로 구성된다.

❸ 무제한 식당이나 술집

일본은 '타베호다이(무제한 먹기 : 食べ放題)', '노미호다이(무제한 마시기 : 飲み放題)'와 같이 무제한으로 먹고 마시는 가게가 있다. 주로 이자카야나 클럽에 있는 메뉴다. 정해진 메뉴를 무제한으로 먹고 마실 수 있는 시스템이다. 식당에 따라서는 음료만 무제한으로 마실 수 있는 '노미호다이(飲み放題)' 메뉴를 두기도 한다. 가게에 들어서면 단품으로 주문할 것인지, 무제한으로 주문할 것인지 결정한다. 즉, '타베호다이(食べ放題)' 또는 '노미호다이(飲み放題)'도 하나의 메뉴라 생각하고 선택하면 된다.

노미호다이 메뉴의 예

주의해야 할 점은 대부분 시간제로 운영된다는 점과 1인당 가격이라는 점이다. 보통은 1시간 반에서 2시간 정도로 정해져 있다. 마감할 시간이 얼마 남지 않으면 종업원이 와서 '라스트 오더'를 받는다. 단체로 갔을 때 유용할 수 있으나 1인당 가격이라는 점을 고려하여 신중하게 선택해야 한다. 술을 마시지 못하는 사람도 사람 인원수에 맞춰 노미호다이 가격을 지불해야 한다. 세 사람이 들어가서 두 사람만 노미호데이를 주문할 수 없다. 입장한 인원수만큼 주문해야 한다.

❹ 1인당 가격제

입장료를 받는 가게는 기본적으로 1인당 가격제를 실시한다. 우리나라는 술집에 들어가면 주문한 음식과 술의 양에 따라 계산을 하지만 일본은 1인당 입장료와 주문한 양에 따라 비용을 청구하는 곳이 많다. 대표적인 예로 노래방(가라오케)을 보자. 우리나라는 노래방에 들어가면 한 명이 들어가든 세 명이 들어가든 한 방의 가격을 시간으로 정산하지만 일본은 1인당 요금으로 계산한다. 무제한 먹고 마시는 가게도 기본적으로 1인당 요금이며, 가게에 따라서는 인원수의 제한을 두기도 한다. 메뉴판에 'お一人様'라고 쓰여져 있으면 1인당 가격이다. 혹시라도 입장료가 있는 클럽이나 바에 들어가게 된다면 테이블 가격이 아니라 1인당 가격이라는 것을 잊지 말아야 한다. 가볍게 생각하고 들어갔다가 계산을 할 때 예상했던 금액보다 많이 나와 문제가 되지 않도록 해야 한다.

❺ 주문 식단제

일본은 어디를 가나 주문 식단제이기 때문에 기본 요리 이외의 주문은 추가로 비용을 지불해야 한다는 점을 명심해야 한다. 갈빗집을 가면 갈비를 주문하고 상추, 김치, 국을 따로 주문해야 한다. 김치도 한 접시를 다 비우면 다시 돈을 지불해서 추가해야 한다. 우리나라의 생선횟집에서 제공하는 곁들이 음식인 '츠키다시(突き出し)'는 일본어지만 일본에서는 무료로 제공하는 츠키다시(곁들이 음식)는 없다고 생각하면 된다.

도쿄의 쇼핑

외국 관광을 하고 돌아오면서 빈손으로 들어오기에는 뭔가 허전한 느낌을 받는다. 자신이 사용하지 않더라도 가족이나 주변의 지인에게 간단한 기념품이라도 선물해야 할 것 같은 생각이 든다. 일본 상품의 질은 세계적으로 정평이 나 있어 질 좋은 제품이 많다. 이번에는 쇼핑을 위한 노하우로 매장 종류별 간단한 특징을 살펴보자. 면세점은 세계 어느 나라를 가더라도 있기 때문에 여기에서는 언급하지 않겠다.

❶ 편의점

편의점에서 쇼핑을 한다는 것이 피부에 와닿지 않을 수 있으나 품목에 따라서는 유용할 수 있다. 분위기는 우리나라 편의점과 별반 차이는 없다. 일상생활에서 사용하는 간단한 생활용품과 음료수와 우유, 빵과 도시락 등 간편식품, 맥주나 와인 등 알코올 종류와 안주류, 만화와 잡지, 간단한 읽을 거리 등 다양한 종류의 상품이 진열되어 있다.

가격은 할인점에 비해 저렴한 편은 아니지만 그렇다고 바가지를 쓸 정도의 가격이 아니다. 급히 필요한 우산이나 생리대 등을 쉽게 구매할 수 있으며, 도시락이나 음료도 간단히 구매할 수 있다. 노트북이나 휴대폰 충전기를 이용할 때 우리나라 콘센트 어댑터가 맞지 않아 곤란을 겪는 관광객이 많다. 이때 연결을 해주는 어댑터가 필요한데 호텔에서 대여해 주지 않을 경우에는 가까운 편의점에서 구입하면 된다. 관광객이 많이 투숙하는 호텔 근처의 편의점에는 반드시 이런 어댑터를 비치해 놓고 있다.

❷ 드럭스토어

거리에서 쉽게 볼 수 있는 드럭스토어

말이 '드럭스토어'이지 약뿐 아니라 만물상에 가까울 정도로 많은 종류의 상품이 있다. 일반용 의약품을 비롯하여 건강과 미용에 관련된 상품이 주를 이루고 있다. 감기약이나 소화제를 비롯한 약품과 파스나 근육통에 바르는 크림과 스프레이, 미세먼지용 마스크 등 건강과 관련된 상품, 화장품과 마사지 용품 등 미용 관련 상품, 티슈나 세제용품, 간단한 음료와 인스턴스 식품, 맥주와 와인 등 다양한 상품을 비치해 놓고 있다. 어떤 곳은 여성의 속옷과 같이 의류를 취급하는 가게도 있다. 관광객들이 비교적 저렴한 비용으로 선물할 수 있는 소품이 많다.

일본의 드럭스토어는 체인으로 운영되는 곳이 많다. 대표적인 곳으로 다이코쿠(ダイコク), 마츠모토키요시(マツモトキヨシ), 잇폰도(一本党), 세이죠(セイジョー), 뉴도락구(ニュードラッグ) 등이 있다.

드럭스토어에 진열된 상품

선물용으로 구매하는 상품으로는 중저가 화장품이나 간단한 상비약이 인기가 많다. 우리나라에 '동전파스'로 알려진 파스와 같이 비교적 저렴하면서 어른들에게 선물하기 좋은 제품이 많이 팔린다. 중저가의 선물을 구매하고자 한다면 일본의 드럭스토어를 추천한다. 관광객이 많이 찾는 대형 역 주변에 있는 드럭스토어에는 한글, 영어, 중국어로 표기가 되어 있으며 관광객이 선호하는 제품을 전면에 전시해 놓고 설명문을 붙여 놓은 곳도 있다. 화장품이나 의약품 등을 5,000엔 이상 구매하면 면세 혜택을 받아 8% 할인 효과가 있으니 한 장소에서 구입하는 것이 면세 혜택을 받을 수 있는 노하우다.

❸ 초저가 할인점

초저가의 상품을 판매하는 할인점이다. 다이소를 비롯하여 세리아, 캔두(CAN-DO), 로손 스토어100 등 일본 전국에 수천 곳의 매장이 있다. 초저가이기 때문에 'Made in Japan'은 드물고 외국에서 생산된 제품이 많다. 국내에는 들어와 있지 않은 상품도 상당히 많다. 일본풍의 디자인과 색체를 띤 제품을 구매하고자 할 때는 유용할 것이다. 시간적인 여유가 된다면 보물찾기를 하듯 찾아보면 의외로 질 좋은 상품을 저렴한 가격에 구입할 수 있다.

초저가 할인점의 하나인 돈키호테

다이소 다음으로 전국적으로 매장을 넓혀 가며 인기를 얻고 있는 곳이 '돈키호테(ドン・キホーテ)'이다. '종합 디스카운트 스토어'라는 이름으로 저가 상품의 백화점이라 할 정도로 많은 상품을 판매하고 있다. 취급하는 상품은 일용 잡화, 화장품, 의류, 각종 레저용품, 인테리어 가정용품, 시계와 가전제품, 모바일 기기 및 관련 액세서리가 있다. 특히 유명 브랜드 제품과 성인용품까지 갖추고 있다. 저가이다 보니 외국에서 생산된 제품이 많다. 상품 중에 일본에서 생산된 제품에는 큰 글씨로 'Made in Japan'이라고 적혀 있는데, 이는 중국 관광객을 위해서다. 이유인즉, 중국 관광객이 일본에 와서 'Made in China'를 구입해 가고 싶어 하지 않기 때문에 일본 생산 제품이라는 것을 어필하기 위해서다.

❹ 대형 양판점

전국적으로 많은 점포를 두고 있는 '빗쿠 카메라(Bic Camera)'와 '요도바시 카메라(Yodobashi Camera)'가 대표적인 대형 양판점이다.

두 회사 모두 초기에 카메라를 중심으로 판매하다가 시계, 가전제품, 게임기, 컴퓨터, 모바일 제품으로 영역을 넓혀 나갔다. 어린이용품과 장난감, 각종 피규어 상품도 판매하고 있다. 취미 관련 상품을 판매하는 '호비칸(ホビー館)' 매장에 가 보면 다양한 취미 관련 상품이 있는데 특히 오타쿠(오덕) 관련 상품이 많이 있다. 건담 오타쿠를 위한 건담 모형(프라모델), 전철 오타쿠를 위한 전철 관련 모형, 탱크와 총기 등 군 관련 모형, 각종 게임이나 애니메이션의 캐릭터와 피규어 등 일본의 특징적인 상품들을 볼 수 있다.

전자 제품 양판점의 하나인
요도바시카메라

이런 제품은 우리 관점으로 보면 어린이 장난감이지만 실제 방문객들의 연령층은 어린이들보다 30~40대 중년의 남자들이 더 많다. 어린이들이 가지고 놀기에는 매우 세밀하고 고가인 상품이 많다. 만화나 애니메이션의 피규어나 관련 캐릭터 상품도 성인 고객층이 많다. 어린이 장난감을 선물로 구입하려면 좋은 장소이기도 하다. 우리나라에서도 방영되는 일본 애니메이션의 캐릭터 상품도 많고, 중저가의 시계나 카메라용품 등 다양한 상품이 있다. 상품을 구입하지 않더라도 한 번쯤 방문해서 놀이 문화를 눈으로 확인해 보는 것도 재미있을 것이다.

도큐핸즈(TOKYU HANDS)

'핸즈(HANDS)'는 생활 잡화를 중심으로 판매하는 양판점으로 유명한 곳이다. 도쿄역, 긴자, 신주쿠, 시부야 등 역세권 주변에 점포를 갖고 있다. 시계 및 가방, 여행용품, 각종 액세서리, 문구용품과 장난감, 실내 인테리어용품, 주방용품, 뜨개용품과 같은 핸드 메이드 용품 등 일상생활과 밀접한 용품을 중심으로 판매한다. 일상생활 속에서 편리하게 활용할 수 있는 아이디어 상품과 주변을 꾸미기 위한 장식용품에 관심이 있다면 적극 추천한다. 저가 할인 매장에 비해 가격은 조금 비싸겠지만 질은 훨씬 높은 편이다. 어린이 장난감, 학용품과 사무실용품과 집안의 장식을 위한 인테리어 소품도 많다.

❺ 백화점

우리와 마찬가지로 일반적으로 질 좋고 고가인 상품이 많다. 도쿄의 웬만한 규모를 가진 전철역 역사 주변에는 대형 쇼핑센터나 백화점이 있다. 한동안 일본에서 매장이 제일 넓었던 이케부쿠로(池袋)역의 토부(東武) 백화점을 비롯하여 우에노역, 도쿄역, 시나가와역, 시부야역, 신주쿠역 등 사람이 많이 몰리는 전철역 주변에는 반드시 백화점이 들어서 있다. 직접 물건을 구입하지 않더라도 패션 트랜드를 살핀다거나 질 좋은 상품의 윈도쇼핑이나 분위기를 파악하는 의도로 돌아보는 것도 나쁘지 않을 것이다. 제품에 따라

서는 의외로 저렴한 상품도 있고 세일과 같은 이벤트 시에는 우리나라보다 저렴하게 판매하는 상품도 많다.

❻ 서점

일본에 관광하러 가서 책을 구입할 일이 있을까 생각하는 사람이 있지만 우리나라 사람들이 의외로 일본 책을 구매하는 경우가 많다. 특히, 일본의 전문 서적을 구입하는 대학생이나 직장인이 상당히 많다. 일본의 전문 서적 책값은 우리보다 비싼 편이다. 필자의 느낌으로는 페이지 수와 가격을 고려해 보면 1.5배 정도 비싸다는 느낌을 받는다. 일본어가 능숙하지 않은 사람이라 하더라도 만화나 화보, 그림책을 구입하기도 하고 뜨개질과

중고서점 전국 체인인 BOOK-OFF

같은 패션이나 디자인 계열의 책도 한국인들이 선호하는 책 종류라 할 수 있다.

각 백화점에 서점이 있으며 전국적으로 많은 체인점을 운영하고 있는 '기노쿠니야(紀伊国屋)' 서점을 비롯해 '북 퍼스트(Book 1st)', '츠타야(TSUTAYA)' 등 대형 서점이 많다. 그중에서 기노쿠니야 신주쿠 본점이 가장 많은 사람들이 붐비는 곳이다. 신주쿠역의 동쪽 출구(東口) 건너편에 있는 매장은 우리와 마찬가지로 만남의 장소로도 널리 이용되고 있다. 지하 1층부터 8층까지 다양한 종류의 책이 진열되어 있다. 책값이야 어느 서점을 가더라도 정가로 특별한 차이가 없다. 각 서점마다 포인트 카드를 이용하여 포인트를 쌓을 수 있지만 관광객 입장에서는 큰 의미가 없다.

일본도 스마트폰이나 IT 기기의 영향으로 책을 읽는 비율이 낮아지기는 했지만 우리나라에 비해 책을 읽는 독자가 많고 출판 시장도 훨씬 크다. 당연히 서점 문화도 발달해 있다. 신간 서점 외에 중고 서점의 시장도 크고 활성화되어 있다. 중고 서점의 가장 큰 체인점이 '북오프(Book-Off)'다. 헌책이나 CD, DVD 등을 사고 판매한다. 도쿄 어디를 가더라도 쉽게 발견할 수 있다.

일본에서 책을 저렴하게 구입할 수 있는 팁 중 하나는 이 중고 서점을 활용하는 방법이다. 필자의 경험으로는 일반 서점에 가서 책을 훑어보고 필요한 책은 중고 서점에 가서 구입하는 경우가 많다. 물론 중고 서점에 책이 모두 있는 것은 아니지만 어마어마한 양을 보유하고 있어 저렴한 가격에 다양한 책을 구입할 수 있다. 어린이들의 그림책이나 만화, 뜨개질과 같은 취미서, 디자인 관련 서적이나 화보, 영문 서적 등은 우리나라 사람들도 쉽게 볼 수 있는 책이다. 책값은 분야나 발행 일자, 재고량에 따라 다양하지만 저렴한 것은 반값 이하에 구입할 수 있다. 심지어 100엔에 구입할 수 있는 책도 많다.

 **참고 사항**

관광객을 위한 면세 혜택

일본에서 상품을 구입할 때는 물건 가격의 8%의 소비세가 징수된다. 하지만 해외여행객을 유치하기 위한 일환으로 관광객에 대해서는 특별 조치로 백화점, 양판점, 드럭스토어나 디스카운트 스토어 등에서 일정한 수속을 마치면 8%의 소비세를 돌려받을 수 있다. 즉, 소비세를 내지 않아도 된다.

❶ 면세 대상 및 금액

일본에 입국한 지 6개월 이내인 외국 국적의 사람이나 6개월 이상 경과했다 하더라도 체류 자격이 외교나 공용인 경우는 면세 대상이 된다. 한 매장에서 하루에 구매한 가격이 가전제품과 같은 일반 물품은 10,000엔 이상이거나 식품, 음료, 화장품, 의약품과 같은 소모품은 5,000엔 이상 50만 엔까지 해당된다. 일행이 있다면 한 번에 모아서 면세 혜택을 받는 것이 좋다.

❷ 절차

면세 대상이 되는 물품을 구입하면 카운터에서 면세 혜택(수속)을 받을 것이냐고 묻는다. 카운터에서 점원이 묻지 않는 경우, 면세 조건에 해당되면 "맨제이 데츠즈키 오네가이시마스(免税手続き、お願いします。)" 또는 "텍스후리 오네가이시마스(Tax Free、お願いします。)"라고 말하면 점원이 면세 절차에 맞춰 서류를 갖춰 준다.

담당자에게 여권을 건네면 '수출 면세 물품 구입 기록표'를 기록하고 출국 시 국외 반출한다는 내용이 적힌 구입 서약서를 여권에 붙여 준다. 소모품의 경우는 30일 이내에 반출해야 하며, 구입한 제품을 투명한 비닐로 포장하여 서류와 함께 주는데 이 서류를 반드시 지참해야 한다. 주의해야 할 점은 상점에서 포장해 준 상태 그대로 가져가야 한다는 점이다. 출국 시에 특별한 조치가 없을 경우에는 문제가 되지 않지만 검사를 했을 때 포장이 뜯겨 있으면 8%의 소비세를 부담할 수도 있다. 이러한 대응을 해 주는 가게는 가게 입구에 'Japan, Tax-free Shop'라는 마크를 붙이거나 관광객을 끌어 모으기 위해 큰 글씨로 적어놓는다. 한글로 '면세점'이라고 표기해 놓기도 한다.

면세점임을 표시하는 마크

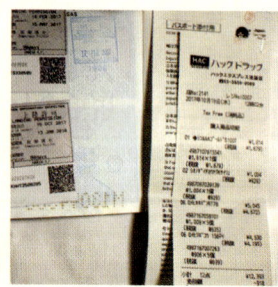

여권에 부착된 면세 서류

8%면 적은 금액이 아니므로 소모품 5,000엔, 일반 물품 10,000엔이 넘으면 면세 혜택을 받는 절차를 통해 혜택을 받도록 하자.

도쿄의 놀거리

: 꽃놀이(花見)에 반하다 :

2007년 당시 신예 애니메이션 감독인 신카이 마코토(新海誠)가 만든 애니메이션 '초속 5센티미터'가 히트를 쳤다. 초속 5센티미터는 벚꽃 잎이 떨어지는 속도를 말한다. 초등학교에서 만난 소년, 소녀가 학교를 졸업하면서 다른 지방으로 떠나게 되어 서로를 그리워하며 전개되는 스토리이다. 애니메이션에서 그려지는 벚꽃 풍경이 주인공들의 그리움과 함께 아름답게 비춰진다. 스토리도 아름답지만 무엇보다 '초속 5센티미터'라는 제목이 낭만적이었다. 신카이 마코토의 애니메이션은 실제 사진과 같은 섬세한 표현이 특징인데 벚꽃을 너무나도 아름답게 표현해서 아직도 뇌리에 선명하다.

국화(國花)인 벚꽃에 대한 일본인들의 애착은 남다르다. 경남 진해의 벚꽃도 일제 강점기에 미관을 위해 심은 것이라고 한다. 우리나라에서는 벚꽃이 일본 꽃이라 하여 이미지가 그다지 좋지 않다. 그래서 진해의 벚나무도 모두 베어 내고 다시 조성했다고 하는데 일본의 국화라고 해서 굳이 배척할 필요가 있을까? 하는 생각이 든다. 사실 왕벚꽃은 제주 한라산이 원산지라는 학설이 있다. 꽃을 볼 때는 꽃의 아름다움 자체로 감상하면 좋지 않을까 생각한다. 누가 심었든 어느 나라 꽃이든 꽃 아름다움 그 자체를 즐겼으면 한다.

일본어로 꽃놀이는 '하나미(花見)'라 하는데, "꽃을 본다"라는 의미이다. 계절마다 피는 꽃이 있고 각 꽃을 보며 즐기지만 일반적으로 일본의 하나미는 봄철의 벚꽃(사쿠라)을 보러 가는 것을 말한다. 벚꽃 시즌이 되면 일기예보에서도 매일같이 벚꽃의 개화 정보를 제공한다. 벚꽃으로 유명한 공원이나 거리는 매일 만원이 된다. 벚꽃의 개화 기간이 짧기 때문에 단기간에 많은 사람들이 모인다. 도쿄에는 벚꽃을 즐길 수 있는 곳이 많다. 우에노 공원을 비롯해 신주쿠교엔, 이노카시라 공원, 나카메구로, 치도리가후치, 센조쿠이케 등 크고 작은 공원에 벚꽃이 만발한다.

꽃구경만을 위해 코스를 설계하는 것은 비효율적이다. 특정 지역의 관광을 겸해서 꽃구경까지 즐기는 것이 좋다. 예를 들어, 우에노 공원 내의 박물관이나 과학관, 동물원을 관광하면서 꽃구경을 즐기고 아메야요코초를 방문하는 코스를 설계한다거나 신주쿠 일대를 관광하면서 신주쿠교엔의 꽃구경을 즐기는 코스를 계획한다. 아래에 열거한 지역이 아니더라도 구경할 곳은 곳곳에 많다. 벚꽃은 피는 기간이 매우 짧기 때문에 정확한 시기에 방문하지 않으면 볼 수 없다는 단점이 있다. 봄철에 스케줄을 잡는다면 벚꽃 개화기도 고려하는 것이 일석이조의 효과를 얻을 수 있다.

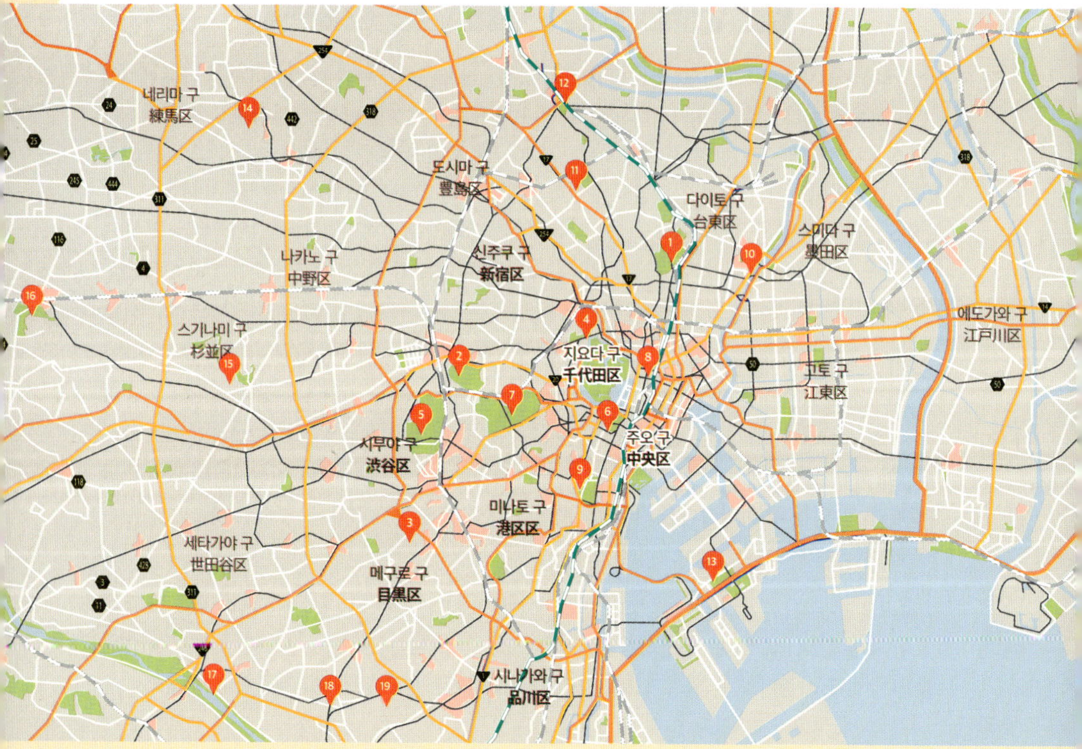

도쿄의 대표적인 꽃놀이 지역

	명칭	가까운 역	장소
1	우에노 공원	우에노, 오카치마치	우에노온시공원(上野恩賜公園)
2	신주쿠교엔	신주쿠교엔마에, 신주쿠3초메, 신주쿠, 센다가야	신주쿠교엔 내
3	메구로강변	메구로, 이케지리오오하시	메구로강변
4	치도리가후치	한조몬, 구단시타, 이다바시, 이치가야	치도리가후치 공원 주변
5	요요기 공원	하라주쿠, 메이지진구마에, 요요기코엔, 요요기하치방구	요요기 공원, 메이지진구 주변
6	히비야 공원	히비야, 카스미가세키, 우치사이와이초	히비야 공원
7	롯폰기	롯폰기, 노기자카	롯폰기, 도쿄 미드타운 주변
8	니혼바시사쿠라 거리	도쿄, 니혼바시	니혼바시-야에스사쿠라 거리
9	도쿄 타워 주변	시바코엔, 진보초, 아카바네바시	도쿄 타워, 조조지, 시바 공원 주변
10	스미다 공원	아사쿠사	스미다강변 및 공원
11	리쿠기엔(六義園)	코마고메, 센고쿠(千石)	리쿠기엔 가든
12	아스카야마	오지, 오지에키마에, 아스카야마	아스카야마 공원
13	오다이바 해변 공원	오다이바 해변 공원, 다이바, 도쿄테레포트	오다이바 해변 공원 주변
14	토시마엔	토시마엔	토시마엔 원내
15	젠푸쿠지	니시에이후쿠, 하마다야, 미나미이자사야	젠푸쿠지 공원 및 강변
16	이노카시라 공원	기치조지, 이노카시라코엔	이노카시라 공원 내
17	후타코타마가와 공원	가미노게, 후타코신치, 후타코타마가와	후타코타마가와 공원
18	마리끌레르 거리	지유가오카	쿠혼부츠강(九品仏川) 주변
19	센조쿠이케	센조쿠이케	센조쿠이케 공원
20	코가네이 공원	무사시코가네이, 히가시코가네이	코가네이 공원 내

우에노 공원

도쿄에서 대표적인 꽃놀이 공원은 우에노(上野) 공원이다. 우에노는 에도 시대부터 벚꽃의 명소로 유명하다. 꽃 소식을 전하는 뉴스에 우에노 공원은 빠지지 않는 장소이다. 우에노 공원의 꽃구경을 위해 지방에서 올라오는 사람도 있을 정도이다. 우에노역과 연결된 공원이기 때문에 잠시 들러서 구경하기에 좋은 위치다.

꽃놀이는 남녀노소를 가리지 않는다. 젊은 연인이 두 손을 꼭 잡고 즐기기도 하고 구부정한 노부부가 꽃잎이 떨어지는 꽃길 사이를 걷기도 한다. 가족 단위로 나와 즐기기도 하고 친구나 동호회 회원들끼리 모이기도 한다. 일본에서 꽃놀이를 할 때 '연회(宴会)'는 빼놓을 수 없는 주제이고 추억이다. 흐드러지게 핀 벚꽃 아래에서 먹을 것과 함께 꽃내음을 만끽하며 가족, 친구, 동료들과 수다를 떠는 즐거움은 오래 간직되는 추억거리이다. 그래서 공원에서는 연회를 할 수 있도록 일정한 공간을 무료로 제공한다. 정해진 연회 구역 내에서 자리를 펴고 술과 음식을 즐길 수 있다.

우에노 공원 입구

동료들이 퇴근하길 기다리는 사람들

재미있는 것은 회사의 단체 꽃놀이인데 일종의 연례행사처럼 이어진다. 연회 공간이 제한되어 있기 때문에 당번(?)을 맡은 사람이 오전 시간부터 연회 자리를 미리 확보하여 돗자리를 펴고 앉아 직장 동료들이 퇴근하는 시간까지 기다린다. 자리를 펴고 앉아 책을 읽기도 하고 맥주를 마시기도 하며 동료들이 퇴근하기를 기다린다. 동료들이 퇴근하면 도시락이나 먹거리를 펼쳐 놓고 즐긴다. 이때 빠지지 않는 것이 알코올이다. 얼큰한 취기와 함께 웃고 떠드느라 주변이 온통 시끌벅적해진

퇴근한 동료들과 벚꽃놀이를 즐기는 사람들

다. 많은 직장인들이 벚꽃 아래에서 즐기는 연회를 연중행사, 봄철 이벤트로 생각하고 있다.

벚꽃이 피기 시작하면 수많은 인파가 몰려든다. 우에노 공원에는 50여 종의 벚꽃나무가 있으며 1,200여 그루의 벚꽃이 터널을 이루고 있다. 저녁 시간이 되면 조명과 함께 어우러진 벚꽃을 즐기기 위해 찾는

꽃놀이를 즐기기 위해 몰려든 인파

사람들의 발길이 끊이지 않는다. 최근에는 외국 관광객들이 몰려오면서 우에노 공원은 사람들로 만원이 된다.

신주쿠 교엔

신주쿠교엔은 원래 에도 시대에 다이묘나 상급 무사들의 별장으로 조성된 곳이다. 지금은 매년 봄에 총리 주최로 '벚꽃을 보는 모임'이 열릴 정도로 벚꽃으로 유명하다. 60여 종 1,000여 그루의 벚꽃이 장관을 이룬다. 특히 왕벚꽃 나무로 유명하다.

신주쿠교엔은 정원 백화점으로 알려진 곳으로 일본식 정원, 프랑스식 정원, 영국식 정원을 구경하며 꽃을 즐길 수 있다. 중간중간에 연못이 자리 잡고 있어 연못을 중심으로 벚꽃이 어우러진다. 신주쿠의 고층 빌딩 숲 사이에서 오아시스와 같은 역할을 하는 명소다. 고층 빌딩과 어우러져 피는 광경도 좋은 사진 소재이다.

신주쿠교엔의 벚꽃의 특징은 2개월 이상 즐길 수 있다는 점이다. 2월 중하순에는 카와즈사쿠라, 3월 하순에는 잎이 하나인 산벚꽃(야마자쿠라), 4월 상순에는 일엽(이치요우), 한산(칸잔) 등이 차례로 피어나기 때문이다. 주변에 사무실 건물이 많아 평일에는 정장을 입은 직장인들도 많이 찾는다. 신주쿠 빌딩가에서 일을 마치고 스트레스를 풀러 나오는 직장인들이다.

나카메구로

최근에 벚꽃의 메카로 떠오른 곳이다. 이곳은 메구로강을 끼고 양쪽으로 심어진 가로수 벚꽃이 특징이다. 4km에 이르는 강가에 800여 그루의 벚꽃나무가 터널을 이루고 있다. 나카메구로 주변에는 개성 있고 세련된 음식점이 많이 들어서면서 먹거리와 함께 꽃놀이를 즐기는 사람들이 끊이지 않는다.

강 양쪽에 만개한 벚꽃으로 장식된 터널도 아름답지만 벚꽃이 떨어질 때 바람에 날려 꽃잎이 강물에 떨어지는 풍경 또한 다른 곳에서는 볼 수 없는 풍경이고 떨어진 꽃잎이 강물을 따라 흘러가는 모습도 색다른 풍경이다.

밤이 되면 주변의 음식점과 어우러진 밤 벚꽃 풍경을 즐기는 사람들로 왁자지껄하다. 강 양쪽의 가로수를 따라 밝힌 연등 조명과 강에 비친 불빛이 낮과는 다른 전혀 다른 분위기를 연출한다. 특히, 강을 낀 레스토랑에서 음식과 즐기는 맥주 한잔은 빼놓을 수 없는 즐거움이다.

이노카시라 공원

이노카시라 공원(井の頭公園)은 380,000㎡의 넓은 면적으로 공원 내에는 호수를 끼고 있다. 시기를 가리지 않고 많은 사람들이 찾는 공원이지만 봄철의 벚꽃 시즌에 가장 많은 사람들이 찾는다. 봄의 이노카시라 공원은 벚꽃이 아름다워 '일본의 벚꽃 명소 100선'에 뽑힐 정도로 전국적으로 유명하다.

호수를 중심으로 벚꽃 아래에서 연회를 즐기는 사람을 쉽게 볼 수 있다. 기치조지 주변에 사는 사람들뿐 아니라 멀리서 벚꽃을 즐기기 위해 찾는 사람도 많다. 백조 보트를 타고 물에서 바라보는 벚꽃은 다른 곳에서는 느낄 수 없는 감흥이다.

숲 사이의 산책길이 아름답고, 호수에는 백조 보트가 있어 많은 연인들의 데이트 장소로 유명하다. 휴일이면 연인이나 가족들이 백조 보트를 타고 꽃과 물을 즐기는 모습을 볼 수 있다. 백조 보트는 인위적으로 만든 놀이 시설이지만 이노카시라 공원의 명물이 되었다. 어느 유원지에서나 볼 수 있는 백조 보트이지만 이곳의 백조 보트가 유난히 낭만적인 느낌이 드는 건 왜일까?

치도리가후치

   치도리가후치는 일왕이 기거하는 황거 서쪽 지역과 영국 대사관 사이의 해자를 벚꽃이 옅은 핑크빛으로 물들인 가로수 길이다. 주변에는 야스쿠니 신사, 일본 무도관이 있으며 오피스 빌딩이 많아 퇴근 후 직장인들이 많이 찾는다. 이곳에서 바라보는 풍경은 견고한 돌벽과 금세 지는 벚꽃의 대비가 아름다움을 더한다.

   이곳은 낮보다도 밤 벚꽃이 더 아름답다. 벚꽃이 핀 야경은 해자에 비춰진 조명으로 인해 수면에 반사되어 더욱 환상적인 분위기를 연출한다. 낮에는 보트를 타고 벚꽃을 즐기는 연인들의 모습이 로맨틱하게 보인다.

> 코가네이 공원

    일본은 크고 작은 공원에 벚꽃이 심어져 있다. 우에노 공원이나 신주쿠교엔처럼 유명세를 타지는 않았지만 아름다운 벚꽃으로 많은 사람들이 찾는 숨겨진 비경을 갖고 있는 명소가 많다. 그중 한 곳이 코가네이 공원(小金井公園)이다. 800,000㎡ 면적에 조성되어 있는데 이는 도쿄에서 최대 규모. 신주쿠에서 전철로 40여 분 거리에 위치해 있다.

    이곳에는 산벚나무(야마자쿠라)를 비롯해 50여 종, 1,700그루의 벚꽃이 군락을 이루고 있다. 매년 4월 초순에는 벚꽃 축제가 펼쳐진다. 공원이 넓어 다른 곳보다 한산하게 즐길 수 있다는 장점도 있다. 공원 내에는 증기 기관차 전시장이 있어 꽃구경과 함께 덤으로 증기 기관차도 관람할 수 있다.

기타

일본은 벚꽃철이 되면 어디를 가더라도 벚꽃을 볼 수 있다. 동네의 작은 공원에서도 만발한 한 두 그루의 벚나무를 볼 수 있다. 많은 사이트에서 꽃놀이하기 좋은 장소를 소개하는데, 소개한 곳을 가 보면 한 두 그루의 벚나무가 있을 때도 있다. 거대한 한 그루의 벚나무로도 유명한 곳이 있을 정도이다.

타마가와가쿠엔마에 도로변

리쿠기엔(六義園)의 벚꽃

일본의 각 신사에도 벚꽃은 빠지지 않는다. 2차 대전 전범이 합사된 야스쿠니 신사를 비롯하여 동양의 넬슨으로 불리는 해군 장군 토고헤이 하치로(東鄉平八郎)를 모신 토고 신사, 메이지 일왕을 모신 메이지 진구 등 거의 모든 신사에는 벚나무가 심어져 있다. 사실 신사를 방문하다 보면 일제 강점기의 신사 참배에 대한 반감이 있어 꺼림직하다. 2차 대전의 전범이 합사된 야스쿠니 신사는 더욱 그렇다. 단순하게 아름다운 꽃구경만 할 수 있으면 좋을 텐데 한일 간의 아픈 역사와 지금까지 이어진 양국 간의 갈등은 마음 놓고 꽃구경만 할 수 있게 놔두질 않는다.

토고 신사의 벚꽃

: 덕후에 반하다 :

일반적으로 '덕후'라는 단어를 꺼내면 웃는다. 직접 표현을 하지 않지만 약간은 비하하는 뉘앙스를 풍긴다. '덕후'는 원래 일본어 '오타쿠'에서 유래되었다. 일본어 발음을 차용하여 '오덕', '덕후'라는 이름으로 불려지고 있다. 그리 좋은 이미지는 아니다. 솔직히 말하면 부정적인 이미지가 강하다. 일본에서도 오타쿠에 대한 이미지는 좋은 편이 아니다. 아직도 편견이 존재하지만 초창기에 비해 많이 순화되어 가고 있다.

한편으로는 전문가의 이미지도 있다. 서브컬처, 취미 분야의 전문가다. 만화, 애니메이션, 게임 등 서브컬처(언더그라운드) 분야에서의 전문가로 자신이 관심을 갖는 분야에 대해서 전문가 이상으로 공부하고 연구하여 식견을 갖고 있다. 정신병적이라고 할 만큼 관심을 갖는 분야에 대해서 깊이가 깊고 진하다. 1990년대 후반에 인기를 얻은 '신세기 에반게리온'이라는 애니메이션을 제작한 안노 히데아키(庵野秀明) 감독도 자신이 오타쿠였다고 고백했다. 당시에는 일종의 커밍아웃이었다. 이 작품은 1970년대의 '우주전함 야마토', 1980년대의 '기동전사 건담'과 어깨를 나란히 하며 일본의 애니메이션 붐을 주도한 작품이다. 일본에서는 이러한 영향 등으로 오타쿠에 대한 이미지가 달라지면서 이에 대한 정의도 모호해지고 있다.

 참고 사항

덕후(오타쿠)란?

덕후(오타쿠)를 정의할 때 초기에는 '관심을 가질 만한 연령(20대 후반 이후의 연령대)이 지난 나이임에도 '애니메이션, 만화, 철도, 컴퓨터, 아이돌, 게임, 프라모델 등에 심취한 독신의 남성'이나 '애니메이션 만화와 관련된 동인 활동을 하는 사람'또는 '특정 취미 분야에 생활하는데 필요한 시간이나 소득의 대부분을 쓰는 사람'을 가리켰다. 당시에는 오타쿠를 외모상으로도 정의하기도 했다. '배가 뿔뚝 튀어 나온 뚱뚱한 체격에 검고 두꺼운 안경테의 안경을 걸치고 머리카락은 정돈되지 않은 채 자주 빨지 않은 듯한 허름한 옷차림'이 특징이었다. 이러한 이유로 인해 초기에는 '일반인들은 이해하기 힘든 기묘한 행동을 하는 사람' 또는 '여성들이 싫어하는 남성'등 부정적인 시각이 많았다.

한편으로는 오타쿠가 해당 분야에서 가진 지식이나 능력을 인정받으면서 어두운 이미지에서 밝은 이미지로 바뀌어 가고 있다. 즉, '특정 관심 분야에 깊이 연구하며 이 분야에서 지식이 풍부한 전문가'라는 이미지가 많아졌다. 지금은 긍정적인 이미지와 부정적인 이미지가 공존한다.

이들이 주로 갖는 관심사는 애니메이션, 만화, 게임과 같은 서브컬처 장르가 대부분이다. 이들을 분류할 때는 인격적으로나 심리학적 관점에서 분류하지 않고 단순히 취미의 패턴에 의해서 분류한다. 적어도 이들이 관심을 갖는 취미 분야에서는 박사급의 전문가라 할 수 있다.

일본에서 가장 많은 오타쿠를 보유한 분야는 철도다. 연예인 중에서도 자칭 '철도 오타쿠'라고 고백한 사람도 있다. 이들을 부를 때는 철도를 의미하는 철(鉄)을 붙여 부른다. 여성은 '테츠코(鉄子)', 남성은 '텟쨩(鉄ちゃん)'으로 부른다. 철도 오타쿠는 취향에 따라 다양한 종류가 있는데 철도 여행, 철도를 테마로 한 사진 촬영, 철도 연구, 철도 프라모델 제작 등 다양하다. 심지어 철도역에서 판매하는 도시락을 먹고 포장지를 모으는 오타쿠도 있고, 철도 역무원의 의상을 수집하는 오타쿠, 철도의 차량을 연구하는 오타쿠 등 다양한 장르가 있다. 철도를 의인화하여 만화로 표현하는 작가도 있다. 대표적인 작가가 메구미 토모히토(恵知仁)이다. 만화가이며 여행 관련 뉴스 편집장인 메구미 씨는 철도의 특징을 의인화하여 캐릭터로 만들고 스토리를 가미한 만화를 창작하기도 했다. 철도와 관련된 해박한 지식의 전문가이지만 한편으로 보면 오타쿠라 할 수 있다.

신칸선(츠바메)을 의인화한 작품의 예

도쿄에서 대표적인 오타쿠 성지로는 아키하바라, 이케부쿠로, 나카노 지역을 꼽는다. 아키하바라(秋葉原)는 원래 전자 상가였는데 90년대 들어 콘텐츠 분야 유통 점포가 늘어나면서 오타쿠의 성지로 거듭났다. 이케부쿠로(池袋)는 여자 오타쿠들이 선호하는 상품을 취급하는 점포가 들어선 '오토메 로드'가 형성되면서 여자 오타쿠의 성지가 되었다. 나카노(中野)는 나카노 브로드웨이에 있는 'MANDARAKE'를 중심으로 여러 매장이 있는데 좀 더 깊이가 있는 오타쿠들이 찾는다. 창간 당시부터 모아 놓은 만화 잡지, 애니메이션 작품의 원화, 각종 희귀한 피규어와 같은 원조 오타쿠, 오타쿠의 역사를 간직한 지역이다.

덕후 관광 TIP

오타쿠 여행은 아키하바라(秋葉原), 이케부쿠로(池袋), 나카노(中野)를 돌아보는 여행이다. 숙소가 신주쿠라고 가정하고 신주쿠를 기점으로 아키하바라부터 이케부쿠로, 나카노 순으로 코스를 정한다. 코스를 설계할 때는 숙소에서 먼 곳에서 가까운 곳으로 이동하는 것이 좋다. 오전에 찾아가면 아직 문을 열지 않은 곳도 있고, 관광을 하다가 지치면 대충 돌아볼 수 있기 때문이다. 예를 들어 숙소가 우에노 근처라면 나카노를 먼저 가는 것이 좋다.

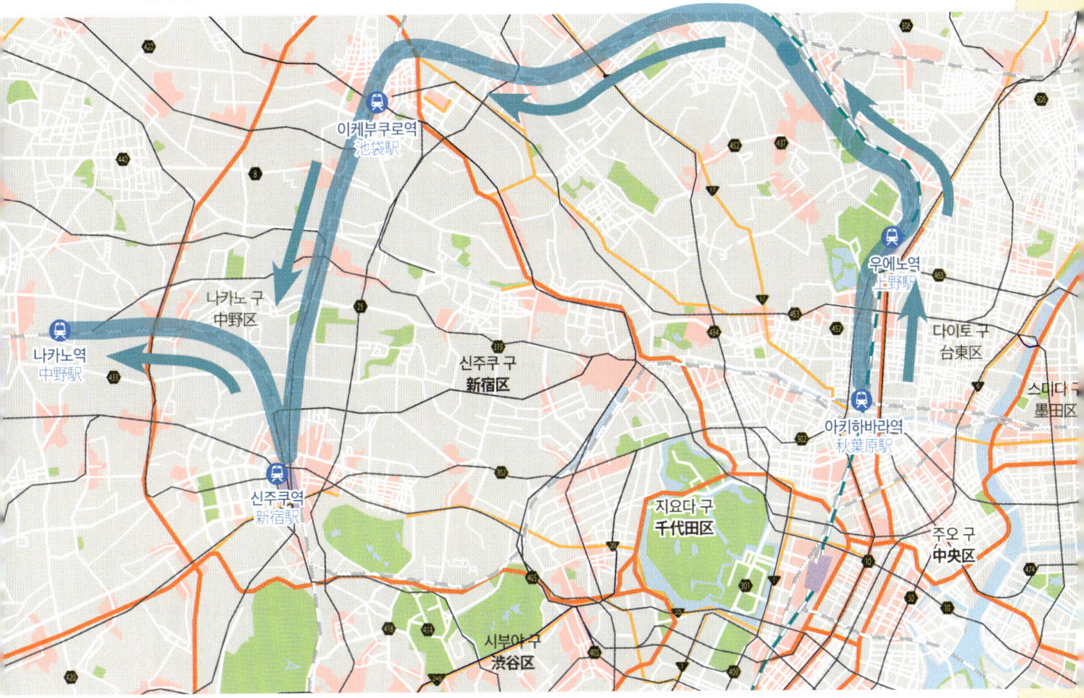

신주쿠	아키하바라	이케부쿠로	나카노	신주쿠
JR 소부선 치바행 탑승(170엔)	JR 야마노테선 이케부쿠로 탑승(200엔)	JR 야마노테선 신주쿠에서 주오선으로 탑승(170엔)	JR 주오선 신주쿠행 탑승(160엔)	
	3시간	2시간 30분	2시간 30분	

오타쿠 성지 순례는 JR을 이용하도록 하자. JR 1일 자유이용권이 750엔이므로 이를 활용할 수도 있고, 전철을 네 번밖에 타지 않기 때문에 교통 카드를 활용해도 큰 차이는 없다. 1일 자유 이용권은 750엔인데 반해 교통 카드로 이용할 경우 700엔이 소요된다. 교통 카드인 파스모(Pasmo)나 스이카(Suica)를 사용하면 1% 할인을 해주기 때문에 교통 카드가 있다면 이를 활용하는 것이 더 절약된다. 자주 갈아타는 경우라면 자유 이용권이 유리하지만 많은 횟수의 승하차를 반복하지 않는 경우에는 교통 카드가 경제적일 수 있다.

코스 설계에서 시간은 개략적으로 잡을 수밖에 없다. 특정한 장소에서 필이 꽂히면 몇 시간도 보낼 수 있다. 이케부쿠로의 게임 센터에서 1시간 이상을 보낼 수도 있고 수족관에서 2시간을 보낼 수도 있다. 하지만 정해진 시간 내에 관광을 하려면 개략적으로나마 예상 시간을 정해 도는 것이 알찬 여행이 된다.

아키하바라

아키하바라는 오타쿠의 종합 쇼핑센터라 할 수 있다. 장르를 가리지 않고 오타쿠와 관련된 모든 상품과 서비스가 존재하는 거리이다. 만화, 애니메이션, 게임 유통 상점을 비롯해 구체 관절 인형, 트레이드 카드, 프라모델 매장, 아케이드 게임장, 코스프레 관련 매장이 있다. 메이드 카페, AKB 극장 및 카페, 건담 카페 등 오타쿠와 관련된 용품과 서비스가 있는 곳이다. 심지어 '어른들의 장난감'이라 불리는 성인용품 백화점도 있다. 이 지역은 원래 전자 상가로 출발했기 때문에 요도바시카메라, 야마다전기 LABI, 라디오회관 등 전기 전자와 관련된 제품 및 부품 매장도 많이 남아 있다.

거리에 전시된 매장을 둘러보는 것도 관광이 되겠지만 체험을 원한다면 Taito, SEGA 게임장에 들어가 게임을 즐길 수 있고 메이드 카페에 들어가 메이드(하녀)의 시중을 받아볼 수 있다. AKB 극장에서 아이돌의 공연을 볼 수 있으며 건담 카페에 들어가 건담을 테마로 한 음식이나 음료를 즐길 수 있다. 볼거리와 즐길 거리가 풍부한 지역이다.

이케부쿠로

썩은 여자라는 의미의 '후조시(腐女子)'라 불리는 여자 오타쿠들이 좋아하는 장르는 남자들 사이의 동성애를 다루는 Boy's Love(일명 BL) 계열이다. 후조시들은 주로 BL을 테마로 한 만화, 애니메이션, 게임, 라이트노벨을 즐긴다. 지금은 '후조시'라는 단어는 BL 이외에도 오타쿠 성향을 가진 일반 여자를 가리킨다. 이케부쿠로는 여자 오타쿠들이 많이 찾는 지역으로 유명하다.

선샤인 빌딩 바로 앞쪽에 위치한 오토메 로드(乙女ロード)에 있는 Animate, K-Books, 라신방과 같은 콘텐츠 유통 상가에서 여자 오타쿠 취향의 상품을 중점적으로 취급하면서 여자 오타쿠들이 많이 찾게 되었다. 그렇다고 남자 오타쿠 상품을 취급하지 않는 것은 아니다. 비교적 여성 취향의 콘텐츠와 서비스가 많은 것뿐이다. 아키하바라에 메이드 카페가 있다면 이케부쿠로에는 남자 집사가 여성 고객들에게 서비스하는 '집사 카페'가 있다.

나카노 브로드웨이

나카노 브로드웨이는 오타쿠의 원조, 오타쿠의 박물관과 같은 곳이다. 나카노 브로드웨이 내에 있는 만다라케(MANDARAKE)를 중심으로 오래된 작품(만화, 애니메이션, 게임, 피규어, 프라모델 등)을 많이 만날 수 있다. 1968년에 창간한 만화 잡지 '주간 소년점프'의 창간호부터 지금 것까지 50년간의 만화책이 진열되어 있다거나 오래되거나 희귀한 프라모델, 피규어, 카드, 메달 등이 진열되어 있다. 오타쿠와는 관계가 없다고 할 수도 있지만 수십 년이 지난 콜라도 내용물이 담긴 채로 전시되어 있다. 오타쿠적인 취미를 가진 물건이라 할 수 있다. 오래된 상품이나 희귀한 물건도 있지만 당연히 최신의 상품도 진열되어 있다.

오래된 상품이나 희귀한 피규어, 카드, 메달 등의 가격표를 보면 입이 쩍 벌어질 정도이다. 가치의 기준은 '희귀성'이다. 생산 당시에 한정 수량으로 제작한 상품이나 시간이 흘러 가치가 높아지는 골동품과 같은 상품이다. 그 가치를 모르는 일반인들은 "저런 인형 하나, 카드 하나에 백만 원이 넘나?"라고 코웃음 칠지 모르겠지만 가치를 아는 오타쿠 세계에서는 못 가진 것에 대한 안타까운 마음이 더 강하다. 구매 여부를 떠나 진기하고 희귀한 상품을 보는 아이쇼핑만으로도 시간 가는 줄 모른다. 또, 이곳에서는 옛날 게임 센터에서 보던 추억의 게임도 접할 수 있다. 7080세대들이 방문해도 시간 가는 줄 모르고 즐길 수 있는 곳이 아닐까?

: 골목에 반하다 :

'요코초(橫丁)'는 우리말로 '골목'을 뜻한다. '요코초'라는 단어가 들어간 골목에는 대부분 서민적인 식당과 술집이 자리 잡고 있다. 화려한 레스토랑이나 바, 클럽에 비해 저렴하고 사람 냄새가 나는 곳이다. 대표적인 장소로 신주쿠의 오모이데요코초, 시부야의 논베이요코초, 에비스의 에비스요코초, 기치조지의 하모니카요코초가 있으며 각 전철역 고가 아래에 자리 잡고 있다. 요코초는 공통적으로 두 사람이 겨우 비켜갈 정도의 좁은 골목길에 지붕이 연결되어 있고 3~4평 정도의 좁은 공간에서 어깨를 맞대고 음식을 먹거나 술을 마신다. 혼술족이 많은 일본에서 혼자 마시기 좋은 장소이다.

오모이데요코초

신주쿠 서쪽 출구로 나와 가부키초로 가는 길목에 있는 오모이데요코초는 2차 대전 후에 생겨난 골목으로 이자카야, 꼬치구이, 생선 초밥(스시), 라멘과 메밀면 등 다양한 요리와 함께 알코올을 즐길 수 있는 장소다.

에비스요코초

에비스역 동쪽 출구로 나오면 정면에 있는 요코초로 전통 시장의 분위기가 풍긴다. 에비스 지역이 젊은이들이 많이 모이는 지역인만큼 다른 곳에 비해 활기차고 젊은 분위기가 물씬 풍겨 난다. 안쪽으로 들어가면 생선회, 말고기 회, 오뎅, 버섯 요리, 철판 요리, 꼬치구이, 와인 바 등 20여 점포가 붙어 있다. 대부분의 점포 사이에 칸막이가 없이 트여 있는 구조이다.

논베이요코초

사람이 많이 모이는 시부야의 스크램블 교차로에서 동쪽 출구(시부야 히카리에)로 가기 위해서는 철로 아래를 지나가야 한다. 철로를 막 지난 지점에 좁은 골목길이 있다. 일부러 숨겨 놓은 듯한 위치에 있어 주의를 기울여 찾지 않으면 지나칠 수 있다. 이곳 역시 다닥다닥 붙어 있는 가게들이 들어서 있다. 시부야는 대체적으로 젊은이들이 많이 모이는 곳이지만 이곳은 화려한 청춘을 보낸 중년 세대가 조용히 음미하는 곳이다. 이곳도 외국에 알려져서 그런지 외국 관광객의 발길이 끊이지 않는다. 원래의 복고적인 분위기가 깨질까 걱정된다.

하모니카요코초

이름이 낭만적인 요코초이다. 하모니카 소리가 들릴 것 같은 이름이다. 하지만 하모니카와는 관계가 없고 가게들이 하모니카 마우스피스처럼 빽빽하게 붙어 있는 모양이라 해서 지어진 이름이다. 기치조지역 북쪽 출구의 왼쪽에 있는 상점가로 100여 점포가 자리 잡고 있다. 낮 시간에도 무언가를 굽는 연기가 자욱하고 사람들의 행렬이 끊이지 않는 곳이다. 저녁 시간에는 도쿄 도심에서 일과를 마친 직장인들이 많이 찾는다.

유명한 먹거리 가게는 좁은 골목길에서 입장을 위해 줄을 서는 사람들로 인해 지나가기 어려울 정도이다. 해외에도 소개된 점포가 많아 해외 관광객(주로 중국)이 줄을 서는 점포도 많다.

그 밖에 요코초

앞에서 소개한 지역 외에도 도쿄에는 요코초가 많다. 아사쿠사의 홋피 거리, 유라쿠초의 고가 아래의 콘코스, 신바시 고가 아래의 요코초, 산겐자야의 유라쿠 거리, 산자삼방가이가 있고, 코엔지 남쪽 출구의 포장마차촌, 연극의 거리 시모기타자와의 스즈나리요코초, 닌교초의 아마자케요코초 등 각 동네마다 크고 작은 요코초가 자리 잡고 있다.

아사쿠사의 홋피 거리

유라쿠초 고가 아래 콘코스

카구라자카의 미치쿠사요코초

일본 술에 관한 구절 중 "酒が人をアカンようにするのではなく、その人が元々アカン人だという事を酒が暴く" 라는 말이 있다. 이를 우리 말로 번역하면 "술이 사람을 못된 놈으로 만드는 것이 아니라, 사람이 원래 못된 놈이라는 것을 밝혀 준다"이다. 술이 문제가 아니라 사람이 문제라는 뜻이다. 주사가 있는 사람이 외국에 나가 술을 마시면 나라 망신을 시키지만 그렇지 않다면 술은 여로를 풀어 주는 좋은 명약일 것이다.

: 패션에 반하다 :

미야케 잇세이(三宅一生), 쿠사마 야요이(草間彌生), 야마모토 요지(山本耀司), 카와쿠보 레이(川久保玲), 다카다 겐조(高田賢三), 고시노(コシノ) 자매, 모리 하나에(森英惠), 와타나베 준야(渡辺淳弥)… 일본이 배출한 세계적인 디자이너들이다. 일본의 수도 도쿄는 패션에 있어서도 주도적인 역할을 하는 지역이다.

일본인들의 패션은 우리와 같은 듯하면서 다르고, 다른 듯하면서 같다. 기후가 비슷하고 체형이 비슷하지만 선호하는 색상이 다르고 감각이 다르고 생각이 다르기 때문이다. 양국이 서로 교류하면서 상대 나라의 유행에 영향을 받기도 한다. 일본의 패션은 유행에 따라 움직이기는 하지만 우리보다 개인화되었다는 느낌이다. 각자의 개성에 따라 다양한 패션감을 자랑한다. 어떤 경우는 이해하기 어려운 패션도 많지만 나름 개성에 따라 다양하다는 느낌을 받는다.

도쿄에서 패션의 거리로 젊은이들 사이에서는 시부야, 하라주쿠가 알려져 있고 고급스러운 곳으로는 긴자와 니혼바시, 아자부와 롯폰기, 아오야마와 오모테산도가 있다. 신주쿠는 세대를 가리지 않고 아우르는 장소라 할 수 있다. 또, 헌 옷이나 보세 의류의 빈티지 스타일은 시모기타자와, 기치조지, 코엔지를 들 수 있다. 2000년대 이후로는 다이칸야마, 에비스, 나카메구로 지역이 떠오르고 있다. 지유가오카도 빠지지 않는 곳이다. 노인들의 패션은 스가모(巣鴨)가 대표적이다. 패션의 거리 기준이 반드시 패션숍이 많아서만은 아니다. 거리를 방문하는 사람들의 연령층과 거리의 분위기 때문이다. 어느 지역이나 백화점과 많은 패션숍이 있지만 그 지역만의 특징이 있다. 서울의 홍대나 신촌, 강남역 근처, 청담동 거리, 가로수길을 떠올려 보면 거리의 특징과 분위기가 있듯이 각 지역마다 특징이 있기 마련이다.

패션 관광 TIP

빈티지 숍을 찾는다면 대학생과 젊은 층의 비율이 높은 도쿄의 왼쪽 지역인 코엔지, 기치조지, 시모기타자와, 시부야, 하라주쿠를 들 수 있다. 헌 옷이나 보세 의류를 취급하는 가게가 많다. 하루에 모두 돌아볼 수 없으니 코엔지, 기치조지, 시모기타자와를 하루에 돌고 하라주쿠와 시부야를 따로 돌아보면 된다.

명품이나 고급스러운 패션은 오모테산도와 아오야마, 긴자와 니혼바시, 롯폰기와 도쿄 미드타운을 들 수 있다. 롯폰기와 도쿄 미드타운을 거쳐 아오야마, 오모테산도를 하루에 돌 수 있다. 긴자와 니혼바시, 도쿄역이 있는 마루노우치 지역을 하나의 코스로 설계할 수 있다.

20~30대의 유행을 선도하는 다이칸야마, 에비스, 나카메구로는 시부야와 가까이 있으므로 하나의 코스로 설계하면 효율적이다. 추가로 지유가오카도 이들 지역과 묶어서 돌아볼 수 있다.

도쿄의 놀거리 467

하라주쿠

　도쿄에서 청소년들이 가장 많이 모이는 거리가 하라주쿠이다. 1970년대부터 패션의 거리로 알려진 하라주쿠는 우리나라에도 많은 매체를 통해 소개되고 있다. 중고생부터 대학생에 이르는 젊은 층의 비중이 높은 거리이다. 도쿄를 방문한 중고생이나 대학생 중 하라주쿠를 가 보지 않은 사람은 거의 없을 것이다. 패션 잡지에서는 일본 젊은이의 패션을 '하라주쿠 스타일'로 소개하기도 한다.

　하라주쿠의 대표적인 거리인 다케시타 거리(竹下通り)에는 약 350m 길 양쪽으로 의류, 화장품, 편의점, 커피숍, 패스트푸드점, 아이스크림 및 간식, 즉석사진 등 크고 작은 매장이 빽빽하게 들어서 있다. 이 거리를 왕래하는 사람은 10~20대 초반쯤의 연령대가 주를 이룬다. 최근에는 외국인의 비중이 부쩍 높아졌다.

 참고 사항

가와이이 패션

'가와이이(可愛い)'는 우리말로 '귀엽다'라고 해석된다. 가와이이 패션은 귀여운 패션이라는 의미로 원래는 10대들의 패션을 칭했지만 20~30대로 확장되면서 섹시한 패션과 대조되는 의미로 사용되고 있다. 귀여운 느낌의 의상이나 헤어 스타일을 의미하거나 어리게 보이는 의상이나 헤어, 메이크업을 통칭하기도 한다. 외모는 별개로 하고 패션을 비교한다면, 우리나라와 달리 일본은 귀여운(가와이이) 분위기가 강하다.

　어떤 가게에 들어가든 하라주쿠만의 분위기를 느낄 수 있을 것이다. 속옷, 모자, 양말, 액세서리, 미용 등 가와이이 패션이 대세를 이룬다. 색상으로 보면 핑크빛 계열이 눈에 띈다.

　이곳에서는 먹거리도 가와이이 콘셉트다. 과자 'Calbee+'와 사탕을 파는 'Candy AGoGo'를 비롯해 한 집 건너 자리한 크레페 가게, 아이스크림과 솜사탕 같은 길거리 음식이 젊음의 거리임을 말해 준다.

시부야

하라주쿠와 이어진 시부야도 젊음의 거리이다. 하라주쿠보다는 평균 연령이 약간 올라간다. 저녁 시간이나 주말이 되면 시부야역에서 끊임없이 토해내는 젊은이들로 발 디딜 틈이 없다. 요즘에는 스크램블 교차로를 보러 온 관광객들까지 가세해 더욱 붐빈다. 역 주변의 대형 전광판에서는 가수들의 최신 앨범과 콘서트, 드라마 등 청소년 취향의 다양한 이벤트를 알리는 광고가 끊임없이 흘러나온다. 특히 센터가이는 젊은 세대들의 유행을 선도하는 지역으로 알려져 있다.

시부야 내에서도 철로를 사이에 두고 분위기가 서로 다르다. 스크램블 교차로와 센터가이, 도겐자카 방향은 젊은이들이 많이 모이는 지역이다. 10~20대를 타깃으로 한 시부야109를 비롯해 세이부, 마루이, MODI, 도큐, 시부야 마크시티 등 대형 쇼핑몰과 도큐핸즈, 돈키호테, 로프트 등 대형 잡화 및 양판점이 많다. 젊은이들이 많이 모이는 지역인만큼 게임장과 클럽이 많다. 먹거리도 대체적으로 젊은이 취향의 식당이 많다.

센터가이와 스크램블 교차로

반대편 지역은 아오야마 거리와 이어진다. 시부야 히카리에를 중심으로 연령층이 다소 올라가면서 차분한 분위기를 풍긴다. 럭셔리한 상가가 많은 아오야마 거리의 영향인 것 같다. 복합 상가인 시부야 히카리에는 시부야역과 이어져 있으며 다양한 매장과 함께 영화관과 전시장, 콘서트홀이 들어서 있다. 콘서트홀과 전시장이 있는 8, 9층에 올라가 보면 건너편의 시부야 스크램블 교차로가 한눈에 내려다 보인다.

시부야 히카리에

오모테산도, 아오야마

젊음의 거리인 하라주쿠와 시부야 사이에 위치한 오모테산도와 아오야마는 고급스러운 이미지가 강하다. 연령층으로 보면 30대 후반에서 40~50대 정도로 볼 수 있다. 럭셔리하지만 그리 무겁지 않은 캐주얼 럭셔리라 할 수 있다. 건축가 안도 타다오가 설계한 오모테산도 힐즈를 중심으로 루이비통, 버버리, 샤넬 등 세계적인 유명 브랜드 매장이 들어서 있다. 애플 스토어도 오모테산도에 있다.

오모테산도 대로변에서 뒤쪽 골목으로 들어가면 캣스트리트 거리가 나온다. 신예 디자이너의 패션숍과 빈티지 매장이 자리하고 있다. 높고 화려하지는 않지만 개성이 묻어 나는 건물 외관과 함께 개성 넘치는 디자이너 숍이 있고 다양한 아이템 숍이 있다. 중간중간에서 분위기 있는 카페나 커피숍이 쇼핑객을 유혹하고 있다.

오모테산도 힐즈와 명품상가

캣스트리트 거리

 아오야마 거리에는 AMI홀, Gofa 미술관, 아오(Ao), 스파이라르 빌딩 등 디자인 감각이 뛰어난 외관을 가진 건물이 줄을 잇고 있다. 독특한 구조와 디자인의 건축물, 일본 특유의 아기자기한 소품을 활용한 인테리어와 상품 디스플레이에서는 일본다운 분위기를 느낄 수 있다. 굳이 건축이나 디자인과 관련된 사람이 아니더라도 다양한 형상의 건축물과 디스플레이에 관심이 있다면 한번 가 보자. 일본의 아기자기한 디자인과 디스플레이, 꼼꼼함이 배어 있는 분위기가 느껴질 것이다.

Ao 빌딩과 스파이라르 빌딩

긴자, 니혼바시

고급의 대명사라 할 수 있는 긴자. 에도 시대부터 번화가였던 긴자와 니혼바시 지역은 역사와 전통을 간직한 중후한 매력을 가진 지역이다. 명품 매장, 유명 백화점, 고급 요리집과 요정, 일본 전통 무극 가부키 및 만담(라쿠고) 공연장 등이 있는 일본 사회의 상류층이 즐겨 찾는 장소이다. 일본 최초의 백화점인 미츠코시 백화점, 백화점 건물로 중요 문화재가 된 다카시마야, 마츠야, 와코 등 대형 쇼핑몰이 있다. 2017년에 문을 연 긴자식스도 많은 사람들을 모으고 있다. 도심 재개발 사업으로 기존 건물이 없어지고 새로운 빌딩이 지어지면서 고층 빌딩 숲이 되어 가고 있어 예전의 멋이 하나씩 사라진다는 아쉬움이 있지만 시대의 흐름에 따라 변해 가는 것은 어쩔 수 없나 보다.

긴자의 야경과 고층 빌딩으로 재개발된 니혼바시

재개발로 고층 빌딩이 들어서며 세계적인 명품 브랜드 매장이 자리를 잡고 있지만 넥타이 전문점 '타야', 이쑤시개 전문점 '사루야' 등 곳곳에 100년 넘은 가게가 꿋꿋하게 자리를 지키고 있다. 긴자의 뒷골목으로 들어가면 여전히 오래된 건물과 식당이 꿋꿋하게 자리를 지키고 있다.

긴자식스 외관과 내부

> 롯폰기

　롯폰기 지역은 도쿄에서 가장 서구적인 분위기가 풍기는 지역이다. 아자부주반과 인접해 있다. 주변에는 스페인, 시리아, 스웨덴, 오스트리아 대사관 등 외국 대사관이 많아 외국인이 많이 거주하고 있으며, 아자부 지역 주택가와 롯폰기힐즈 레지던스는 부자들의 거주지로 알려져 있다. 오피스 빌딩인 롯폰기힐즈를 중심으로 방송국인 아사히TV, 레지던스, 호텔, 영화관, 미술관이 자리 잡고 있다. IT관련 벤처 기업 및 신흥 부자들이 많이 거주하여 '롯폰기힐즈족(族)'이라는 신조어를 탄생시킬 만큼 이슈를 일으켰던 지역이다. 아트 트라이앵글(Art Triangle)이라 불리는 롯폰기힐즈의 '모리 미술관', 도쿄 미드타운의 '산토리 미술관'과 '국립 신미술관'이 있고 '21-21 디자인사이트' 등 고급 문화 시설과 세련된 패션, 푸른 숲이 조화를 이룬 현대적인 느낌이다.

국립 신미술관과 21-21 디자인사이트

　롯폰기힐즈 옆에 있는 케야키자카 거리에는 세계적인 명품 브랜드 매장이 들어서 있다. 밤이 되면 화려한 일루미네이션이 눈에 띈다. 주변에는 하드락 카페 등 미국식 클럽과 바가 많아 밤이 되면 화려한 불빛으로 밝아지면서 가부키초와 함께 대표적 유흥가로 변신한다.

하드락카페 기념물 숍과 케야키자카 거리의 명품 숍

롯폰기힐즈와 함께 재개발 프로젝트의 일환으로 건설된 도쿄 미드타운은 쇼핑센터, 사무실, 미술관, 의료 기관, 호텔 등이 들어서 있는 54층의 초고층 빌딩과 어우러진 공간이다. 산토리 미술관을 비롯하여 야후재팬, 시스코시스템 등 외국계 회사와 게임 회사 코나미, 후지필름홀딩스 등이 입주해 있고 미국의 존홉킨스메디컬과 제휴한 도쿄 미드타운 클리닉이 입주해 있다. 리츠칼튼, 오크우드 호텔과 갤러리아, 이세탄과 같은 백화점도 들어서 있다. 건물 외관으로만 봐도 고급스러운 분위기를 발산하는 지역이다. 고층 빌딩이 많이 들어서 있지만 숲이 많고 조용하고 아늑한 느낌이다.

도쿄 미드타운

코엔지, 기치조지, 시모기타자와

이 지역들의 공통점은 젊은 층이 많은 지역이라는 점이다. 도쿄 도심과도 30분 이내에 오고 갈 수 있으며 주변에 대학이 많아 대학생을 중심으로 20~30대 비중이 높은 지역이다. 대체적으로 주머니 사정이 넉넉하지 못하다 보니 저렴한 식당과 상점이 많은 편이다. 패션도 자유분방한 편이다.

코엔지는 신주쿠에서 10분 이내에 도착할 수 있는 기리로 쥰조(순정) 싱점가, 나가도오리 싱점가, PAL 상점가, 루쿠 상점가가 있어 헌 옷과 재고 옷을 판

매하는 가게가 많다. PAL 상점가와 루쿠 상점가는 약 800m 거리에 250여 개의 상점이 자리하고 있다.

기치조지도 젊은 층 인구 비율이 높은 지역이면서 이노카시라 공원과 지브리 미술관이 있어 관광객도 많이 찾는 지역이다. 이노카시라 공원 앞 상가에는 먹거리와 함께 뉴욕조(NewyorkJOE), 라구라구(RAGRAG) 등 수많은 패션숍이 자리 잡고 있다. 이곳 역시 빈티지 패션을 중심으로 상가가 모여 있다.

코엔지 빈티지 상점가

시모기타자와 역시 주변에 대학이 많고 '연극의 거리'로 알려질 정도로 젊은이들이 많이 모이는 곳이다. 젊은 여행객에게 꼭 추천하고픈 지역이다. 백화점 같지 않은 백화점인 '동양 백화점'을 필두로 플라밍, 뉴욕조, 스티크아우토700과 같은 수많은 빈티지 숍이 자리하고 있다. 이 주변에는 저렴하고 맛있는 식당과 카페가 많은 것도 특징이다. 쇼핑과 먹거리를 동시에 즐길 수 있는 지역이다.

이노카시라 공원 앞 상가

시모기타자와 빈티지 숍

다이칸야마, 지유가오카

 다이칸야마와 지유가오카의 거리는 분위기가 비슷하다. 약간은 서구적인 느낌이 나는 세련된 디자인의 건물과 깔끔한 거리, 다양한 먹거리와 패션숍이 많은 지역이다. 낭만적인 분위기의 카페나 레스토랑이 많아 젊은이들의 데이트 코스로 빠지지 않는 지역이다. 왠지 모르게 여성들이 좋아할 만한 거리 분위기이며 실제로 여성의 비율이 많다.

 다이칸야마는 시부야에서 가깝지만 외국 대사관과 고급 주택가를 끼고 있어 시부야의 번잡함에서 벗어나 한적하고 깔끔한 느낌의 거리이다. 젊은 층의 인구가 많기는 하지만 시부야처럼 번잡하지 않고 고급스럽지만 긴자나 롯폰기와 같은 명품이 아닌 노멀한

다이칸야마의 거리 풍경

명품이랄까? T-Site Garden을 중심으로 테노하, 고급 음식점과 함께 거리 중간중간에 인테리어 잡화 및 패션숍이 있고 외국 대사관이 많은 아자부주반과 비슷한 느낌이 있지만 아자부주반보다 세련되고 현대적이다.

 지유가오카 주변에는 대학이 많지만 시모기타자와 코엔지, 기치조지와는 다르게 깔끔하고 고급스러운 분위기의 거리이다. 신사동 가로수 길의 느낌이 나기도 한다. 그래서 그런지 여성 관광객들이 유난히 많이 보인다. 핸드 메이드 제품이나 천연 소재를 사용한 의상, 유기농 식품을 취급하는 상점이 많다. 분위기 좋은 카페나 레스토랑이 많아 연인들이 데이트 장소로 많이 찾는 지역이다.

지유가오카의 거리 풍경

: 시타마치에 반하다 :

어느 나라를 가든 그 나라의 독특한 문화와 분위기를 느끼고 싶어 한다. 어느 나라에나 있을 법한 높은 빌딩과 명품 상가와 백화점, 도시의 불빛으로 가득한 야경보다도 그 나라 특유의 문화와 역사, 풍경과 사람 사는 모습을 보고 싶어 한다. 일본을 가게 되면 일본다운 분위기를 느끼고 싶어한다. 아무리 도시화된 도쿄라 하더라도 일본의 역사와 전통을 엿볼 수 있는 건물과 유물을 간직한 지역이 많다. 바로 '시타마치(下町)'라 불리는 지역이다.

'시타마치(下町)'는 직역하면 '아래 쪽 마을'로 해석된다. 도쿠가와 이에야스(德川家康)가 에도를 만들 때 지형이 높은 곳을 다이묘나 상급 무사의 거주지로 지정하였고, 저지대의 넓은 평지나 매립지는 상공인을 중심으로 서민들의 거주지로 지정하였다. 높은 지역을 야마노테(山の手), 낮은 지역을 시타마치(下町)라 했다. 시타마치는 해자나 수로로 마을을 구분하고 각 마을마다 특징을 살려 에도를 발전시켜 나갔다. 그래서 각 시타마치는 각각의 특징을 지니게 되었다. 초기에는 간다(神田) 주변으로 한정되었으나 메이지 시대 이후로 아사쿠사를 포함하여 상공인들이 거주하는 지역으로 넓어졌다.

간다의 고서점가

도쿄의 대표적인 시타마치는 간다(神田), 아사쿠사(浅草), 우에노(上野), 교바시(京橋)를 들 수 있다. 긴자(銀座)와 니혼바시(日本橋)도 시타마치로 분류한다. 시타마치의 외곽에 있는 다이토구의 시타야(下谷), 후카가와(深川), 스미다구의 혼조(本所)도 시타마치이다. 구(区)로 구분해 보면 주로 스미다 강을 중심으로 양쪽으로 위치한 지역이다. 주오구(中央区), 미나토구(港区), 치요다구(千代田区), 다이토구(台東区), 스미다구(墨田区), 고토구(江東区)가 있으며 도쿄의 시나가와구(品川区),

오타구(大田区)도 시타마치라 불리는 지역이다.

지금은 지형의 높고 낮음이나 거주하는 사람들의 신분으로 구분하지 않고 재래식 시장과 같은 상점가가 있고 옛날의 거리 풍경이 남아 있는 지역을 시타마치라 부른다. 인정미 넘치는 분위기의 상가와 풍경을 가진 지역을 말한다. 키워드로 하면 '레트로(レトロ)'이다. 이들 지역은 공통적으로 시장(상점가)이 들어서 있고 신사나 사찰이 있으며 오래된 주택이나 건물이 들어서 있는 것이 특징이다.

 시타마치 관광 TIP

도쿄 지도를 펼쳐 놓고 보면 대부분의 시타마치는 스미다강이 있는 오른쪽에 위치해 있다. 스미다강을 기준으로 양쪽에 펼쳐진다. 옛 풍경이나 정서가 남아 있는 지역의 상점가나 골목을 중심으로 돌아보자. 아사쿠사, 우에노, 간다, 교바시, 긴자, 니혼바시, 닌교초, 료코쿠, 츠키시마와 닛포리의 야네센, 스가모의 상점가, 가구라자카의 골목길을 돌아보자.

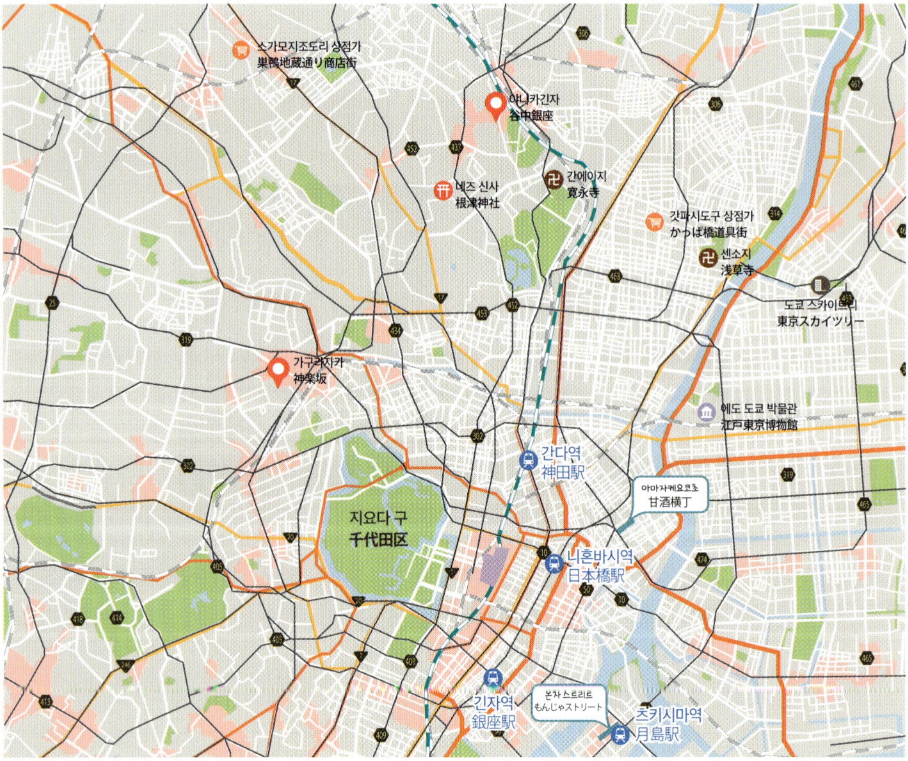

> 야네센

■ 교통 : JR 야마노테선 닛포리역(日暮里駅), 치요다선 네즈역(根津駅), 치요다선 센다기역(千駄木駅), 난보쿠선 토다이마에역(東大前駅)

야네센(谷根千)은 분쿄구(文京区), 타이토구(台東区), 아라가와구(荒川区)에 걸쳐 있는 지역인 야나카(谷中), 네즈(根津), 센다기(千駄木)의 첫 글자를 딴 명칭이다. 일반적으로 시타마치는 서민들이 많이 거주하는 저지대의 넓은 주택가인데 야네센 지역은 비교적 높은 곳에 위치해 있다. 2차 대전 당시 미군 공습의 영향으로 화재가 발생해 도쿄가 초토화되었는데 이 지역은 높은 지대에 있어 화재로부터 피해가 적어 옛날의 모습을 지킬 수 있었다.

야나카긴자 상점가(谷中銀座商店街 : 東京都台東区谷中3-8-10 / Tōkyō-to, Taito-ku, Yanaka, 3 Chome-8-10)는 60여 개의 상점이 모인 상점가로 도쿄의 옛 풍경을 그대로 볼 수 있으며, 우리의 재래시장과 유사한 분위기이다. 이 지역에 고양이가 많아 고양이를 좋아하는 사람들이 많이 찾는 곳으로 알려져 있다.

시장 앞쪽에는 '유야케단단(夕焼けだんだん)'이라 불리는 계단이 있는데 이곳에서 저녁 석양을 바라볼 수 있다. 드라마나 영화에도 자주 등장한다. 옛날의 풍경이라 꼬불꼬불한 골목과 완만한 경사가 그대로 남아 있어 걷는 즐거움을 더해 준다. 골목마다 100년도 더 지난 주택과 사이사이에 숨겨 놓은 듯한 작은 카페나 상점이 있다.

이곳은 에도 시대에 아사쿠사 못지않은 사찰 지역으로 칸노지(観音寺)를 비롯하여 텐노지(天王寺), 초안지(長安寺), 안류지(安立寺) 등 많은 사찰이 있다. 칸노지(観音寺)의 외벽은 화재로 소실된 후 1772년에 재건하면서 축조한 벽으로 기와와 점토를 교차로 쌓아 만든 것이 특징이다. 아직도 견고하게 사찰을 지키고 있다.

네즈 신사(根津神社 : 東京都文京区根津1-28-9 / Tōkyō-to, Bunkyo-ku, Nezu, 1 Chome-28-9)는 도쿄의 10대 신사 중 하나로 1706년에 지어진 건물이며 국가 중요 문화재로 지정되어 있다. 이곳의 볼거리 중 하나로 신계와 속세를 구분한다는 토리이(鳥居)가 줄을 지어 서 있는데 1,000개라는 의미의 '센본토리이(千本鳥居)'라 부른다. 각 토리이에는 이름이 적혀 있는데 소원을 이루기 위해 신사에 봉납한 사람의 이름이다. 실제 1,000개가 아니고 많다는 의미이다. 기념 사진을 찍는데 최적의 장소이다. 네즈 신사는 매년 봄에 펼쳐지는 진달래 축제로도 유명하다. 3,000그루의 진달래가 만발하여 많은 관광객들의 발길을 끌어 모은다.

야나카레엔(谷中靈園)은 10만 ㎡의 넓이에 도쿠가와 가문의 15대손인 도쿠가와 요시노부(德川慶喜)를 비롯해 수많은 저명인을 모셔 놓은 납골당과 같은 곳이다. 7,000기의 납골이 모셔져 있다. 1874년에 개원했으며 벚꽃의 명소로도 알려져 있다. 우리나라에서 이렇게 도심 한가운데 납골당이 있다면 어떠했을까? 에도 시대의 풍경이 남아 있는 야네센 지역은 외국 관광객들에게 알려지면서 최근 몇 년 사이에 관광객이 많이 늘었다. 고층 빌딩과 도시화된 깔끔한 거리보다

는 일본의 옛 모습을 간직하고 있는 지역을 보고 싶어 하기 때문이다. 야마노테선 닛포리역(日暮里駅) 서쪽 출구로 나와서 5~10분 정도의 거리에 있다.

스가모지조 거리 상점가

■ 교통 : JR 스가모역(巣鴨駅), 사쿠라토라무 신코신즈카역(新庚申塚駅)

스가모지조 거리(巣鴨地蔵通り商店街) 상점가는 '할머니들의 하라주쿠'로 불리는 지역이다. 또, 어르신들의 오타쿠 거리로도 알려져 있다. 할머니, 할아버지가 많이 찾는 이유는 할머니, 할아버지 세대의 취향에 맞는 패션이나 음식, 문화가 있기 때문이다. 상점의 전체적인 분위기가 예스럽다. JR 스가모역(巣鴨駅)에서 코신츠카역(庚申塚駅)까지 800m 정도의 거리에 200여 개의 점포가 있다. 다른 상점가에 비해 조용한 편이다.

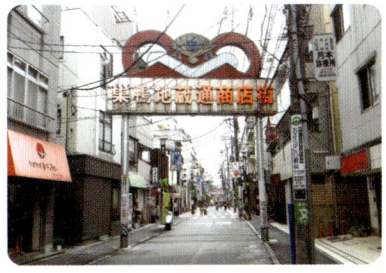

각 상점마다 어르신들이 좋아할 만한 의류와 가방, 액세서리와 같은 패션용품점과 실내외 장식품과 각종 연장이나 도구를 판매하는 가게가 있다. 먹을거리도 옛날부터 자리를 지켜온 찐빵이나 숙성시킨 젓갈, 일본의 장아찌와 같은 식재료, 녹차를 판매하는 가게가 많은 편이다.

가장 핫한 장소는 빨간색 속옷을 파는 상점이다. 이 상점가의 의류를 취급하는 가게에는 어김없이 빨간색 속옷이 있다. 빨간색 속옷을 입으면 재수가 좋고 장수한다는 일종의 미신을 믿고 구입하려는 사람들이 가게를 찾는다. 우리의 7080 세대들에게는 추억의 속옷이다. 관광객들은 기념품으로 구입하기도 한다.

'일본 최고의 빨간색 팬티'라는 간판이 눈에 띈다

60년이 넘은 모찌(찰떡)집, 타이야키, 일본의 전통 과자 중 하나인 센베(전병), 옛날 맛을 그대로 이어온다는 찐빵 등 다양한 먹을거리도 이 거리를 쇼핑하는 재미다.

상점가의 끝부분에 이르면 '코우간지(高岩寺)'라는 이름의 절이 있다. 이곳에는 지조(地藏) 보살상이 있는데 이 상점가의 이름에 '지조'가 들어간 이유다. 보통 지조 보살상은 그 지역(마을)을 지켜주는 보살상으로 알려져 있다. 이 절에는 '아라이칸노(洗い観音)'라 불리는 석조상이 있는데 우리말로는 '씻는 관음'이다. 이 불상을 젖은 수건으로 닦아 주면 이익을 얻을 수 있다는 믿음과 자신이 아픈 부분에 해당되는 부위를 닦아 주면 치료된다는 믿음을 이유로 많은 사람들이 이 석조상을 닦아 주고 있다. 실제 치유보다는 마음의 안식을 찾는데 의미가 있을 것이다.

스가모지조 거리 상점가에서 판매하는 빨간색 속옷과 코우간지의 아라이칸노에서 알 수 있듯이 일본인들 사이에서는 토속 신앙이 뿌리 깊게 박혀 있다. 자연의 모든 것이 신앙의 대상이 된다. 일본 어디를 가나 만날 수 있는 신사나 절은 이런 토속 신앙의 근간이 되고 있다. 일본인들의 축제인 마츠리는 신사나 절, 상점가를 중심으로 신을 모시는 대규모 행사다. 스가모지조 상점가에서도 계절마다 마츠리가 펼쳐진다.

가구라자카

■ 교통 : 토자이선 가구라자카역(神楽坂駅), 오에도선 우시코메마구라자카역(牛込神楽坂駅), JR 소부선 이다바시역(飯田橋駅)

행정 구역으로는 신주쿠구(新宿区)에 속하지만 고층 빌딩이 즐비한 현대적인 신주쿠의 이미지와는 전혀 다른 분위기이다. 원래 술집이나 요정이 많이 자리 잡고 있던 환락가로 번성했던 곳이다. 각 골목마다 돌이 깔린 바닥과 검정색의 나지막한 벽이 남아 있어 더욱 오래된 골목이라는 느낌이 든다. 지금은 고급 음식점이나 술집이 많이 들어서 있으나 골목과 주택은 옛 모습을 간직하고 있다. 골목에서 풍경을 바라보면 에도, 메이지 시대의 게이샤들이 걷던 정취가 그려진다. 골목에 서 있으면 저쪽에서 기모노를 입은 게이샤가 게다(나막신) 소리를 내며 걸어올 것 같은 분위기이다.

참고 사항

천연 도료 삽목칠(渋黒塗り)

벽이나 기둥이 검정색으로 칠해진 이유는 감나무의 떫은 물과 소나무를 태워 나온 그을음을 섞어 만든 도료를 입혔기 때문이다. 이는 방충, 방부 효과가 있어 지금도 이용되고 있다. 감나무의 떫은 물은 방충, 방부제 효과로 인해 옛날부터 신사나 사찰, 일반 건물의 기둥이나 벽에 초벌칠(밑칠)을 할 때 이용되고 있다. 다기(茶器)의 초벌칠로도 활용되고 있다.

가구라자카 대로변에 있는 건물 바로 뒤로 들어가면 좁은 골목길이 나타난다. 각 골목마다 카쿠렌보요코초, 효고요코초, 켄방요코초, 미치쿠사요코초 등의 이름이 있다. 바닥에 깔린 돌을 보면 얼마나 오랜 시간이 흘렀는지 알 수 있다. 촘촘하게 깔린 돌이 반질반질해져 있다. 어떤 골목길은 두 사람이 겨우 비켜가야 할 정도로 좁다.

가쿠라자 메인거리

전통 건물의 출입구 높이를 보면 옛날 일본인들의 키가 작았다는 것을 알 수 있다. 170cm만 돼도 고개를 숙이고 들어가야 할 것 같은 높이이다. 다른 시타마치와 달리 이곳의 음식점은 고급스러움이 묻어 나온다. 권세를 누리던 사람들이 게이샤를 불러 놀던(?) 곳이라 그런 걸까?

현대식 레스토랑으로 바뀐 곳도 많지만 나름 개성을 살린 독특한 외장과 인테리어가 눈길을 끈다. 가구라자카에서라면 어디에서 사진을 찍더라도 다른 곳에서 쉽게 볼 수 없는 배경이 될 수 있을 것이다.

이 거리에도 어김없이 사찰이 있다. 가구라자카 메인 거리 중간쯤에 있는 젠고쿠지(善國寺)는 1595년에 창건한 절이다. 이곳은 비는 사람의 소원을 잘 이루어 주는 7복신의 하나로 꼽혀 중요한 시험이나 일이 있을 때 소원을 빌기 위해 많은 사람들이 찾는다.

매년 여름에는 가구라자카 상점가에서 주최하는 마츠리가 있는데 아와오도리 대회가 펼쳐진다. 아와오도리의 본고장인 도쿠시마현(徳島県)과 코엔지(高円寺)에서도 참가한다.

닌교초

■ 교통 : 히비야선, 아사쿠사선 닌교초역(人形町駅), 한조몬선 스이텐구마에역(水天宮前駅)

긴자와 니혼바시는 에도 시대부터 발달한 시타마치 지역이다. 당시부터 상공업 지역으로 발달하여 많은 사람들이 몰려들어 번성했다. 지금은 도시 재개발 사업으로 빌딩 숲이 되었고 고급 브랜드 점포가 들어서면서 명품의 거리가 되어 화려한 모습으로 탈바꿈했다. 이 지역에서 비교적 옛 모습을 지키고 있는 곳이 닌교초 지역이다. 닌교초는 행정 구역상으로 니혼바시에 속한다.

닌교초라는 것을 알려 주듯 거리의 중간에 인형 시계탑이 서 있다. 매 시간 정시가 되면 음악과 함께 인형이 튀어나와 만담과 같은 공연을 펼치는데 운이 좋으면 공연(?)을 볼 수 있다.

에도 시대부터 발달한 시타마치답게 100년 넘은 가게들이 많다. 현대식 건물 사이에 옛날 건물이 그대로 남아 있다. 밤이 되면 긴자나 니혼바시처럼 화려하지는 않지만 작고 소박한 불빛이 성감을 더한다. 거리에는 맛집을 찾아 일부러 닌교초까지 찾아오는

직장인들의 발길이 끊이지 않는다.

좁은 골목길 사이에 음식점이 자리하고 있다. 역사를 말해주듯 대부분의 식당은 나이가 지긋한 주인이 맞이한다. 매우 허름하고 좁은 식당인데도 문을 열기 전부터 번호표를 받고 기다리는 줄이 길게 늘어서 있다.

시타마치에 공통적으로 있듯이 이곳에도 신사가 있다. 아이의 순산과 건강을 기원하는 스이텐구(水天宮) 신사다. 순산을 비는 임산부나 아이의 건강을 기원하는 젊은 부부들이 많이 찾는다. 2016년에 새로 지어 말끔하게 단장되었다.

닌교야키의 본고장답게 타이야키, 닌교야키 가게가 유난히 많다. '야나기야(柳屋)'는 도쿄 3대 타이야키 가게 중 하나로 줄이 끊이지 않는다. 닌교야키 전문점 '이타쿠라야(板倉屋)'도 1907년에 창업하여 100년이 넘는 역사를 자랑한다. 현장에서 막 구워내 따끈따끈할 때 먹어야 제맛이다.

도쿄의 놀거리 **485**

갓파바시도구상점가

■ 교통 : 아사쿠사선 아사쿠사역(浅草駅), 야마노테선, 케인토호쿠선 우에노역(上野駅), 우구이스타니역(鶯谷駅), 긴자선 다와라마치(田原町駅), 히비야선 이리야역(入谷駅)

아사쿠사와 우에노 사이에 있는 일본에서 가장 큰 주방 도구 상점가다. 100년이 넘은 역사를 자랑한다. 주로 식당이나 주방에서 사용하는 칼, 그릇, 조리 기구, 음식 견본, 포장재, 조리용 의상 등을 판매한다. 소매 거래도 하지만 도매상이 많

이 모여 있다. 이곳을 통해 전국으로 유통된다. 일본에 있는 주방용품은 모두 다 있다. 당연히 요리를 업으로 하는 요리사나 식당 관계자들이 많이 찾지만 가정주부도 많이 찾는다. 외국 관광객들도 많이 찾는다.

90주년이 되는 2003년에 이를 기념하여 도구 상점가의 중간쯤에 있는 포켓 파크에 1.5m 높이의 황금색의 갓파상(かっぱ河太郎像)이 세워져 상징으로 자리 잡았다.

식칼 전문점에 들어가 보면 이렇게 많은 종류의 칼이 있을까 할 정도이다. 채소를 자르는 칼, 고기를 자르는 칼이 다르고, 같은 채소나 고기를 자르더라도 자르는 모양이나 부위에 따라 각기 다른 칼을 사용한다고 한다. 칼의 모양, 크기, 재질, 손잡이의 모양 등 다양하게 구분된다.

각종 그릇을 포함하여 컵, 젓가락, 냅킨 등 다양한 종류의 주방용품을 볼 수 있다. 저렴한 식기류도 많지만 고급 도자기 못지않은 고가의 상품도 많다. 일본식 정식인 카이세키요리(懷石料理)나 고급 생선 초밥 식당 또는 레스토랑에서는 음식의 종류나 색상에 맞춰 그릇의 모양이나 색상을 고려하기 때문이다. 담는 그릇을 선택하는 것도 요리의 하나라고 한다.

흥미를 끄는 상품 중 하나는 음식 견본이다. 약간만 떨어져서 보면 실물인지 견본인지 구별하기 힘들 정도로 진짜처럼 만들어져 있다. 금세 구분이 가는 제품도 있지만 어떤 견본은 자세히 들여다보지 않고서는 구분하기 어려울 정도로 섬세하고 정교하게 만들어져 있다. 과일이나 채소를 비롯하여 생선 초밥, 회, 라면, 파스타 등 없는 음식이 없을 정도로 다양하다. 고객의 주문에 의해 작업하는 오더 메이드 제작도 한다고 한다.

츠키시마

■ 교통 : 유라쿠초선, 오에도선 츠키시마역(月島駅)

츠키시마(月島)는 도쿄만에서 준설한 토사를 이용해 매립한 인공 섬이다. 스미다강을 사이에 두고 다리로 연결되어 있다. 2차 대전 대공습 때도 피해를 입지 않아 에도 시대의 풍경이나 정서가 그대로 남아있다. 강 건너편에서 보면 고층의 고급 주택 빌딩이 전면에 병풍처럼 서 있어 현대화된 도시로 보이지만 뒷골목으로 들어서면 오래된 가옥과 상점들을 쉽게 볼 수 있다.

츠키시마는 몬자야키로 유명한데 70여 개의 몬자야키 전문점이 자리 잡고 있다. 츠키시마나카토오리 상점가(月島仲通り商店街)에는 창업 당시의 맛을 그대로 지켜 오고 있는 가게를 비롯해 몬자야키 식당이 줄지어 있다. '몬자 스트리트'로 불리기도 한다. 몬자야키 거리를 지날 때면 가게에서 퍼지는 고소한 냄새가 식욕을 자극한다.

몬자 스트리트

 **참고 사항**

몬자야키

도쿄를 중심으로 한 관동 지방의 로컬 푸드로 알려져 있다. 히로시마나 오사카 지방의 명물인 오코노미야키와 유사한 음식으로 밀가루를 물에 풀면서 양배추 등 채소류와 새우, 오징어와 같은 해산물을 섞고 양념을 넣어가며 철판 위에서 익혀 먹는 음식이다. 우리의 파전과 유사하다.

츠키시마와 인접한 츠쿠다시마(佃島)는 스미다강 하류에 위치해 있으며 '리버시티21' 등 고층의 고급 맨션 빌딩이 많이 들어서 있다. 건물 앞쪽에는 강이 보이는 츠쿠다 공원이 있는데 이곳에도 시대의 등대를 재현해 놓았다. 이곳에도 어김없이 신사(스미요시 신사)가 자리 잡고 있다. 고층 건물 뒤쪽으로 가면 좁은 골목을 사이에 두고 오래된 건물과 주택이 들어서 있다. 강과 바다가 만나는 지점으로 크고 작은 선착장이 많다.

그 밖의 시타마치

시타마치(下町)라고 불리는 지역이 많다. 시타마치가 정확히 어디라고 정해졌다기보다는 옛날(에도 시대)의 풍경이 남아 있으며 좁은 골목길과 시장을 끼고 있다거나 옛날 물건을 판매하는 등 정서적으로 인간미 넘치는 분위기의 지역을 말한다.

아사쿠사 센소지 주변의 나카미세 상점가, 덴보인 상점가를 비롯해 주변의 주택가와 상점가가 대표적이다. 아사쿠사에서 스미다강을 건너면 나오는 도쿄 스카이트리가 있는 오시아게(押上), 무코지마(向島)도 시타마치로 알려져 있다. 우에노의 아메야요코초, 오카치마치 지역도 그렇다.

료코쿠(両国) 지역도 시타마치 중 한 곳이다. 일본의 전통 스포츠인 스모 경기가 펼쳐지는 료코쿠 코쿠기칸(両国国技館)이 있으며, 에도 시대의 각종 물건이나 거리를 꾸며 놓은 에도 도쿄 박물관(江戸東京博物館)이 이곳에 있다. 높은 빌딩에 화려한 인테리어와 조명이 빛나는 대도시의 화려함도 볼거리이지만 소박하고 서민들의 재취를 느낄 수 있는 시타마치가 더 많은 볼거리를 제공한다.